袁行霈 主編
趙爲民 程郁綴 副主編

歷代名篇賞析集成

先秦兩漢卷

高等教育出版社

凡操千曲而後曉聲，觀千劍而後識器；故圓照之象，務先博觀。閱喬岳以形培塿，酌滄波以喻畎澮。無私於輕重，不偏於憎愛，然後能平理若衡，照辭如鏡矣。

——劉勰《文心雕龍·知音》

工文與工詩，大似國手棋。國手雖漫應，一着存一機。不從着着看，何異管中窺。文須字字作，亦要字字讀。咀嚼有餘味，百過良未足。

——摘自元遺山《與張仲傑郎中論文詩》

吾最恨人家子弟，凡遇讀書，都不理會文字。只記得若干事跡，便算讀過一部書了。雖《國策》、《史記》，都作事跡搬過去，何況《水滸傳》。

——金人瑞《讀第五才子書法》

作者之用心未必然，而讀者之用心何必不然。

——譚獻《復堂詞錄序》

目錄

凡例

一、本書所收作品按文學史順序分爲四卷：先秦兩漢卷、魏晉南北朝隋唐五代卷、宋金元卷和明清卷。

二、本書共選作品九百篇，包括詩、詞、曲、賦、散文、駢文、小說、戲曲等各種體裁。以名家名篇爲主，廣泛選錄思想性和藝術性統一的優秀作品。既考慮古典文學教學的需要，又兼顧一般讀者的愛好。

三、作品賞析不拘一格，充分發揮作者的個性，尊重作者的審美趣味。文章力求深入淺出、精煉優美，具有啓發性。賞析文章應是可供鑒賞的散文。

四、作家按時代先後排列，同一位作家的作品按其文集的通行本所列次序排列。

五、鑒於各種註本已經很多，對本書中的作品一般不加註釋，但在作品賞析中包含有內容的闡釋與字句的串講。個別字句另作校註，附於原作之後。

臺灣版序

袁行霈

記得陸游有兩句詩：「臥讀陶詩未終卷，又乘微雨去鋤瓜。」陸游對陶詩的鑒賞，其心情之從容，態度之灑脫，以及他所達到的那種神會的境地，我們恐難企及了。在他那裏，文學鑒賞和人生實踐交融在一起。詩的生活化與生活的詩化，造就了一種境界，這才是鑒賞的極致。文學鑒賞的意義，說到底就是幫助人們培育高雅的性情，養成完美的人格，步入藝術化的人生。說到這裏似乎已說出了我們編纂這部《歷代名篇鑒賞集成》（臺灣版書名）的目的。我不知道這書能否使讀者滿意，也不知道它究竟有沒有生命力，只想儘快地把它奉獻給讀者。只要它能爲讀者的精神世界增添一點光彩，我們就感到莫大的欣慰了。

臺灣五南圖書出版公司決定印行臺灣版，此書得以與臺灣讀者見面，我們深感榮幸。趁此機會將大陸的四百餘位學人介紹給臺灣讀者，是一件好事。原版中入選的一些戲曲、小說作品篇幅較長，未錄原文，臺灣版彌補了這個缺憾，也是值得高興的。

一九八八年十一月於北京大學暢春園

序言

袁行霈

近幾年來，古典文學的鑒賞成了熱門。廣大讀者迫切需要這方面的讀物，許多古典文學的專家也以極高的興致撰寫了大量賞析文章，這是可喜的現象。中國數千年的文學傳統，數不盡的名篇佳作，是一筆寶貴的精神財富。這筆財富是屬於人民羣衆的，他們有權利掌握它、欣賞它，而古典文學的專家們則有義務來作介紹和指導的工作。這也是古典文學研究工作接受羣衆檢驗，與羣衆互通聲氣，并從羣衆中吸取營養的好機會。

在人類的文學活動中，鑒賞占有重要的地位。鑒賞和創作是互相依存、互相制約的統一體的兩個方面。沒有創作，鑒賞就失去了對象而無從談起；沒有鑒賞，創作的價值也只能處於潛在狀態而不得實現。至於考據和批評，作爲創作和鑒賞的中間環節，它們的作用在於幫助鑒賞，并集中羣衆的鑒賞要求反過來指導創作，否則它們也就失去了存在的意義。

注重鑒賞，就是注重文學的審美價值，注重文學本身的特點，把文學當成文學來對待。而這正是目前應當加以提倡的。長期以來，在庸俗社會學的影響下，古典文學研究往往離開了作品的審美特質，片面強調所謂現實性、人民性，文學遂成爲某種思想的圖解。如何從審美的角度對古典文學作出新的評價，是一個需要相當長的時間才能解決的課題。而作品賞析——也就是對作品的再認識、再評價，作爲一項深入細緻的基礎工作便日益顯出它的重要。這是一項普及性和學術性相結合的工作，正因爲要面向羣衆，所以更增加了它的難度。從事作品賞析既需要一定的專業技能（諸如辨僞、校勘、訓詁、繫年、考據等等），又需要足夠的知識修養（包括宗教、哲學、歷史、地理、音樂、繪畫、書法等方面），也需要較高的審美能力，甚至還需要一點從事創作的經驗。一篇賞析文章不過三五千字，却是對作者各方面才能的一種檢驗。好的賞析文章不僅傳遞着大量的知識信息，而且顯示着作者的人格、情趣、才華和文筆。大至宏觀的眼力、理論的素養、史家的氣魄，小至對字詞、聲吻的感受，無不在短短的三五千字裏表現出來。

中國歷來注重鑒賞。季札觀樂各有所論，孔子聞韶三月不知肉味，他們堪稱最早的鑒賞家。王敦酒後吟誦曹操的《龜雖壽》，以如意打唾壺，壺口盡缺。賀知章誦李白的《蜀道難》，呼爲謫仙人，解金龜換酒爲樂。蘇軾得東林寺大字本《陶淵明集》，「每體中不佳，輒取讀，不過一篇，惟恐讀盡後，無以自遣」。這些都已傳爲鑒賞的佳話。中國早期的文學批評著作《文心雕龍》和《詩品》裏已有關於鑒賞的論述。宋代以後的詩話、詞話以及戲曲、小說的評點，大多以鑒賞爲主要內容。許多文學批評家，其實就是鑒賞家，而許多鑒賞家又兼爲作家和學者。

中國古代的文學鑒賞有自己獨特的方法，并形成中國自己的傳統。概括地說，它的特點就是直觀的、印象的、評點的，重感受、重悟性、重啓示。其好處是充分尊重讀者個人的審美能力，留給讀者許多補充發揮的餘地，引導讀者自己進入鑒賞過程。但是，中國古代的文學鑒賞始終沒有形成科學的理論體系，對於鑒賞的心理機制、鑒賞規律、鑒賞方法等等都缺少科學的闡述。這不能不說是一種缺憾。「五四」以後，西方的文藝理論和美學、心理學的研究方法逐漸介紹到中國來，文學鑒賞在理論上有了許多建樹。魯迅、郭沫若、茅盾、郁達夫、朱自清、鄭振鐸、朱光潛、巴金、葉聖陶等老一輩的作家和理論家，都曾撰文論述過文學鑒賞的問題，他們就鑒賞的性質、鑒賞活動的規律和特點，鑒賞力的培養和提高，發表過不少精闢的見解。聞一多、朱自清、俞平伯等老一輩的文學史家，也都撰寫過作品賞析的文章。古典文學的鑒賞遂呈現出新的面貌。目前的古典文學的鑒賞熱，既是古代鑒賞傳統和「五四」以後文學鑒賞所取得的新的進展的延續，又是對十年文化浩劫中掃蕩民族文化、壓抑審美要求的逆反。羣衆的古典文學鑒賞活動，呼喚着具有民族特色的、系統的鑒賞理論的誕生，也期待着系統的鑒賞文集的出版。正是適應這種要求，我們編輯了這部《歷代名篇賞析集成》。

此書精選了先秦至「五四」，歷代各種體裁的名作九百篇，大體上代表了中國文學的精華。賞析文章中三分之一散見於「五四」以來的各種報刊書籍，三分之二是新撰的。作者共四百餘人，幾乎包括了國內所有長於這項工作的著名學者。選文不拘一格，作者使用的方法也多種多樣。我們希望這部書既有總結性，又有開創性；既能反映當前古典文學鑒賞的水平又能爲鑒賞學的建立開闢道路。在編輯過程中，得到學術界熱情的支持，謹在此深表謝忱，并切望廣大讀者批評指正。

一九八六年六月於北京大學暢春園

新版前言

袁行霈

本書是二十年前由趙爲民、程郁綴兩位教授和我共同編纂的。在那前後出版了多種文學鑑賞的書籍，多半稱之爲「鑑賞辭典」。我們希望做出自己的特點來，書名既不取「辭典」二字，編法也不同于別的鑑賞書籍。我們的選目不限於唐詩、宋詞等某一個領域，而是包括歷代各種文體共約九百篇。這些作品都是傳誦多年歷久不衰的名篇。確定了選目以後，首先從「五四」以來各種舊報刊上尋找學界前輩的鑑賞文章，例如聞一多先生、朱自清先生、俞平伯先生、朱光潛先生等等，當時已故的文學史大家都有精辟的賞析文章發表。重讀他們的舊文倍覺新鮮，將前輩的這些文章選入本書，可以提高本書的水平，也免了讀者查找之勞。然後，我們再向有關專家約稿，迅速得到廣泛的積極響應，在不長的時間約到了全國各地學者的數百篇稿件，並完成了預定的九百名篇的計劃。

中國文聯出版公司接受了我們的書稿以後，於一九八九年出版。可惜的是限於當時的條件以及公司爲了降低印製成本，將那些篇幅較長的戲曲、小說的原文統統刪去了，所用的紙張很差，印刷也不很清晰。雖然如此，本書還是深受讀者歡迎，成爲大、中、小學教師備課的重要參考書。臺灣五南出版公司很有眼光，很快就購買了版權，在臺灣出版發行繁體字版，本書遂成爲臺灣出版界的長銷書。而在大陸卻只印了一次，便再也沒有印過了。

在這二十年間我們不斷聽到讀者反映，希望重印此書。高等教育出版社得知這種情況后，願意重新排版印刷，以配合我所主編的面向二十一世紀教材《中國文學史》四卷本，以供教師和學生參考。我們遂重新加以整理，抽換了少數篇目，補充了原來被刪去的較長的原文，於二零零七年九月交給了出版社。

我跟高等教育出版社有過愉快的合作，除了《中國文學史》，我的《中國文學概論》也是由他們出版的。這是一家很講信譽的、操作規範的、頗有君子之風的出版社。我相信新版的《歷代名篇賞析集成》經過編輯先生的加工整理和精心設計定將面貌一新，使書的形式跟書的內容相稱。

新版《歷代名篇賞析集成》出版在即，聊書數語以交代始末，並向關心此書的讀者致以謝意。

袁行霈
二〇〇七年九月十日

總篇目表*

先秦兩漢卷

詩經

*篇目下端爲賞析文章作者。

魏晉南北朝隋唐五代卷［上］

李　白

高　適

魏晉南北朝隋唐五代卷［下］

杜　甫

宋金元卷［上］

宋金元卷［下］

明清卷［上］

明清卷［下］

篇目表*

先秦兩漢卷

詩經

*篇目下端爲賞析文章作者。

古詩十九首

古詩

詩·周南·關雎

關關雎鳩，在河之洲。窈窕淑女，君子好逑。
參差荇菜，左右流之。窈窕淑女，寤寐求之。求之不得，寤寐思服。悠哉悠哉，輾轉反側。
參差荇菜，左右采之。窈窕淑女，琴瑟友之。參差荇菜，左右芼之。窈窕淑女，鐘鼓樂之。

這是我國古老的詩歌總集《詩經》中的首篇。古代說《詩》本有「四始」之說，列《關雎》爲「風」之始，故倍受重視，爲大家所熟習。《詩經》的「十五國風」大多數是民歌，民歌作品本多男女愛情之作，《關雎》正是一篇產生於兩千多年以前的古老的民間戀歌。詩中寫一個男子思慕着一位美麗賢淑的少女，由於愛戀的深切，這位少女的形象反覆在他腦中出現，使他不安，使他難以忘却。他幻想着終有一天，能與這位少女結爲永好，成爲夫婦，過上和諧美滿的幸福生活。詩中所表達的感情質樸、眞率，千年後讀起來，還是那麼清新動人。

這首詩有人把它分爲四句一章，計五章；有人則把它分爲四、八、八句三章。從全詩結構和內在脈絡上看，分做三章則較適宜。首章見物起興，直寫自己的愛情和願望。次章寫自己的寤寐不忘。三章則寫願望實現時的歡樂之情，實際上是嚮往之辭。

全詩以灘頭水畔的一對雎鳩鳥的叫聲起興，然後寫出自己的一片情思。雎鳩，水鳥；古代傳說它們雌雄形影不離。關關，指其一遞一聲的相和而鳴。「關關雎鳩，在河之洲」，這或者是作者的即目所見，或者解作以摯鳥爲比，以摯鳥的求偶爲興，故前人對此有究屬賦、比、興何種手法的爭論。實際上就詩中這兩句看來，并不排斥是作者的實見之景，但對全詩來說，確也起着媒介、比喻、聯想，以至象徵的作用。因此我們認爲正不必如此拘泥。一個青年小伙兒，見到河洲上一對水鳥的相親相愛，聽到它們一鳴一和的鳴叫，自然會引起自己的無限情思，何況他心目中正有一位所愛的人兒呢！「窈窕淑女，君子好逑」，他嚮往着那位美麗賢淑的好姑娘，能够成爲自己理想的配偶。細繹這四句詩，第一句「關關雎鳩」，是寫傳來的鳥鳴，是聽；第二句「在河之洲」，是尋聲而望，是所見；第三句「窈窕淑女」，是對自己傾心人之所思，是所想；末句「君子好逑」，是主人公強烈的嚮往，默默的自我祝願。雖短短四句，却極有層次，而語約意豐。

第二章，以纏綿悱惻之情，直率地寫出自己的追慕之心和相思之苦。這個青年男子所戀的乃是河邊一位採荇菜的姑娘，「參差荇菜，左右流之」。荇菜，一種水生植物，葉徑一二寸，馬蹄形，可食（見李時珍《本草綱目》）。「左右流之」，即順着水流忽而側身向左，忽而側身向右地去採摘。「流，順水之流而取之也」（朱熹《詩集傳》）。正是這位採荇菜的姑娘在水邊勞動時的窈窕身影，使他日夜相思，不能須臾忘懷。「窈窕淑女，寤寐求之；求之不得，寤寐思服（思念）」極寫他追求、想念的迫切心情；「悠哉悠哉，輾轉反側」，是寫他相思之苦，已到了長夜不眠的程度。悠，長，形容其夜長不寐時綿綿不斷的憂思。這裏兩個

「悠」字，雙雙以感歎語氣出之，着意加重了感情色彩，把長夜無眠、思緒萬千以至難耐的相思之苦，都深深地表現了出來。

情到極處必生幻。緊接着第三章，突然出現了「琴瑟友之」、「鐘鼓樂之」的歡快、熱鬧的場面。這不啻是個戲劇性的轉變。「琴瑟友之」，「友」，親密相愛；以彈琴奏瑟，喻其相會相處時的諧和愉快。「鐘鼓樂之」，則是結婚時的熱鬧場面。無疑這正是這位害相思之苦的男子對未來的設想，是他寤寐求其實現的願望。幻想當然并非現實，但幻由情生，也是極自然的。而這位抒情主人公，却簡直陶醉在預想的成功之中了。這一愛情心理的描寫，正與《秦風・蒹葭》中的主人公追尋所愛不得，而出現了「宛在水中央」的幻影一樣，富有浪漫情調。而其實這又正是對生活中所習見的愛情心理的深微的捕捉和眞實的刻畫。

古人在解釋這首詩時，會進行封建禮教的塗飾，或說它是「美后妃之德」，或說它是「刺康王晏起」，名義上是「以史證詩」，實際上是一種歪曲。但孔子在評說這首詩的風格特點時所說的兩句話，確有一定見地，對我們仍有啓發。孔子說：「《關雎》樂而不淫，哀而不傷。」（《論語・八佾》）這首詩作爲一篇愛情詩篇，它寫思慕，寫追求，寫嚮往，既深刻細微，又止所當止。它既寫對愛情求而不得的相思之苦，但又不陷於難以自拔的低沉哀吟。它感情率直、淳樸、眞摯、健康，正是一篇古老而優秀的民歌作品。（褚斌傑）

詩・周南・桃夭

桃之夭夭，灼灼其華。之子于歸，宜其室家。
桃之夭夭，有蕡其實。之子于歸，宜其家室。
桃之夭夭，其葉蓁蓁。之子于歸，宜其家人。

這首詩非常有名，即便只讀過很少幾篇《詩經》的人，一般也都知道「桃之夭夭，灼灼其華」。這是爲什麽呢？我想，無非有這樣幾個原因：第一，詩中塑造的形象十分生動。拿鮮豔的桃花，比喻少女的美麗，實在是寫得好。誰讀過這樣的名句之後，眼前會不浮現出一個像桃花一樣鮮豔，像小桃樹一樣充滿青春氣息的少女形象呢？尤其是「灼灼」二字，眞給人以照眼欲明的感覺。寫過《詩經通論》的清代學者姚際恆説，此詩「開千古詞賦詠美人之祖」，并非過當的稱譽。第二，短短的四字句，傳達出一種喜氣洋洋的氣氛。這很可貴。「桃之夭夭，灼灼其華。之子于歸，宜其室家」，細細吟詠，一種喜氣洋洋、讓人快樂的氣氛，充溢字裏行間。「嫩嫩的桃枝，鮮豔的桃花。那姑娘今朝出嫁，把歡樂和美帶給她的婆家。」你看，多麼美好。這種情緒，這種祝願，反映了人民羣衆對生活的熱愛，對幸福、和美的家庭的追求。第三點，這首詩反映了這樣一種思想，一個姑娘，不僅要有豔如桃花的外貌，還要有「宜室」、「宜家」的內在美。這首詩，祝賀人新婚，但不像一般賀人新婚的詩那樣，或者誇耀男方家世如何顯赫，或者顯示女方陪嫁如何豐盛，而是再三再四地講「宜其家人」，要使家庭和美，確實高人一等。這讓我們想起孔子稱讚《詩經》的話：「詩三百，一言以蔽之，曰『思無邪』。」（《論語・爲政》）孔子的話內容當然十分豐富，但其中是否也包括了《桃夭》篇所反映出的上述這樣一種思想呢？陳子展先生說：「辛亥革命以後，我還看見鄉村人民舉行婚禮的時候，要歌《桃夭》三章……。」（《國風選譯》）聯繫到這首詩所表達的思想，農民娶親「歌《桃夭》三章」，便是很可理解的了。

《桃夭》篇的寫法也很講究。看似只變換了幾個字，反覆詠唱，實際上作者是很爲用心的。頭一章寫「花」，二章寫「實」，三章寫「葉」，利用桃樹的三變，表達了三層不同的意思。寫花，是形容新娘子的美麗；寫實，寫葉，不是讓讀者想得更多更遠嗎？密密麻麻的桃子，鬱鬱葱葱的桃葉，眞是一派興旺景象啊！

這首詩不難懂，但其中蘊藏的道理，卻値得我們探討。

一個問題是，什麼叫美？《桃夭》篇所表達的先秦人美的觀念是什麼樣的？「桃之夭夭，灼灼其華」，很美，豔如桃花，還不美嗎？但這還不行，「之子于歸，宜其室家」，還要有使家庭和睦的品德，這才完滿。這種美的觀念，在當時社會很爲流行。關於眞善美的概念，在春秋時期已經出現。楚國的伍舉就「何爲美」的問題和楚靈王發生了爭論。伍舉說：「夫美也者，上下、內外、大小、遠近皆無害焉，故曰美。若於目觀則美，縮於財用則匱，是聚民利以自封而瘠民也，胡美之爲？」（《國語・楚語》）很清楚，伍舉的觀點是「無害卽是美」，也就是說，善就是美。而且要對「上下、內外、大小、遠近」各方面都有分寸、都無害。這種觀點最主要的特點是強調「善」與「美」的一致性，以善代替美，實際上賦予了美以強烈的政治、倫理意義。「聚民利以自封而瘠民也，胡美之爲？」那意思是說，統治者重賦厚斂，浪費人力、物力，縱慾無度，就不是美。應該說，這種觀點在政治上有一定的意義。但它否定了「善」與「美」的差別，否定了美的相對獨立性，不承認「目觀」之美，是其嚴重局限。這種美的觀念，在當時雖然也有其對立面，也有人注意到了「目觀」之美，但這種善卽是美的觀點，在先秦美學中應該說是具有代表性的，而且先秦儒家的美學觀念，主要是沿着這個方向發展的。

孔子也持着這樣一種美學觀點：「《詩》三百，一言以蔽之，曰『思無邪』。」他讚賞「詩三百」，根本原因是因爲「無邪」。他高度評價《關雎》之美，是因爲它「樂而不淫，哀而不傷」（《論語・八佾》），合於善的要求。在評價人時，他說：「如有周公之才之美，使驕且吝，其餘不足觀也已。」（《論語・泰伯》）善與美，善是主導方面。甚至連選擇住處，孔子也說：「里仁爲美。」（《論語・里仁》）住的地方，有仁德才是「美」的地方。可見，孔子關於美的判斷，也是以善爲前提的。

但孔子的美學觀，畢竟是前進了。它已經不同於伍舉的觀點，已經開始把美與善區別開來，作爲不同的兩個標準來使用了。「子謂《韶》：『盡美矣，又盡善也』；謂《武》：『盡美矣，未盡善也』。」（《論語・八佾》）當然，通過對《韶》與《武》的評價，還是可以看出，「盡美」雖然被賦予在「盡善」之外的一個相對獨立的地位，但祇是「盡美」，還不能說是美，「盡善」才是根本。

至此，我們回頭再來看看《桃夭》篇，對它所反映的美學思想，恐怕就更好理解了。在當時人的思想觀念中，豔如桃花、照眼欲明，祇不過是「目觀」之美，這還祇是「盡美矣，未盡善也」，祇有具備了「宜其室家」的品德，才能算得上美麗的少女，合格的新娘。

第二個問題隨之而來，美的具體內容不僅僅是「豔如桃花」，還要「宜其室家」，也就是美與善之結合，那麼，我們應該怎樣認識和評價這種觀念呢？先秦人爲什麼把家庭和婚姻看得那麼重要呢？

把婚姻和家庭看得十分重要，還不僅僅反映在《桃夭》篇中，可以說在整部《詩經》中都有反映。在一定意義上說，《詩經》是把這方面的內容放在頭等地位上的。《桃夭》是三百零五篇的第六篇，不能不說它在《詩經》中的地位是很爲突出的。如果我們再把《桃夭》篇之前的五篇內容擺一擺，就可以更清楚地看出，婚姻和家庭問題，在《詩經》中確實是占有無與倫比的地位。

三百篇的第一篇是《關雎》，講的是一個青年男子愛上了一個美麗的姑娘，他日夜思慕，渴望與她結爲夫妻。

第二篇《葛覃》，寫女子歸寧，回娘家探望父母前的心情，寫她的勤、儉、孝、敬。

第三篇《卷耳》，寫丈夫遠役，妻子思念。

第五篇《螽斯》，祝賀人多生子女。

第六篇，即《桃夭》，賀人新婚，祝新娘子「宜其室家」。

以上是三百篇的頭幾篇（除掉第四篇），它們寫了戀愛、結婚、夫妻離別的思念、渴望多子、回娘家探親等等，可以說把婚姻生活中的主要問題都談到了。

一部《詩經》，三百零五篇，開卷頭幾篇幾乎全部是寫婚姻家庭問題的，豈不令人深思？不論是誰編輯的「詩三百篇」，不論孔子是刪詩了、還是整理詩了，抑或是爲「詩三百篇」作了些正樂的工作，都不容置疑地說明了他們是十分重視婚姻和家庭問題的。

我們應該怎樣認識和評論這個問題呢？春秋戰國時期，生產力水平還很低下，家庭在人們心目中的地位比較突出，每個人都依靠着家庭克服困難，戰勝天災，爭取幸福生活，當然希望家庭和睦、團結。娶親是一件大事，因爲它關係到家庭未來的前途，所以，對新人最主要的希望就是「宜其室家」。這很容易理解。

從統治者方面來說，就要複雜多了。《禮記・大學》引到《桃夭》這首詩時說：「宜其家人，而後可以教國人。」這可眞是一語道破。家庭是社會的最基本單位，家庭的鞏固與社會的鞏固關係十分密切。到了漢代，出現了「三綱」（君爲臣綱，父爲子綱，夫爲妻綱）「五常」（君臣、父子、夫婦、兄弟、朋友五種關係）之說。不論「三綱」，還是「五常」，它們都以夫婦關係爲根本，認爲夫婦關係是人倫之始，其他的四種關係都是由此而派生出來的。宋代理學家朱熹說：「有天地然後有萬物，有萬物然後有男女，有男女然後有夫婦，有夫婦然後有父子，有父子然後有君臣，有君臣然後有上下，有上下然後禮義有所錯。男女者，三綱之本，萬事之先也。」（《詩集傳》卷七）從這段論述，我們也可以看出統治者爲什麼那麼重視婚姻、家庭問題。聽古樂惟恐臥，聽鄭衛之音而不知倦的魏文侯有一段名言，說得很爲透闢。他說：「家貧則思良妻，國亂則思良相。上承宗廟，下啓子孫，如之何可以苟，如之何其可不愼重以求之也！」「宜家」是爲了「宜國」，在他們眼裏，「宜家」與「宜國」原本是一回事，當然便被看得十分重要了。

「桃之夭夭，灼灼其華。之子于歸，宜其室家。」不論自古以來多少解經者就《桃夭》作過多少文章，但像小桃樹那樣年輕，像春日驕陽下桃花那樣鮮豔、美麗的少女，却永遠活在讀者心裏。人們衷心祝願她「之子于歸，宜其室家」。

（楊牧之）

詩・周南・芣苢

采采芣苡，薄言采之！采采芣苡，薄言有之！
采采芣苡，薄言掇之！采采芣苡，薄言捋之！
采采芣苡，薄言袺之！采采芣苡，薄言襭之！

所遴選的幾首詩中有着這一首，不知道你有何用意。疑難是屬於文字的呢，還是文藝鑒賞的？但這兩層也有着連鎖的關係。比方說，一首詩全篇都明白，衹剩一個字，僅僅一個字沒有看懂，也許那一個字就是篇中最要緊的字，詩的好壞，關鍵全在它。所以，每讀一首詩，必須把那裏每個字的意義都追問透徹，不許存下絲毫的疑惑——這態度在原則上總是不錯的。因此，這裏凡是稍有疑義的字，我都不放鬆，都要充分的給你剖析。雖然我個人認爲《芣苡》之所以有討論的必要，乃是因爲字句縱然都看懂了，你還是不明白那首詩的好處在哪裏。換言之，除了一種機械式的節奏之外，你并尋不出《芣苡》的「詩」在哪裏——你只聽見鼓板響，聽不見歌聲。在文字上，唯一的變化是那六個韻脚，此外，則講來講去，還是幾句原話，幾個原字，而話又是那樣的簡單，簡單到幼稚，簡單到麻木的地步。藝術在哪裏？美在哪裏？情感在哪裏？詩在哪裏？——你該問。你這回讀詩，我想，《芣苢》是憑着它的劣詩的資格，不是好詩的資格，而賺得你注意的。如果這樣是你當時的印象，我毫不詫異。但這衹是你的印象。對不對，還待商量。至於給你留下發生這印象的餘地，似乎責任又該《芣苢》負。惟其如此，《芣苢》才有討論的價值。因爲《三百篇》裏這樣的詩很多，而《芣苢》又是其間最好的例，所以它便有提早討論的必要。這首詩你果然選對了。

什麼是「芣苢」？據《毛傳》說是如今的車前。車前，聽說北方山谷間頗多，但我沒有見過，也許見過了，不認識。按植物家的說法，是一種多年草本植物。除了花是紫色的，小而且多之外，其餘葉與花莖都像玉簪。夏日結子，也是紫色的，那因爲成熟遲早不同，紫色便有從發赤到發藍種種不同的色調，想必是很悅目的。「采采」二字便是形容這花子的顏色。本篇的「采采芣苢」，《卷耳》的「采采卷耳」，同《秦風・蒹葭篇》的「蒹葭采采」一樣，全是形容詞。《小雅・大東篇》「粲粲衣服」，《文選》注引《韓詩》作「采采衣服」。「采采」、「粲粲」是同紐相轉的疊字，「粲粲」又變爲「璀璨」、「翠粲」等雙聲連綿詞，都是顏色鮮明之貌。《列女傳》曰「且夫采采芣苢之草」，劉向似乎認清了這兩個字的詞性。「采采芣苢」，若依毛、鄭以及薛君讀「采采」爲動詞，無論《三百篇》中無此文法，并且與下的「薄言采之」的意義重複，在文法上恐怕也說不過去。極明顯、極淺近的一件事，不知道爲什麼向來沒有人說破。

芣苢的形狀，你現在可以有點印象了。但是單知道它的形狀，還不算眞懂芣苢。學了詩，誠如孔子說的，可以「多識草木鳥獸之名」。但翻過來講，「多識草木鳥獸之名」，未必能懂詩。如果孔子所謂「名」是「名實」之名，而他所謂識名，便是能拿「名」來和「實」相印證，便是知道自然界的某種實物，在書上叫做某種名字，那麼，識名的功夫對於讀詩的人，決不是最重要的事。須知道在《詩經》裏「名」不僅是「實」的標籤，還是「義」的符號，「名」是表義的，也是表德的，所以識名必須包括「課名責實」與「顧名思義」兩種涵義，對於讀詩的人，才有用處。譬如《麟之趾篇》的「麟」字是獸的名號，同時也是仁的象徵，必須有這雙層的涵義，下文「振振公子」才有着落。同樣的，芣苢是一種植物，也是一種品性，一個**allegory**。

古代有種傳說，見於《禮含文嘉》、《論衡》、《吳越春秋》等書，說是禹母呑薏苡而生禹，所以夏人姓姒。這薏苡卽是芣苢。古籍中凡提到芣苢，都說它有「宜子」的功能，那便是因禹母呑芣苢而孕禹的故事產生的一種觀念。一點點古聲韻學的知識便可以解決這個謎了。「芣」從「不」聲，「胚」字從「丕」聲，「不」「丕」本是一字，所以古音「芣」讀如「胚」。「苢」從「目」聲，「胎」從「台」聲，「台」又從「目」聲，（「王孫鐘」、「歸父盤」等器，「以」字皆從「口」作「台」）所以古音「胎」讀如「苢」。「芣苢」與「胚胎」古音既不分，證以「聲同義亦同」的原則，便知道「芣苢」的本意就是「胚胎」，其字本祇作「不以」，後來用爲植物名變作「芣苢」，用在人身上變作「胚胎」，乃是文字孳乳分化的結果。附帶的給你提醒一件有趣的事。「芣苢」既與「胚胎」同音，在《詩》中這兩個字便是雙關的隱語，（英語所謂**Pun**）這又可以證明後世歌謠中以蓮爲憐，以藕爲偶，以絲爲思一類的字法，乃是中國民歌中極古舊的一個傳統。

本來芣苢有宜子的功用，《逸周書・王會解》早已講過，（《周書》作「桴苢」，「桴」「芣」同音字。）說《詩》的魯、韓、毛各家，共同承認，本草家亦無異議，祇近人說《詩》才有放棄此說的。現在我把這觀念的源頭偵察到了，目的不定是要替古人當辯護，而是要救一首詩。因爲，「芣苢」若不是一個**allegory**，包含着一種意義，一個故事的**allegory**，（意義的暗號，故事的引線，就是那字音。）這首詩便等於一篇囈語了。芣苢的故事已經講過了，很簡單。它的意義，惟其意義總是沒有固定輪廓的，便不能那樣容易捉摸了。現在從兩方面來解剖它。

先從生物學的觀點看去，芣苢既是生命的仁子，那麼採芣苢的習俗，便是性本能的演出，而《芣苢》

這首詩便是那種本能的吶喊了。但這是何等的神秘！這無名的迫切，杳茫的敕令，居然能教那女人們熱烈的追逐着自身的毀滅，教她們爲着「秋實」，甘心毀棄了「春華」！你可以憤慨的說，「天地不仁，以萬物爲芻狗！」但是你錯了，你又是現代人在說話。

自是桃花貪結子，錯教人恨五更風！

在桃花，結子是快樂的滿足，光榮的實現，你曉得嗎？對於五更風，她是感激之不暇的。結子的慾望，在原始女性，是強烈得非常，強到恐怕不是我們能想象的程度。不信，看《三百篇》便知道。例如《螽斯》、《桃夭》、《椒聊》，不都是這樣慾望的暴露嗎？這篇《芣苡》不尤其是母性本能的最赤裸最響亮的呼聲嗎？正如它的表現方法是在原始狀態中，《芣苡》詩中所表現的意識也是極原始的，不，或許是生理上的盲目的衝動。

再藉社會學的觀點看。你知道，宗法社會裏是沒有「個人」的，一個人的存在是爲他的種族而存在的，一個女人是在爲種族傳遞并繁衍生機的功能上而存在着的。如果她不能證實這功能，就得被她的儕類賤視，被她的男人詛咒以致驅逐，而尤其令人膽顫的是據說還得遭神——祖宗的譴責。環境的要求便是法律，不，環境的權威超過了法律。而「個人」偏偏是一種最柔順的東西，在積威之下，他居然接受集團的意志爲他個人的意志。所以，在生理上，一個婦人的母性本能縱然十分薄弱，可是環境的包圍，欺詐與恐嚇，自能給她逼出一種常態的母性意識來，這意識的堅牢性高到某種程度時，你便稱它爲「準本能的」，亦無不可。總之，你若想象得到一個婦人在做妻以後、做母以前的憧憬與恐怖，你便明白這採芣苡的風俗所含的意義是何等嚴重與神聖。

這樣看來，前有本能的引誘，後有環境的鞭策，在某種社會狀態之下，凡是女性，生子的慾望沒有不強烈的。可不要把它和性的衝突混雜起來，這是一種較潔白的、閃着靈光的母性的慾望，與性慾不同。雖然，除非你能伸長你的想象的觸鬚，伸到二千五百年前那陌生得古怪的世界裏去，這情形又豈是你現代人所能領會的！

知道了芣苡是種什麼植物，知道它有過什麼功用，那功用又是怎樣來的，還知道由那功用所反映的一種如何眞實的，嚴肅的意義——有了這種種知識，你這才算眞懂了《芣苡》，你現在也有了充分的資格讀這首詩了。

爲着可以得點較道地的風味，你最好試試用古音來讀它。當然目前我們對於三代的古音還是茫然的。暫時我們衹好對付點，借用高本漢的方法，再摻點個人的意見。這起碼比二十世紀的北平官話較爲近古些。

‘ts‘âi ‘ts‘âi P‘jwi ‘i b‘ak ,ngiɐn ‘t’ ai ,t’si（采采芣苡，薄言采之）

‘ts‘âi ‘ts‘âi P‘jwi ‘i b‘ak ,ngiɐn ‘jiəu ,t’si（采采芣苡，薄言有之）

順手把幾個較有問題的字義解釋一下。「薄言」向來不曾有過確解。「薄」與「迫」通，《漢書・嚴助傳》曰「王居遠，事薄遽」，「薄遽」卽「迫遽」。「薄」本是外動詞，「薄言」二字連用便成了副詞成語。「薄言」卽「薄而」，實際也就等於「薄薄然」，用今語說，就是「急急忙忙的」，「趕忙的」，或「快快的」。「薄言」在《詩經》中，連本篇共見過十八次，都應該這樣解釋，沒有半個例外。在本篇裏，這兩個字的意義尤有關係，一種迫切的情調，在字面上衹有這點記載。《散氏盤》有這樣一個字：「」從艸從又（又卽手）。前人都釋爲「若」。唐蘭說「若」，《說文》訓爲「擇菜」，卽本篇「薄言有之」之「有」。這一說頗有道理，我想。本篇二章的「掇」、「捋」意義相近，三章「袺」、「襭」也相近，那麼一章的「采」、「有」也應該是性質類似的兩種動作了。《詩經》用字的式例確乎有這一種。

'tsâi 'tsâi ,P 'jwi 'i b'âk ,ngien t' iwät ,t' si（采采芣苢，薄言掇之）

'tsâi 'tsâi ,P 'jwi 'i b'âk ,ngien liwät ,t' si（采采芣苢，薄言捋之）

「掇」、「捋」兩字現代語裏還有，也許無須解釋。其實從 t' iwät, liwät 兩個聲音上你就可以明白那是兩種多麽有勁的動作。審音的重要性於此可見一斑。

'tsâi 'tsâi ,P 'jwi 'i b'ak ,ngien kiet 'ts'i（采采芣苢，薄言袺之）

'tsâi 'tsai ,P 'jwi 'i b'ak ,ngien kiet 'ts'i（采采芣苢，薄言襭之）

「袺」、「襭」兩字的區別，各家的訓釋不同。「袺」據《毛傳》說是用手提着大襟，「襭」據解《毛傳》的說是將大襟紮在衣帶上，其實他的意思是說把東西裝在兩種衣兜裏，一種動作叫「袺」一種叫「襭」。但是《廣雅・釋器》曰：「袺謂之䄌，襭謂之褱。」䄌本是衣袖下的口袋，（現在日本人的衣服還有這東西，）把東西裝進䄌裏的動作，也可稱「䄌」。《管子・輕重戊篇》：「丁壯者胡丸操彈」，「胡」卽「䄌」之初文，正是用爲動詞。「褱」卽「懷抱」之「懷」的本字。《列女傳》曰：「始於捋采之，終於懷襭之，浸以益親。」與《廣雅》相合。這兩種解釋，我任你挑一種。

這會兒，你可以好好打口呵欠了。你可有點悶氣不？我嘮叨的也太久了。現在請你再把詩讀一遍，抓緊那節奏，然後合上眼睛，揣摩那是一個夏天，芣苢都結子了，滿山谷是採芣苢的婦女，滿山谷響着歌聲。這邊人羣中有一個新嫁的少婦，正撚那希望的璣珠出神，羞澀忽然潮上她的靨輔，一個巧笑，急忙的把它揣在懷裏了，然後她的手祇是機械似的替她摘，替她往懷裏裝，她的喉嚨祇隨着大家的歌聲囀着歌聲——一片不知名的欣慰，沒遮攔的狂歡。不過，那邊山坳裏，你瞧，還有一個傴僂的背影。她許是一個中年的磽確的女性。她在尋求一粒眞實的新生的種子，一個禎祥，她在給她的命運尋求救星，因爲她急於要取得母的資格以穩固她的妻的地位。在那每一掇一捋之間，她用盡了全副的腕力和精誠，她的歌聲也便在那

「掇」「捋」兩字上，用力的響應着兩個頓挫，彷彿這樣便可以幫助她摘來一顆眞正靈驗的種子。但是疑慮馬上又警告她那都是枉然的。她不是又記起已往連年失望的經驗了嗎？悲哀和恐怖又回來了——失望的悲哀和失依的恐怖。動作，聲音，一齊都凝住了。淚珠在她眼裏。

采采芣苡，薄言采之！采采芣苡，薄言有之！

她聽見山前那羣少婦的歌聲，像那回在夢中聽到的天樂一般，美麗而遼遠。

上面兩個婦人祇代表了兩種主要的類型。其餘的你可以類推。我已經替你把想象的齒輪撥動了，現在你讓它們轉罷，轉罷！……

有人說《芣苡》太單調，老是那幾句簡單的話，完全不像詩。我舉幾條著名的單調的例：

江南可採蓮，蓮葉何田田，魚戲蓮葉間。魚戲蓮葉東，魚戲蓮葉西，魚戲蓮葉南，魚戲蓮葉北。

十三能織素，十四學裁衣，十五彈箜篌，十六誦詩書，十七爲君婦，心中常苦悲。何以致拳拳，綰臂雙金環；何以致殷勤，約指一雙銀；何以致區區，耳中雙明珠；何以致叩叩，香囊繫肘後；何以致契闊，繞腕雙跳脫；何以結恩勤，美玉綴羅纓；何以結中心，素縷連雙針；何以結相遊，金薄畫搔頭；何以慰別離，耳後玳瑁釵；何以結歡愉，素紈三條裙；何以結愁悲，白絹雙中衣。

我還可以繼續的舉卜去，但沒有那必要。反正你是明白了，單調不犯忌諱。《芣苡》所以不能引起你的興趣，原因不在它的單調性。你若能懂上面的三個例，那是因爲它們的背景，它們的情緒，它們所代表的意義，都和你熟識。譬如拿採蓮和採芣苡比，對於前者，你可以有多少浪漫的聯想，美麗的回憶，整部的南朝樂府和無數的唐詩給它做註脚。但是後者，你若沒有點古代社會、古代女性的知識，那便是全是陌生，像不認識的字，沒猜破的謎，叫你如何欣賞？

所謂簡單，大概指文字簡單而言。那更沒有關係。Wordsworth 聲言：

The dates on a tombstone spoke eloquently; and a parish register, without addition, touched the springs of sympathy and tears.

反正文字簡單，意義不一定簡單。甚至愈是簡單的文字，力量愈大，因爲字是傳達意義的，也是限制意義的，假如所傳達的抵不上所限制的，字倒是多一個，不如少一個。所以癥結不在簡單不簡單，祇看你懂不懂每個字的意義，那意義是你的新交還是故舊。如果是故舊，聯想就多了，祇須提一提它的名字，你全身的纖維都會震動，祇叫一聲，你的眼淚就淌。面生也不妨，祇要介紹得法，你的感情也會移入。「采采芣苡，薄言采之」，是何等驚心動魄的原始女性的呼聲，如果你眞懂了原始女性。

（聞一多）

詩・邶風・柏舟

汎彼柏舟，亦汎其流。耿耿不寐，如有隱憂。微我無酒，以敖以游。
我心匪鑒，不可以茹。亦有兄弟，不可以據。薄言往愬，逢彼之怒。
我心匪石，不可轉也。我心匪席，不可卷也。威儀棣棣，不可選也。
憂心悄悄，慍于羣小。覯閔既多，受侮不少。靜言思之，寤辟有摽。
日居月諸，胡迭而微？心之憂矣，如匪澣衣。靜言思之，不能奮飛。

詩以抒寫性情，三百篇中每有一往情深、百讀不厭之佳篇，而作者何人，本事若何，蓋茫然也。吾人苟誠能涵詠咀味其趣味神思，則密察之考辨不妨姑置爲第二義。無奈有些所在，若不明其人其事之若何，則情思之大齊雖可了知，而眇微之處終覺閡阻而不通。此所以考辨與鑒賞蓋不可分爲兩橛也。

但我們雖喜明辨，却和迂儒不同。他們喜冒充內行，喜強不知以爲知；我們不然。我們覺得「不知」比「知」多是正當的事。多多知道固然是我們的希望，但不知更多也是我們的希望。「知」是努力的成效，

「不知」是努力的材料和機會。老子說：「無之以爲用。」然前人的觀念却正正相反。我們所謂學人是黑暗中的掙扎者，是不知中的徬徨者；他們理想中的學人，却是光明的使命，是以一物不知爲恥的全知。他們先把事情看得太容易，把希望又投得太大；後來酒沒有了，便摻進水去朦混一下。這是我們所不肯，不能，且不屑做的。

《柏舟》便是一例。這詩在三百篇中確是一首情文悱惻，風度纏綿，怨而不怒的好詩。五章一氣呵成，娓娓而下，將腦中之愁思，身世之畸零，婉轉申訴出來。通篇措詞委婉幽抑，取喻起興巧密工細，在素樸的《詩經》中是不易多得之作。我們讀到「耿耿不寐，如有隱憂」，「心之憂矣，如匪澣衣」，作者殆有不能言之痛乎？「覯閔既多，受侮不少」，「靜言思之，不能奮飛」，殆是弱者之哀嘶乎？「兄弟不可以據」，又「慍于羣小」，殆家庭中相煎迫乎？既不能同流合污，無所不容，又不能降心相從，蒼黃反覆，則拊心悲咤信是義命之當然，豈有他道乎？綜讀全詩，怨思之深溢於詞表，初不必考證論辯後方始了了也。

但怨可知，致怨之故不可知；身世之牢愁畸零可知，何等身世不可知；作者是守死善道之君子可知，而爲男爲女不可知。何則？詩無序故。其人其事不載本文，又無序以實之，何從而審知之耶？現存之序，僞託無論；卽眞，亦無益於事。《序》所言「仁而不遇」，直與無說等耳。其人爲仁人，我固知之；其人爲不遇之仁人，我尤知之；何勞《序》說耶！至於所謂「衛頃公之時」，言誠鑿鑿矣，奈不足使人信何！姚際恆之言曰：「既知爲衛頃公，亦當知仁人爲何人矣，奚爲知君而不知臣乎？」其駁殊雋。可見《序》全是向壁虛造之談。既託之毛公，又託之子夏，甚而託之周之太師，宜乎於《詩》之大義必了了然無所不知矣；而其技竟止於此，可笑孰甚焉。

茲約舉各說觀之。毛、齊兩家之釋，曖昧不瞭，姑置不論。（毛祇言君子，見《傳》。齊祇言窮居之仁人，見《易林》。）韓說雖見於《外傳》，但亦恐無涉於本義。劉向治《魯詩》而所說互異：其一見於《列女傳・貞順篇》，以爲衛宣夫人作；其二見上封事，以此詩爲小人害君子。馬貴與曰：「夫一劉向也，《列女傳》之說可信，封事之說獨不可信乎？」夫一人之言而前後相違，其爲臆說，明甚。以宣姜爲此詩作者，尤謬於歷史事實，前人已屢駁之。向之言未必《魯詩》之本義也。大約解此詩者，衛、鄭爲一派，朱爲一派。衛、鄭并以爲羣小之陷君子，朱則以爲婦人不得於夫。故「日居」兩句，朱遵鄭義而所釋不同。朱子既信《列女傳》而又疑非宣夫人之作，故改說爲莊姜；其間去取，毫無準則。鄭則將此詩密重重安上君臣字樣：於「兄弟」下則曰同姓臣也，於「羣小」下則曰衆小人在君側也，於「日月」下則以爲取喻君臣也，於「不能奮飛」下則以爲臣不忍去君也。詩無明指君臣之文，而鄭言之鑿鑿，若不可移易者然，何耶？從鄭者姚際恆，從劉向、朱熹者王先謙。姚之說曰：

> 篇中無一語涉夫婦事，亦無一語像婦人語。若夫「飲酒」，「威儀棣棣」，尤皆男子語。且如是，孟子引婦人詩以言孔子，亦大不倫。

夫說此篇爲女子受侮而作，義亦可通，何必涉及夫婦事方得謂爲女子作耶？至所謂不像婦人語，尤覺未當。「微我無酒」兩句本係假設之詞，言雖飲酒遨遊未足寫憂，無礙於女子口吻。且「駕言出遊」，《泉水》、《竹竿》之四章也；上言「女子有行」，豈亦皆男子語乎？彼爲實敍既猶可通，豈此乃虛設反不可通乎？威儀之盛固似男子語，但女子獨不許有威儀乎？至於孟子曾引此詩比孔子，證爲非婦人詩，更不成立。子太叔賦《野有蔓草》，而趙孟曰：「吾子之惠也。」豈二人相與爲移戀乎？子太叔賦《褰裳》，而韓起曰：「敢勤子至於他人乎！」豈起以蕩婦況子太叔乎？詩有本義，有斷章之義，姚氏既非不知，乃混而同之何也？孟子於《詩》喜隨意立說，姚氏引以爲重，失所據矣。

王先謙之說本於《列女傳》，略同朱熹。唯他拘拘於三家，以《列女傳》爲魯說，必釋此詩爲寡婦所作，亦鄰於武斷，不如朱子之瑕瑜互見。朱子有疑古之識，無疑古之膽，故往往虧一簣之功。他以《柏舟》爲婦人所作，又疑其非宣夫人，所見已卓。唯不能自守其壁壘，一面既妄測爲莊姜作，一面注孟子又從《小序》以爲衛之仁人作，徘徊不定，致召陳啓源、胡承珙、姚際恆諸人之誚。朱子之病不在於疑古，乃在疑古之不徹底。他說此詩，不屈於古代之權威，毅然以其詞氣之卑順柔弱斷爲婦人之詩；雖復不能自持其說，而視迂儒之盲從曲說，固九泉之下有天衢也。

我於此詩，除審度其情思外，非另有所見，前已言之。唯觀其措詞，觀其抒情，有幽怨之音，無激亢之語，殆非男子之呻吟也。一章曰：「耿耿不寐，如有隱憂。」憂既隱曲，而又曰如有，胸懷何其幽鬱也？二章曰：「我心匪鑒，不可以茹。」逆來順受，忍無可忍，故云然耶？又曰：「薄言往愬，逢彼之怒。」依託兄弟已鄰弱怯，而又曰往愬逢怒，似身不能自主者然。姚氏謂無一語像婦人語，我却覺得無一不像婦人語也。四章「覯閔」以下四句，言無抵拒淩侮之力，於明發之時，拊心椎擊，自悲其身世。五章以憂思喻不澣之衣，就近取譬，更足想爲女子之詩。又言「不能奮飛」，若爲男子，曲終奏雅或不若是其卑弱也。凡上所析，良非確證，衹足供讀詩者參鏡耳。夫言爲心聲；就詩之風裁詞氣以推之，則作者之面目亦思過半矣。

就篇章而觀，「汎彼柏舟」一章，毛《傳》以爲興也，朱熹以爲比也。而其實二說初無大殊。毛公說：「柏木所以宜爲舟也，亦汎汎其流，不以濟度。」鄭釋之曰：「興者，喻仁人之不見用。」是毛、鄭之所謂興，兼比喻也。朱熹說：「言以柏爲舟，堅緻牢實，而不以乘載，無所依薄，但泛然於水中而已。」實與毛、鄭之釋同。夫毛《傳》釋《詩》衹標「興也」一語，并無「比也」、「賦也」之文；朱子則臆增之，非毛公之意也。

故此詩首章兩句，毛、鄭、朱三家并以爲比喻，而朱子特標「無所依薄」一語較爲高卓。今按：「柏舟」之名兩見於《詩》（《鄘風・柏舟》），以柏爲舟，或係古人所常用，故卽因以起興；非必爲懷才不遇之意，乃借以爲喻也。「柏舟」之所以有取，正因其「無所依薄」，觀本詩之意自明。既曰「汎彼柏舟」，又重言之曰「亦汎其流」，彷彿今言：「柏木的舟飄呀，在水波上飄呀！」側重之點在於萍浮絮泊，取喻身世之畸零，與全篇風格爲諧調。必如毛、鄭之說，揆之前後，文情不免枘鑿矣。

以下三章無費解之處。第五章：「日居月諸」，頗有異說。姚際恆及鄭玄、朱熹并以爲比喻，而以姚氏之言較直捷。唯王先謙用《韓詩》義，釋「胡迭而微」爲胡常如微，與各家異。此詩之大義，上既辨之，則諸家以此爲比，實不如王氏之釋作賦體爲優。鄭以爲喻君臣之分不明，朱以爲喻嫡庶之位不正，其妄謬無論。姚以爲喻衛之君臣皆昏不明，亦係臆說。觀此詩全篇并不見有此義，前既言之，則姚說亦無可信之價值，與鄭、朱同。此兩句若不從韓訓「迭」作常，則於義無取，於文爲不詞。若從韓改字作釋，方合幽人憔悴之音。日月，人間之至光輝者，但何爲於我獨常如微晦而不明乎？言幽憂之甚，雖日月照臨并失其光耀也。外狀緣逐內心而轉，其情怊至爲微眇。故我以王先謙之說爲長。詩中訓故視大義如何而定其說者，此類是也。

論此詩結構：第一章以「柏舟」喻飄泊之思，以「不寐」見隱憂之深。「微我無酒」兩句極言憂思之難消，猶宋詞所謂「奈愁濃於酒，無計銷鑠」矣。第二章首言吾心非泂然無有，如鏡虛明者，故不能薰蕕雜會，黑白同茹，忍無可忍，思一吐爲快。繼言可告之人宜莫過於兄弟矣，然我往愬則逢彼之怒，是兄弟猶途人耳。至親如兄弟尚不足賴，則疏於兄弟者不必言矣。既不能茹，又不能吐，窮之甚也。第三章是反躬自省之詞。我既不容於家人，豈有過失乎？——然而威儀固至可觀也。豈我有他道以趨迎時尚乎？——然而心之堅貞有異石席也。第四章言被小人之害，無力以復之，故惟心自嘆。第五章言幽憂之甚，日月失明，輾轉尋思，不能自脫。五章之詩始以舟之汎汎動飄泊之懷，終以鳥之翻飛興無奈之嗟，其結構層次實至井然。

論《柏舟》既竟，因思及古今人各有所蔽，古之蔽也迂，今之蔽也妄。即就《詩》而論《詩》，考辨與欣賞同爲目今研治此書不可缺之工作。文學本以欣賞爲質。煩瑣之考辨非所貴尙，此意稍有常識者皆審之矣。然視考辨爲治詩之鵠的可非，而視考辨爲治詩之階段則不可非；不考辨可明的作品而亦故意考辨之可非，非考辨不明的，不得已而考辨之不可非。前人素無異說，妄立名目，炫才揚己者可非；而闢荆榛，張壁壘，志在掃雰埃以示雲天者不可非。考證論辯之事，在文壇上衹是一種打掃工夫。瑩潔清明之地無灑掃之必要者，故意灑之掃之以示其勤，誠覺其可憐而可厭（然亦未必可恨）；至在蛛網塵封，數千百年之華屋中，則作灑掃夫者豈非後來居是者之功臣，乃亦苛爲多事，得勿遠於人之情乎？《詩經》中如無重重之翳障在，則吾人誠可直接就諷誦間欣賞古詩之美，不勞學作迂儒之聲口矣，奈天不從人願何！翳障故在，則認爲眞美者或竟許是幻景；吾人卽努力去欣賞亦徒勞耳。眞相未知而謬思欣賞，愚矣；未曾欣賞而自命已然，誣矣。總之，治《詩經》者應當考辨與批評并用，方可言整理，方可言欣賞陶寫，否則便是自欺欺人。退一步言，卽使自己無意或無力去做考證論辯之事，亦不當菲薄他人做此項工作的。何則？這兩種工作相待而成故。昂首閉目作扣槃捫籥盲瞽之談，而謂天下之是盡在於我，天下之非盡在於他人，其胸襟見解已自絕於文藝之陶冶。此中而有天才，何地無天才耶？天才而亦如此，庸妄人更又將若何耶？吾豈知其何故，願以質之今之以天才自許者。

（俞平伯）

詩・衛風・碩人

碩人其頎，衣錦褧衣。齊侯之子，衛侯之妻，東宮之妹，邢侯之姨，譚公維私。

手如柔荑，膚如凝脂，領如蝤蠐，齒如瓠犀，螓首蛾眉。巧笑倩兮，美目盼兮。

碩人敖敖，說于農郊，四牡有驕，朱幩鑣鑣，翟茀以朝。大夫夙退，無使君勞。

河水洋洋，北流活活，施罛濊濊，鱣鮪發發，葭菼揭揭。庶姜孽孽，庶士有朅。

《衛風・碩人》是一首讚美衛莊公夫人莊姜的詩。全詩四章，首章寫她出身高貴，次章寫她姿容美麗，第三章寫結婚的儀式，第四章寫送嫁的情況。《左傳・隱公三年》記載：「衛莊公娶於齊東宮得臣之妹，曰莊姜。美而無子，衛人所爲賦《碩人》也。」《詩序》則說《碩人》是刺莊公的，莊公「惑於嬖妾」，冷落他的正妻，國人因作此詩「閔莊姜」。但從詩的內容來看，本詩似和「無子」沒有關係，也「無閔意」（清姚際恆《詩經通論》），實應作於莊姜由齊國初嫁衛國的時候。衛國有兩位莊公，一名揚，公元前七五七年至前七三五年在位；一位蒯聵，公元前四八〇年至前四七八年在位。莊姜的丈夫是前一位莊公。也就是說，詩大致可以肯定作於公元前八世紀中葉，正當春秋前期。

《碩人》詩歷來備受推崇的是描寫莊姜之美的第二章，舊有「美人圖」之譽，是中國古代文學中最早細緻刻畫女性容貌、情態美的篇章。這一章開首連用了六個比喻來摹寫莊姜身體的一些細部：「手如柔荑，膚如凝脂，領如蝤蠐，齒如瓠犀，螓首蛾眉。」翻譯成現代語言大概是這樣：「雙手像初生的草芽那樣粉嫩柔軟，皮膚像凝結的油脂那樣細膩光滑，頸項像天牛的幼體那樣修長白淨，牙齒像葫蘆的籽兒那樣潔白整齊，小蟬樣的前額方正光潤，蛾鬚般的秀眉配得那樣合適。」作者用柔荑、凝脂、蝤蠐、瓠犀、螓首、蛾眉來比擬形容莊姜的雙手、皮膚、頸項、牙齒、前額和眉毛，十分貼切，也十分具體形象，使讀者對莊姜的美產生了清晰深刻的印象。但作者的描寫并沒有到此爲止，而是換了一種筆法，接寫她的情態：「巧笑倩兮，美目盼兮。」「巧笑」，輕巧的笑，微微的笑。「倩」，「好口輔」（《毛傳》），言「口輔之美也」（宋朱熹《詩集傳》）。「口輔」指的是唇角附近的面頰，所謂「巧笑倩兮」，是說笑起來唇角附近面部肌肉微動，顯得非常嬌好，猶如俗語所謂現出「酒窩」來。「盼」，原意是眼睛清朗。《論語・八佾》引「美目盼兮」，漢馬融注：「盼，動目也。」這裏是形容目光顧盼的動態。這兩句詩或許可以這樣翻譯：「微笑起來一對酒窩那樣的美，美麗的眼睛波光流動眞是動人。」前人對這兩句詩無不讚賞備至，嘆爲觀止。清人孫聯奎說：「《衛風》之詠碩人也，曰『手如柔荑』云云，猶是以物比物，未見其神。至曰『巧笑倩兮，美目盼兮』，則傳神寫照，正在阿堵，直把個絕世美人活活請出來在書本上滉漾。千載而下，猶如親其笑貌。」（《詩品臆說》）這一章對莊姜的描寫，好比繪畫，前五句繪美人之形，後兩句「畫龍點睛」，傳美人之神。德國美學家黑格爾認爲：眼睛「是最能充分流露靈魂的器官，是內心生活和情感的主動性的集中點」（《美學》第三卷）。中國東晉大畫家顧愷之特別強調，畫人物，最重要的是畫好眼睛，所謂「傳神寫照，正在阿堵」，原是他的經驗之談（見《晉書》卷六十三）。《碩人》詩因爲有了這兩句絕妙的傳神點睛之筆，使詩中的美人活現於讀者面前。莊姜的形態，尤其是她流露在唇邊的巧笑，流動的目光，都使人想到意大利著名畫家達·芬奇那幅不朽的油畫《蒙娜麗莎》，想到蒙娜麗莎那豐腴的雙手交放在身前的美麗姿態，那微微斜視又楚楚動人的眼神，那翹起的嘴角邊輕盈的笑靨。也許，這兩幅「美人圖」實際上存在着很多不同，但是，「巧笑倩兮，美目盼兮」兩句詩的藝術魅力，決不下於蒙娜麗莎那「永恆的微笑」。

正因爲《碩人》第二章具體地描寫了莊姜的美，又寫得那樣出色，所以，若干美學家都把它作爲中國古代寫人體美的例子而大舉特舉。但是，應該看到，這一章所寫的莊姜之美，實際上主要是她的容貌情態，最多包括了她的雙手，給人們的印象是一張「半身照片」，并未全部展示她的形體。因此，如果從人體美的角度來看《碩人》詩，更值得注意的倒是它開篇的第一句——「碩人其頎」。這一句是從總體形象上把握莊姜的形體之美的。也就是說，《碩人》詩實際上是先整體後細部來寫美女形象的。

「碩人其頎」，《玉篇》引作「碩人頎頎」，意思是一樣的。「碩人」即美人，代指莊姜。《爾雅·釋詁》：「碩，大也。」「大」是描寫事物形體的詞，以碩人爲美人，無疑包含着一種形體規定。作者不僅以「碩」稱莊姜，又言其「頎」。《毛傳》：「頎，長貌。」所謂「碩人其頎」，翻譯成現代語言就是「那個美人高高大大」。至第三章，開首又言「碩人敖敖」。《毛傳》：「敖，長貌。」「碩人敖敖」當是重複「碩人其頎」的意思，可見作者在本詩中十分強調莊姜體形的長大之美。各種材料證明，在《詩經》時代，不分男女都是以長大爲美的。現代學者朱自清說：「大人猶美人，古人『碩』『美』二字爲讚美男女之統詞，故男亦稱美，女亦稱碩。」（《古詩歌箋釋三種》）這在《詩經》中就可以找到例證：

碩人俁俁，公庭萬舞。有力如虎，執轡如組。……彼美人兮，西方之人兮。（《邶風·簡兮》）

嘯歌傷懷，念彼碩人。……維彼碩人，實勞我心。（《小雅・白華》）
辰彼碩女，令德來教。（《小雅・甫車》）
有美一人，碩大且卷。……有美一人，碩大且儼。（《陳風・澤陂》）

前兩例「碩人」指男子，後兩例則以「碩」稱女性。身材長大當與壯健有聯繫，所以長大之美就是壯健之美。這種觀念與古希臘人體雕塑所表現出來的精神是一致的。當然，同以長大爲美，男女還是有別的，就當時的審美理想來說，男子不僅要身軀高大，還必須勁健和「孔武有力」（「有力如虎」）；而女子在長大的基礎上則要求姿態端莊（「碩大且儼」），相貌美好（「碩大且卷」）。如果從整體來看，《碩人》詩對莊姜的描寫，是具體地體現了這一時代的審美要求的。而詩中所描寫的那位碩長美麗的女性和米洛的維納斯雕像，那一表現白種女性美的典型造型，又是可以找出許多共同點的。

曾經有很多人指出，《碩人》詩對莊姜美的讚賞，反映了當時貴族階級的審美情趣。如果從詩中某些描寫來說，這是有一定道理的。俄國文藝批評家車爾尼雪夫斯基曾經談過審美趣味受階級意識制約的問題，他認爲「鮮嫩紅潤的面色」，是勞動婦女「美的第一個條件」（《生活與美學》）。用此來比較，《碩人》詩中美人雙手的柔嫩、皮膚的白皙確是不參加體力勞動的貴族女性的特徵。對這種美的讚賞，當然反映了貴族階級的意識。但是，僅僅強調和批判這一點進而簡單地否定這首詩是不行的。這不僅僅因爲這首詩是歷史的，而就詩本身來說，它所表現出來的關於女性形體美的基本觀點也是健康的。對人體美的追求，是人類一種高尚的美的追求。人類通過改造自然的鬥爭，改造自然，同時也改造自己的軀體。爲了與自然作鬥爭，人類需要強有力的身體。那種以高大壯健爲美的觀點，應該說是人類從功利要求出發對人體美最早的認識，它表現了人類積極進取的精神。《碩人》詩所表現出來的基本審美觀念，是對這種精神的繼承。即使在今天我們不是仍以「健」爲人體美的基本要求嗎？這同剝削階級從以女性爲玩物的意識出發的審美趣味是不同的。所謂「楚王好細腰，宫中多餓死」，以及南朝以來的女性以病態爲美的觀念，乃至中國封建社會後期女子纏足之風，那才是剝削階級對人類人體美基本觀念的浸蝕和異化。至於《碩人》詩中對女性美的一些具體描寫，我們一方面要注意它的歷史和階級的烙印，另一方面必須看到對女性相貌等審美要求本身并非是反歷史的。其實，早在人類從物質生產角度出發對人體的「自然力」提出要求的時候，從生活的角度出發，就同時對人體提出了能使人愉悦的觀感要求。隨着物質文明的提高，人們在更強調内在的精神美的同時，對比例、均衡、對稱、和諧等人體形式美的要求也越來越高。因此，對女性體態、容貌等提出更高的審美要求，應該説是自然的，順乎歷史發展的。而且，美的觀念是歷史的，階級的，但它更是隨着社會生産方式和生活方式的變化而變化的。歷史上某些審美觀念，縱使它曾經爲某一時代、某一階級所有（這裏暫不談共同美問題），但隨着歷史的進展，它不一定隨着這一時代、這一階級的消亡而消亡。它很可能被積澱在民族的審美觀念中，成爲新時代人們審美觀念的組成部分。《碩人》詩中那些形容莊姜手、膚、齒、眉的比喻，如瓠犀、蛾眉之類，雖然被文人墨客不厭其煩地反覆沿用而成爲陳詞濫調，但是，直到今天，白淨的皮膚，整齊的牙齒，明亮的眼睛，細長而略微彎曲的眉毛，似乎仍然是不少人所讚賞的女性美的一些特徵，人們并沒有因爲歷史上的貴族階級讚賞過而摒棄它們。這説明美的觀念的延續情況是複雜的，不能以簡單的階級批判否定了事。

（李時人）

詩・衛風・氓

氓之蚩蚩，抱布貿絲。匪來貿絲，來即我謀。送子涉淇，至于頓丘。匪我愆期，子無良媒。將子無怒，秋以爲期。

乘彼垝垣，以望復關。不見復關，泣涕漣漣。既見復關，載笑載言。爾卜爾筮，體無咎言。以爾車來，以我賄遷。

桑之未落，其葉沃若。于嗟鳩兮，無食桑葚！于嗟女兮，無與士耽。士之耽兮，猶可說也。女之耽兮，不可說也。

桑之落矣，其黃而隕。自我徂爾，三歲食貧。淇水湯湯，漸車帷裳。女也不爽，士貳其行。士也罔極，二三其德。

三歲爲婦，靡室勞矣！夙興夜寐，靡有朝矣！言既遂矣，至于暴矣。兄弟不知，咥其笑矣。靜言思之，躬自悼矣。

及爾偕老，老使我怨。淇則有岸，隰則有泮。總角之宴，言笑晏晏，信誓旦旦，不思其反。反是不思，亦已焉哉！

《衛風·氓》敘述的是一個古老的、至今還在無數次重演的生活事件：癡情女子負心郎，詩人們曾千百次地用以作爲創作的題材；然而今天我們讀着這兩千多年前的詩章，却決不因時代的遙遠，題材的習見而厭倦。誦讀之中，彷彿仍能聽到女主人公催人淚下的悲愴呼聲，仍能看到她那哀麗堅貞的感人形象。一首詩歌，何以能具有如此強大的、不朽的生命力呢？近代意大利美學家克羅齊說：「無論是創造藝術的藝術家，還是欣賞藝術的觀衆，都祇需要普遍與特殊，或則說得更精確些，都祇需要特殊化的普遍，即全歸結和集中到一種獨特心境的表現上那種普遍的藝術活動。」（《美學綱要》第二章）克羅齊把這種能表現普遍的獨特心境稱爲「直覺」，直覺是每個人在一定情境中的心境和情感的表現。如果我們舍棄克羅齊在認識論上的本末倒置的唯心主義立場，將直覺視做基於現實而產生的，眞實的不加矯飾的勃生的感情，那麼這段話正道出了一切優秀的藝術作品——也包括《氓》——之所以成功的第一義諦。《氓》的作者并沒有任何文藝理論作爲指導，她只是將即時即地（一定情境）所觸發的意念與感觸（獨特心境）一一寫來。潛在意識的順次湧現，感情節奏的自然起伏，衍成了詩歌跌宕回旋的布局，塑成了主人公浮雕般具體生動的形象。其寓神理於自然的藝術勝境，足以使後世的一切大手筆嘆爲觀止。正由於《氓》產生於文藝創作的素樸時代，因此它的傑出的藝術成就，就更能啓發我們去深入領會創作論中長期以來被忽視的一個重要問題，即作者主觀意識，或稱「獨特心境」，在文藝創作中的重大作用。

全詩共六章，情節很簡單，少女爲一青年男子所追求，終於結成了夫婦，儘管她甘貧操勞，三年如一日；然而色衰愛弛，最後仍逃脫不了許多弱女子共同的命運——被丈夫休棄歸家。這首詩，就作於歸途之中。

後人可以從這首詩中分析出許多結構與修辭上的匠心來。它并不是平鋪直敘事件經過。顯然，三、四兩章是全詩的主旨所在「吁嗟女兮，無與士耽。士之耽兮，猶可說也，女之耽兮，不可說也！」「女也不爽，士貳其行。士也罔極，二三其德！」這是女主人公在三年婚嫁生活中所得出的痛苦的經驗教訓：「作爲女子，千萬不能耽溺於男女的情愛之中。男子耽於情愛，還可以自我解脫，然而女子一旦沉溺其間，就總是不能自拔！因爲女子的感情是專一不二的，而男子却往往朝三暮四，縱其心慾而無所拘忌！」圍繞着這一主旋律，前此一、二兩章，寫了當初男子求婚，女子于歸的可寶貴的甜蜜回憶。後此第五章，又追溯了婚後三年女子不暇的操勞與不幸的遭遇，結末第六章，發爲浩嘆。這樣圍繞着主題，前後分成了兩個鮮明而強烈的對照，一是男子前後態度的變化，「三年前他來求婚時，面帶着嗤嗤然的敦厚的笑，還玩了一個可愛的小小花招，他抱着布匹來換絲，其實却是來找我商量婚姻大事」。然而三年之後，「言既遂矣，至於暴矣」——他的慾望一旦滿足，就變得如此不仁和兇暴。二是女子際遇與心情的對比，「三年前，我深感於他的愛戀與誠意，曾有過多少美好的憧憬與苦樂相融的夢。他來得匆忙，連媒人也未找好；我送他過了淇水到頓丘，約他秋天再來結同好；我登上頹垣將他歸來的車兒望[一]，不見車來，我涕淚汪汪，一旦車來，我又是說來又是笑」；然而三年後，「儘管我承擔了一切的辛苦與操勞，早起晚寢，不分今日與明朝。誰知到頭來，他却翻然變臉將我休棄掉！」這種強烈的對比，有力地表現了那男子兇暴不仁的性格與女子善良溫厚的品質，從而激盪起人們的無比同情與義憤。

然而上述分析，總是隔了一層的，設身處地體味一下女主人公的特定情境，就能感到這種看似精心的結構與修辭，其實是她潛意識最自然不過的流露。

[一] 復關，回車。關，車廂。參看高亨《詩經今註》註。

這首詩中有三處提到淇水，首章之「送子涉淇，至於頓丘」；四章之「淇水湯湯，漸車帷裳」；六章之「淇則有岸，隰則有泮」。三寫淇水正爲我們提示了女主人公思緒的軌跡。作爲棄婦，她的心情悲痛而又惘然，人處於這種心情之下，所產生的意念，往往是由近邊的景物喚起的，這在心理學上稱作「暗示」。「淇水湯湯，漸車帷裳」是棄婦歸途中的實境，當年初議婚約時，她曾「送子涉淇，至於頓丘」，正是渡過了淇水，他們才訂下了「秋以爲期」的誓約，也才有了以後的一切。淇水，是她那段以歡樂始、以悲傷終的生活的見證人。因此詩人很自然地從涉淇訂約爲中心的初戀的回顧，開始了她的歌唱。涉淇訂約後經過焦心的盼望，終於盼來了行媒迎娶的歸車，「以爾車來，以我賄遷」，是涉淇訂約的自然延展，是他們愛情的高潮，歡樂的頂峯，然而同時也是以後三歲爲婦不幸遭遇的起點。正因爲這是歡樂與痛苦的交點，所以回憶至此，詩人萬箭鑽心，不可壓抑地迸發出了三、四兩節的痛苦吶喊：「吁嗟鳩兮，無食桑葚。」當初那達於頂峯的歡愛，原來是這麽不可憑依！可見在回憶中插入的這兩節抒情議論，并非詩人自覺的巧思結撰，而是意念感情的合乎邏輯的發展。看來這是布局上的跌宕之筆，其實這是奔騰江河的自然曲折，所以雖然曲折，却更具有澎湃汪洋的力量。

這裏可以討論的是三、四兩章起始「桑之未落，其葉沃若」，「桑之落矣，其黄而隕」二個對比性的起興。爲什麼詩人這裏不用其他景物（比如用「桃之夭夭」），而偏舉桑葉？我們以爲桑樹應當也是棄婦歸途中所見的實物，以實景起興的例子，在《詩經》中是屢見不鮮的，如「蒹葭蒼蒼，白露爲霜，所謂伊人，在水一方」（《蒹葭》）；「月出皎兮，佼人僚兮。舒窈糾兮，勞心悄兮」（《月出》）……都是以眼前實景爲發端起興的。「桑之落矣，其黄而隕」，是棄婦歸返涉淇時所見到的河岸上桑樹的實際形象［一］，（所以下面

［一］《鄘風・桑中》：「期我乎桑中，要我乎上宮，送我乎淇之上矣。」可知淇上確實有桑林。

又緊接着寫道：「自我徂爾，三歲食貧。淇水湯湯，漸車帷裳。」）而由此暗示，產生心理學上所說的「對比聯想」，又回憶起行媒時，「桑葉沃若」的景象〔一〕。淇水之畔，桑葉現時的黃而隕與回憶中的「沃若」潤美，所構成的觸目驚心的對照，使得棄婦自然地取以爲三、四段的起興，所以能一氣貫下，其勢正與湯湯淇水渾融爲一，而蕩人心魄。桑葉沃若與黃隕的對比，是愛情由盛而衰的象喻（用歐陽修說），因此由葉落的黃，又自然轉入了婚後三年不幸生活的回憶。在這一節中「兄弟不知，咥其笑矣」二句尤可玩味，第四章前半是回憶婚後之不幸，而「兄弟」二句則是女子返渡淇水時所預想的到家後的情景，這與《孔雀東南飛》中劉蘭芝在休歸途中預想到「我有親父兄，性行暴如雷，恐不任我意，逆以煎我懷」，出於同樣的心理狀態。由回憶到預想的跳躍，衹有在棄婦返歸的特定情境中方會出現，是潛意識在此詩中主導作用的又一鮮明表現。往事不堪回首，前程又復可畏，至此這女子不禁發出了「靜言思之，躬自悼矣」的哀嘆，而最後第六章十句又正是想到這種進退維谷的困境時煩亂心情的自然延展：「像這樣下去，卽使與你白首到老，衹怕更增加我的哀怨。淇水還有個岸，河岸還有個邊〔二〕，我的怨愁又何時能完？溫存的言笑，旦旦的誓言，還在我眼前，又何曾想到竟一朝反悔；既然你反悔了呵，那就不必再苦苦追思，過去了的一切，也衹有一丟了事……」詩人至此，已百無聊賴，無復可言，衹有那無聲的哀思，在引動着讀者對女主人公後來遭際的擔心與關懷。

〔一〕這樣說似乎與「秋以爲期」有矛盾，其實是合理的，首章雖說「秋以爲期」，但是二章又云「不見復關，泣涕漣漣；既見復關，載笑載言」，可見這男子并未按約於秋日遣媒來迎，而女子有過一個時期的焦心等待。正式行媒，很可能拖到春季。《禮記・月令》：「仲春之月，玄鳥至，至之日，以太牢祀於高禖。」傳曰：「玄鳥，燕也。燕以來巢，室於嫁娶之家，媒氏以爲候也。」可見先秦時以爲行媒宜在春季。「爾卜爾筮，體無咎言」的男子，應當是遵從這種習尙的。

〔二〕隰，低濕的地方，此解河岸。聞一多云隰當作濕，指漯河，衛境中又一大河，恐非是。由河及岸，由岸及邊，是連貫一致的。

詩是需要反覆誦讀的，前析女主人公的感情起伏變化，可從本詩的音樂節奏中去體味，詩的首章，音調於纏綿中帶有渺遠之韻，平順中微見惻然之感，讀來似聞話語絮絮，這正是詩人剛回到久遠的往事回憶中悃然若失的心聲。回憶的逐漸深入，使她逐漸忘情，詩的節奏漸趨熱烈而亢揚。然後樂極生悲，觸物傷神，從美夢中驚醒，三、四兩章長歌當哭般的呼號，又顯示出詩人對一去不復返的已往情愛的深重痛惜與對負心人的強烈憤慨，於是更變爲五章前半的急調促弦，從中似可聞歷數切責之聲。至此回憶已盡，想到前途茫茫，從激奮中落入空虛，故音節又急轉直下，發出五章末的哀嘆，并衍爲六章的一片如泣如咽之音。「詩言志，歌永言。」全詩節奏的這種起伏，揚抑曼促變化，正有助於我們理解《衛風·氓》是女主人公在特定環境下的獨特心境的自然發展。

《氓》的傑出藝術成就，形象地說明了作者爲環境所促發的意識流、感情流在詩歌創作中的重要作用，然而這并不是說，詩作是純主觀的產物，《氓》中女主人公的這種「獨特心境」，既是被棄歸返，重涉淇水，面對枯桑的具體環境所引發的；更是古來無數同類婦女呼聲的反映。她所受到的不公平待遇，實際上是過去時代，以經濟支配權爲基礎的男子在婚姻上的支配權所造成的。所謂一定情境正是上述具體的與一般的，或者說特殊的與普遍的兩方面的結合。《氓》的藝術成就，既說明了克羅齊所論「創作中的一定情境中的獨特心境」有相當的合理性，又有力地駁斥了他把創作的原始歸結到獨特的心境（直覺）的唯心主義立場。

《氓》的成就是多方面的，它的寫形傳神，自然煥美的語言特色，它的融敍事、抒情、議論爲一體的詩體格局，使之在《詩經》中占有重要的地位，更對後世具有深遠的影響。這些都已有不少學者論及，就不再贅言了。

（馬茂元　趙昌平）

詩・衛風・木瓜

投我以木瓜，報之以瓊琚。匪報也，永以爲好也！
投我以木桃，報之以瓊瑤。匪報也，永以爲好也！
投我以木李，報之以瓊玖。匪報也，永以爲好也！

這是《衛風》中的一篇民間情歌。詩人詠唱的是他與所鍾愛的女子互贈信物以訂同心之盟。作品運用了複章疊句的手法，反覆迴環，一唱三嘆，韻律諧美，寄意雋永；語言質直渾樸，明快自然，體現了民歌特色。

樂歌分爲三章，各章開頭兩句，唱的都是男女互贈信物之事。開篇的「投」字，是指擲物予人。或許就是在衆人雜沓、仕女遊樂的場合，那女子選中了其中一人，便將瓜果投給他，表示以心相許。這是古代的一種民俗。又如《詩・召南・摽有梅》，寫的是一位少女將梅子拋給私愛之人以定情。「摽梅」與「投木瓜」實出一俗。據傳古代民間，於春光明媚季節，有臨水祓禊之習。在此期間，舉行祭禮，沐浴潔身，拂除不祥；而祓禊又淵源於祭祀高禖、行浴求子的傳統（後世又由此演化爲曲水浮卵、泱池浮棗、餽卵、鬥鷄子之戲）。趁着良辰美景，結合祓禊儀式，又有會合男女、遊樂戀愛的活動。《禮記・月令》云：「仲春之月……玄鳥至……以大牢祠於高禖。」《周禮・地官・媒氏》云：「媒氏掌萬民之判。……中春之月，令會男女。於是時也，奔者不禁；若無故而不用令者，罰之，司男女之無夫家者而會之。」又，《毛詩正義》曰：「禮雖不備，相奔不禁，卽《周禮》仲春之月令會男女於是時也。」可見這一風俗最先是祭祀媒神、沐浴求子，後來演變爲祓禊儀式、士女遊樂求偶。而在佼童淑女嬉遊河曲、臨水飛觴之際，便可互贈瓜果花卉以表情愛。不僅漢族有此習俗，而且少數民族也有類似風習并保留至今，如後世流行的拋彩球、丢包、潑水節、歌節等等，都是自古流衍而來的遺風。

《木瓜》如同《召南・摽有梅》、《邶風・靜女》、《鄭風・溱洧》、《唐風・椒聊》等詩，寫的都是男女青年在歡會中贈物定情。看來，這類遊樂活動雖多在仲春舉行，但也有在其他季節進行的。以上諸詩的歌者，有的遺贈瓜果，有的遺贈勺藥，有的遺贈香椒，有的用一束嫩茅芽相贈，這不僅帶着濃厚的鄉土氣息，而且也寄託着淳樸眞摯的愛情。不以物貴，而以情重。就本篇而言，少女所投贈的無非是瓜果常物；而詩人回敬的却是稀世異珍。其實，不一定雙方三次互贈信物，詩人也不一定以美玉報答那位少女。詩中連言「木瓜、木桃、木李」與「瓊琚、瓊瑤、瓊玖」，旣是爲了聲韻和修辭上的協調完美，又是一種藝術的誇飾，極言那少女再三遺贈瓜果，詩人多次以美玉回敬，且猶感不足爲報。無形中透露了少女的一片癡心；也表現了詩人以感激愛重之情圖報對方，他反覆地表白：「匪報也，永以爲好也！」寥寥片語，却寄寓遙深。這豈不是他們的海誓山盟嗎？

歌者的愛情是專注的，表白心跡的言語是單純明朗的。因爲這是人間眞情的自然流露，所以不假雕飾而自能感人。至於章句的複疊迴環，更是《國風》中常見的修辭手法。《木瓜》全篇都以疊章複沓的語句暢抒胸臆。首章「投我以木瓜，報之以瓊琚。匪報也，永以爲好也！」奠定了基調，統率全詩，二、三章格調略同，迤邐而來。其間祇更易「桃」、「李」、「瑤」、「玖」四字，造語簡妙，結構天然。「木瓜」、「木桃」、「木李」，盡是瓜果之名；「瓊琚」、「瓊瑤」、「瓊玖」，皆爲佩玉之稱，諸物小異而大同。可是，詩句却又同中有異，出語新巧，將原來的單音詞「桃」、「李」各冠以「木」字，構成特殊的雙音詞；又把「琚」、「瑤」、「玖」等詞之前各聯以「瓊」字，也構成雙音詞。這樣，便增強了節奏感和表現力，讀來舒徐委婉，聲情互生，字字響亮。複疊中有錯綜變幻；淺直中有飛動之趣。

本篇又運用了長短儳互的句式：三章複疊；每章四句，依次爲五言、五言、三言、五言，衝破了《詩經》習用的四言格式，初步以雜言詩的形式出現。這種靈活生動的句式，是隨着詩人情思的波瀾而起伏變化的，并非有意弄巧。詩人的思緒如潮，欲靜不能，要反覆地傾吐衷情，於是發而爲歌，便自然形成重奏複沓、聯章疊句的表達方式與參差錯落的句型。如此，便由《詩經》比較定型的每句四言二音步節奏，化爲三言二音步、五言三音步節奏，疾徐相間，錯落有致。不僅具有豐富多彩的建築美與韻律美，天趣橫生，婉轉流媚；而且感情色彩濃麗，深化了義蘊，擴大了詩的容量。

（袁　梅）

詩・王風・君子于役

君子于役，不知其期。曷其至哉？雞棲于塒，日之夕矣，羊牛下來。君子于役，如之何勿思！

君子于役，不日不月。曷其有佸？雞棲于桀，日之夕矣，羊牛下括。君子于役，苟無飢渴。

《君子于役》是一首反映周代兵役致使人民生活痛苦、夫妻不得團圓的詩篇。

《毛詩序》說：「君子于役，刺平王也。君子役無期度，大夫思及危難以諷焉。」這是說此詩的作者是位大夫，詩旨爲諷刺平王。「于役」，舊說是指平王爲了防禦楚國進犯，故而派兵戍申。因此，歌詞是大夫託爲室家之憂念，并非室家所自作。但統觀全詩，字裏行間衹有「思」之情，而無「刺」之意。漢儒美刺詩說的那一套，於此篇是套不上的。至於「于役」，究指何役，不必泥定。朱熹《詩集傳》說：「大夫久役於外，其室家思而賦之。」這基本上是對的，但是「君子」不一定是指「大夫」。「此婦人思夫行役之作」

（姚際恆《詩經通論》），這才是簡明恰切的解說。

這是產生在河南洛陽一帶的民歌，當是女詞無疑。全篇大意是說：丈夫出征在外，已經久無音信；妻子日夜思念，不堪孤苦寂寞。特別是每到黃昏的時候，當她見到家雞回窩，牛羊進圈，便觸景傷情，勾起思緒。聯想到丈夫在外，偏沒有個歸宿。又怎能不叫她牽腸掛肚，益發思念呢？

全詩共分四章，每章八句，採用的是民歌習見的重章疊句的形式。前一章，「君子」，是思婦對其丈夫的敬稱，此與「君子」、「小人」概念中的「君子」不同。這開篇三句是一層意思，寫思婦盼望丈夫歸來的心理，感情深摯沉痛。中間三句又是一層意思。「塒」，鑿牆而成的雞窩。「下來」，指牛羊從山野牧場上下來，歸宿圈中。這三句側重寫景，借景抒情，使思夫之情，更加濃重深化。末二句，又由寫景回到抒情，念念不忘「君子于役」，與開篇相呼應，并以「如之何勿思」作結，緊緊扣住「思夫」的主題。後一章，是重章，描述內容與前一章同，衹是改換幾個字而已。如此反覆詠嘆，可以加深印象。「不日不月」，無日無月的意思，表明時間之久。「有佸」，再相會合。「有」，又。「佸」，相會。「桀」，又作「傑」，用木柱支起的雞架或圍成的雞欄，區別於上章鑿牆而成的「塒」。「下括」，與上章「下來」義同。「苟無飢渴」，「苟」作「或」字解。全句爲思婦的希望之辭：或許丈夫在外，不會忍飢受渴，不至於處境艱難危險吧。基於上述理解，我們可把全詩試譯如下：

丈夫當兵到遠方打仗，不知道期限還有多長，啥時候才能回到家鄉？鷄兒到時進了窩，西天就要落太陽，牛羊也都下山崗。丈夫當兵到遠方打仗，此刻叫我怎麼能不想！

丈夫當兵到遠方打仗，多少日月已無法計算，啥時候才能團聚相見？鷄兒到時進了欄，西天就要落太陽，牛羊也都歸了圈。丈夫當兵到遠方打仗，但願他平安多加餐飯。

這詩是反映了「春秋無義戰」的動亂時期，頻繁的兵役，給普通的平民百姓造成的不得安生的辛酸和生離死別的苦難，同時也表露出了受害者們對窮兵黷武的怨憤情緒和希冀和平的美好願望。

《君子于役》突出的藝術特點是情景結合，融爲一體，用客觀景物烘托主觀感情。也就是用「鷄棲于塒」、「日之夕矣」、「羊牛下來」等自然景象，烘托出了思婦對遠征丈夫的懷念之情。而且這鷄與牛羊，還與人物形成對比，起到了暗喻人物的妙用，十分含蓄。所以，梁啓超曾高度評價説：「含蓄蘊藉的表情法……第一類是，情感正在很強的時候，他却用很有節制的樣子去表現他，不是用電氣來震，却是用溫水來浸，令人在極平淡之中，慢慢地領略出極淵永的情趣，這類作品，自然以三百篇爲絕唱。如《君子于役》（下略）……。」（《中國韻文裏頭所表現的情感》）

《君子于役》還以情景眞實而見稱於後世。其景都是思婦朝夕所見而又爲人們所熟悉的景物。信口唱來，本於天籟；自然眞切，歷歷在目，使人彷佛身臨其境。其情又都是思婦發自肺腑的纏綿眞摯之情。這獨自倚門盼望歸人的思婦形象，眞是呼之欲出，分外令人同情。所以，姚際恆便特別稱讚這詩表現了「日落懷人」的「眞情實況」（《詩經通論》）。方玉潤也讚賞它「言情寫景，可謂眞實樸至」（《詩經原始》）。

至於《君子于役》對後代詩歌創作的影響也是不容忽視的。它描寫思婦落日懷人及其取景造境，可以説開了唐人「閨怨」詩之先河。對此，錢鍾書先生《管錐編・毛詩正義》曾舉過許多實例，并有精闢的評論：「許瑤光《雪門詩抄》卷一《再讀〈詩經〉四十二首》第十四首云：『鷄棲於桀下牛羊，飢渴縈懷對夕陽。已啓唐人閨怨句，最難消遣是黄昏。』大是解人。白居易《閨婦》云：『斜憑繡牀愁不動，紅綃帶緩綠鬟低。遼陽春盡無消息，夜合花開日又西。』此胡應麟推爲『中唐後第一篇』者，亦卽言日夕足添閨思。司馬相如《長門賦》：『日黄昏而望絕兮，悵獨託於空堂。』……潘岳《寡婦賦》：『時曖曖而向昏兮，日杳杳而西匿。雀羣飛而赴楹兮，鷄登棲而斂翼。歸空館而自憐兮，撫衾裯以嘆息。』蓋死別生離，傷逝懷遠，皆於昏黄時分，觸緒紛來，所謂『最難消遣』。韓偓《夕陽》：『花前灑淚臨寒食，醉裏回頭問夕陽；

不管相思人老盡，朝朝容易下西牆！』趙德麟《清平樂》：『斷送一生憔悴，衹消幾個黃昏！』取景造境，亦《君子于役》之遺意。」這些例證和眞知灼見，對我們理解和欣賞這首詩的藝術成就和審美價值，都是大有裨益的。

（周　蒙）

詩·鄭風·風雨

風雨淒淒，雞鳴喈喈。既見君子，云胡不夷。
風雨瀟瀟，雞鳴膠膠。既見君子，云胡不瘳。
風雨如晦，雞鳴不已。既見君子，云胡不喜。

《鄭風·風雨》三章，意思全同，而我們獨喜歡這第三章。三章之中，後半衹換去一字，前半各換去了一半，我們乃獨愛這前半。它是換而換得好了。字換了而意思依舊，這是詩意本同；字換了而喜愛不同，我們說這是表現的高下。然而表現與詩意又豈能分開？必定先有這「意」，然後才能表現。然則三章都想說這意思而沒有說出來，獨這兩句說出來了。心裏既有這意思爲什麽說不出來？既沒有說出來，爲什麽還以之爲說？詩人自己也不明白。詩人所明白的，三章都說出來了；詩人所不明白的，衹有到這兩句才明白。詩所以是比思想更明白的語言。

風雨如晦，它并沒有眞晦；衹是陰慘得很淒涼而已。首章說「風雨淒淒」，次章說「風雨瀟瀟」，都是這個意思。那麼我們這時候好像該做什麼呢？或者說，我們這一陣想做什麼呢？這裏有一首同樣有名的詩：

綠蟻新醅酒，紅泥小火爐。晚來天欲雪，能飲一杯無。

「晚來天欲雪」，天自然還沒有雪。要是眞的下了雪，那麼瓊樓玉宇，一片銀色，也是何等的景致呢！我們憑窗遠眺，清冷而平靜，無邊而喜悅，我們也許就會披起了大衣跑到外面去。但是現在還沒有下雪，衹是灰沉沉的雲，死板板的天，一切都那麼沒有生氣。我們意識到一點寒冷，一點空虛，感覺到生命需要一點溫暖，一點充實。這時我們眼前失去了那遼遠的情操，我們的生命上感覺到渺茫的空洞，我們原始的最低的要求便佔了上風，於是我們想吃一點什麼，是吸一支煙吧，是喝一點酒吧，這豈不是很近人情嗎？吸煙、喝酒原是一種消遣，這時却特別需要。而當這個時候忽然有人說：「我有新醅酒，我有小火爐，請過來喝一杯吧。」這便成爲魔鬼的聲音，也便成爲上帝的聲音，它的誘惑與喜悅使你點頭。人人都點頭，這所以是一首好詩。

現在我們又回過來講，晚來天欲雪，正是欲雪未雪之時；雪誰不愛看，而它偏不下來。這樣你便不免於若有所待，那麼你才明白雞鳴不已的道理。雞爲什麼叫，我們當然不知道，但它總是這樣叫個不停，便覺得有點稀奇；這時你才知道如晦的影響之大。眞要是四鄉如墨，一盞明燈，夜生活的開始，也就走入另一個世界。偏是不到那時候，偏是又像到了。於是一番不耐的心情，逼得你不由焦躁起來。這時一片灰色的空虛，一點絕望的心情。忽然有人打着傘來了，詩云：「最難風雨故人來。」何況來的還不止是故人，他是君子，他乃是「有女懷春，吉士誘之」的吉士，并不是什麽道學先生，那麽能不喜嗎？然則到底是因爲君子不來，所以才覺得「風雨如晦，雞鳴不已」呢？還是眞是風雨陰沉，雞老不停地在叫呢？這筆賬我們沒有法子替他算，詩人沒有說明白的，我們自然更說不明白；然而詩只四句，却因此有了不盡之意。何況君子既來之後，下文便什麽也不說，以情度之，當然再沒有什麽可說；以詩論之，却又已回到風雨雞鳴之上。何況他們卽使說些什麽，也非我們之所能知。而你若解得，此時一見之下，早已把風雨雞鳴忘之度外，一任它們點綴了這如晦的小窗之周。風雨雞鳴所以便成爲獨立的景色。那麽，人雖無意於風雨雞鳴，而風雨雞鳴却轉而有情於人。我們從上面讀到這裏，「既見君子，云胡不喜」二句愈來與我們愈沒有關係。而再讀三讀，便以「雪獅子見了火」，漸漸地化得沒有了，只留下雞不停地在叫，風雨不停地在吹打。我們現在來欣賞這詩時，相會的人兒已是古人，相會的地方已不可再指出，却是昔日的風雨雞鳴依然獨在。於是「細雨夢回雞塞遠」，也不免有了雞鳴之嫌。然則，我們能無所驚異嗎！

（林　庚）

詩・鄭風・溱洧

溱與洧，方渙渙兮。士與女，方秉蕑兮。女曰「觀乎？」士曰「既且。」「且往觀乎？洧之外，洵訏且樂。」維士與女，伊其相謔，贈之以勺藥。

溱與洧，瀏其清矣。士與女，殷其盈矣。女曰「觀乎？」士曰「既且。」「且往觀乎？洧之外，洵訏且樂。」維士與女，伊其將謔，贈之以勺藥。

過去不少學者都把本篇斥爲「淫詩」，這是對它的極大歪曲。漢初韓嬰所傳的《韓詩》說：「《溱與洧》，說（悅）人也。鄭國之俗，三月上巳（三月的第一個巳日，魏晉以後定爲三月三日）之日，於兩水（溱和洧）上招魂續魄，拂除不祥。故詩人願與所說（悅）者往觀也。」較爲合符原詩實際。其實，上巳節并不祇是鄭國的風俗，《論語・先進》記孔子讓學生們談自己的志趣，曾點說過一段話：「暮春者，春服既成，冠者五六人，童子七八人，浴乎沂（水名），風（諷）乎舞雩，詠而歸。」朱熹《論語集註》云：「今上巳祓除是也。」這個風俗後來一直流傳着，直到現在，在黎族的三月三、傣族的潑水節中，還可以看到它的遺風。

此詩寫鄭國上巳節男女歡聚盛況，既是一幅社會生活的風情畫，又是一首優美的愛情贊歌。詩的作者應是盛會的參加者，可以是詩中泛稱的士、女，也可以是士女外的其他人。

詩爲兩章，每章又分爲三小節，首四句、次五句、末三句各爲一節，每節各自押韻，韻律隨着文意層次的變化而變化，兩者配合得非常自然協調。

詩一上來，就把我們帶到古代鄭國的溱、洧兩水的岸邊，使我們感到濃厚的節日氣氛。溱水源出今河南登封縣東陽城山，由鄭國國都新鄭（今河南新鄭縣）西北流來，經都城南向東南流去。溱水在新鄭西由北流注洧水中。「渙渙」是水瀰漫的樣子，《韓詩》謂是「三月桃花水下之時至盛也」。暮春之初，正是春光爛漫時節，河水瀰漫，綠草如茵，百花爭豔。鄭國的溱、洧兩水之上，男男女女，熙熙攘攘，一片歡騰。年輕的姑娘們和小伙子們，手執着芬芳的蘭草和美麗的鮮花，帶着美好的希望和祝願，來歡度這一年中的幸福時光。開頭兩句既是「賦」，又是「興」，是用河水的融和滿盛，隱喻、象徵人們的歡樂心情。三四兩句雖然衹舉到士、女，實際來此郊遊的并不衹是他們，還包括其他的男女老少。「蕑」，古同「蘭」，是一種香草，不是蘭花。「秉蕑」應同末尾合看，不僅包括勺藥，還包括其他各種鮮花。春風蕩漾，春日麗空，士女雜沓，空氣中飄散着蘭草和勺藥的芳香。這芳草鮮花不僅芬芳豔麗，還傳達着人們的喜悅心情和美好願望。

上面一節寫羣衆場面，用的是白描，下面轉入特寫，全用對話。上面的「士」、「女」是泛稱，「女曰」、「士曰」則特指某個具體的人。「既且」的「且」同「徂」，往、去之意。「且往觀乎」的「且」作再解。「訏」是大的意思。特別有意思的是，詩中這位姑娘，比小伙子還要活潑大方，相對說來，小伙子倒顯得有些靦腆。首先是姑娘主動邀小伙子一道去看熱鬧，當小伙子說已經去過時，她仍不放手，堅持要他再去瞧瞧。「觀乎」是徵詢語氣，「且往觀乎」又進了一層，已經是執著的要求，含有不容對方不去之意了。因爲是再次邀請，所以又加上一句：「洧之外，洵訏且樂」，洧河岸上眞是又開闊，又快樂。使對方不好推辭。

小伙子答曰「既且」，并未拒絕，其實他心裏是樂意去的，衹是在姑娘的突然邀請之下，起初有點不好意思，不知如何回答才好，所以不自覺地順口說已經去過了。他既沒有一下子爽快地答應，更沒有揀些好聽的話博取姑娘的歡心，這回答有點笨拙，但這笨拙本身，却顯出他的憨厚。也許正是因爲這個緣故，姑娘才傾心於他吧？看描寫，他們二人似乎久已互相傾心，衹是還沒有訂情；如果已經訂情，他們就應偕同前往或相約在河邊相會，不會是詩中這樣的情景。這幾句簡單的對話，不僅繪出了人物的神態、性格，還刻畫出了他們的內心世界，顯示出高度的藝術表現力。

在姑娘的堅持相邀下，小伙子同她一道去到洧河邊遊覽。「維士與女」雖然包括他們二人，但同開頭一樣，也是泛稱，還包括其他的士、女在內。「相謔」是調笑之意。「維」和「伊其」都是語助詞。「勺藥」是香草名，夏曆三月開花，色香俱佳。贈送香草以厚結恩情，是古代的風俗，屈原《九歌・湘君》「采芳洲兮杜若（香草名），將以遺兮下女」，就是這種含義。上巳節在水邊舉行，意在用水洗滌以清除不祥。讀此節，可以想見人們在洧河溱河邊上跳舞、唱歌，用河水洗臉、洗手、濯足；一對對姑娘和小伙子們，有的在一起玩笑嬉戲，有的在一邊傾訴衷曲，他們互贈蘭草和勺藥，結爲幸福的終身伴侶。情景多麼迷人！

第二章是第一章的疊唱，詩中變換了幾個字眼，使疊唱中又有變化，寫出了活動的進程。「瀏」是水清貌。「將謔」的「將」與「相」同義。「殷」是盛的意思。如果說第一章是寫人們開始在洧河邊匯集，那麼第二章是寫匯集的人相當多，「殷其盈矣」就是說人已擠滿了，也就是說，場面比上一章更加歡快，更加熱烈。

此詩將羣衆場面和對具體人物的特寫結合起來，把鄭國上巳士女出遊風俗寫得極生動，清人方玉潤《詩經原始》稱它「在三百篇中別爲一種，開後世冶遊豔詩之祖」。士、女的對話極簡短，情味却深長不盡，姚際恆謂「詩中敘問答，甚奇」（《詩經通論》），道出了此詩藝術手法的一大特色。

（王思宇）

詩・魏風・伐檀

坎坎伐檀兮，寘之河之干兮，河水清且漣猗。不稼不穡，胡取禾三百廛兮？不狩不獵，胡瞻爾庭有縣貆兮？彼君子兮，不素餐兮！

坎坎伐輻兮，寘之河之側兮，河水清且直猗。不稼不穡，胡取禾三百億兮？不狩不獵，胡瞻爾庭有縣特兮？彼君子兮，不素食兮！

坎坎伐輪兮，寘之河之漘兮，河水清且淪猗。不稼不穡，胡取禾三百囷兮？不狩不獵，胡瞻爾庭有縣鶉兮？彼君子兮，不素飧兮！

《伐檀》是《詩經・魏風》中的第六篇，魏，國名，地在山西省西南部，今山西芮城縣一帶，南枕河曲，北涉汾水，周初以封同姓，春秋時爲晉獻公所滅，國土隘狹，地瘠民貧。《魏風》共存詩七篇，大都揭露奴隸主驕奢佚樂，抒發人民憤懣之情。

《伐檀》一詩分三章，每章九句，是一羣伐檀樹的勞動者，用明白如話的語言，傾吐自己滿腔的積憤。

像匕首，像投槍，擲向了奴隸主貴族（君子），一針見血地指出了社會上貧富懸殊，貴賤對立的不合理現象。可是《毛傳》《鄭箋》認爲「君子」是指伐木的勞動者。朱熹則進一步說「君子」儘管坎伐檀，但沒有從事稼穡、田獵，不願白吃飯，所以甘心窮餓而不悔。這樣一解釋就完全掩蓋了統治者殘酷剝削的罪惡，把勞動者在飢餓中掙扎說成是自願的，值得讚嘆的了。

《伐檀》第一章前三句：「坎坎伐檀兮，寘之河之干兮，河水清且漣猗。（猗，語尾助詞）」把讀者帶到了一個勞動的場所，耳邊傳來有節奏地坎坎伐樹的聲音，眼前清清的河水被風漾起了波紋，向前流去。河邊堆積着勞動的成果。檀質地堅硬，可以造車。而勞動者不可能享受自己勞動的成果，衹有那些貴族階級的「君子」，才能坐享其成，不勞而穫。出必高車駟馬，食必野味珍肴。貴族階級驕奢淫逸，勞苦大衆貧困飢寒，勢必激起人民的義憤。第四至第九句：「不稼不穡，胡取禾三百廛兮，不狩不獵，胡瞻爾庭有懸貆兮？彼君子兮，不素餐兮！」正是貧困的勞動者義正詞嚴地向統治者提出的質問和諷刺。你們這些「君子」不播種，不收割，爲何取得那麼多束的稻穀呢？「三百」無實際的數字意義，衹言其多；廛通纏，可解釋爲束。你們這些「君子」從不深入山林去捕獵，猪獾却掛在院子裏。最後兩句，歌者用鋒利的語言，尖銳地諷刺了所謂「君子」的奢侈。「素」，聞一多先生《風詩類鈔》詁曰「蔬」，則是與葷相對的，他們享有勞動者捕來的山禽野獸，當然用不着拿蔬菜佐餐。今天民間仍稱蔬菜飯爲素食。這幾句詩，歌者用形象的語言，發泄了滿腔的積憤，行雲流水，一氣呵成，有力地揭出剝削社會的本質。詩中「君子」這個詞，是與野人對立的，孟子說：「無君子莫治野人，無野人莫養君子。」這兩句話，可以幫助我們理解《伐檀》的眞諦。

民歌的特點，往往反覆歌唱，加深讀者的理解，引起聽衆的共鳴。《伐檀》就運用了重調的方式引人入勝。第二章前三句，「坎坎伐輻兮，寘之河之側兮，河水清且直猗」。使讀者感到描寫細膩，眼前又呈現了一個新的勞動場面，伐木者的痛苦也表現得更深沉。第一章「河水清且漣猗」，風吹河水，泛起波紋。第二章「河水清且直猗」，換了一個「直」字却是風平浪靜，河水平直地向前流去，暗示伐檀的人已經勞動多時了。第二章「伐輻」二字，不僅在結構上緊承「伐檀」，而且流露出伐木者的悲哀，他們砍倒的檀樹，衹不過用作貴族階級造車的材料。

《伐檀》第三章前三句：「坎坎伐輪兮，寘之河之漘兮，河水清且淪猗。」換了一個淪字，這時河水已不是平直地流去，河風吹拂，清清的水面已泛起了一個一個的圓圈。儘管勞動的環境不斷變化，時間在環境改變中暗暗地流逝，但伐木的人仍得不到休息！崎嶇的社會，無償的勞動，艱苦的生涯，使他們怒吼，唱出了充滿反抗和諷刺的佳句。

《詩經》與音樂的關係很密切，《史記・孔子世家》說：「三百五篇，孔子皆絃歌之。」歌者用重調能盡情地唱出他的苦樂、悲歡，聽者沉醉在反覆的節拍中愈能領會歌者的心聲，《伐檀》就是一個例子。《伐檀》各章中除了上述少數字在詩意上有所加深外，間有詞彙的變換。至如「縣貆」、「縣特」、「縣鶉」（「貆」是猪貛；「特」是小獸，獸三歲爲特，其味較美；「鶉」是鵪鶉），以及「寘之河之干兮」、「寘之河之側兮」、「寘之河之漘兮」（「干」、「側」、「漘」均作岸解，也就是河邊）；「三百廛」、「三百億」、「三百囷」（「廛」是纏的假借字，「億」是繶的假借字，「囷」是稛的假借字，皆訓爲束），這些詞彙上的變換衹是聲調的更新，使節奏和諧，歌聲優美而已。

（彭　蘭）

詩・魏風・碩鼠

碩鼠碩鼠，無食我黍！三歲貫女，莫我肯顧。逝將去女，適彼樂土。樂土樂土，爰得我所。
碩鼠碩鼠，無食我麥！三歲貫女，莫我肯德。逝將去女，適彼樂國。樂國樂國，爰得我直。
碩鼠碩鼠，無食我苗！三歲貫女，莫我肯勞。逝將去女，適彼樂郊。樂郊樂郊，誰之永號？

《碩鼠》是《魏風》第七首。魏國貴族統治者殘酷貪鄙，不惜民命，勞動者忍無可忍，怒火中燒，把他們直接稱爲「碩鼠」，認爲他們已失掉人的價值，衹配與鼠爲類。「碩鼠」就是鼫鼠，在田埂下打洞隱蔽，伺機偷食穀、粟、黍、麥。俗稱田鼠或土耗子。

《碩鼠》共三章，每章八句，也是採用重調，反覆歌唱。這羣農業奴隸坦率地告訴剝削階級，他們在長期殘酷的壓迫下，貧苦的生涯中，無法待下去了，將逃亡異地，另尋樂土。

第一章頭二句：「碩鼠碩鼠，無食我黍！」開門見山地以命令的口氣，蔑視的態度，嚴肅地告訴貴族統治者，你們不要像土耗子一樣，躲在安樂窠裏，坐享我們的勞動成果。以下六句「三歲貫女，莫我肯顧。逝將去女，適彼樂土。樂土樂土，爰得我所。」歷數剝削者的罪惡。農業奴隸多年來辛勤地服事他們，却從來得不到他們的顧惜。在奴隸社會，奴隸主握有生殺予奪之權，奴隸衹不過是他們的生產工具，衣牛馬之衣，食狗彘之食，所以衹好明白地提出，我們不再伺候你們了，將另找安身之所。「貫」，《毛傳》訓「事」。《易經·蠱卦·上九》：「不事王侯」，事就是「事奉」，即現代漢語的「伺候」。「女」即汝，你。「逝將去女」即我將離開你們走了。這樣解釋，更合乎民歌語氣。「逝」，訓爲往，或發語辭均可。「爰」，句首引辭，亦可作於是解。

第二章八句衹更換了四個字，「麥」、「德」「國」、「直」，但詩意深長，使讀者感到細膩入微。第一章「莫我肯顧」，還是一般地控訴剝削者從不顧惜農奴的辛苦。「莫我肯德」就進一步訴說貴族坐享農業成果，內心也從不想農奴對自己還是有好處的，德就是恩惠的意思。「樂土」衹是一般想象中的好地方，「樂國」就具體地表明自己要遠離魏土，逃往異國了。「爰得我直」的「直」，即「值」。他們幻想在「樂國」裏，能得到自己勞動的應有報償。農民安土重遷，不到山窮水盡，已無法生活下去的時候，決不願遠離鄉土。反覆地歌唱，無限的辛酸，幾千年後，仍引起人們對剝削者的憎恨！

第三章前四句繼續控訴奴隸主貴族的殘酷，農奴長期地爲他們無償勞動，從來也得不到慰勞。後四句表現了農奴們的希望，他們想在異國的郊外，找到一個安身的地方，通過辛勤勞動得到應有的報酬，永遠結束那貧苦悲哀的生活。「樂郊樂郊，誰之永號？」在那樂郊，誰還會哀痛長號呢？

（彭　蘭）

詩・秦風・蒹葭

蒹葭蒼蒼，白露爲霜。所謂伊人，在水一方。遡洄從之，道阻且長；遡游從之，宛在水中央。

蒹葭淒淒，白露未晞。所謂伊人，在水之湄。遡洄從之，道阻且躋；遡游從之，宛在水中坻。

蒹葭采采，白露未已。所謂伊人，在水之涘。遡洄從之，道阻且右；遡游從之，宛在水中沚。

《蒹葭》是《詩經》裏的一篇，屬「秦風」，是陝西一帶的情歌。它生動地反映了一對青年男女在求愛過程中的戲劇性情節，表現了詩人對於愛情的執著與堅貞。

蒹葭，俗稱蘆花，秋天的象徵性植物。蒼蒼，淒淒，采采，意義相同或相近，形容蘆花的鮮明嫵媚。伊人，猶彼人，卽詩人所追尋的人。每章詩的前四句是說：一個秋天的早晨，蘆花上的露水還不曾乾，詩人就來找他的情人。情人所在的地方有流水環繞，她好像藏身洲島之上，可望而不可卽。簡單的詞兒，簡單的節奏，却給我們創造了一個十分清麗的境界。清秋，白露，蘆花，流水，景物是多麽清幽：在這些景物襯托下的「伊人」呢？可以想象，一定是一個行高志潔，多情而又帶幾分矜持的姑娘。這樣虛寫人物，比正面刻畫留給讀者的想象餘地往往更多，可以收到「呼之欲出」的藝術效果。好像《三國演義》裏寫劉玄德三顧茅廬，前兩次諸葛亮雖然沒有出場，但山環水繞、鳥啼花笑的仙境般的景物，已使這位名士的風貌躍然紙上。

每章詩的後四句，寫人物在特定環境中的動態，境界更加明麗、清幽。我們從詩人選用的「遡洄」、「遡游」等詞的含意裏，可以設想「伊人」所在的地方是一條直流和一條曲水會合之處。她的一邊是直流，另一邊和前面是曲水。詩人「遡洄從之」，卽沿着曲水向上游走去，繞過水源，雖可到達她的身旁，但道路太長而且難走；如果「遡游從之」，卽沿着直流走向上游，又見她三面環水，儼然人在水中央，可隔水相望而不可促膝談心。好一幅充滿詩情畫意的水面美人圖，她簡直宛如一株亭亭玉立的新荷，在波平如鏡的水面上含苞待放。這樣，既寫出了「伊人」的具體所在，又給她披上了鏡花水月式的神妙輕紗；既寫出了詩人尋覓之殷勤，又不致使讀者的心情感到過於沉重。這比某些文藝作品中千篇一律的男女互相追逐的愛情描寫，實在要高明得多。

詩的結尾，作者并沒有寫這對情人如何會面，如何擁抱，如何互訴衷腸；但讀完全詩，讀者似乎并不會爲他們的這些「結局」耽心，而只會爲詩中清麗的畫面、多情而又矜持的少女和對於愛情堅貞執著的詩人所感染，從而對全詩發出由衷的讚美之聲。清人沈德潛稱讚這首詩「蒼涼彌渺，欲轉卽離，明人畫本，不能到也」；王國維也說：「《蒹葭》一篇，最得風人深致。」這些評論，都是頗有見地的。

在篇章結構上，《蒹葭》的作者採用重複回旋的形式以加重抒情成分。這樣不但增強了詩歌的音樂性和節奏感，而且在反覆歌詠的過程中，使詩的感染力步步昇華，意境也更加深遠，眞是煙波萬狀，餘味無窮。

（林從龍）

詩·秦風·無衣

豈曰無衣？與子同袍。王于興師，脩我戈矛。與子同仇。

豈曰無衣？與子同澤。王于興師，脩我矛戟。與子偕作。

豈曰無衣？與子同裳。王于興師，脩我甲兵。與子偕行。

《秦風·無衣》是一首描寫古代勞動人民同仇敵愾、慷慨從軍的詩歌，表現了人民支持并積極參加正義戰爭的嚴正態度。

這首詩的背景是秦人抗擊西方戎狄等部族的戰爭。戎狄奴隸主早在西周時期就經常侵擾內地，造成邊塵不靜，戰禍頻仍。周懿王時，「戎狄交侵，暴虐中國，中國被其苦」（《漢書·匈奴列傳》）。到了周幽王時代，戎族擊敗宗周，殺死幽王，周朝百姓横遭蹂躪；直到秦穆公時才征服犬戎，并將其遷至太原。這對保護中原地區的經濟和文化起了積極作用。對這樣的正義戰爭，人民表現了極高的熱情，不但積極參加，而且承擔了最大的犧牲。

詩的開頭從「無衣」說起。無衣，是當時勞動人民生活景況的眞實寫照。人民在無衣的境況下，仍然奮起保衛國家，這就更突出地表現了他們的愛國精神。數千年的歷史證明，勞動人民當民族生死存亡之際，總是首先奮起，保家衛國。這同統治集團中那些平日欺壓百姓，戰時屈膝賣國的投降派形成強烈對照。

全詩共三章，採取複沓的章法，產生「一唱三嘆」、回旋跌宕的藝術效果。各章首句都用反詰句「豈曰無衣」開始，流血犧牲尚且不懼，「無衣」豈在話下。接着分別用「同袍」、「同澤」、「同裳」來相互號召鼓舞。袍，是戰袍。澤同釋，指汗衣。裳，是下衣，指戰裙。大家寧願同袍、同澤、同裳，以共赴國難，顯示了崇高的思想境界。接下來，又分別以修理矛、戟、兵甲的具體行動，表達高昂的戰鬥熱情。最後用「與子同仇」、「與子偕作」、「與子偕行」，表現同仇敵愾的凛然氣概。一章之內，句句相接，層層深入，最後一句推向高潮，感情充沛，氣勢磅礴。各章之間，由「同袍」到「同澤」到「同裳」；由「同仇」到「偕作」到「偕行」，上下相接，前後遞進，逐步深化了愛國主題。

《詩經》每章的句數一般是偶數，而此詩却五句一章。節奏緊張而急促，恰好與抒情主人公激昂的情緒相適應。這實際上是詩人內心律動的外現，詩人的情感與詩的形式達到了完美的統一。

詩中所寫袍、澤、戈、矛等物也耐人尋味。戈矛是殺敵武器，袍澤是戰士的貼身之物，用它們表達生死與共的戰友情誼，顯得純眞、樸實，給人以淳厚而親切的感覺。

（崔承運）

詩・豳風・七月

七月流火，九月授衣。一之日觱發，二之日栗烈。無衣無褐，何以卒歲？三之日于耜，四之日舉趾。同我婦子，饁彼南畝。田畯至喜！

七月流火，九月授衣。春日載陽，有鳴倉庚。女執懿筐，遵彼微行，爰求柔桑。春日遲遲，采蘩祁祁。女心傷悲，殆及公子同歸。

七月流火，八月萑葦。蠶月條桑，取彼斧斨，以伐遠揚，猗彼女桑。七月鳴鵙，八月載績。載玄載黃，我朱孔陽，爲公子裳。

四月秀葽，五月鳴蜩。八月其穫，十月隕蘀。一之日于貉，取彼狐狸，爲公子裘。二之日其同，載纘武功。言私其豵，獻豜于公。

五月斯螽動股，六月莎雞振羽。七月在野，八月在宇，九月在戶，十月蟋蟀入我牀下。穹窒熏鼠，塞向墐戶。嗟我婦子，曰爲改歲，入此室處。

六月食鬱及薁，七月亨葵及菽。八月剝棗，十月穫稻。爲此春酒，以介眉壽。七月食瓜，八月斷壺，九月叔苴。采荼薪樗，食我農夫。

九月築場圃，十月納禾稼，黍稷重穋，禾麻菽麥。嗟我農夫，我稼既同，上入執宮功。晝爾于茅，宵爾索綯。亟其乘屋，其始播百穀。

二之日鑿冰沖沖，三之日納于凌陰。四之日其蚤，獻羔祭韭。九月肅霜，十月滌場。朋酒斯饗，曰殺羔羊。躋彼公堂，稱彼兕觥，萬壽無疆！

春夏秋冬四季的更替，一明一晦晝夜的嬗變，構成了人們生活的自然節奏，同時也就構成了人生的歷程。但是生活在不同社會結構的人羣，身處於不同社會經濟地位的人們，其生活的狀況、人生的苦樂，又何其懸殊？在我國兩、三千年前的西周時代，被壓在社會最低層的、可悲的奴隸們一年四季是怎樣度過的？落在他們頭上的是一種怎樣悲慘的命運？從古代史官遺留下來的文獻中，約略可以考知，但遠非具體；而古老的《豳風・七月》一詩，却爲我們眞實而形象地再現了當時的社會情景，它宛如一軸長卷向我們展示了當時那些可悲的奴隸們一年四季痛苦生活的圖像。

豳風，是產生於豳地的民歌。豳地在今陝西省境內，是周人早期的發祥之地。周平王東遷以後，其地屬秦國，故今存於「豳風」中的七篇詩，都是西周初年作品。《豳風・七月》是一首古老的奴隸之歌。全詩共八章，每章各十一句，這在《詩經》中屬最長的篇章之一。

《七月》一詩基本上是按照季節的先後，逐季逐月地來寫的。首章寫冬去春來，奴隸們開始下田勞動，一年農事開始。其間則按時序鋪寫一年中種田、採桑、染織、狩獵、修屋、收穫等等各種繁重的勞動。最後則寫奴隸們年終爲奴隸主貴族準備祭品，并高呼頌詞，作爲全詩的結束。《七月》這首長詩，是如此眞實而詳盡地向我們展示了奴隸社會中奴隸們的生活圖景。在那個殘酷的社會裏，男女奴隸們一年到頭從事着無休止的勞動，「三之日于耜，四之日舉趾」[一]，他們從正月就開始修整農具，寒冬二月就開始下田勞動，接着是採桑、養蠶、紡織、染帛、收穫、打獵、築場、造酒，還要給奴隸主服各種家庭勞役。他們一年到頭辛苦勞累，被繁重的勞動壓得喘不過氣來，而其一切勞動成果又全被剝削者霸佔了去。他們自己却衹能吃苦菜、燒臭椿、住破屋，在衣不蔽體、食不果腹的悲慘情況下，一日復一日、一年復一年地苟延歲月。不僅如此，他們的精神上還要忍受極大的羞辱。「女心傷悲，殆及公子同歸」，年輕的女奴，隨時都有被奴隸主貴族公子們搶走和糟蹋的危險。這正是當時社會階級壓迫狀況眞實而形象的記録。

這首詩在形式上是按照季節時令來寫的，這樣寫法，特別適應於表現從事農桑勞動生產的奴隸生活的内容。詩中又以一連串的物候特徵，來表現節令的演變，如「七月流火，九月授衣」，「春日載陽，有鳴倉庚」，「春日遲遲，采蘩祁祁」，「四月秀葽，五月鳴蜩」等等，使全詩充滿了自然風光和強烈、濃郁的鄉土氣息。特別是第五章：「五月斯螽動股，六月莎雞振羽，七月在野，八月在宇，九月在戶，十月蟋蟀入我牀下。」這裏用昆蟲的鳴叫和蟋蟀的避寒遷徙，非常形象地表現了季節的變遷，表現了秋去冬來，嚴寒將至；另一方面結合下面堵鼠洞、塗門隙（「穹窒熏鼠，塞向墐戶」）的描寫，也表現了奴隸們院落、住室的破敗、荒涼，此可謂一鼓雙敲的寫法。

《七月》這首長詩，從表面看來，它是按照季節，詳盡地鋪寫奴隸們從年初到年終的勞動、生活的内容，擺了事實，但又不是完全客觀的態度，而是終篇圍繞着一個「苦」字。我們看到從春到冬，各項沉重勞動壓在他們身上，簡直使他們沒有喘息的餘地，其艱辛勞苦眞是到了無以復加的地步。其次，詩中寫他

[一]《毛傳》：「三之日，夏正月也……于耜，始修耒耜也。四之日，周四月也（引者按：即相當於夏曆二月），民無不舉足而耕矣。」

們雖然種田、養蠶、紡織、打獵、修屋、鑿冰，從事各種勞動，但到頭來却無衣無食，靠吃苦菜，住破屋苟延歲月，其生活之窮苦也到了無以復加的地步。再次，他們沒有任何人身自由，他們的妻女還要時時擔心受到突如其來的侮辱，可見其悲苦的心境也已到了無以復加的地步。勞苦、窮苦、悲苦，這就是他們終年、終生所過的生活。這正是一首哀傷的痛苦的奴隸之歌。

這首歌，歌詞是那樣的樸實無華，它就像一位經年被壓迫的飽經風霜的老年奴隸，面對面地向人絮說着自己的生活境況，傾訴着血淚斑斑的遭遇。他對於自己和全家一年復一年的繁重勞動和極端悲苦的生活經歷，說得是那麼周全，這些事彷彿久已積聚於心頭，一吐爲快。在敍說中，并沒有强烈的憤懣色彩，祇是偶爾夾雜着幾聲怨歎。但他擺出來的事實，是那麼清楚，那麼有說服力地揭示了奴隸主的罪惡，讀後，不能不令人感到奴隸制的殘酷。

但值得我們熟加體味的是，這首詩在哀哀訴苦的同時，也表現了一定清醒的階級意識。如詩中寫他們在嚴寒尚未退盡的二月，就被驅趕下田勞動，連家中的婦女和小孩也都忙碌着，所謂「同我婦子，饁彼南畝」，但在這艱辛勞苦的畫面上，却出現了「田畯至喜」的描述。「田畯」，農官，也就是奴隸主貴族派下來督耕的鷹犬，而他是唯一有笑臉的人。詩中作這種對比的描寫，不正是在有意識地揭示階級對立的社會中，苦樂是如何的不均嗎？在風和日暖的春天，年輕姑娘們「遵彼微行，爰求柔桑」，順着田間小路，去持筐採摘鮮嫩的桑葉，勞動是辛苦的，但滿身披着溫暖的陽光，聽着黃鶯婉轉的鳴叫，不會不產生愉快的感情，但她們心頭上却又籠罩着陰影，因爲那班荒淫的貴公子，可能正窺伺着她們，使她們猝不及防地受到蹂躪。這樣的描寫，不正是有意識地在對那些獸性、獸行的貴族公子們進行控訴嗎？他們爬山穿林地去打獵，狐狸、野猪等大小獵物并不少，但上好的皮毛，却穿在公子身上（「取彼狐狸，爲公子裘」），肥大的野獸，則要「獻豜于公」，被迫送往奴隸主家中。他們春種秋收，「黍稷重穋，禾麻菽麥」所在多有，但「十月納禾稼」，所有穀物却都堆進了奴隸主的糧倉。這種描寫，不正是有意識地在揭示他們一無所有的原因嗎？正是通過這種深刻的揭露并有意識的對比，從而暴露和鞭撻了社會的嚴重不平。

《詩經》的表現手法，前人曾概括爲賦、比、興。一般說來，大量而成功地運用比、興，是《詩經》民歌的突出特色和重要成就。而《豳風·七月》一詩，却純屬「敷陳其事而直言之者也」（朱熹《詩集傳》）的賦法。但是這首詩却自有它的強烈的感染力，成爲《詩經》中的名篇之一。這除了它的思想性以外，其內容與藝術形式的諧調、思想與風格色調的統一也具有很大關係。

《七月》一詩表現的是農業奴隸的生活，它主要以時令的變遷爲線索，全面地鋪敍了自己的整個生活內容。但是它并未限於呆板的排列，從整個鋪寫的手法來看，它以時序爲經，而以各種生活畫面爲緯，既有時間的程序，又有空間的展開，縱横經緯，起承轉合，移步換形，從而給人帶來一種觀看長軸風俗畫般的感受。當然，詩是表情的藝術，單有實體形象的組合鋪寫，并不能給人們帶來感染力。這首詩的成功之處還在於在它實體形象的背後存在着暗示力，存在着深沉的、躍動着的感情。從表面看來，它鋪敍的祇是一項項勞動內容和生活實況，但是它令人想起和感受到的是深遠的東西。它向人們昭示，在奴隸制時代，奴隸的命運是如此的悲慘，他們的生存就是爲奴隸主創造財富，而他們自身實不過是活着的工具，哪裏有什麽自身的生命價値可言。因此，這首詩無疑是一首史詩，是一首濃縮了全部奴隸苦難史的史詩。

（褚斌傑）

詩・豳風・東山

我徂東山，慆慆不歸。我來自東，零雨其濛。我東曰歸，我心西悲。制彼裳衣，勿士行枚。蜎蜎者蠋，烝在桑野。敦彼獨宿，亦在車下。

我徂東山，慆慆不歸。我來自東，零雨其濛。果臝之實，亦施于宇。伊威在室，蠨蛸在戶。町畽鹿場，熠耀宵行。不可畏也？伊可懷也。

我徂東山，慆慆不歸。我來自東，零雨其濛。鸛鳴于垤，婦歎于室。洒埽穹窒，我征聿至。有敦瓜苦，烝在栗薪。自我不見，于今三年。

我徂東山，慆慆不歸。我來自東，零雨其濛。倉庚于飛，熠耀其羽。之子于歸，皇駁其馬。親結其縭，九十其儀。其新孔嘉，其舊如之何？

這是《詩經・豳風》中的一首非戰詩，是以從征兵士的口吻詠唱的。他自述被迫從軍東征，久久不歸，最後幸得生還。在返里途中，又受盡風塵之苦。在勞碌奔波之中，想象家鄉田園荒蕪、十室九空的淒涼景象；又預感到解甲歸田與妻子團聚的愉悅。既回味往昔燕爾新婚之幸福，又不知妻子於今怎樣。悲喜交集，忐忑不安。這首詩反映了征人痛定思痛的矛盾心理，表達了古代人民對奴隸主階級發動非正義戰爭的抗議。不過，古代人民并不反對正義戰爭，在《詩經》中有些詩歌（如《衛風・伯兮》、《秦風・無衣》）就反映了人民對衛國戰爭是熱烈擁護并踴躍參加的，表現了明確的是非觀念與強烈的愛國思想。

《東山》全詩凡四章，每章十二句。第一章首標其目，開門見山。「我徂東山，慆慆不歸。我來自東，零雨其濛」四句，緊扣主題，化景入事，涵蓋全篇。說明這位征人前往東山一帶作戰，爲時已久，欲歸不能。他征戰愈久，思歸之心愈切。在他要從東方戰地返里時，正落着迷迷濛濛的細雨。這細雨交織成淒清的氛圍，籠罩着征人悲涼的心境。這種景物描寫有力地烘托了人物的思想感情；同時，也是起興手法的靈活運用，雖不在篇首，却有觸物起情的效果。這濛濛細雨，在征人心目中是「愁雨」，它喚起了人的愁緒，人的愁緒又沾染了它。全詩各章均以此四句複沓疊出，一唱三嘆，寄意無限。前浪甫落，後浪又起，反覆地衝激人的心靈。詩篇在立意造境的基礎上，接着是征人自述從東方回鄉過程中，遙望西方的家鄉，心中便悲傷不已。言念及此，又頓然收住。下面便是訴說西歸旅途的辛勞及如潮的思緒：「及時製做一套便裝，換下戎裝。從今以後，再也不需銜枚疾走、從軍征戰了。看到那桑蠶蜷曲着身子附在野地的桑樹上，就如我當初獨自露宿役車之下，冷得縮做一團，瑟瑟地苦熬着漫漫長夜。」這是託景言事，實中見虛，在描述眞景實事中寄託獨喻之微。反戰的兵士能解甲歸田，應該喜悅；他却說：「我心西悲。」一個「西」字，點出了這傷悲來自西方的故鄉。可是并未說明緣何而悲，這就造成了一個懸念。

第二章，重出「我徂東山」四句，上下連絡，前後呼應，複疊而不紛繁，爲下文作了映襯。二、三、四章從不同角度道出「西悲」的緣由，步步解決前面的懸念。以第二章而言，「果臝之實」以下八句，是征人對家鄉情形的想象；也許是他由沿途所見蕭條景象而聯想到家鄉。他想象中的故鄉滿目蒼涼，田園荒穢，寂無人煙。在無人居住的空庭，瓜蔞的莖蔓攀援於屋檐上，還長着一些圓圓的果實。屋裏的濕地上，潮蟲來回地爬着；門上也結滿了蜘蛛網。庭院旁邊的空地，成了野鹿出沒的荒場；夜間有點點燐火閃着幽森的青光。他心神恍惚、感慨萬端地自問自答：「這殘敗蕭疏的景象難道不可怕嗎？但是，它却更加重了我的思鄉之情。」因爲他是在故土長大的，他對故土有深沉的愛，這種血肉相連的感情使他痛苦，也給他慰藉。更重要的是：家鄉有他新婚不久就遠別的妻子。所以，他覺得故鄉既可畏又可懷。此時的物境與心境互相感盪催化，景與情、實與虛，忻合無間。寫眞、聯想、想象融匯爲一體，造成恍惚冥漠的境界，在有我無我之際，在可言不可言之間。所以，此處既不可讀得太死，也不可讀得太活。

第三章，複沓手法如前。又層層生發，詩意愈轉愈深，由物及人。征夫看到鸛鳥在土丘上鳴叫求偶，便想起了久別的妻子，大概正在空室中自嘆伶仃孤苦的生活遭遇；大概正焦灼地盼望與丈夫早日團聚。征夫又想象妻子正在灑掃院落房舍，堵好牆洞，準備迎接馬上來到的丈夫。他又懸想當初結婚時行合卺之禮用的瓠瓜，還放在屋角的柴堆上。可是，新婚後他就被迫出征，分別至今，已歷三年漫長歲月。征人懷鄉，思婦念遠，本是古代詩歌中常見的題材，何況這一對夫婦是新婚後的生離死別，雙方就更加互相牽念。這征人并未道出思念妻子之情，也未傾訴多年征戰之苦，而萬種難言之痛，盡在不言之中。他想得很多，說得很少。若隱若現，欲露不露，許多未盡之意，讓人們「思而得之」。

詩篇之終章，仍以「我徂東山」四疊句貫穿始終，一線到底。在前章末尾，征人想到「自我不見，于今三年」；在這裏却驀然一大逆轉，另出一層境界，征人回溯三年前新婚燕爾之樂：在那吉日良辰，黃鶯雙雙飛翔，美麗的羽翼閃着金光。新婦嫁到我家時，陪嫁的好馬配着華貴的鞍韉。她的母親給她繫上佩巾，舉行了很多項結婚禮儀，十分隆重。新婦非常美好可愛，新婚之情也很篤厚。可是，闊別三年，她已不是新婦了，大概已形容憔悴，正在苦盼着重聚吧；她對我大概更加摯愛吧。她究竟怎麼樣呢？她是否還在人世？這一切都是難以捉摸的謎。久別重逢的時間越近，他想的越多，心情越不平靜。既希望妻子平安無恙，又疑慮已成死別。故土、故人是可懷的，又是不敢想象的；既盼早日踏進家門，又怕踏進家門。亦喜亦悲，可懷可畏，心理的矛盾是複雜而多變的，這也反映了嚴酷而複雜的社會矛盾。從這位征人一家之苦，可展現萬家之苦。當時被迫從征的兵士何止千萬？蕭索凋敝的農村何限一隅？這一切人間慘象都是大奴隸主貴族集團窮兵黷武所造成的。本詩以小見大，藉具體的典型情節和典型情緒的描述，婉轉委曲地表現重大的社會內容。詩中不言怨而怨自深，不抒憤而憤自烈。

《東山》一詩，文約而事豐，言近而旨遠，將廣闊紛繁的社會圖景再現於尺幅之中。一個兵士的自述，牽連着千家萬戶、千村萬落。個性中含有共性，偶然中含有必然。正如王士禛所云：「一滴水可知大海味。」詩中又以哀景寫樂、以樂景寫哀，虛實相生，情景交融，從矛盾中見統一。久經征戰、幸得生還，理應欣慰；詩中却大肆描繪凄慘景象，起了反襯作用。實際上，這征人的愉悅是短暫的、虛空的；他的苦難却是無盡的、切實的。「其舊如之何」，本是酸楚之情的流露；可是在這之前却鋪敍燕爾新婚之樂。以昔日之樂反襯今日之哀。正因爲大環境（整個奴隸社會）是黑暗殘酷的，所以征人重返家園并不能得到和平勞動的幸福，而是陷入苦難的深淵，不死於戰爭，也要死於饑寒貧困。總之，一切苦難都來自奴隸制度，都來自奴隸主階級發動的不義戰爭：這便是本詩的畫外音。

（袁　梅）

詩·小雅·采薇

采薇采薇，薇亦作止。曰歸曰歸，歲亦莫止。靡室靡家，玁狁之故。不遑啓居，玁狁之故。

采薇采薇，薇亦柔止。曰歸曰歸，心亦憂止。憂心烈烈，載飢載渴。我戍未定，靡使歸聘。

采薇采薇，薇亦剛止。曰歸曰歸，歲亦陽止。王事靡盬，不遑啓處。憂心孔疚，我行不來。

彼爾維何？維常之華。彼路斯何？君子之車。戎車既駕，四牡業業。豈敢定居，一月三捷。

駕彼四牡，四牡騤騤。君子所依，小人所腓。四牡翼翼，象弭魚服。豈不日戒？玁狁孔棘。

昔我往矣，楊柳依依。今我來思，雨雪霏霏。行道遲遲，載渴載飢。我心傷悲，莫知我哀！

這是《詩經·小雅》中的一首戍邊之歌。全詩分爲六章，每章八句，比較完整地展現了征人由久戍思歸到歸時痛定思痛的感情歷程。

從結構上看，全詩可分爲三個組成部分。第一部分包括前三章，主要表現思歸之情；第二部分包括第四、五章，主要寫將帥車馬服飾之盛和戍卒的辛勞；第三部分卽最後一章，寫歸途的情景。全詩以「采薇」開篇，以「我心傷悲，莫知我哀」結束，首尾照應，突出地表現了戍卒所遭受的身心痛苦，筆端始終縈繞着濃重的悲怨情調。

第一部分的三章採用重章迭句的形式，反覆表達戍卒遠別家室、歷久不歸的凄苦心情。這三章的第一句都是「采薇采薇」，以此來引起下文。「采薇」卽採集野生的薇菜，糧草不續，士兵衹好以它充飢。詩歌的一開始就給讀者展示了一幅凄涼的戍邊生活畫面，我們彷彿看到面帶飢色的戍卒一邊在荒野漫坡上採集野菜，一邊思念着久別的家鄉，屈指計算着返家的日期……值得注意的是，這三章雖然採用重複的形式來表達同一種情緒，但是作者在字句上略加變化，從而表現出感情的進展。例如，第一章開頭兩句寫道：「采薇采薇，薇亦作止」，這是寫春天，薇菜剛剛綻出嫩綠的芽尖；第二章寫道：「采薇采薇，薇亦柔止」，這是寫夏天，薇菜的葉片肥嫩；第三章則是：「采薇采薇，薇亦剛止」，這是寫秋天，薇菜的葉莖將老而粗硬。從春到秋，薇菜由嫩而老，時光無情地流逝了；戍卒思歸，從春到秋，一年將盡，何時才能歸家呢？——這些意蘊都是通過薇菜的變化表達出來的。

再者，在每章的後六句具體描寫思歸之情時，表達形式也有所變化。比如，第一章作者僅僅說，到了年底，還回不了家；并抱怨：「靡室靡家，玁狁之故；不遑啓居，玁狁之故」，是玁狁害得他有家難歸。而

第二章則說：「曰歸曰歸，心亦憂止。憂心烈烈，載飢載渴」，他因思鄉而心頭煩悶，好像火燒一樣，而且感到飢渴難忍，還想到：「我的駐地沒有一定，連捎個家信也不可能。」第三章，眼見已到十月小陽春了，回家還是沒有指望，戍卒不禁發出痛苦的呻吟：「憂心孔疚，我行不來」，心情極其痛苦，誰能寬解呢？——顯然，隨着戍邊時間的延長，鄉情也日益深重。作者就是採用這種反覆吟誦，漸次深入的方式，讓讀者一步步走到戍卒的心靈深處，體會着他們與日俱增的思鄉之苦。

第二部分具體描寫戍邊生活。將帥們駕着車馬上路了，戍卒也踏上艱難的征途；將帥們坐在車上，士卒們則圍在車的兩旁，打起仗來就靠它來隱蔽。他們南北轉戰，一個月要轉移多次，不敢安居；他們時刻警戒，不敢鬆懈，因爲他們面臨的是極其兇狠的敵人。從字面上看，這一部分沒有寫思歸情愫，但那一股苦澀的情味始終縈繞在詩人的歌聲中。這些可憐的戍卒，當他們拖着疲乏的身子，掙扎着在車馬後面奔跑的時候，當他們靠着車廂躲避敵人飛矢的時候，當他們枕戈待旦的時候，怎能不加倍思念安寧和平的生活呢！

不能忽略的是，在這一部分的歌唱中還透露出對苦樂不均的怨恨情緒。你看，拉車的馬兒「業業」「騤騤」，高大強壯，可見餵養得好，不言而喻，它們的主人吃喝更不會差；而士兵却靠着採集薇菜勉強果腹，個個面帶菜色，骨立形銷。將帥坐在車上，服飾鮮明，神氣活現；而士兵們則整日跟在車後跋涉，滿臉塵土，衣衫殘破……儘管在這裏作者衹是描寫了將帥車騎的威武、服飾的華美，但語氣間已帶譏諷之意。比如第四章開頭四句：「彼爾維何？維常之華。彼路斯何？君子之車。」翻譯成現代語言，便是：「什麼花開得繁華？那都是棠棣的花；什麼車高高大大？還不是貴人的車。」（見余冠英先生的《詩經選》）嘲諷之意是很明顯的。這些描寫與戍卒的生活形成鮮明對比，更激起他們懷鄉思歸的情感。

第三部分是全詩中抒情意味最濃的章節。在一個雨雪紛飛的日子，戍卒終於踏上了歸途。這本來是一件令人興奮的事，然而我們在這裏看不到一絲歡愉，衹感到一片悲涼。長久的戍邊生活在戍卒心中留下了難以彌合的精神創傷，他是懷着一顆破碎的心走向故鄉的。他憂傷地想起：「昔我往矣，楊柳依依」——當年我離開家鄉的時候，正是春天，柳絲低拂；而今天呢，「今我來思，雨雪霏霏」——今天我重返故鄉，却是雨雪迷濛的冬天了。在這裏，詩人沒有直接傾訴內心的感情，而是以春天隨風飄拂的柳絲來渲染昔日上路時的依依不舍之情，用雨雪紛飛來表現今日返家路途的艱難和內心的悲苦，讓那一股纏綿的、深邃的、飄忽的情思，從風景畫面中自然流出，含蓄深永，味之無盡。這四句詩被後人譽爲《詩經》中最好的句子。

「行道遲遲，載渴載飢」，這是寫戍卒歸途上的情形。路途是那麼遙遠，似乎總也走不到盡頭，他忍渴耐飢，掙扎着走向故鄉。在這艱難的歸途上，戍卒痛定思痛，回憶起離開故鄉後的種種經歷，默默地品味着內心的苦楚，體會着自己的孤獨，他痛苦地吟唱：「我心傷悲，莫知我哀！」——我的心情非常悲苦，有誰知道呢！

讀罷全詩，我們彷彿看見這個身心憔悴的戍卒，冒着雨雪，沿着泥濘的小路慢騰騰地走向畫面深處，走向雨雪濃重的遠方。衹給我們留下一個孤獨的背影，一聲幽怨的嘆息。

（韋鳳娟）

詩·大雅·緜

緜緜瓜瓞。民之初生，自土沮漆。古公亶父，陶復陶穴，未有家室。
古公亶父，來朝走馬。率西水滸，至于岐下。爰及姜女，聿來胥宇。
周原膴膴，堇荼如飴。爰始爰謀，爰契我龜。曰止曰時，築室于茲。
迺慰迺止，迺左迺右，迺疆迺理，迺宣迺畝。自西徂東，周爰執事。
乃召司空，乃召司徒，俾立室家。其繩則直，縮版以載，作廟翼翼。
捄之陾陾，度之薨薨，築之登登，削屢馮馮。百堵皆興，鼛鼓弗勝。
迺立皋門，皋門有伉。迺立應門，應門將將。迺立冢土，戎醜有行。
肆不殄厥慍，亦不隕厥問。柞棫拔矣，行道兌矣。混夷駾矣，維其喙矣。
虞芮質厥成，文王蹶厥生。予曰有疏附，予曰有先後，予曰有奔奏，予曰有禦侮。

這是《大雅》中的優秀篇章，是周代奴隸主階級頌美其祖先太王（古公亶父）的詩歌。

周人本處於黄土高原的邰地（故地在今陝西武功縣西南。相傳后稷因佐禹有功，始封於邰），是一個經營農業的部落。爲了本部落的鞏固發展，先後進行過兩次大遷徙。一次是公劉（后稷三世孫）時，曾有計劃有步驟地率領族衆大規模地遷徙豳地（今陝西旬邑），長期在其地定居生息。又傳九世至古公亶父，因受薰鬻戎狄的侵迫，又率領族人遷至岐山下的周原。定居於土地肥沃的周原之後，在古公亶父的領導下，整頓并健全部落組織及制度，營造宫室屋宇，由穴居進化到室居，由原始社會過渡到奴隸制社會。周民族之所以日益繁榮，主要由於古公亶父的遷岐之功。此後又經其子季歷、其孫文王的慘淡經營，逐步奠定了奴隸制國家的雄厚基礎。終於由武王滅商，建立了周朝。武王伐紂的成功，是在古公亶父與文王所創造的各種條件下實現的，所以本詩着力記述先祖創業之功。

《緜》是一篇敍事詩，有較高的文學與史學價值。它的內容上承《生民》、《公劉》、下接《皇矣》、《大明》，反映了周民族發展史前期的輪廓。

本篇第一章，首先以比興手法表現周民族不斷發展壯大，子孫繁衍昌盛，猶如瓜蔓上的大瓜、小瓜緜緜相繼，結實累累。這就形成籠罩全篇的基調和體勢。接着又總提「民之初生，自土沮漆」。「民」指周人，周民族。「土」乃「杜」之借，指杜水。這兩句是說：周民族開始興起之時，由杜水流域的邰邑遷往漆水流域的邠邑（即豳地）。在簡括地追溯遠祖功業之後，筆勢一轉，導入本事，敍寫古公亶父的業績。說古公亶父繼承先祖遺烈，安定民生，領導族人挖窨洞居住。當時雖然還沒有房屋，但已有較嚴密的社會組織與相應的制度。

第二章，是對古公亶父率周人遷岐的描寫。說他策馬疾行，從那邠西水濱進發，兼程而行，匆匆忙忙地趕到岐山下的周原。他偕同其妃太姜，察看地形，籌劃定居與建築屋宇之事。敍事簡要，巧於剪裁，衹概述古公亶父行事之大略，并不詳寫遷徙途中的細節，却已可想見這位部落首領夙夜匪懈、櫛風沐雨，親率族衆大遷徙的偉大舉動。本章與前章似斷實連，環環相扣，起伏中見脈絡，簡約中有賓主。從后稷居邰、公劉遷豳，到太王徙於周原，時空跨度很大，詩篇却在敍事中有大跳動、大剪接、大熔裁，將千百年之史事凝聚於寥寥數語之中。

「周原膴膴」之章，以生動形象的比喻，誇飾周原土質肥沃黏潤如同飴糖。如此描狀「地利」，正烘托出古公亶父建樹之首功。以下便記述古公亶父與族人計議謀劃，刻灼龜甲以卜臧否，卜辭明言：「宜在此地定居生息。」於是，決定在這吉地建築宮殿屋宇。這些敍述比前章進了一層，不過還沒有實寫築室情形，衹略提一筆，爲下文作了鋪墊。

然後，緊接上文，概述周人初步建成一般房舍，讓族衆安居。按照人口的組織，分配住房的區域位置，有的住東，有的住西。這裏對大批房舍的建築過程略而不述，駢枝盡去，重點分明。下面又寫周人劃定並修築土地的疆界，整治土田，疏導溝渠，修整阡陌。周原全境，東西南北，都掀起了生產熱潮，衆人都忠誠而辛勤地從事勞動，呈現一派蓬勃興旺氣象。由此可以看出周人對古公亶父的擁戴以及他們振興民族的豪情。這段描寫，言詞簡直，文情專一，對於人物與事件進行了高度概括。

五、六、七章，集中而生動地描述興建宗廟宮室的情形。「乃召司空」一章，敍述古公亶父首先召集司空、司徒諸官員前來議事。吩咐他們負責規劃籌建宮室。明確要求：必須用繩尺將地基的界線畫直畫正，并將築牆的直版立好固定，要修建高大嚴整的宗廟。這些情節，說明在興建城邑過程中，建廟是首要之事。由此可見周人不忘祖先的懿德福蔭。就事敷陳，不假造作，寥寥幾筆，無形中照應了篇首頌聖念祖之本旨。此章并未寫司空、司徒籌建宗廟宮殿的詳情，衹是以疏朗的線條勾勒了一個略圖，以簡馭繁，以少總多，粗具規模。

「捄之陾陾」一章，以重筆詳寫夯土築牆的勞動場面。從夯土工藝來看，這首詩應是西周作品。當時還不會燒製磚瓦作建築材料，築牆的基本方法是「版築」：按築土牆要求的厚度，兩側立以長木版，兩端立以短木版，用繩索束牢，中間便形成上下垂直、左右兩側等寬的空槽，然後將拌好的濕潤而有黏性的土填入槽內，用杵夯實，夯平一層，再向上移版，如法築土，層層高起。本章生動有力地鋪敘版築場面：人們向畚箕內斂土盛土，其聲仍仍；向版槽內填土倒土，其聲轟轟；用杵頭搗土夯土，其聲登登；削平牆土隆高之處，其聲乒乒。直徑丈二的大鼓擂得震天價響，也不能壓倒築牆之聲。全長百堵（五丈爲堵）的牆垣一時築成。反覆鋪排描寫建築場面的熱烈繁忙，從而反映勞動者對振興周民族的積極態度。從兩次大遷徙，以及遷至周原大力發展農業與大興土木諸方面，表現了周人當時是一個處於上升時期的民族。這一章寫勞動場面，用響震雲天的大鼓聲渲染熱烈沸騰的氣氛，形成振奮人心的高潮，烘托了羣衆高漲的勞動熱情。這鼓聲本是鼓舞士氣的，却被強大的勞動聲濤淹沒了。這就起了有力的反襯作用。鼓聲融入築牆的各種聲響，匯成了一支勞動交響樂，在周原這片土地上驚天動地地迴盪着。在形容各種聲音時運用了不同的象聲詞，十分眞切、生動、準確，富有感染力與韻律美，使人如聞其聲，如臨其境。而且運用複沓句式，猶如層波疊浪，滾滾而來，此伏彼起，步步有力地強化了這交響樂的主旋律。

一個高潮之後，又絡繹而下，過渡到「迺立應門」一章，概述都城的宏偉莊嚴：興建的郭門高大軒昂，王宮的正門嚴正端莊，大社的土壇築得又高又正，族衆都遵照禮儀前去祭神祀祖。詩篇至此，已將周人開拓新環境、建設新都邑的輝煌業績描繪出一個較完整的輪廓。敍事條理井然，脈絡連貫，渾然無斷續之跡，無斧鑿之痕。筆勢時提時頓，有疾有徐。五、六兩章步步推進，并由整體到局部，着力表現建築勞動場景。到第七章，却放開一步，由動入靜，轉爲從容地略述城邑宮室之莊嚴嵬峨。大起大落，自有章法。

最後兩章，又由遠而近，另闢新境，轉入對周文王的歌功頌德。說文王受命，創業維艱。在他初立之時，雖然尚未立卽消滅與周結怨爲仇的夷狄，但也未喪失周族的聲威。文王整軍經武，除盡當道的柞棫，使道路暢通無阻；他又統率大軍保境安民，將來犯的混夷打得倉皇奔突，節節敗退，他們是何其疲憊困苦！末章又說：虞、芮兩國終於化干戈爲玉帛，結成友好同盟；這是由於文王的盛德感動了他們的善良本性。實際上，文王對虞、芮兩國的感化、調解，不僅是爲了解決他們的爭端；而且也是爲周民族發展壯大，爲以後西征犬戎、密須，東征黎國創造條件。這是文王對外策略的重要組成部分。文意至此又生波折，連用四個疊句，充滿民族自豪感與自信心地說：「我們擁有率下親上之臣，我們擁有在文王前後輔佐之臣，我們擁有爲文王喻德宣譽之臣，我們擁有抵禦外侮、衛國安邦之臣。」以上是周人誇耀自己民族大有賢臣，人才濟濟。這也是國力雄厚的重要方面。古代對以上四種棟梁之材稱作「王之四鄰」，是立國安邦的重鎮。本詩末章極力讚美文王外交政策的勝利和內部實力的強大。文意與前面頌揚古公亶父的功績既相承接，又有轉換，起伏照應，嶺斷雲連。「柞棫拔矣，行道兑矣」二句，雙關兩意，實中有虛。

全詩首尾呼應，結構完整。從公劉、古公亶父兩次遷徙之功到文王受命，纘緒餘烈。縱的方面包舉十數世代，橫的方面囊括四方諸國。對千頭萬緒之史事大加剪裁，善爲取舍，豐約有度。以古公亶父的豐功偉業爲主幹，貫穿上下，而又枝葉扶疏，主次分明。全篇記述人物的行事，從不摻入斷語議論。雖是頌聖之作，却無溢美之諛詞，淡中有味，質直自然。

（袁　梅）

左傳・曹劌論戰

十年春，齊師伐我。公將戰。曹劌請見。其鄉人曰：「肉食者謀之，又何間焉？」劌曰：「肉食者鄙，未能遠謀。」乃入見。問：「何以戰？」公曰：「衣食所安，弗敢專也，必以分人。」對曰：「小惠未遍，民弗從也。」公曰：「犧牲玉帛，弗敢加也，必以信。」對曰：「小信未孚，神弗福也。」公曰：「小大之獄，雖不能察，必以情。」對曰：「忠之屬也，可以一戰。戰則請從。」公與之乘。戰於長勺。公將鼓之，劌曰：「未可。」齊人三鼓，劌曰：「可矣。」齊師敗績。公將馳之，劌曰：「未可。」下視其轍，登軾而望之，曰：「可矣。」遂逐齊師。既克，公問其故。對曰：「夫戰，勇氣也。一鼓作氣，再而衰，三而竭。彼竭我盈，故克之。夫大國，難測也，懼有伏焉。吾視其轍亂，望其旗靡，故逐之。」

這篇《曹劌論戰》是從《左傳》裏摘錄出來的短文。《左傳》是我國古代的一部編年體的歷史書，它按照年代順序記錄了春秋時代的歷史大事。這部書相傳是春秋末年魯國的史官左丘明編寫的，所以叫《左傳》。《左傳》敍述歷史事件簡要清晰，描寫歷史人物有聲有色，具有相當濃厚的文學意味，所以這部歷史書同時也是我國古代「史傳文學」的名著。這裏就是從文學的角度來介紹這篇《曹劌論戰》的。

曹劌是春秋時候的魯國人，他有勇力、有見識，也有謀略，曾經爲魯莊公做了不少事情。「論戰」就是對戰爭的議論。春秋時候，我國境內有大大小小很多「諸侯國」，各諸侯國之間經常發生戰爭。齊和魯是鄰國，都在現在的山東省境內，齊國比較強大，魯國比較弱小。魯莊公十年（前六八四）的春天，齊國以強凌弱，背棄了盟約去侵犯魯國，在長勺地方打了一仗。對魯國來說，這是一次抵禦強敵、保衛國家的帶有正義性質的戰爭。曹劌所論的就是這次「長勺之戰」。

《曹劌論戰》這篇文章，可以分成四個段落。下面逐段地加以講解。

第一段寫的是，魯莊公十年的春天，齊國軍隊攻打魯國。《左傳》的作者左丘明是魯國人，所以把魯稱作「我」。「公」就是魯莊公，他決定抵抗，準備作戰。在這樣危急的時刻，曹劌要去求見莊公。文章開頭的幾個短句寫得很精練，開門見山地提出了「長勺之戰」這件事，在緊湊簡短的敍述中烘托了作戰以前的緊張氣氛，同時也點出了曹劌這個主要人物。這時候，曹劌的地位不高，沒有資格去見國君，所以受到了鄉親們的阻攔。他的鄉親說：「肉食者謀之，又何間焉？」「肉食者」就是吃肉的人，指魯國的將帥官員們；「間」字讀去聲，念「見」，當「參與」講。意思是說，國家大事，自有朝廷裏那些文官武將們去籌劃，你又何必操心呢？曹劌回答得很好，他說：「肉食者鄙，未能遠謀。」「鄙」字本來是「鄙下」、「鄙賤」的意思，這裏當作「沒有出息」、「眼光短淺」講。在曹劌看來，魯國的「肉食者」在抵抗齊國的侵凌這樣重要的國家大事上，不能做出深遠的謀劃，不能制定正確的作戰方針。爲了保衛國家，他勇敢地挺身而出，求見莊公，要求參與這次戰爭。

第一段是故事的開端，在這裏，作者把戰爭發生的時間和齊國進犯、魯國準備抵抗的形勢作了簡要的交代。可是，直接敍述歷史事件的文字是很少的，我們可以明顯地看出，作者是把寫作的重點放在曹劌這個歷史人物的身上了。怎樣描繪這個人物呢？作者却衹寫了曹劌和鄉人的兩句對話。這兩句對話是十分出色的，它直接表現了曹劌那卓越的見識和果敢的作爲，使得這個人物一出場，就讓我們如聞其聲、如見其人，給我們留下了深刻的印象。另外，這兩句對話也從側面告訴了我們，「鄉人」是不明事理的，「肉食者」是腐朽無能的，從而，又在人物與人物之間的襯托、對比當中，更進一步突出地表現了曹劌的性格特徵。兩句簡單的對話在刻畫人物上就起了這樣重要的作用。文學的語言要求簡練，要求用最少的話說出最多的意思，這就是所謂「言簡意賅」。從這兩句對話裏，我們就可以看出來，《左傳》的文章是具有這種「言簡意賅」的特點的。

第二段寫的是曹劌見到魯莊公以後，他們兩人的談話。曹劌問魯莊公「何以戰」，就是問憑藉什麼條件去和齊國作戰。莊公講了三個方面的依據。他先說：「衣食所安，弗敢專也，必以分人。」「安」字當「安樂」、「享受」講。他說，凡是穿的、吃的各種供人享受的東西，自己都不敢據爲專有，一定要把它拿來分給別人。莊公以爲這是他對別人的恩惠，別人會因此而感激他，爲他效力出戰，可是曹劌却說：「小惠未遍，民弗從也。」意思是說，這衹不過是你對某些官員們的小恩小惠，并沒有普遍地施於人民，人民是不會因此而跟從你去作戰的。這一條被推翻了，接着，魯莊公又講了第二條。他說：「犧牲玉帛，弗敢加也，必以信」。這是指着對神靈的祭祀說的。這裏的「犧牲」是個名詞，指祭神用的猪、牛、羊之類的牲口；「玉帛」是玉石、絲綢等物品，也是祭祀用的。「弗敢加也」的「加」字應該當作「移動」講，古書裏有這樣的例子，在這裏，可以引申一下，把它講成「改變」。意思是說，祭祀的時候，我一向按照規章辦事，該供奉什麼就供奉什麼，該供奉多少就供奉多少，從來不敢有所改變；我對神靈是誠實的、講信用的，那麼，神靈總會保佑我吧。曹劌却說：「小信未孚，神弗福也。」「孚」字當「相信」講；「福」字是動詞，是「降福於人」的意思。他說，祭祀誠實，不過是件小事，未必能取得神靈的相信，神靈也不會因此而給你降福，保佑你在戰爭中取得勝利。最後，莊公講了第三方面的依據。他說：「小大之獄，雖不能察，必以情。」「獄」是訴訟的案件；「察」當「了解」講；「必以情」的「情」字，當「眞實」的「實」字講。意思是說，一切大大小小的案件，我雖然不能每一件都了解得很仔細，但是一定要根據實際情況，盡量評判得公正合理，不使人受到寃屈。曹劌聽到這一條，才說：「忠之屬也。可以一戰。」這句話裏的「屬」字當「種類」的「類」字講。意思是說，判獄公正是屬於對人民忠實一類的事情，根據這一點，魯國人民一定會擁戴自己的君主，爲國效力，魯國也就有條件和齊國作戰了。

莊公所講的這三條依據，第一條是對官僚貴族的，第二條是對天地神靈的，衹有第三條是給廣大人民辦的好事。曹劌否定了前兩條，衹肯定了第三條，這裏面表現了他的卓越見識。他已經初步認識到了要想戰勝敵人必須依靠廣大人民這樣一個正確的道理，所以他和魯莊公談話的時候，才不去討論軍隊的數量和兵刃、戰車的裝備，而把着眼點放在最重要的政治基礎上、放在人心的向背上。這樣的認識，對於生活在距離現在大約兩千四、五百年以前的古人來說，無疑是進步的、是高明的。講到這兒，再對照一下前邊曹劌所說的「肉食者鄙，未能遠謀」那句話，我們對於曹劌這個人物，以及從談話中所表現出來的他的思想和見識，就會理解得更加清楚了。這一段的內容很重要，它是魯國對敵作戰的基礎和取得勝利的保證，所以作者使用了較多的筆墨，佔去了全文的三分之一的篇幅。

這三次問答寫得很緊凑，一種戰勝敵人的依據被推翻了，接着就提出第二種，一波才平一波又起，使得三組平列的句子活潑起來，文章出現了波瀾。「長勺之戰」是弱國抵抗強國的一次戰爭，曹劌問魯莊公憑藉什麼條件去跟敵人作戰，這個問題也正是我們讀者所關心的。所以，每聽莊公說起一條依據，我們都替魯國抱着一線希望，這樣一起一伏，直到曹劌說出「可以一戰」的時候，我們心裏的懸念才平定了下來。這段文章在讀者心理上所引起的反應也是波瀾起伏的。這一段講的是戰前的準備。作爲一個故事，它是情節的「發展」階段。下面第三段寫到具體的戰爭場面，就是「高潮」了。

到了交戰的時候，曹劌請求跟從魯莊公一起前往，莊公讓他和自己乘坐在同一輛戰車上，指揮軍隊在長勺和敵人作戰。「公與之乘」的「之」字是代詞，代指曹劌。「公將鼓之」的「鼓」字在這句話裏作動詞用，當「擊鼓進軍」講。「公將馳之」的「馳」字是「追擊」的意思。「登軾而望之」，「軾」是古時的車子上橫在前面的扶手，位置較高，所以「登軾而望」有「登高遠望」的意思。「鼓之」、「馳之」、「望之」的三個「之」字，都是代詞，放在動詞後面，指代賓語。戰爭一開始，魯莊公就要擊鼓進軍，曹劌阻止說：「不可以。」等齊國軍隊擊鼓三次以後，曹劌才說：「現在可以擊鼓進軍了。」兩軍交鋒，齊師大敗，莊公馬上就要下令追擊，曹劌說：「不可以。」他走下車子，觀察了敵方戰車車輪的痕跡，又登上車前的橫木向遠方瞭望以後，才說：「現在可以追擊了。」於是莊公下令，魯軍全面出擊，追逐齊軍。在曹劌正確的戰略方針的指揮之下，魯國終於取得了勝利。

這一段寫的是「長勺之戰」的具體經過，讀這段文章的時候，我們要特別注意《左傳》的作者在文章的剪裁方面所表現出來的高超的寫作技巧。兩國交兵的戰爭場面，可寫的事情太多了，像出動戰車的數目、弓矢兵刃的使用情況以及將士的奮勇殺敵等等，本來都可以寫上去的，但是，左丘明却祇寫了「擊鼓」和「逐師」兩件事。這是作者有意識地略去了戰場上的一般情況，略去了和這次戰爭的特點沒有密切關係的東西，這樣，剩下來的這兩件最重要的事情，也就在簡練的敍述中得到了突出的表現。這是文章的剪裁之妙。我們再進一步看，即便是這「擊鼓」和「逐師」兩件事，作者也沒有做原原本本的敍述，指揮作戰的曹劌祇是反覆地說了「未可」和「可矣」四個字——這又是文章的剪裁之妙。這樣寫法，至少有兩方面的好處。

第一是符合實際情況，在緊張的戰鬥的時刻，曹劌祇能用簡明的話語作出判斷和決定，而不可能把他那觀察、推論的過程和理由作出詳細的說明。曹劌祇說四個字，也在一定程度上傳達出了戰場上的緊張氣氛。第二方面，這樣寫也爲下一段的發揮議論設下了伏筆，使得文章曲折多姿、引人入勝，而且每段之間又各有重點、緊緊相連。

讀完了第三段，我們也不禁要問：曹劌爲什麽要這樣指揮軍隊呢？他的根據是什麽呢？作者在最後一段裏作了解答：「既克，公問其故，對曰：『夫戰，勇氣也。一鼓作氣，再而衰，三而竭。彼竭我盈，故克之。夫大國，難測也，懼有伏焉。吾視其轍亂，望其旗靡，故逐之。』」這一段是《曹劌論戰》的議論中心。「既克」當「已經取得了勝利」講。魯莊公不明白這次勝利是怎麽得來的，他向曹劌詢問緣故。曹劌認爲作戰是要憑藉勇氣的，兩軍相交勇者勝，「夫戰，勇氣也」。「夫」字是發語詞，沒有具體含義。「一鼓作氣」的「作」字當「發生」、「出現」講。古時作戰是「擊鼓進軍，鳴金收兵」，擊鼓就是向士兵發布前進衝鋒的命令。第一次擊鼓，士兵的勇氣正足，所以說：「一鼓作氣」；第二次擊鼓的時候，勇氣就逐漸衰落下來，所以說「再而衰」；等到第三次擊鼓的時候，勇氣就完了，所以說「三而竭」。在「長勺之戰」的戰場上，齊國的統帥擊了三通鼓以後，魯國的曹劌才第一次擊鼓，這樣，魯國士兵在勇氣上壓倒了敵人，也終於戰勝了敵人。故而曹劌總結說：「彼竭我盈，故克之。」曹劌的這種見解，從戰略思想上說，是相當高明的。

以上是解釋「擊鼓」，接着，曹劌又解釋「逐師」。他說：「夫大國，難測也，懼有伏焉。」這句話的意思是說，齊國是個大國，大國的軍事實力是難以推測、難以預料的，他們也許是詐敗，而在別的地方設下伏兵阻擊我們。所以曹劌不同意立卽下令追擊。他「下視其轍」，「登軾而望」，「視其轍亂，望其旗靡」，然後才追擊敵人。「轍亂」是戰車車輪的痕跡很混亂，「旗靡」是旗幟倒下去了。在追逐敵軍的時候，曹劌又表現了細心謹慎決不輕舉妄動的作風。他經過認眞觀察，看到「轍亂」、「旗靡」，證明了敵人是眞正的潰敗而不是有計劃的撤退，證明了敵人没有伏兵，於是，這才長馳直下地率領軍隊向敗退的敵人衝上去，在追擊中取得了這次戰爭的徹底勝利。

從故事發展的過程看，這最後一段是情節的「結局」部分。到這裏，曹劌已經把致勝的原因交代完畢，這個歷史故事也就結束了。

我們再從頭到尾思考一下這個故事，就會從中受到有益的啓發。它告訴我們，做任何事情都要進行冷静的周密的分析，要研究情況，掌握與事情有關的各種因素，并且要在事前作好充分的準備。魯國面臨着强敵的來犯，情勢是很危急的，但是曹劌認識到了這次戰爭的正義性質，挺身而出，要拯救國家的危難，并且找尋到了「取信於民」的政治保證，這樣，就具有了堅定的信心來戰勝强大的敵人。這個故事還告訴我們，除了事前作好準備以外，臨事的時候，既要細心謹慎從實際情況出發，又要抓住時機，「一鼓作氣」。曹劌之所以能够在戰場上打垮敵人，正是由於他掌握了這些原則。讀了這篇文章，我們在思想修養上、工作作風上都會得到不少教益的。

這篇文章很簡短，數一數，全文衹有二百二十二個字，但它所包含的内容却又是非常豐富的。概括地説，《曹劌論戰》的内容有三個方面：第一，它全面地敍述了一個歷史事件——齊、魯「長勺之戰」，包括了事件的開端、發展、高潮和結局，而且條理清楚、層次分明；第二，它生動地描繪了曹劌這個人物形象，介紹了他的思想、見識和才幹，也刻畫了他的言談行動和聲音笑貌；第三，它深刻地發揮了戰略的議論，對「一鼓作氣」、「敵疲我打」這樣精闢的理論，結合事實作了簡要生動的闡述，使人非常信服。上述三方面，又有着它們内在的聯繫，構成了一個整體。段與段之間各有重點，相互聯繫；整篇文章一氣呵成，有轉折，也有波瀾。衹用二百多字就寫出了這麽豐富的内容，可以説這篇短文在寫作藝術上的成就也是相當高的。

《曹劌論戰》不愧是歷代傳誦的名作，這篇優秀的古典散文確實值得我們好好地學習。

（王雙啓）

左傳・齊晉鞌之戰

癸酉，師陳於鞌。邴夏御齊侯，逢丑父爲右。晉解張御郤克，鄭丘緩爲右。齊侯曰：「余姑翦滅此而朝食！」不介馬而馳之。郤克傷於矢，流血及屨，未绝鼓音，曰：「余病矣！」張侯曰：「自始合，而矢貫余手及肘，余折以御，左輪朱殷。豈敢言病？吾子忍之。」緩曰：「自始合，苟有險，余必下，推車。子豈識之？然子病矣。」張侯曰：「師之耳目，在吾旗鼓，進退從之。此車，一人殿之，可以集事。若之何其以病敗君之大事也！擐甲執兵，固即死也；病未及死，吾子勉之！」左并轡，右援枹而鼓，馬逸不能止。師從之。齊師敗績。逐之，三周華不注。

韓厥夢子輿謂己曰：「旦辟左右！」故中御而從齊侯。邴夏曰：「射其御者，君子也。」公曰：「謂之君子而射之，非禮也。」射其左，越於車下；射其右，斃於車中。綦毋張喪車，從韓厥曰：「請寓乘。」從左右，皆肘之，使立於後。韓厥俛定其右。

逢丑父與公易位。將及華泉，驂絓於木而止。丑父寢於轏中，蛇出於其下，以肱擊之；傷，而匿之。故不能推車而及。韓厥執縶馬前，再拜稽首，奉觴加璧以進。曰：「寡君使羣臣爲魯衛請，曰『無令輿師陷入君地』。下臣不幸，屬當戎行，無所逃隱；且懼奔辟，而忝兩君。臣辱戎士，敢告不敏，攝官承乏。」丑父使公下，如華泉取飲；鄭周父御佐車，宛茷爲右，載齊侯以免。韓厥獻丑父，郤獻子將戮之。呼曰：「自今無有代其君任患者；有一於此，將爲戮乎？」郤子曰：「人不難以死免其君，我戮之不祥。赦之以勸事君者！」乃免之。

齊晉鞌之戰是春秋時期一次著名的戰役，發生在魯成公二年（前五八九）的夏天。這年春，齊伐魯，并與衛發生軍事衝突。魯、衛向晉求救。因爲這關係到晉對北方諸侯的領導權問題，所以晉毅然同意出兵，派郤克做主帥，率領八百乘大軍向東進發。這時齊軍伐魯、勝衛後，已返回齊國。晉師追蹤而至，六月十七日在齊國鞌（今濟南附近）打了這一仗。《左傳》比較詳細地記述了這次戰爭的經過，本文節選的是一部分。

全文共三段。第一段描繪了緊張激烈的戰鬥場面，是寫這次戰爭的主體部分。作者用震耳不絕的鼓聲、淋漓遍地的鮮血，把戰鬥的氣氛渲染得十分濃烈。整段的基調是「快」。齊軍進攻得快，晉軍反擊得更快；齊軍潰敗得快，逃跑得快，晉軍追擊得也快。以快表現戰鬥的激烈，以快突現齊軍的輕狂，以快顯示晉軍的英勇。一系列的快，便構成了一幅箭飛馬躍、驚心動魄的戰鬥畫圖。

第二段記敍晉國大夫韓厥在戰鬥中的一個細節。首先插敍兩句，交代頭天夜裏韓厥父親給他託的夢，這是一巧。戰鬥時又果然應驗，這又是一巧。這些記敍雖然充滿了迷信的色彩，但也不能說不是巧合。「韓厥俛定其右」，恰恰「逢丑父與公易位」創造了良機，這又是一巧。這段貫穿一個「巧」字。

第三段寫逢丑父設計救齊侯。逢丑父隱瞞了頭天夜裏被蛇咬的傷情，一心想參戰，體現了忠；逢丑父和齊侯易位，并讓齊侯藉着到華泉打水的機會跑掉也是出於忠；韓厥的長篇委婉辭令，是爲了表白自己忠；郤克義釋逢丑父，是爲了表彰忠。「忠」是第三段强調的主旨。

全文不到六百字，作者以巧妙的手法組織安排情節，以迅疾的筆調描寫了一場戰爭，歌頌了體現正統觀念的忠君思想，説明了驕兵必敗這樣一個深刻的道理。

這篇文章準確地把握住人同戰爭的關係，始終把人物形象的塑造作爲描寫戰爭的着眼點。作者對雙方大兵團交戰的場面，衹是在開頭採用粗線條勾勒了幾筆，其餘則主要描寫人物，通過人與人之間的細微關係和矛盾衝突的描寫，來展示人物的性格特徵，憑藉人物的一舉一動、一言一行，來推動戰爭的進程和發展，憑藉人物的不同品質和道德風貌，來觸動讀者的心靈，給人以啓示和教育。

全文共寫了十一個人物，其中精心塑造了四個形象。先看齊軍的主帥齊侯，他是揭示這次戰爭勝敗原因的一個關鍵性的人物。這個人物一出場就給人以鮮明的印象，他衹説了一句話：「我們消滅了這些晉軍再吃早飯。」然後便迫不及待地開始進攻，甚至没有給馬披上甲，僅這兩筆，就把他狂妄自大、目空一切的性格，驕盈輕敵、急切求成的心理，張大海口、貪婪自得的情態，刻畫得傳神盡相、維妙維肖。由於他的輕率自滿，齊軍很快就敗退逃跑了。在被緊追不放、驚恐萬狀的危急時刻，齊侯竟然强調，不能射擊對方的軍官，足見其迂腐和昏憒。位極人臣，儼然在上的齊侯竟連「戎事以殺敵爲禮」都不懂，而把嚴酷的戰爭看成兒戲，由他率領的軍隊還能不失敗嗎？如果没有下臣舍身相救，他本人眞要成爲晉軍的階下囚了。

韓厥是這場戰役中一個舉足輕重的人物，文章對他的描寫極有分寸。他身爲司馬，在戰車上應居左位，但是，他相信夢驗，避開了左、右的位置，把危險推給了别人，這是何等自私渺小的靈魂。他緊追齊侯，一心想奪頭功，但由於他的疏忽，致使齊侯得以换位，又由於他的一篇繁瑣的外交辭令，又給了齊侯溜掉的機會。正是這個人物的虛僞和自私，給晉軍的勝利平添了一抹黑色。

逢丑父是作者褒揚的人物，他是忠君的典型。開戰前他有意隱瞞了傷情，這雖然造成了「不能推車而及」的嚴重後果，但足以表明他參戰心切，勇於奔赴戰場的鬥志。爲救君王，他與君易位、助君逃脫、替君「任患」，充分表現出舍身忘己、足智多謀、機敏過人的品格。作者在文章最後寫逢丑父大呼：「自今無有代其君任患者，有一於此，將爲戮乎？」這一呼眞是聲態并作，剴切情眞，一個高大的形象巍然屹立在讀者面前。這一呼使逢丑父的性格得以集中表現，他那頂天立地的氣魄，那據理力爭的智慧，那熠熠照人的肝膽都躍然紙上。這一呼，可謂點睛之筆。

解張是晉軍主帥的趕車人，他更是值得稱道的人物。文章的第一段對戰鬥的記敍僅寥寥幾句，但對解張的言語、行動則進行了詳細地鋪敍。在激戰中，解張的手和肘兩處中箭，流的血把車輪都染成了黑紅色。但是他默不作聲，忍着巨大的疼痛折斷箭杆又繼續趕車，表現出超人的英勇頑強和忍耐精神。主帥受了傷，他鼓勵主帥要忍住傷痛以鎭住軍心，把戰事放在第一位。他能分析戰情，抓住戰機，果斷行事，在關鍵時刻，他身兼二任，毅然擔起了擊鼓指揮的任務，表現出一個士卒對戰爭的理解力和判斷力，眞是挽狂瀾於既倒、立砥柱於中流。他的一言一行無不煥發着個性光彩。這是一位智勇雙全、忠誠愛國的形象。在晉軍的勝利中，他起着決定性的作用。作者飽含激情把許多筆墨傾注給他，是完全應該的。本文十分強調下層人物在戰爭中的智慧和作用，對逢丑父和解張的精描細刻，使文章的思想境界得以昇華。

文章把以上這些人物置於張弛有致的情節中，運用高度概括的筆墨，有聲有色、繪影繪形地爲我們描述了一場戰爭。戰幕一拉開就緊張得扣人心弦。「不介馬而馳」，顯示出齊軍進攻得迅猛，也給下文「驂絓於木」埋下了伏筆。這一句既是情節的發端，又是情節出現曲折的樞紐。「郤克傷於矢，流血及屨」，這一「張」是情節的迅速發展。如果郤克這時退回陣地，那麼大局可定，故事也就結束了。而郤克偏偏帶傷指揮，「未絕鼓音」，這一「弛」使情節得以繼續發展。由於流血過多，郤克說出「余病矣」，表明他無力指揮了。如果鼓聲停止，晉敗齊勝，故事也可以結束了。但作者在這時安排解張和鄭丘緩出場，描寫他們如何曉之以理，鼓勵郤克鎮住帥車。後來解張當機立斷，乾脆自己「左并轡，右援枹而鼓」，霎時間，鼓聲咚咚，戰馬狂奔，一下子把情節推向高潮。「三周華不注」是情節的高潮，也是戰鬥的高潮，它極寫了齊軍狼狽潰逃，晉軍緊逐不放的激烈追殺場面。韓厥追齊侯是這個廣闊場面中的一個特寫鏡頭，兩軍的矛盾由此轉入韓厥和齊侯兩個人的矛盾。由於韓厥換了位置，造成左、右兩人負傷倒下；又由於他「俛定其右」，給逢丑父和齊侯換位置造成了機會。這兩次「易位」有異曲同工之妙，使文章旁逸斜出，波伏浪起。在緊張的追逐中，作者抽出了開頭埋下的伏線，寫戰馬由於沒披甲，在迅跑中被樹絆住，於是乎嘚嘚的馬蹄聲戛然而止，故事也由高潮陡然跌下，最後以齊侯逃脫倖免而告終。逢丑父的一呼氣壯山河，使文勢頓挫生姿，至此，已進入故事的尾聲，卽而便浪落波平了。作者眞不愧是描寫戰爭的行家，把一場驕兵速敗的戰鬥，寫得有張有弛，張中有弛，弛而又張，張弛相迭。齊侯的狼狽相，逢丑父的忠義貌也就在這一張一弛，欲擒又逃，欲殺又赦的情節中表現得淋漓盡致。作者就是這樣曲筆迂墨，描寫了波瀾起伏的情節，旣反映出戰鬥的情狀，又活畫出各類人物的形象。

（薛安勤）

晉公子重耳之亡

左傳・晉公子重耳之亡

晉公子重耳之及於難也，晉人伐諸蒲城。蒲城人欲戰，重耳不可，曰：「保君父之命而享其生祿，於是乎得人；有人而校，罪莫大焉。吾其奔也！」遂奔狄。從者狐偃、趙衰、顛頡、魏武子、司空季子。

狄人伐廧咎如，獲其二女叔隗、季隗，納諸公子。公子取季隗，生伯鯈、叔劉；以叔隗妻趙衰，生盾。將適齊，謂季隗曰：「待我二十五年，不來而後嫁。」對曰：「我二十五年矣，又如是而嫁，則就木焉。請待子。」處狄十二年而行。

過衛，衛文公不禮焉。出於五鹿，乞食於野人，野人與之塊。公子怒，欲鞭之。子犯曰：「天賜也。」稽首，受而載之。

及齊，齊桓公妻之，有馬二十乘。公子安之。從者以爲不可。將行，謀於桑下。蠶妾在其上，以告姜氏。姜氏殺之，而謂公子曰：「子有四方之志，其聞之者，吾殺之矣！」公子曰：「無之。」姜曰：「行也，懷與安，實敗名！」公子不可。姜與子犯謀，醉而遣之。醒，以戈逐子犯。

及曹，曹共公聞其駢脅，欲觀其裸。浴，薄而觀之。僖負羈之妻曰：「吾觀晉公子之從者，皆足以相國；若以相，夫子必返其國；返其國，必得志於諸侯；得志於諸侯，而誅無禮，曹其首也。子盍蚤自貳焉？」乃饋盤飧，寘璧焉。公子受飧反璧。

及宋，宋襄公贈之以馬二十乘。

及鄭，鄭文公亦不禮焉。叔詹諫曰：「臣聞天之所啓，人弗及也。晉公子有三焉，天其或者將建諸？君其禮焉！男女同姓，其生不蕃，晉公子，姬出也，而至於今，一也；離外之患，而天不靖晉國，殆將啓之，二也；有三士足以上人，而從之，三也。晉、鄭同儕，其過子弟，固將禮焉；況天之所啓乎？」弗聽。

及楚，楚子享之，曰：「公子若返晉國，則何以報不穀？」對曰：「子女玉帛，則君有之；羽毛齒革，則君地生焉；其波及晉國者，君之餘也。其何以報君？」曰：「雖然，何以報我？」對曰：「若以君之靈，得返晉國，晉、楚治兵，遇於中原，其避君三舍；若不獲命，其左執鞭弭，右屬櫜鞬，以與君周旋。」子玉請殺之。楚子曰：「晉公子廣而儉，文而有禮；其從者肅而寬，忠而能力。晉侯無親，外內惡之。吾聞姬姓，唐叔之後，其後衰者也。其將由晉公子乎？天將興之，誰能廢之？違天，必有大咎。」乃送諸秦。

秦伯納女五人，懷嬴與焉。奉匜沃盥，既而揮之。怒曰：「秦、晉匹也，何以卑我？」公子懼，降服而囚。他日，公享之。子犯曰：「吾不如衰之文也，請使衰從。」公子賦《河水》，公賦《六月》。趙衰曰：「重耳拜賜！」公子降，拜，稽首。公降一級而辭焉。衰曰：「君稱所以佐天子者命重耳，重耳敢不拜！」

二十四年，春，王正月，秦伯納之。……及河，子犯以璧授公子，曰：「臣負羈紲從君巡於天下，臣之罪甚多矣。臣猶知之，而況君乎？請由此亡。」公子曰：「所不與舅氏同心者，有如白水！」投其璧於河。濟河，圍令狐，入桑泉，取臼衰。二月，甲午，晉師軍於廬柳，秦伯使公子縶如晉師。師退，軍於郇。辛丑，狐偃及秦、晉之大夫盟於郇。壬寅，公子入於晉師。丙午，入於曲沃。丁未，朝於武宮。戊申，使殺懷公於高梁。

這段故事節選自《左傳·僖公二十三、二十四年》。重耳是晉獻公的公子，卽後來在春秋五霸中功業最爲顯赫的晉文公。獻公寵妃驪姬想立自己的兒子奚齊爲太子，逼死太子申生，又讒害申生的異母兄弟重耳、夷吾，慫恿獻公派人到重耳的封地蒲城去捉拿重耳，重耳被迫逃亡。本文卽以生動的文筆，記敘了重耳在出奔、流亡的苦難經歷中，受到了政治鍛鍊，增長了閱歷和膽識，逐步認清了當時複雜的形勢，從而一意興晉，最後成長爲著名的政治家的過程。

《左傳》的作者是刻畫人物的高手，他很善於捕捉人物的個性特徵，借助於典型的細節描寫，通過人物的語言和行動來塑造形象；并且能成功地反映人物的思想、性格的發展和變化。其高明的藝術手腕至今仍然可供我們借鑒。

我們且看他是怎樣塑造重耳這個人物的：

開初，面對驪姬的無端迫害，重耳雖不像他的哥哥申生那樣迂腐地坐以待斃；但也毫無反抗之意，衹好棄國逃亡，倉皇奔狄。這表明他在政治上還非常天眞、幼稚，還很缺乏鬥爭經驗。重耳的母親是狄人，自然狄人對他非常關照，於是他便娶妻生子，樂以忘憂，一住就是十二年。最後在他舅舅的督促下才依依不舍地離開狄。臨行前他還兒女情長地對他的妻子季隗說：「待我二十五年，不來而後嫁。」這樣的語言，實在沒有半點大丈夫的氣概，也難以看出他有什麽雄心壯志。在五鹿，他餓急乞食，當鄉下人請他吃土塊時，他立刻怒火中燒，毫不考慮自己逃亡的處境，舉鞭就要打人。這還是過慣了養尊處優生活，受不得一點委曲的貴族公子的派頭。到了齊國，因爲申生的母親是齊人，齊國也希望他能返回晉國掌權，爲齊、晉修好做點準備，所以齊桓公不僅「妻之」：而且使他「有馬二十乘」。重耳却根本不想齊國爲什麽要給他如此優厚的待遇，也不想復國、報仇大業，又像在狄時一樣，安於這種甜美舒適的生活而不想離去了。當姜氏誇他「有四方之志」，表示支持他走時，他却矢口否認說：「無之。」當姜氏語重心長地勸告他說：「走吧，懷戀妻子，貪圖安樂，實在是敗壞你的功名啊！」他乾脆就賴着不走。當姜氏同他舅舅用計把他灌醉送走後，他醒來還要「以戈逐子犯」。這樣的筆墨，實在傳神！要知道，重耳出逃時已四十三歲了，在狄十二年，在齊五年，這時已是年近六十的人了，却在他的妻子和舅舅面前如此耍賴，自然讓人看了發笑。而作者正是抓住這些典型的細節、富於個性的言行，寥寥幾筆，便繪聲繪形地給我們勾畫出一個懦弱、無賴、苟且偷安的貴族公子的形象；同時也反映出他這時仍然沒有什麽政治抱負。

但是，在長期的流亡生活中，他遭受了衛、鄭等國的冷遇，五鹿人的嘲弄和曹共公的侮辱。在姜氏和隨行人員的幫助下，他開始轉變并逐漸成熟起來。當僖負羈藉機送來厚禮時，他便能接受晚飯以示領情，退回璧玉以示不貪，處理得頗爲得體。而當宋襄公「贈之以馬二十乘」時，他也不再「安之」了。

重耳性格的變化發展，在楚、秦更爲突出。楚成王設宴招待他時，成王居功要挾，當場要求報答的許諾。重耳這時既要考慮自己的處境，不能過分得罪楚國，又不能有損於晉國，是很難回答的。但他却答得非常巧妙。他首先說明楚國地大物博，不應對晉國有何奢望，不僅婉言拒絕了楚王的要求，而且也間接地諷刺了他的貪慾。當楚王再次逼問時，他便貌似溫文謙遜，其實更加柔裏帶剛地說，要以「避君三舍」作爲報答，但「若不獲命」，便要「與君周旋」。這裏已沒有半點流亡公子寄人籬下的卑躬屈膝之態，而是答得堂堂正正、不卑不亢，顯得有理、有力、有節。短短幾句，不僅又一次頂住了楚王的無理要求，也表明了自己的志向，同時還維護了自己祖國的尊嚴。這時他儼然是一個政治家的風度，表明他已開始從遠大的政治目標來考慮和處理事情了。到了秦國，秦穆公的女兒懷嬴伺候他時，他對她很不禮貌，懷嬴生氣，重耳便馬上陪罪；當重耳要過黃河回國時，其舅舅向他告辭，重耳立刻知其用意，馬上賭咒發誓說：回國後一定和舅舅同心同德，因爲這時他已有更加遠大的政治抱負和更加敏銳的政治見解了。他深知秦國是他回國稱君的主要靠山，如果得罪了懷嬴，就可能毀其大事；如果回國後不用子犯等一幫人，不僅孤掌難鳴，而且會喪失人心。所以他這時再也不敢像在齊時那樣，在妻子和舅舅面前耍無賴，而是顯得像一個知過能改、謙讓雍容、不記前仇、寬厚待人的政治家了。尤其是秦穆公宴請重耳，在宴會上賦《六月》，讓他回國後能像尹吉甫輔佐周宣王一樣輔佐周天子時，重耳立刻「降，拜，稽首」，這就充分地反映他已愈來愈具有強烈的建立霸業的雄心壯志了。

就這樣，作者通過對重耳流亡生活中許多具有代表性的言行和細節描寫，形象生動地反映了他從一個幼稚無知、貪圖享受、胸無大志的貴族公子，經過苦難的歷程，受到了磨練，最後成長爲一個有志氣、有膽略、有見識、有度量、稱霸中原的政治家的性格發展過程。讀罷掩卷，重耳那與姜氏、子犯耍無賴的形象，那對僖負羈「受飧返璧」的形象，以及他與楚成王、秦穆公對話的種種情態無不一一浮現在眼前。這些形象是那樣鮮明、那樣清晰，眞是栩栩欲活、呼之欲出，令人不得不拍案叫絕，嘆服作者對重耳形象塑造的成功！

在塑造人物形象時，作者還採用了側面描寫和正面描寫交替運用的手法。文章開頭寫晉人伐蒲城，「蒲城人欲戰」，說明蒲城人對他比較擁護；在流亡中，一些國家給重耳以禮遇，雖都是各自從本國的利益出發，但同時也表明他還比較得人心；作者還通過僖負羈之妻、叔詹及楚子等人的談話中對重耳君臣的評價，從側面反映了重耳及其從者是有才能有智慧的。文章後半則多用正面描寫，但也時有側面的映襯。這樣正、側描寫交替使用，就能把人物的性格、形象刻畫得更加鮮明，更加豐滿，更具有典型意義。

重耳四十三歲出亡，六十二歲回國，一共在外十九年，經過八個諸侯國，經歷了許多事情，其中可寫的材料是相當豐富的，但作者始終圍繞着主要人物、主要矛盾來敍寫。當詳則詳，當略則略。詳盡處，波瀾迭出、妙趣横生；簡略處，一筆帶過、十分經濟。使整篇文章顯得重點突出、繁簡適宜。可見作者的選材、剪裁、謀篇、布局之功，也是非同凡響的。

的確，這是一篇優秀的、很值得一讀的史傳文學作品。

（温紹堃）

左傳·燭之武退秦師

九月，甲午，晉侯、秦伯圍鄭。以其無禮於晉，且貳於楚也。晉軍函陵，秦軍氾南。

佚之狐言於鄭伯曰：「國危矣！若使燭之武見秦君，師必退。」公從之。辭曰：「臣之壯也，猶不如人；今老矣，無能爲也已。」公曰：「吾不能早用子，今急而求子，是寡人之過也。然鄭亡，子亦有不利焉。」許之。夜，縋而出。

見秦伯曰：「秦、晉圍鄭，鄭既知亡矣。若亡鄭而有益於君，敢以煩執事。越國以鄙遠，君知其難也。焉用亡鄭以陪鄰？鄰之厚，君之薄也。若舍鄭以爲東道主，行李之往來，共其乏困，君亦無所害。且君嘗爲晉君賜矣，許君焦、瑕，朝濟而夕設版焉，君之所知也。夫晉何厭之有？既東封鄭，又欲肆其西封。若不闕秦，將焉取之？闕秦以利晉，唯君圖之！」

秦伯說。與鄭人盟。使杞子、逢孫、揚孫戍之，乃還。

子犯請擊之。公曰：「不可！微夫人之力不及此。因人之力而敝之，不仁；失其所與，不知；以亂易整，不武。吾其還也！」亦去之。

春秋戰國時期，以雄辯的口才來解救國家危難的事例，是屢見不鮮的。《左傳》中記載的燭之武智退秦師，就是非常有名的一段史實。

在記述這一歷史事件時，作者首先對當時的背景和環境作了渲染。魯僖公三十年（前六三〇），秦、晉以鄭國「無禮於晉，且貳於楚」爲理由，聯合起來攻打鄭國，并包圍了鄭的國都。晉軍駐紮在函陵（今河南新鄭縣北十三里處），秦軍駐紮在氾南（今河南中牟縣南）。所謂「無禮於晉」，是指晉文公當年逃亡路過鄭國時，鄭文公沒有以禮相待。「貳於楚」，是指晉楚城濮大戰時，鄭出兵支援了楚。秦、晉是當時極有勢力的兩個大國，他們聯合出師，對於小小的鄭國來說，正是危如累卵。作者將這些情況介紹以後，隨之筆鋒一轉，通過鄭大夫佚之狐把燭之武推到了前台。佚之狐對鄭文公說：「國危矣！若使燭之武見秦君，師必退。」局勢是如此的險惡，燭之武在這樣的條件下出場，無疑會加深讀者對他的印象，使人自然而然地將視線集中到了他的身上。

當天夜裏，燭之武用繩子繫住身體，從城牆上墜下，隻身來見秦穆公。此時，鄭國的命運將取決於燭之武此行的成功與否，而能否成功，就要看他說什麽和怎樣說了。事態發展到這一步，氣氛已經十分緊張。鄭文公及其大臣和百姓們是以怎樣焦急的心情坐臥不寧地等待燭之武的消息，秦國君臣是以怎樣的場面和態度接待這位即將亡國的使臣，這裏，作者都省略了，而是將筆墨集中地使用在燭之武見秦穆公的談話上。因爲人們通過這些繪聲繪色的談話，才能眞正了解到燭之武的才能和智慧，祇有省去了無關大局的枝枝葉葉，事件的主幹才能更加清晰突出。

對燭之武的談話，可以分四個層次來理解。見到秦穆公，燭之武毫無懼色，他說：「秦、晉圍攻鄭國，我們知道就要滅亡了。如果鄭國滅亡了對您有好處，那就請您來攻打鄭國好了。」這是第一層次。幾句話，說得十分輕鬆，完全超脫於鄭國之外，而是站到秦國的立場上。好像鄭國的安危他并不介意，倒是秦國的利益使他掛心。燭之武的巧妙就在這裏。他如果低聲下氣地乞求退兵，是絕對打動不了秦穆公的；而他這番話，不但使秦穆公聽起來很順耳，而且立刻引起他想繼續聽下去的好奇心及對燭之武的好感。在這個基礎上，作者展開了燭之武談話的第二個層次。燭之武說：「秦、鄭中間隔着晉國，要把鄭的土地收入秦國，這將是很難辦到的。那麽，您又何必一定把鄭國滅掉來讓您的鄰居晉國佔便宜呢？晉國的實力增加一分，就是您的國力削弱一分啊。」這番話一講，不能不讓秦穆公動心了。秦國當然不會去做幫助晉國成就霸業而危害自己的蠢事的。燭之武的話，是從根本上動搖了秦、晉間的聯盟。接下去是燭之武談話的第三個層次：「如果保留鄭國，作爲您東面道路上的主人，貴國使者來往經過這裏，供給他們缺乏的東西，這對您并没有壞處。」如果說在談話的第二個層次中，燭之武是以危害來動搖秦穆公之志的話，那麽，這段話就是以利益來引誘秦穆公之心了。至此，可以得出這樣的判斷，滅掉鄭，對秦有害而無利；保住鄭，則對秦有利而無害。話說到這裏，秦穆公完全被說服了，但燭之武并没有因此罷休。他緊接着又援引了一段史實：「當年，您曾經對晉惠公施過恩惠，他答應以焦、瑕兩城作爲酬謝。可是他早晨剛渡河回國，晚上就修築工事來防備您，這件事相信您不會忘記。晉國不會有滿足的時候，等他在東邊把疆土擴大到鄭國以後，就會再向西邊擴展，那時候不去損害秦國，又能到哪裏去得到土地呢？」回顧歷史，是爲了說明現實。經過燭之武這樣一分析，一回憶，一發揮後，秦穆公徹底打消了同晉聯合攻鄭的想法，當即同鄭訂了盟約。秦穆公不但打退堂鼓，而且還反過來幫助鄭國，派秦軍留守鄭國。晉國知道這個仗没法打了，也衹好撤軍。滿天的烏雲，一時煙消雲散；亡國之危，頃刻化爲烏有。燭之武在強敵面前，表現得如此胸有成竹，他的一番話，竟有如此大的神力，這就使他在讀者心目中的形象更加深刻，更加令人欽佩。當然，燭之武之所以能够以三寸之舌退掉兩國之兵，關鍵在於他對秦、晉兩國貌合神離的關係瞭如指掌。他以他的遠見卓識，緊緊抓住秦、晉間矛盾的致命點——「爭霸」來作文章，從而保全了弱小的鄭國。

《燭之武退秦師》雖然文章短小，但敍事完整，情節生動，文字乾淨簡潔，有很強的表現力，確是一篇優秀的敍事散文。

（常振國）

左傳·秦晉殽之戰

冬，晉文公卒。庚辰，將殯于曲沃。出絳，柩有聲如牛。卜偃使大夫拜，曰：「君命大事，將有西師過軼我。擊之，必大捷焉。」

杞子自鄭使告於秦曰：「鄭人使我掌其北門之管，若潛師以來，國可得也。」穆公訪諸蹇叔。蹇叔曰：「勞師以襲遠，非所聞也。師勞力竭，遠主備之，無乃不可乎？師之所爲，鄭必知之。勤而無所，必有悖心。且行千里，其誰不知？」公辭焉。召孟明、西乞、白乙，使出師於東門之外。蹇叔哭之曰：「孟子！吾見師之出，而不見其入也！」公使謂之曰：「爾何知！中壽，爾墓之木拱矣！」

蹇叔之子與師。哭而送之，曰：「晉人禦師必于殽。殽有二陵焉：其南陵，夏后皋之墓也；其北陵，文王之所辟風雨也。必死是間！余收爾骨焉！」

秦師遂東。

三十三年，春，秦師過周北門。左右免冑而下，超乘者三百乘。王孫滿尚幼，觀之，言於王曰：「秦師輕而無禮，必敗。輕則寡謀，無禮則脫；入險而脫，又不能謀，能無敗乎？」

及滑。鄭商人弦高將市於周，遇之。以乘韋先，牛十二，犒師。曰：「寡君聞吾子將步師出於敝邑，敢犒從者。不腆敝邑，爲從者之淹，居則具一日之積，行則備一夕之衛。」且使遽告於鄭。

鄭穆公使視客館，則束載、厲兵、秣馬矣。使皇武子辭焉，曰：「吾子淹久於敝邑，唯是脯資餼牽竭矣。爲吾子之將行也，鄭之有原圃，猶秦之有具囿也；吾子取其麋鹿，以閒敝邑，若何？」杞子奔齊，逢孫、揚孫奔宋。

孟明曰：「鄭有備矣，不可冀也！攻之不克，圍之不繼。吾其還也！」滅滑而還。

晉原軫曰：「秦違蹇叔，而以貪勤民，天奉我也。奉不可失，敵不可縱。縱敵患生，違天不祥。必伐秦師！」欒枝曰：「未報秦施，而伐其師，其爲死君乎？」先軫曰：「秦不哀吾喪，而伐吾同姓；秦則無禮，何施之爲！吾聞之：一日縱敵，數世之患也。謀及子孫，可謂死君乎？」遂發命，遽興姜戎。子墨衰絰。梁弘禦戎，萊駒爲右。

夏，四月，辛巳，敗秦師於殽。獲百里孟明視、西乞術、白乙丙以歸。遂墨以葬文公。晉於是始墨。

文嬴請三帥，曰：「彼實構吾二君，寡君若得而食之，不厭；君何辱討焉！使歸就戮於秦，以逞寡君之志，若何？」公許之。

先軫朝，問秦囚；公曰：「夫人請之，吾舍之矣！」先軫怒曰：「武夫力而拘諸原，婦人暫而免諸國，墮軍實而長寇讎，亡無日矣！」不顧而唾。

公使陽處父追之。及諸河，則在舟中矣。釋左驂，以公命贈孟明。孟明稽首曰：「君之惠，不以累臣釁鼓，使歸就戮於秦；寡君之以爲戮，死且不朽！若從君惠而免之，三年，將拜君賜！」

秦伯素服郊次，鄉師而哭曰：「孤違蹇叔，以辱二三子，孤之罪也。不替孟明，孤之過也。大夫何罪！且吾不以一眚掩大德！」

《左傳》是先秦歷史文學中的代表作，它不僅是珍貴的歷史資料，也是傑出的文學作品。其中尤以描寫各種大小戰役著稱，如秦晉韓之戰、晉楚城濮之戰、邲之戰、鄢陵之戰等，文章都極精彩。有的戰役場面寫得并不大，却有一定意義。比如《曹劌論戰》，寫弱小者何以竟能戰勝強大者，對後世很有啓發；而《殽之戰》，則說明強大的秦國由於貪婪無厭、驕傲自滿，想偷襲弱小的鄭國以實現其擴張領土、稱霸諸侯的野心，終於遭到失敗，受到另一個大國（晉國）的伏擊而被打得落花流水。作者并沒有費多少筆墨去寫戰爭本身，而是對戰前戰後做了詳盡的描述，主要是讓當時的統治階級吸取經驗教訓，啓示後來的統治者該做什麼和不該做什麼。我們讀古典作品不僅要參考其藝術手段，也要從思想內容中得到一定程度的借鑒。過去有一種說法，認爲古代文學作品在思想內容方面并無值得學習借鑒的地方，頂多也衹是在藝術技巧上起點參考作用，這是很片面的。

這篇文章一共寫了三個主要諸侯國：秦、晉、鄭。事情相當簡單，關係却比較複雜。秦、晉兩國原是盟國，魯僖公三十年（前六三〇），秦、晉兩個大國曾聯合用兵，共同圍鄭，鄭國幾乎被滅掉。當時鄭國請出老臣燭之武向秦國做離間工作，使秦對晉生了二心，單獨與鄭國講和，派杞子、逢孫、揚孫三人以軍事代表身份駐紮在鄭國，秦國就把軍隊撤回了。事過兩年，卽魯僖公三十二年（前六二八），晉文公死了，秦穆公對晉既有恃無恐，再加上杞子派人向秦穆公報告，說可以在鄭國當內應，衹要秦國出兵，就能一舉而拿下鄭國。秦穆公利令智昏，不聽老臣蹇叔的勸諫，貿然出兵，結果不但沒有滅掉鄭國，反在殽山的南北二陵之間遭到晉國的伏擊，大敗而回。這就是「殽之戰」的主要過程。從事態的變化看，作爲弱小者的鄭國又一次轉危爲安，而作爲強大者的秦國反遭到慘重的損失。而晉國在國君新死、局勢動盪的情況下，却能從中取利，把強大的鄰邦打敗，保持了晉文公當年的霸主地位。作者寫矛盾轉化的過程是很清楚的。全文共分三大段，戰爭本身衹在第三段中間點到而止，一筆帶過。然而通篇結構完整，脈絡清楚，主次分明，說明作者在「謀篇」上下了不少功夫。文章以描寫事件爲主，但同時也使用了生動巧妙的外交辭令，刻畫了有血有肉的人物形象，更十分明確地表達了作者的寫作意圖，是《左傳》中有代表性的名篇之一。

第一大段從「晉文公卒」寫起，到「秦師遂東」爲止，一共寫了四件大事。一是晉文公死後，「柩有聲如牛」，卜偃藉此預言「將有西師過軼我」，并認爲如果進行截擊，一定大獲全勝；二是杞子通情報，使秦穆公利令智昏；三是蹇叔用說理方式勸阻秦穆公，是全篇的關鍵所在；四是蹇叔哭師，由於他說理勸阻不成，便通過感情上的爆發進一步指明利害。但秦穆公終於不納忠言，隊伍還是開拔了。

第一件事帶有濃厚迷信色彩，《漢書·五行志》引劉向的說法，認爲柩有聲如牛「近似於鼓妖」（這裏附帶說一句，《左傳》裏凡屬迷信事件大都不是隨便寫的，總有其具體的目的性）。但給《左傳》作注解的晉朝人杜預并不很迷信，他認爲這是「卜偃聞秦密謀，故因柩聲以正衆心」。可見他懂得這件事是有政治背景的。從事件發生的時間説，應該是秦決策在前，卜偃預言在後，至少杜預是這樣理解的；而作者在行文的順序上却把卜偃的預見放到最前面，這是一個不明顯的（也就是説，使讀者不易覺察的）倒叙。這樣寫，可使文章起到三種效果：一、向讀者提示，把事態發展的結果對讀者交了底，這是《左傳》作者的手段高明處。我們今天寫推理小説，往往製造懸念，讓讀者琢磨不透，這當然能出奇制勝；但中國傳統的藝術手法却往往開門見山，把謎底先捅了出來。有了謎底，還能從謎面上作文章，這才是眞正的高手。二、爲後文伏下一筆，説明秦已不是晉的對手。三、也是最重要的一點，作者用卜偃的預言爲主要人物蹇叔做鋪墊。有了這一段，才更顯出蹇叔的老謀深算，預見性很强。至於「將有西師過軼我」這句話，正與該段末句「秦師遂東」遥相呼應，結構上也是謹嚴的。

第二件事，寫杞子衹説了三句話，可謂言簡意賅。第一句「鄭人使我掌其北門之管」，説明形勢對秦十分有利，但這對下文却起了反跌的作用。第二句「若潛師以來」，寫杞子的主張，作者語含諷刺，説明此人并無軍事才能，是個笨伯。因爲「師」根本無法「潛」。從秦到鄭，中間要經過晉國、周王朝，其他小國還不算，根本無法隱蔽。第三句「國可得也」最有吸引力，秦穆公所以被野心驅使，一定要出兵，正由這句話而起。短短三句話，把秦、鄭的關係和客觀形勢，把杞子本人的愚蠢，以及促使秦國這一次走向失敗道路的主因，都説出來了。我們不能不嘆服《左傳》語言的濃縮精練。

第三件事是蹇叔對秦穆公出兵伐鄭進行勸阻。第四件事是蹇叔哭師。這裏着重寫了蹇叔這個人物，但對於懷有野心堅持侵鄭的秦穆公也没有做簡單化的處理。在最後一大段裏，孟明等當了俘虜又被釋放歸來，秦穆公親自穿了素服哭迎於郊外，并做了沉痛檢討，不但原宥了孟明等人，而且勇敢地承擔了全部責任。這樣的統治者也就不可多得。所以在這一段的兩件事中，作者先寫穆公「訪諸蹇叔」，説明他未嘗不想聽取意見，但由於利令智昏，到底沒有接受蹇叔的逆耳忠言而派出了兵將。作者在這裏衹輕描淡寫地說了一句「公辭焉」，這就是留有餘地的寫法。等他聽到蹇叔哭送孟明，說出「吾見師之出而不見其入」的駭人聽聞而又極端喪氣的話，才破口詛咒這位敢於犯顏直諫的老臣。秦穆公這種前後截然不同的態度，也正是烘襯蹇叔的英明鯁直，料事如神。

蹇叔勸阻穆公的話共有四層轉折，似重複而實非重複。「勞師以襲遠，非所聞也」，表明根據自己的生活經驗從未聽說過這樣辦的蠢事，對「襲鄭」決不苟同的態度已十分明確。「勞師」以下五句是從鄭國方面代對方考慮，說明他是知己又知彼的。「勤而無所」兩句則寫到本國方面的軍心，說明主帥如果做了蠢事，軍心也會動搖。「且行千里，其誰不知」則是從客觀的角度來揆情度理，這又正好回答了「若潛師以來」的主張，等於反擊了杞子一記耳光。這四層意思正是從四個不同的角度來談的，說明蹇叔考慮問題既全面又深入，話雖簡單分量却不輕。這樣透闢的見解和精到的分析竟不能打動秦穆公，可見杞子說的「國可得也」的話有多大的吸引力了。

蹇叔哭師是分兩層來寫的。第一層哭孟明衹有一句，突出地表現了蹇叔心情的沉重和對全軍將士的同情，感到這些將士成了野心家無辜的犧牲品。因此他衹用一句最直截了當的語言表達了他的痛苦、失望和一腔忠憤。他并沒有跟秦穆公搗亂，更沒有辱罵譏諷，說些不得體的話。但他這一句帶有結論性的悲憤之言却刺中了秦穆公的痛處，眞要是損兵折將甚至全軍覆沒，後果是不堪設想的。所以秦穆公忍耐不住，破口罵蹇叔是「老而不死」了；但是話却說得刻薄而俏皮，不同於帶有污辱性的謾罵。不過蹇叔這前一句畢竟是虛的，衹說了事態發生發展的結果，還未揭出土崩瓦解的主體內容。到了第二層哭其子，就同秦國君臣針鋒相對，揭出謎底：此行不敗於鄭而敗於晉，敵人是誰，後果如何，甚至其中埋伏遭襲擊的地點都一一明白指出。這不僅是父親哭兒子，實際上蹇叔仍在進行最後的勸阻和挽救。「必死是間」，「是間」指殽山南北陵之間一條險要的也是唯一的通道。蹇叔對於「南陵」、「北陵」做了具體的說明，歷來沒有人講過。我以爲，南陵不單純是夏后皋的墓址，還可能是他死亡的現場。根據古史相傳，上古的統治者的葬地往往就是他的死所。如傳說舜死於蒼梧之野，舜就葬於當地的九疑山；禹死於會稽，故葬身於當地宛委之山的禹穴。然則殽山的南陵說不定就是桀的祖父皋死去的地方。一個統治者沒有壽終正寢而竟死葬於山陵，很可能是遇難的結果。總之蹇叔的意思是說，南陵從古以來就是埋死人的地方。至於北陵，文王既可以避風雨，晉國當然也可以埋伏軍隊，足見地勢之險，遇見了敵人便進退失據。林紓在《左傳擷華》裏說得好，秦人的「必死是間」，等於說晉軍「必備是間」。我則以爲，他之說「必死是間」不僅帶有嚴重警告的意味，而且表示他的預料已十拿十穩，必無第二種可能性，衹有這一條絕路。由此可知，蹇叔不僅在政治上，就是在軍事上，經驗也異常豐富。他對於地理形勢和敵我部署都瞭如指掌。然而帶兵的孟明對此却毫無覺察。這固然是利令智昏、自恃兵強士勇的結果，同時也由於秦對晉并非全無估計。晉人抄秦軍後路，照常理論，當時也只有百分之五十的可能。第一，晉文公新喪，晉有內顧之憂，未必對外作戰；第二，秦、晉本爲盟國，過去也曾聯合圍鄭，這一次晉國也可能持中立態度；第三，晉的內部對秦的政策也有冒進派和穩健派兩種不同意見，引起爭論。這從第三大段第一部分中就看得出來。因此，儘管蹇叔把事情估計得既嚴重又準確，仍未能引起秦穆公君臣足够的重視。

「秦師遂東」這一句實在是所謂的「春秋筆法」，用一「遂」字而寓褒貶，增強了修辭效果，體現了作者思想的傾向性。《左傳》裏有不少「遂」字都是這樣用法，表示做事的人不顧任何前因後果而一意孤行，膽大妄爲。如《鄭伯克段於鄢》一篇，姜氏因鄭莊公「寤生」而「遂惡之」，說明這個「惡」全無道理。又如鄭莊公對母親的態度到「克段」以後已暴露無遺，所以「遂置姜氏於城潁」。這幾處「遂」字都與此處的「遂」用法相同，顯得十分形象。這句「秦師遂東」寫出秦國君臣置蹇叔的深思熟慮於不顧，終於浩浩蕩蕩往東出發，送死去了。

第二大段從「三十三年春，秦師過周北門」寫起，到「滅滑而還」止。事態雖在不斷發展變化，却仍未寫到「殽之戰」本身。這一段也有四件大事，即王孫滿對秦軍的批評、弦高犒師、皇武子對杞子等下逐客令，和秦師的「滅滑而還」。這一段通體點明蹇叔勸阻秦穆公的四層預見全部應驗了。

王孫滿不過是個孩子，他并不知道秦軍的動向何往，目的何在。他衹是從現象上看出了秦軍弱點的明顯暴露：一個驕傲自滿的軍隊是打不了勝仗的。這同前一段也遙相呼應。蹇叔是老臣，而王孫滿不過是個孩子；蹇叔畢竟是秦國的當事人，王孫滿則是個看熱鬧的旁觀者。連冷眼旁觀的小孩子也看得出問題，這說明秦國在軍事上的愚蠢和政治上的盲目性都足以導致它非碰釘子不可了。

弦高是鄭國的商人，他并不知秦國要去襲鄭。由於他是個愛國的有心人，他自然而然對曾以大兵壓境的秦國懷有一定的警惕。他既不能明說，又不能不言，於是採取試探性的犒師行動和帶歡迎口吻的外交辭令。弦高語語雙關，外表彬彬有禮，骨子裏却虛實相間，軟中帶硬，句句是弦外之音。意思說，奉告你們，我們鄭國并非沒有準備，至少是有足够的物資。要來打嘛，我們可以奉陪。這正是《左傳》外交辭令的妙用。弦高一面用緩兵之計，一面「遽告於鄭」，這就使駐鄭的軍事代表杞子等再也立不住脚，秦國的襲擊計劃也自然不攻自破，破了產落了空。

在這件事之後，應該緊接「孟明曰：『鄭有備矣……』」一段話，才合於事件發展的時序。但下文却緊接着寫鄭穆公和皇武子決定用禮貌的方式把杞子等三人驅逐出境。這是因爲下文即將轉入秦晉之間的矛盾衝突，必須先把鄭事了結，騰出手來寫更主要的內容。作者於是用「且使遽告於鄭」一句做爲紐帶，接寫鄭事，既使皇武子的辭令能與弦高的話相對照，又可收束秦、鄭兩國的矛盾關係（鄭國的導火線任務已經完成），然後掉轉筆鋒，再寫秦晉之間的衝突。這正是《左傳》層次分明、結構謹嚴的地方。此即所謂「謀篇」。

在寫皇武子下逐客令以前，先寫鄭穆公派人去偵視秦人行動，發現他們果然礪兵秣馬，要動手了。這實際仍是寫杞子等人的愚蠢。既要做內應，豈能露馬腳！這同上文杞子說的「若潛師以來」的話，其爲無知是一致的。皇武子去向杞子等人做禮節性的陳辭，恰與弦高相反。弦高是心裏沒有底裝做有底，皇武子却是心裏有底反假裝沒有底；不動聲色的應該是秦人，結果被人偵察到秘密；而皇武子之來下逐客令，却裝成沒事人一樣，竟然用挽留式的語言下了使對方非走不可的逐客令。作者寫外交辭令眞是絕了。鄭國之所以用婉辭使杞子等主動逃跑，這主要由於鄭國畢竟是小國弱國，如果公然截殺秦使，消滅駐軍，說不定會激起大變動。祇有暗中把一場戰禍化爲烏有，讓敵人自動地溜之大吉，這似乎對自己更有利。

最後寫孟明察覺鄭國已有防備，便不再進軍圍攻，這既寫出秦師的勞師無功，十分洩氣；也寫出孟明究竟比杞子勝過一籌，不去冒大不韙做更蠢的事。可是千里行軍，總不能白跑一趟，於是「滅滑而還」。這與前一段末句「秦師遂東」是同樣筆法，這一筆就把秦國的師出無名和恃強欺弱的霸主猙獰面目完全暴露出來了。

第三大段從「晉原軫（即先軫）曰」直到篇末，是「殽之戰」的正文，因此一上來先寫晉國內部對待秦國的態度。先軫是主戰的，一定要突出他。他的主張佔了上風，就一定要同秦國決戰，甚至連辦喪事也要從權。但反對派意見也必表明，故記錄了欒枝的一段話。寫戰役本身很簡單，除較詳細地記載晉軍的部署外，對作戰情況祇用了兩句，主語都是「晉」（這說明矛盾的主要方面已轉化到晉國這一方面來了），一句是「敗秦」，一句是「獲」秦三帥「以歸」。因爲這場戰爭的現場確無什麼好寫，交戰過程比齊魯的長勺之戰還要簡單，何況該寫的前面都寫了，這裏祇消一筆帶過。這就完全應驗了蹇叔哭師時的一切預言。因此，秦、晉雙方都提到蹇叔。晉人說「秦違蹇叔」，故晉打了勝仗；秦穆公也說「孤違蹇叔」，可見秦之一敗塗地亦勢所必然。儘管第二、三兩大段蹇叔不再出場，可是後面兩大段文字却始終被蹇叔的言行身影籠罩着。這正說明蹇叔是這個故事最關鍵的中心人物。

戰役結束，作者還寫了四段辭令。一是文嬴（秦穆公的女兒，晉文公的夫人）請求晉襄公釋放俘虜。她把罪責推到三帥身上，并希望讓她父親親自懲治他們。這是很策略的。二是先軫責怪晉襄公聽了文嬴的話放走孟明等，單刀直入，怨氣沖天，飛揚跋扈的語氣正好同文嬴的委婉陳辭相對照。三是孟明回答追他回去的使臣的話，表面上謙虛服罪，但結尾處却又使用了綿裏藏針軟中透硬的語氣，所謂「三年將拜君賜」實際上是「君子報仇三年不晚」。這話與文嬴的委婉、先軫的強硬又自不同，它體現了被俘將領在委曲求全中力求不喪立場和體面的苦衷。而晉襄公派人追孟明沒有追上，又成爲後世《三國演義》情節的原型和母體。赤壁之役諸葛借風完畢被丁奉徐盛所追，劉備過江招親之後與孫夫人返荆州被周瑜人馬所追，又都沒有被追上，同這裏的描寫眞何其相似乃爾！可見我國小說戲曲受歷史文學的影響是無往不在的。

最後一段，以秦穆公聲淚俱下的沉痛檢討作結，前文已談過，這裏不再重複。一篇頭緒繁多、關係複雜的文章以此結束，正說明這場戰役的總根子在秦穆公這裏。這既使讀者弄清來龍去脈，又對穆公留下了個好印象，正說明作者的寫作目的是爲了讓後世的統治者從中吸取經驗教訓。用一段動人的辭令來更好地表達全篇的主題思想，才稱得起是收到強有力的藝術效果的最好手段。

（吳小如）

國語·句踐滅吳

越王句踐棲於會稽之上，乃號令於三軍曰：「凡我父兄昆弟及國子姓，有能助寡人謀而退吳者，吾與之共知越國之政。」大夫種進對曰：「臣聞之：賈人夏則資皮，冬則資絺，旱則資舟，水則資車，以待乏也。夫雖無四方之憂，然謀臣與爪牙之士，不可不養而擇也。譬如蓑笠，時雨既至，必求之。今君王既棲於會稽之上，然後乃求謀臣，無乃後乎？」句踐曰：「苟得聞子大夫之言，何後之有？」執其手而與之謀。

遂使之行成於吳，曰：「寡君句踐乏無所使，使其下臣種，不敢徹聲聞於天王，私於下執事，曰：『寡君之師徒不足以辱君矣，願以金玉、子女賂君之辱。請句踐女女於王，大夫女女於大夫，士女女於士，越國之寶器畢從；寡君帥越國之衆以從君之師徒。惟君左右之！若以越國之罪爲不可赦也，將焚宗廟，係妻孥，沈金玉於江，有帶甲五千人，將以致死，乃必有偶，是以帶甲萬人事君也。無乃即傷君王之所愛乎？

與其殺是人也，寧其得此國也，其孰利乎？』」夫差將欲聽與之成。子胥諫曰：「不可！夫吳之與越也，仇讎敵戰之國也，三江環之，民無所移，有吳則無越，有越則無吳，將不可改於是矣！員聞之：陸人居陸，水人居水。夫上黨之國，我攻而勝之，吾不能居其地，不能乘其車；夫越國，吾攻而勝之，吾能居其地，吾能乘其舟。此其利也，不可失也已！君必滅之！失此利也，雖悔之，必無及已。」越人飾美女八人，納之太宰嚭，曰：「子苟赦越國之罪，又有美於此者將進之。」太宰嚭諫曰：「嚭聞古之伐國者，服之而已。今已服矣，又何求焉？」夫差與之成而去之。

句踐說於國人曰：「寡人不知其力之不足也，而又與大國執讎，以暴露百姓之骨於中原，此則寡人之罪也！寡人請更。」於是葬死者，問傷者，養生者；弔有憂，賀有喜；送往者，迎來者；去民之所惡，補民之不足。然後卑事夫差，宦士三百人於吳，其身親爲夫差前馬。句踐之地，南至於句無，北至於禦兒，東至於鄞，西至於姑蔑，廣運百里。乃致其父兄昆弟而誓之曰：「寡人聞古之賢君，四方之民歸之，若水之歸下也。今寡人不能。將帥二三子夫婦以蕃。」令壯者無取老婦，令老者無取壯妻；女子十七不嫁，其父母有罪；丈夫二十不取，其父母有罪。將免者以告，公令醫守之。生丈夫，二壺酒，一犬；生女子，二壺酒，一豚；生三人，公與之母；生二人，公與之餼。當室者死，三年釋其政；支子死，三月釋其政；必哭泣葬埋之如其子。令孤子、寡婦、疾疹、貧病者，納宦其子。其達士，絜其居，美其服，飽其食，而摩厲之於義。四方之士來者，必廟禮之。句踐載稻與脂於舟以行，國之孺子之游者，無不餔也，無不歠也，必問其名。非其身之所種則不食，非其夫人之所織則不衣。十年不收於國，民俱有三年之食。

國之父兄請曰：「昔者夫差恥吾君於諸侯之國，今越國亦節矣，請報之！」句踐辭曰：「昔者之戰也，非二三子之罪也，寡人之罪也。如寡人者，安與知恥！請姑無庸戰。」父兄又請曰：「越四封之內，親吾君也，猶父母也。子而思報父母之仇，臣而思報君之讎，其有敢不盡力者乎？請復戰！」句踐既許之，乃致其衆而誓之曰：「寡人聞古之賢君，不患其衆之不足也，而患其志行之少恥也。今夫差衣水犀之甲者億有三千，不患其志行之少恥也，而患其衆之不足也。今寡人將助天滅之。吾不欲匹夫之勇也，欲其旅進旅退也。進則思賞，退則思刑，如此，則有常賞；進不用命，退則無恥，如此，則有常刑。」果行，國人皆勸，父勉其子，兄勉其弟，婦勉其夫，曰：「孰是君也，而可無死乎！」是故败吳於囿，又败之於沒，又郊败之。夫差行成，曰：「寡人之師徒不足以辱君矣！請以金玉、子女賂君之辱。」句踐對曰：「昔天以越予吳，而吳不受命；今天以吳予越，越可以無聽天之命而聽君之令乎？吾請達王甬、句東，吾與君爲二君乎！」夫差對曰：「寡人禮先壹飯矣。君若不忘周室，而爲弊邑宸宇，亦寡人之願也；君若曰：『吾將殘汝社稷，滅汝宗廟』，寡人請死！余何面目以視於天下乎？越君其次也！」遂滅吳。

《句踐滅吳》是一篇好文字，它在以樸實無華而著稱的《國語》中別具風采。說別具風采：是因爲它不僅僅是一篇眞實的歷史記錄，有深刻的思想意義；而且還是一篇優美的散文，有感人的藝術魅力。

越王句踐臥薪嘗膽的故事是春秋末葉的著名史實，不但史書上有記載，而且有關它的民間傳聞更爲豐富。記載這一史實的古代歷史典籍很多，而以《國語》中的《句踐滅吳》寫得最爲簡練、精彩、富於文學意味。統觀全篇，故事情節之曲折委婉，人物形象之鮮明生動，外交辭令之巧妙傳神，經驗教訓之發人深省，確實達到了「驟讀之而心驚，潛翫之而味永」的境界。

先說故事情節的曲折委婉。一篇優美的散文，在情節安排方面和小說不同，它并不追求錯綜複雜、緊張驚險，而是講究節奏適度、曲折盡情。《句踐滅吳》正是如此。文章一開始，作者就以簡練的筆法寫出了吳、越交戰的形勢和越國君臣執手相謀的情景。明明是越兵潰敗，退守於會稽山上，國家危在旦夕之間；作者却不緊不慢地敍述句踐的求賢和文種的進見。句踐事急而求謀臣，緊張却不慌亂；文種未獻良策却先用通俗形象的比喻含蓄地責備君王平日沒有培養謀臣武將以備用，然後提醒句踐：兵敗於會稽山，才求謀臣相助，未免太遲了吧？句踐的答對更爲出色：有幸聽到您這番金玉良言，哪裏會感到太遲了呢！國家有難，文種挺身而出，於責備君王之中隱見其忠貞和白負，不愧爲治亂之賢臣；臨危不亂，冷靜地採納忠言，句踐也不愧爲明智之君主。這樣的明君賢臣執手相謀，不難熔鑄出克敵制勝的法寶。果然，繼這個精彩的開頭之後，文章自然地轉入第二段，推出那幕更爲精采的外交鬥爭場面：文種先用謙卑恭順的措辭來增添吳王夫差的驕矜之氣，然後軟中帶硬地陳述利害得失以顯示越國上下剛毅堅定之決心，從而奠定了「行成於吳」的基礎，使國家轉危爲安。儘管吳國忠臣伍子胥進諫之言很有說服力，怎奈吳王聽不進去，議和之大局已無法改變，因而越方略施小計，行賄於吳國佞臣太宰嚭，就順利地金蟬脫殼而去矣！從文章的開頭起，到第二段結束止，情節曲折而節奏適度，似乎是山窮水盡，轉瞬間就柳暗花明，這就是優美散文的藝術魅力。文章的第三段，承接上文，作者以平易樸實的語言記敍了越王句踐刻苦自勵、發憤圖強的經過：對外「卑事夫差」、「其身親爲夫差前馬」；對內撫恤戰後的百姓，率領他們休養生息，這就是全篇的主題，即所謂的「十年生聚，十年教訓」的策略使越國醫治了戰爭的創傷，有能力洗雪國恥。文章的第四段，作者飽蘸感情的筆墨，形象地再現了越國君民上下一心誓雪國恥的動人情景：「父勉其子，兄勉其弟，婦勉其夫，曰：『孰是君也，而可無死乎！』」這正是深化主題，即：誰能够得到人民的傾心支持，誰就能够成就一番大事業。這兩段文字，情節仍有起伏，節奏仍然適度，保持了整篇文章風格的統一。

再說人物形象的鮮明生動。一篇注重刻畫人物形象的歷史散文，在勾勒人物形象方面和小說不同，它無意塑造豐富多彩的典型形象，衹不過借助歷史人物有代表性的言論行動揭示其本質特徵而已。這類歷史散文的優秀代表往往能够刻畫出鮮明生動的人物形象，《句踐滅吳》正是如此。在作者的筆下，越王句踐的形象是深沉而豐滿的。他不是什麼復仇者，而是城府很深、有膽有識的政治家。因爲他胸懷大志，才能够處變不驚；因爲他知人善任，才能够充分發揮文種的聰明才智；因爲他不忘國恥，要成就大事業，才能够忍辱負重、臥薪嘗膽、卑事仇敵而面無慍色，撫慰百姓而痛切自責。在「十年生聚」的漫長歲月裏，他明白了許多道理，因而善於調動人民羣衆的積極性。當然，他畢竟是春秋時代的統治者，「可與共患難，不可與共樂」也是很自然的。在作者的筆下，大夫文種的形象也很鮮明，他那番巧妙傳神的外交辭令最足以顯示他的性格與才華。

三說外交辭令的巧妙傳神。一篇以記言爲主的歷史散文，在錘煉語言方面是講究字約意豐的。春秋時代，諸侯各國間的外交活動頻繁，因而十分講究外交辭令。《句踐滅吳》就兼有兩者之長：總觀全篇，均達到了字約意豐的標準；衹看外交辭令，確實是巧妙傳神：

寡君句踐乏無所使，使其下臣種，不敢徹聲聞於天王，私於下執事，曰：「寡君之師徒不足以辱君矣，願以金玉、子女賂君之辱。請句踐女女於王，大夫女女於大夫，士女女於士，越國之寶器畢從，寡君帥越國之衆以從君之師徒。惟君左右之！……」

這段話是文種「行成於吳」時說的，極盡卑躬屈膝之能事，把對方捧到天上，把自己摔到地下，使驕横的吳王夫差聽了更加驕矜得意，自然就不必殺盡這些俯首帖耳、甘願任人擺布的臣服者了！其實，這番話當然不是越國君民甘心情願地說出來的，更不是文種的本意。這番甜言蜜語無非是迷魂湯而已，一般人都能識破；而好大喜功的人無不喜歡這類奉承。這段話之所以巧妙就在於它有的放矢，選中了對象。

緊接着上面這段甜言蜜語之後的一段軟中帶硬、硬中有軟的外交辭令更爲傳神：

若以越國之罪爲不可赦也，將焚宗廟，繫妻孥，沈金玉於江，有帶甲五千人，將以致死，乃必有偶，是以帶甲萬人事君也。無乃卽傷君王之所愛乎？……

這段話也是文種說的。最後兩句的意思是說：吳王如果不饒恕越國的君民，那麽將有全副武裝的萬名兵士伺候您（字面上是伺候，實際上是拚死戰鬥），那豈不是傷害了您所鍾愛的越國兵士了麽？明明是要與吳國拚死使雙方都有損失，却偏偏說吳國的損失還包括他們殺死的越國兵士，因爲越國兵士也是吳王所鍾愛的啊！說恭維别人的話，說到了這般光景，眞是說到家哩！

最後說説經驗教訓之深刻。一篇優秀的歷史散文，往往寓深刻的經驗教訓於客觀的歷史事實之中，這是我國古代史傳文學的優良傳統，而《左傳》、《國語》、《戰國策》就是這一傳統的最早的體現者。《國語》

這部著名的歷史散文著作，共二十一卷，分別記載周王朝和魯、齊、晉、鄭、楚、吳、越等國一些片段的史實，內容以記言爲主，故名《國語》。它的作者是誰，至今還沒有定論。從內容推測，作者是戰國初期一位熟悉各國情況、熟悉歷史掌故而具有比較進步的思想的散文家。《句踐滅吳》可以稱之爲《國語》的壓卷之作，它總結的歷史經驗教訓是相當深刻的。在本書敍述越人賄賂吳國太宰嚭而終於達到求和目的之後，讀者自然會慨嘆：「國有佞臣，敵國之福也！」或者當你讀完全篇，掩卷思之，也許會想起歐陽修那兩句名言：「憂勞可以興國，逸豫可以亡身。」特別值得強調的是，《左傳》、《國語》、《戰國策》這三部歷史散文著作均是適應時代的需要而產生的，它們的名篇往往提供這樣的歷史經驗：否定天地鬼神的絕對權威而重視「民」的作用。《句踐滅吳》中有兩句畫龍點睛之筆：「去民之所惡，補民之不足。」這確確實實是一條最深刻的歷史經驗，也確確實實幫助了那些有政治遠見的古代統治者，提醒他們：衹有實實在在地去民之所惡、補民之不足，才能成就大事業。

（張相儒）

戰國策・鄒忌諷齊威王納諫

鄒忌脩八尺有餘，而形貌昳麗。朝服衣冠，窺鏡，謂其妻曰：「我孰與城北徐公美？」其妻曰：「君美甚！徐公何能及君也。」城北徐公，齊國之美麗者也。忌不自信，而復問其妾曰：「吾孰與徐公美？」妾曰：「徐公何能及君也！」旦日，客從外來，與坐談，問之客曰：「吾與徐公孰美？」客曰：「徐公不若君之美也！」

明日，徐公來。孰視之，自以爲不如；窺鏡而自視，又弗如遠甚。暮寢而思之，曰：「吾妻之美我者，私我也；妾之美我者，畏我也；客之美我者，欲有求於我也。」

於是，入朝見威王，曰：「臣誠知不如徐公美。臣之妻私臣，臣之妾畏臣，臣之客欲有求於臣，皆以美於徐公。今齊地方千里，百二十城。宮婦左右，莫不私王；朝廷之臣，莫不畏王；四境之內，莫不有求於王：由此觀之，王之蔽甚矣。」王曰：「善。」

乃下令：「羣臣吏民，能面刺寡人之過者，受上賞；上書諫寡人者，受中賞；能謗議於市朝，聞寡人之耳者，受下賞。」令初下，羣臣進諫，門庭若市。數月之後，時時而間進。期年之後，雖欲言，無可進者。燕、趙、韓、魏聞之，皆朝於齊。此所謂戰勝於朝廷。

《鄒忌諷齊威王納諫》選自《戰國策·齊策》，原文無標題，題目係後人所加。

《戰國策》是一部國別體的歷史著作，其時代上接春秋下至秦併六國（前四六〇——前二二〇），約二四〇年的歷史。雜記東周、西周、秦、齊、楚、趙、魏、燕、韓、宋、衛、中山諸國之事，這部書的名稱很多，也叫《國策》、《國事》、《事語》、《短長》、《長書》、《修書》。不知作者姓名，近人羅根澤考證，認爲是秦漢間人蒯徹所著。原書錯亂雜糅，經西漢劉向加工整理，編成三十三篇，并定名爲《戰國策》。

《戰國策》的內容，大多是記載戰國時期各國的謀臣策士的言論和行事，多爲縱橫捭闔，權謀譎詐之事。也記載了許多義士、俠士不畏強暴，勇於鬥爭的正義行爲。《戰國策》長於議論和敍事，長篇大論，推波助瀾，層見疊出，暢所欲言。文筆淺近流暢，活潑生動，不僅是一部重要的歷史資料，也是一部優秀的文學作品。

戰國初年，七雄并立，這時的社會已由春秋時的奴隸制進入封建制。新的制度在一些國家已經確立，另一些國家也在加速走向封建制的進程，各國之間的鬥爭與各國內部新舊制度的鬥爭更加複雜與尖銳，在這種大動盪的政治風潮中，有一種最活躍的人物，就是士。士作爲當時的一個階層，代表各個不同階級的利益，出現在當時的政治舞臺上，各以其才能與專長，遊於各國君主之間，施展其抱負與政治主張。就各國君主來說，爲了加強與鞏固自己的統治地位，求得國家的生存與強大，爭相延攬人才，以取得才能之士的支持。一些有眼光的統治者，十分注意折節下士，虛心納諫，這就是本文所產生的時代背景。齊威王是

鄒忌諷齊威王納諫

戰國初年一個比較有作爲的國君，而鄒忌則是他的國相，鄒忌諷齊威王納諫的事，於史無考；據《史記》所載，鄒忌是個智能之士，善於以隱語與人答對，本文所敍他向威王採取諷諫的作法，是很符合他的性格和作風的，也可能是一則關於他的傳聞故事。

本篇的思想內容，說明國君必須廣泛聽取人們的批評意見，作爲改進政治的依據。不要偏聽偏信，不要愛聽奉承話而受人的蒙蔽。經驗證明，國君能納諫，就能修明政治，進而使國家富強。反之，拒諫飾非，剛愎自用，往往政事衰敗，甚而至於招致亡國之禍。「兼聽則明，偏聽則暗」是一些開明的君主從親身經歷中得出的重要經驗。應當說，本文反映的思想有着一定程度的民主色彩。它的重要意義不僅限於最高統治者政治上的大事，對於一般人的處事與爲人，也有其積極的意義。能否正確對待批評與自我批評，關係到一切工作的成敗，閱讀這篇文章，可加深對這一點的理解。

從寫作特點來說，文章分前後兩大部分，前半談生活，後半談政治。前半又分兩小段，前段從開頭到「徐公不若君之美也」。鄒忌是個長身玉貌氣度不凡的美男子，頗有點爲此自負，他要和徐國有名的美男子徐公比美，接連向他的妻、妾和客人發問，他和徐公兩人誰更美。這一段的寫作特點是三問三答，問法不同，答法也不同，妻的回答多了「君美甚」三個字，却表現了妻對他的喜愛的感情。妾的回答有些勉強，好像不敢不順着他的意思說，客的回答則明顯地流露出奉承的味道。幾句簡短的對話，既表現了人物的身份、地位和情緒，又避免了重複，使語言更爲靈活多變，并爲下面鄒忌的覺悟預作鋪墊。第二小段從「明日徐公來」到「欲有求於我也」。鄒忌并不因爲聽了三人的回答就自以爲美於徐公，經過當面和徐公對比，知道自己的確不如徐公美，他不因妻的私愛、妾的順從和客的奉承而志得自滿，他反覆思索，終究從中悟出了一番道理，說明他不僅有實事求是的態度，并有自知之明與知人之明。

第二部分也分前後兩小段。

第一小段從「於是入朝見威王」至「王曰善」。鄒忌發現自己的確不如徐公美，從而悟出妻、妾、客的溢美之辭，是各從各的處境出發，是爲了向他討好，如果偏聽一面之辭就會受蒙蔽。他從生活小事推而至於國家大事，想到國君也往往會受周圍親近的人的蒙蔽，於是他以自己的親身體驗向威王進諫，希望威王能不受蒙蔽，虛心納諫，得到威王的首肯。第二小段從「乃下令羣臣吏民」到結尾。威王採納了鄒忌的進諫，并採取措施廣泛地聽取各方面的批評。開始進諫的人很多，經過一段時間越來越少，這說明政治在逐漸改進，直到大家再也找不出失誤，政治上取得了很大的勝利，這是威王能納諫的結果，也是鄒忌諷諫的結果。結尾的勝利印證了鄒忌諷諫的重大意義，故事到這裏就完了，但應指出結尾所說「燕、趙、韓、魏聞之，皆朝於齊」之事與史實不符，這和前面所說的「雖欲言而無可進者」，都是誇張的說法。

文章的寫作特點有以下三個方面：

一、前後對比，層次清楚。前後兩部分，兩兩對比，互相映襯，條理分明，邏輯嚴密，而且層層深入，從窺鏡發問，覺悟到自己的受蒙蔽，由個人生活的受蒙蔽，覺悟到國君政治的受蒙蔽，思想意義逐步深入。

二、富有生活氣息。作品從家庭瑣事寫起，更顯得親切有味。小事中包含着大道理，由小見大，愈加眞實可信。由切身事情說起，更具有說服力，能收到更好的效果。

三、語言平易淺近，親切如口語，筆觸細膩，委婉動聽，文字又很簡練。這和《戰國策》中其他一些政治性很強的長篇論辯相比，顯得輕靈纖巧，特具一格。讀起來意味雋永。

（呂乃巖）

戰國策·觸讋說趙太后

趙太后新用事，秦急攻之。趙氏求救於齊。齊曰：「必以長安君爲質，兵乃出。」太后不肯，大臣強諫。太后明謂左右：「有復言令長安君爲質者，老婦必唾其面。」

左師觸讋願見太后，太后盛氣而揖之。入而徐趨，至而自謝曰：「老臣病足，曾不能疾走，不得見久矣，竊自恕。恐太后玉體之有所郄也，故願望見太后。」太后曰：「老婦恃輦而行。」曰：「日食飲得無衰乎？」曰：「恃粥耳。」曰：「老臣今者殊不欲食，乃自強步，日三四里，少益嗜食，和於身。」曰：「老婦不能。」太后之色少解。

左師公曰：「老臣賤息舒祺，最少，不肖；而臣衰，竊愛憐之，願令得補黑衣之數，以衛王宮，沒死以聞。」太后曰：「敬諾。年幾何矣？」對曰：「十五歲矣。雖少，願及未填溝壑而託之。」太后曰：「丈夫亦愛憐其少子乎？」對曰：「甚於婦人。」太后笑曰：「婦人異甚。」對曰：「老臣竊以爲媼之愛燕后，賢於長安君。」曰：「君過矣！不若長安君之甚！」

左師公曰：「父母之愛子，則爲之計深遠。媪之送燕后也，持其踵，爲之泣，念悲其遠也，亦哀之矣。已行，非弗思也，祭祀必祝之，祝曰：『必勿使反。』豈非計久長，有子孫相繼爲王也哉？」太后曰：「然。」

左師公曰：「今三世以前，至於趙之爲趙，趙主之子孫侯者，其繼有在者乎？」曰：「無有。」曰：「微獨趙，諸侯有在者乎？」曰：「老婦不聞也。」「此其近者禍及身，遠者及其子孫，豈人主之子孫則必不善哉！位尊而無功，奉厚而無勞，而挾重器多也。今媪尊長安君之位，而封以膏腴之地，多予之重器，而不及今令有功於國，一旦山陵崩，長安君何以自託於趙？老臣以媪爲長安君計短也，故以爲其愛不若燕后。」太后曰：「諾，恣君之所使之。」於是爲長安君約車百乘，質於齊，齊兵乃出。

子義聞之，曰：「人主之子也，骨肉之親也，猶不能恃無功之尊，無勞之奉，以守金玉之重也，而況人臣乎！」

《觸讋說趙太后》這篇文章是從《戰國策·趙策》裏面節錄下來的，記述了戰國時代趙國一位名叫觸讋的老臣，他用委婉曲折的方式啓發太后，使她明白了怎樣才是眞正愛子女的道理，最後說服趙太后決定拿自己的幼子長安君做人質，來取得齊國的援助。所以這篇文章的題目就叫做《觸讋說趙太后》。「說」念「稅」，是用話勸人、使他聽從的意思。這篇文章雖然寫的是歷史事件，但是由於作者運用了生動的語言，細緻地描繪了人物的行動和對話，形象地揭示了人物心情變化的發展過程，所以也是一篇藝術感染力很強的優秀文學作品。

本文一開始，作者只用簡要的幾筆，就交代了事件發生的背景。作者告訴我們：趙太后剛剛執政，秦國就趁機發兵來圍攻趙國了。「新用事」就是剛開始掌握政權執行國政的意思。趙國的國君惠文王死後，他的兒子孝成王繼承了王位，因爲孝成王還年輕，所以由太后執政。秦國看準了這個機會，就來進攻趙國。因此趙國不得不請求齊國援助。齊王雖然答應出兵，但是要趙國派太后的幼子長安君到齊國去做人質。太后溺愛幼子，拒絕接受齊國的條件。大臣們紛紛向她提出勸告，她始終堅決不肯答應，并且很生氣。她向大臣們宣布說，誰再敢提派長安君做人質這件事，我就要當面辱罵他：「有復言令長安君爲質者，老婦必唾其面。」當我們讀到這句話的時候，一定會感到事情已經鬧到了很難解決的地步，趙太后那麽任性，誰還敢去觸犯她呢？因此就很希望了解下一步事情究竟要怎樣解決。這樣，文章一開始就把讀者吸引住了。

接下去，作者突然來了這麽一句：「左師觸讋願見。」「左師」是當時的一種官銜。這裏說「左師觸讋願見」，這樣急轉直下的反接，更爲下文開闢了廣闊的境界。從「左師觸讋願見」開始的這一大段，是這篇文章的主要部分，也是最精彩的部分。在這裏，作者精雕細琢地描寫了人物的行動和對話。可以想象得到觸讋在這時候要見太后，太后必然會猜想到他求見的用心，因此她對觸讋就「盛氣而揖之」。「盛氣」是很生氣的樣子。「揖之」是拱拱手接待的意思。那麽觸讋怎麽辦呢？他「入而徐趨，至而自謝」，就是用小步慢慢地跑，到了太后跟前，自己先向太后謝罪。當時臣見君要用跑步走，表示誠惶誠恐的樣子。觸讋這時候是用小步慢慢地跑。見了太后，他先向太后說明：自己的脚有病，很久沒有來看望太后，却又很關心太后的健康，所以來見她。「竊自恕」是自己私下裏原諒自己的意思。「郄」，同「隙」，是指因爲操勞過度，身體不舒服。觸讋的態度是那樣地從容不迫，他的溫和親切的口吻，和太后的「盛氣而揖之」形成了鮮明的對照。太后這時候不得不回答說：「老婦恃輦而行。」「輦」是供國君乘坐的車子。這裏的意思是說仗着坐車子來行動，表明身體也不怎麽健康。觸讋接着又問她飲食怎麽樣，太后回答說：「恃粥耳。」意思是說她衹能吃些稀粥。因此觸讋就向太后介紹自己調養身體的經驗，說自己不想吃東西的時候，就勉強地散散步，每天大概要走三四里路遠，這樣就能够稍微多吃一些自己愛吃的食物，身體感到舒服一些。觸讋這樣瑣瑣絮絮，順着太后說話，表示對太后的關懷，因此太后的怒氣也就平息了些。她雖然回答說「老婦不能」，但是「色少解」，緊張神色有點鬆懈了。

太后的敵視情緒逐漸消失了，緊張場面和緩了，現在該可以提起長安君的問題了吧？不，觸讋決定從側面進一步去啓發太后。他接着說的是自己愛小兒子的心事，他說：「老臣賤息舒祺，最少，不肖，而臣衰，竊愛憐之，願令得補黑衣之數，以衛王宮，沒死以聞。」這段話的意思是說：我的兒子舒祺，年紀很小，又不懂事，但是我已經衰老了，又很疼愛他，希望他能够擔任王宮的侍衛，因此我願意冒着死罪向您說出自己的請求。「黑衣」本是王宮侍衛所穿的服裝，這裏用來代表侍衛。「沒死以聞」是冒着死罪陳述自己的請求。觸讋的這幾句話，把老年人愛憐幼子的情態，表現得極爲動人。幼子雖然「不肖」，但還是「愛憐之」，可見無論任何人對幼子總是特別愛，不僅如此，由於愛，還要特別爲他的前途做打算。接着，當太后問他的兒子有多大年紀，觸讋回答說「十五歲」以後，趕緊又補上兩句：「雖少，願及未填溝壑而託之。」「填溝壑」原來指人死後沒有人埋葬，把尸體扔在山溝裏。這裏是用作客氣話，就是指死。說要趁自己還沒有死就把小兒子的前程安排好，愛子的心情表現得多麽眞切！話說到這裏，已經暗暗投合了太后的心境，因此太后問道：「丈夫亦愛憐其少子乎？」「丈夫」在這裏當男子漢講。男人也喜歡小兒子嗎？太后快要露出自己的心事了。觸讋抓住這句話，又逼進了一步，反激太后說：比女人愛得厲害。這樣就引出了太后的眞心話。太后從愛幼子的這一共同基礎上，把觸讋當作知心朋友了。這時候她暴露出自己的心事，她否認男子會比女人更愛幼子。她爭辯說，女人愛得特別厲害。觸讋的目的是要使太后認識到怎樣才算眞愛，可是他先不談理論，也不談長安君，而是用燕后作爲例子，更深一層來啓發太后。燕后是太后的女兒，因爲嫁到燕國當了王后所以叫燕后。原文是：「對曰：『老臣竊以爲媼之愛燕后，賢於長安君。』曰：『君過矣！不若長安君之甚！』」「媼」是對老年婦女的稱呼。「賢於長安君」就是說太后對燕后的愛，超過了愛長安君。太后終於中了觸讋這位老臣的計謀，老老實實地說：「你錯啦，我愛燕后比愛長安君差得遠呢！」以上曲曲折折費了許多唇舌，才漸漸涉及本題。但是觸讋仍然不直接揭穿太后的錯誤，指出她對長安君的溺愛，而是進一步用比較來說明，他說：「父母之愛子，則爲之計深遠。媼之送燕后也，持其踵，爲之泣，念悲其遠也，亦哀之矣。已行，非弗思也，祭祀必祝之，祝曰：『必勿使反。』豈非計久長，有子孫相繼爲王也哉？」觸讋這些話的意思是：父母要是眞正愛自己的兒女，就必須爲兒女作長遠的打算。他用太后自己的言行來證明這一點，他說當燕后出嫁的時候，太后爲她的遠嫁而悲傷；走了以後，雖然也很想念她，可是爲了她的幸福，却又祈禱着她不要被休棄了回來，這難道不就是爲她的前途計劃，希望她的子子孫孫都能够繼續在燕國爲王嗎？太后承認確實是這樣。也就是說，眞正的愛應該爲兒女作長遠打算，這一點太后是完全同意了，剩下的問題是怎樣結合到長安君的事情上去。這時候，觸讋還怕引起太后的抵觸情緒，因此不直接提到長安君，而是再反問太后，三世以前曾經爲侯的趙王的子孫，還有沒有繼續爲侯的，再推廣到諸侯各國，太后都回答說沒有。爲什麼會這樣呢？觸讋作出了一個極其精闢的結論：「此其近者禍及身，遠者及其子孫，豈人主之子孫則必不善哉！位尊而無功，奉厚而無勞，而挾重器多也。」

這話的意思是說，這就是爲什麼近而自己卽遭到禍患，遠則使子孫遭到不幸，難道是國君的子孫都不好嗎！問題在於他們位置很高而沒有一點功勞，俸祿優厚而對國家毫無貢獻。在這些事實面前，太后完全被說服了。這時候，觸讋才指出太后愛長安君的錯誤之處，而且說：「今媼尊長安君之位，而封以膏腴之地，多予之重器，而不及今令有功於國，一旦山陵崩，長安君何以自託於趙？老臣以媼爲長安君計短也，故以爲其愛不若燕后。」

這段話的意思是說：現在您給長安君很高的地位，而且封給他肥沃的土地，給他很多寶物，不趁現在讓他替國家出力，一旦您過世了，長安君將憑什麼保持他在趙國的地位呢？我以爲您沒有爲長安君作長遠的打算，所以說您愛長安君不如愛燕后那麼深切。這一番話，先消除了太后的抵觸情緒，再使她承認怎樣才是對兒女的眞正的愛，然後引到怎樣使長安君立功的問題上去，完全把太后說服了。因此，太后一聽完就說：「對！任憑你指派他吧！」於是太后就爲長安君備車百輛，要他到齊國去做人質，齊國也就出兵援助了趙國。

文章最末一段話的意思是說：國君的子孫，皇家的骨肉之親，也不能仗着這權勢却不爲國家立功而享有尊貴的地位，沒有貢獻而得到優厚的俸祿，國君的子孫尚且如此，何況臣子呢！這是作者藉第三者的口氣闡明文章的主題思想。這種方式，是過去一般歷史散文的特色，像《左傳》、《史記》等歷史著作，幾乎每篇都在篇末或者中間，藉第三者的口氣或作者直接出面，對所記敍的事件作出一定的評價，實際上也就是表白作者對所記事件的態度。

下面再簡單談談《觸讋說趙太后》這篇文章的藝術表現和思想內容：

從藝術技巧方面來說，這篇文章有一個突出的特點，作者善於用輕鬆、細緻的筆觸，從人物的言談、舉止的刻畫，傳神地表現出人物性格的特徵。觸讋這位老臣，忠心耿耿，爲了國家的安全，要說服頑固的太后；同時又具有豐富的人生經驗，能體會婦女溺愛幼子的心理，更懂得怎樣才能擊破這種溺愛的偏見。作者準確地掌握了這些特徵，所以把這位老臣的形象描繪得栩栩如生。觸讋去見太后，目的就在說服太后令長安君爲質，可是從進見直到最後，迂迴曲折，拐了許多彎。先談健康問題，表示對太后的關懷，取得她的歡心，才平息了她的怒氣。祇有平息了她的怒氣，才能够跟她說理，所以問候關懷的話是很重要的。

接下去并不講道理，却談愛子的問題，隱隱畫出長安君的影子，觸動太后的心事，使她意識到愛子之心，人皆有之，在這共同的基礎上，和觸讋的感情更接近了一步。然後又用燕后作反襯，說她愛長安君不如愛燕后那麽深切，激發太后吐露自己的心事；又用趙王和諸侯的子孫爲例，暗示太后的溺愛對長安君是不利的。他始終沒有提到長安君爲質的事，却使太后豁然領悟到拒絕以長安君爲質的錯誤。太后最後的回答：「諾，恣君之所使之。」從語氣中可以了解，觸讋的話已經深深地觸動太后內心深處。這也表明了觸讋之所以獲得勝利，一方面由於他運用語言的藝術，深切地了解對方的心理；另一方面，也由於他立論的正確，確實是出於爲國家的眞誠，確實是爲長安君作長久打算；就是他問候太后的話，也確實是出於眞誠的關懷，所以能感動人。這樣，作品就通過觸讋說趙太后的故事情節，塑造了一位忠誠爲國的老臣和一個頑固而溺愛幼子的統治者的形象。

這篇文章的作者還很善於用豐富的細節描繪，來展示人物內心的變化。觸讋進見的時候，「入而徐趨」一句，就顯示了那龍鍾的老態；一開口說話，就表現了他循循善誘的特點，他的話都那麽溫和，說得娓娓動聽，引導對方一步步深入到問題的實質，辨明曲直是非，這正是由於他對國事的忠誠，并且事先作過深刻的思考。趙太后却恰恰相反，她的語氣和態度是短促而嚴厲的，像「盛氣而揖之」、「老婦不能」等，都逼眞地表現出了一個正在發怒的統治者的形象。她任性、頑固而不明大義。後來因爲觸讋的話投合了她的心意，才「色少解」，語氣也平和了些，但是始終不失其統治者的口吻。最後說：「諾，恣君之所使之。」這兩句話雖然同樣地短促，却充分顯示出她的心悅誠服來。作者對這些細節的刻畫，確實做到了形象地反映人物心情變化的過程。

從思想內容來說，這篇文章不但表現了觸讋忠心耿耿的愛國思想，還告訴了讀者一個重要的問題，就是人們在工作當中怎樣才能做到主觀願望和客觀效果相一致的問題。趙國的大臣們都極力勸太后交出長安君。他們當然也是從國家利益出發，希望取得齊國的援助。不料，趙太后不僅絲毫不爲他們的規勸所動，反而大發脾氣。可是觸讋見了太后，經過一番談話，却使她心悦誠服地交出了長安君。對同一事情的處理，爲什麽會有兩種截然不同的效果呢？這篇文章告訴了我們：處理任何事情，要想獲得好的效果，就必須講究方式方法。可以設想一下，觸讋如果光憑一股愛國熱情的激動，而不考慮客觀效果如何，一見了趙太后，就説一番大道理硬勸她交出長安君，那麽結果將會怎樣呢？可以肯定，不但不會得到趙太后的同意，很可能還要自討一番辱駡。正因爲觸讋和那些硬勸太后交出長安君的大臣不同，他經過深思熟慮，採取了有效的方式方法，耐心地啓發趙太后的思考，使她懂得了拒絕派長安君去齊國，就是對長安君本身也是不利的，所以趙太后才改變了原來的意見，交出了長安君。這樣，這個有關趙國安危的嚴重而又複雜的糾紛，也就迎刃而解了。

（劉憶萱）

論語·子路曾皙冉有公西華侍坐章

子路、曾皙、冉有、公西華侍坐。

子曰：「以吾一日長乎爾，毋吾以也。居則曰：『不吾知也！』如或知爾，則何

子路曾皙冉有公西華侍坐章

以哉？」

子路率爾而對曰：「千乘之國，攝乎大國之間，加之以師旅，因之以飢饉；由也爲之，比及三年，可使有勇，且知方也。」

夫子哂之。

「求，爾何如？」

對曰：「方六七十，如五六十，求也爲之，比及三年，可使足民。如其禮樂，以俟君子。」

「赤，爾何如？」

對曰：「非曰能之，願學焉。宗廟之事，如會同，端章甫，願爲小相焉。」

「點，爾何如？」

鼓瑟希，鏗爾，舍瑟而作。對曰：「異乎三子者之撰。」

子曰：「何傷乎？亦各言其志也！」

曰：「莫春者，春服既成，冠者五六人，童子六七人，浴乎沂，風乎舞雩，詠而歸。」

夫子喟然嘆曰：「吾與點也！」

三子者出，曾皙後。曾皙曰：「夫三子者之言何如？」

子曰：「亦各言其志也已矣！」

曰：「夫子何哂由也？」

曰：「爲國以禮，其言不讓，是故哂之。唯求則非邦也與？安見方六七十、如五六十而非邦也者？唯赤則非邦也與？宗廟、會同，非諸侯而何？赤也爲之小，孰能爲之大？」

孔子是我國春秋時期最偉大的思想家和教育家。他首開私家講學之風，學而不厭，誨人不倦，造就了一大批有爲有守的人才。他們的言行和教學活動主要記載於《論語》一書中。班固《漢書·藝文志》說：「《論語》者，孔子應答弟子時人及弟子相與言而接聞於夫子之語也。當時弟子各有所記，夫子既卒，門人相與輯而論纂，故謂之《論語》。」這部書以記言爲主，爲後來宋、明理學家「語錄」體之祖，歷來被奉爲儒家的經典。

今傳《論語》共二十篇，每篇又分爲若干章。前十篇爲上《論》，後十篇爲下《論》，兩者間的差別相當大。上《論》言簡意賅，極爲精練；下《論》每章較長，却顯得有些駁雜。但從文學角度來看，則下《論》的敍述較爲具體生動，有些章節對人物的神情語氣還有所渲染，結構層次也井然有序，如《子路曾皙冉有公西華侍坐章》就是如此。

這章寫孔子和四個學生的問答，啓發他們各言己志。據清人林春溥考證，認爲此事當在魯哀公十一年孔子返魯之後。孔子返魯時年七十歲，子路（姓仲名由）六十歲，冉有（名求）四十歲，公西華（名赤）二十七歲，曾皙（名點）年無考，似與孔子相近。（一般則以爲此章按年齡排列順序，曾皙小於子路。）「古者大夫七十而致仕，是時魯不能用孔子，孔子亦不求仕，而汲汲濟時之心，不能不望於吾黨。」（《開卷偶得》卷六）這是四子言志的時間及背景。這雖衹是推測，但頗合乎當日情事，足供參考。

這章因句讀、解釋不同，歷來頗多歧義，如開頭幾句：

子路曾皙冉有公西華侍坐章

子曰：「以吾一日長乎爾，毋吾以也。居則曰：『不吾知也！』如或知爾，則何以哉？」

這是以「乎爾」連讀，意思是：「我雖年少於長汝，然汝勿以我長而難言。」（朱熹《論語集註》）另一種讀法是在「乎」字處斷句，武億《經讀考異》說：「考此『乎』字宜斷爲句，『爾』字屬下連續。當時師弟情事，皆以『吾』與『爾』爲詞；又『乎』字爲句，此正誘之盡言，神理如見。何氏《集解》，孔曰：『言我問汝，汝毋以我長故難對。』阮注『汝毋以我長』句，明是『爾』字屬下讀。」近人黃侃手批白文《十三經》卽如此斷句。這種讀法是根據註疏來的。

以上兩種讀法，看來差別不大，祇是「爾」字屬上句或下句的問題。但「爾毋吾以也」，由於有「爾」作主語，這句話不可能做別的解釋，祇能認爲是孔子的謙詞，意爲「汝毋以我長故難對（或「而難言」）；而「乎爾」連讀，則「毋吾以也」却可以理解爲另外一種意思。東漢王符說：「『以吾一日長乎爾』，長，老也。『無吾以也』，以，用也。孔子言老矣不能用也，而付用於四子也。」（楊愼《丹鉛錄》引）清人劉寶楠也說：「『毋吾以』者，『毋』與『無』同，皇本作『無』。『以』，用也。言此身既差長，已衰老，無人用我也。」（《論語正義》）他們都是把「以」解爲「用」，「毋吾以」就是「無人用我」。這種講法和「勿以我長而難言」就完全兩樣了。

以上兩種講法都講得通，但把「毋吾以也」講成「汝勿以我長而難言」有添字解經之嫌，因爲「而難言」的意思是注者憑自己的體會而加進去的。而把「以」解爲「用」則較爲直截了當，并且有孔子的話「雖不吾以」（《論語·子路》）可以作爲旁證。因此我們覺得這樣解釋更恰當些，也更切合孔子當時自覺衰老，不見用於世的心情。

但由此又引出一個新的問題，卽下句「居則曰：『不吾知也』的主語是誰。舊註一直認爲是指子路、曾皙等人，沒有分歧的意見。但如武億所說，這章寫「當時師弟情事，皆以『吾』與『爾』爲詞」，吾指孔子，爾指弟子，則此「不吾知也」亦當係孔子自謂，而非孔子假託弟子等自謂。再則從《論語》全書來看，沒有記載過弟子們有「不吾知」的牢騷，而祇有孔子發過「莫我知也夫」的慨嘆，以及在擊磬時流露過「莫己知也」的心聲（均見《憲問》）。而且就當時在座的四個學生來看：子路光明磊落，不忮不求；曾皙怡然自得，無意於爲邦；冉求方爲季氏宰（亦據林春溥說），公西華較爲年輕，都不應有懷才不遇，急於求知的念頭和表現。孔子如果說他們「汝等常居之日，則皆云無知吾者」，豈非無的放矢？因此我們認爲這裏的「居則曰：『不吾知也。』」與上句的「毋吾以也」緊連，都是孔子表示自己年老，「明王不興，終不見用，已無當世之志」（王闓運《論語訓》）的意思。把這段話譯爲現代漢語，不必再添出主語（汝等），更顯得文從字順：

孔子說：「因爲我年紀比你們大了一些，沒有人用我了，所以我平時就說過：『人家是不了解我的。』如果有人了解你們，那你們將怎麽辦呢？」

以上是孔子發問。當時是老師和四個學生坐在一起，好像開一個小型的座談會。按照當時的禮貌，「侍於君子，不顧望而對，非禮也。」（《曲禮》）。但是子路心直口快，一見孔子發問，便不加思索，搶先回答道：

「一個具有一千輛兵車的國家，夾處於大國之間，外有敵軍來犯，內有災荒待救，如果由我來治理，等到三年光景，可使人人勇敢，而且懂得道理。」

孔子聽了，微微一笑，沒說什麽。然後又問冉求。冉求性格謙遜，見子路被哂笑，便更加小心地答道：

「一個周圍六七十里或五六十里的小國，由我去治理，等到三年光景，可使人民富足；至於修明禮樂，

子路曾皙冉有公西華侍坐章

那就衹有等待賢人君子去做了。」

孔子接着又問公西華。公西華在四人中最年輕，他本有志於禮樂，但因冉有剛說過「如其禮樂，以俟君子」的話，他如果逕直說出自己的抱負，便有以君子自居之嫌，於是便委婉地答道：

「并不是說我有那樣的才能，我衹是想學着去做。比如宗廟祭祀之事，或者同外國盟會之際，我願意穿着禮服，戴着禮帽，去做一個司儀的小儐相。」

最後，孔子問到曾皙。這時曾皙彈瑟正近尾聲，他鏗然一聲把瑟放下，站起來答道：

「我的志向和他們三位所講的不同。」

孔子見他有些爲難的樣子，便鼓勵他說：「那有什麽妨礙呢？正是要各人談談自己的志向呵！」於是曾皙便道：

「暮春三月，春天的衣服都已穿好了。我偕同五六個成年人，六七個小孩子，在沂水旁邊洗洗澡，在舞雩臺上吹吹風，然後大家一起唱着歌兒，一路走回來。」

孔子聽了，長歎一聲道：「我同意曾點的志趣呀！」

大家都談過自己的志願以後，子路、冉有、公西華都退出了，曾皙故意留在後面。他不大理解孔子的意思，特別是對孔子讚許自己，哂笑子路，對其他二人不置可否，覺得跟孔子平時教人行道救世的積極態度大不相同，心下納悶，於是便問：「夫三子者之言何如？」又問：「夫子何哂由也？」最後孔子答道：

爲國以禮，其言不讓，是故哂之。唯求則非邦也與？安見方六七十、如五六十而非邦也者？唯赤則非邦也與？宗廟、會同，非諸侯而何？赤也爲之小，孰能爲之大！

子路曾皙冉有公西華侍坐章

孔子講這段話，是說明他之所以笑子路衹是由於「其言不讓」，而不是笑其「爲國」之志。接下去又自問自答，指出冉有、公西華也是志在「爲邦」，不過他們的態度非常謙遜，自己也就沒有笑他們。這也就是向曾皙表明，子路和其他兩人一樣，他們的志向都值得肯定，并無軒輊之意。

對於這一段話，也有不同的標點和理解。以上是根據皇侃《論語疏》的說法；朱熹《集注》則認爲「唯求則非邦也與」和「唯赤則非邦也與」都是曾皙問，下面的話則是孔子答。其說雖也可通，但似乎不很合理。因爲曾皙如果一聽到孔子贊許自己便得意起來；看到哂笑子路便認爲孔子鄙薄事功，對由、求、赤三人「爲邦」之志都不贊成；而且一問再問，還不明白孔子的意思，那不是「舉一隅而不以三隅反」，過於愚蠢了嗎？因此我們不從朱注之說。

細讀此章，我們可以看到孔子這個大教育家的風度。他對待學生如朋友，又如家人子弟，非常親切。他教育學生，不說汝等立志當如何如何，講一些空洞的道理，而是置身於他們之中，啓發他們各言己志。在這一章裏，他假設「如或知爾」，使子路等四人各自談談「則何以哉」，以探詢他們的抱負。在另一章裏，他也曾讓顏淵、子路「曷各言爾志」，都是爲着瞭解他們，從而因材施教，把他們培養成各種人才。

孔子對子路等三人言「志」都予以肯定，這也是由於他們的才能知之有素。他曾對別人談過三人的特長是：「由也，千乘之國，可使治其賦（兵役等軍政工作）也」；「求也，千室之邑，百乘之家，可使爲之宰（縣長或總管）也」；「赤也，束帶立於朝，可使與賓客言（外交辭令）也」。（《公冶長》）孔子對子路、冉有、公西華的評論，和這裏三人所談自己的抱負完全符合，可見孔子對每個學生的才能都是瞭如指掌的。

四子言志，孔子哂由與點，哂由之故，因曾皙一問，孔子已做了解答，而「吾與點也」却沒說出原因，這是此章最令人費解的地方。後來學者紛紛探索，各有所見，我們聯繫當時情事和孔子的心境，認爲李惇的說法最爲合理，他說：「三子承『知爾』之問，兵、農、禮樂，言志之正也。點之志却是別調，夫子獨許之者，亦以見眼前眞樂，在己者可憑；事業功名，在人者難必；喟然一嘆，正不勝身世之感也。」（《羣經識小》）

那麽，什麽是孔子的身世之感呢？林春溥說得更爲具體，他以爲：「子路、冉有、公西華之言志，用之則行也，其言在夫子之意中；曾皙之言志，舍之則藏也，其言出夫子之意外。汲沅濟時之心，轉而增蹙蹙靡騁之感，喟然一嘆，與在陳『歸歟』之嘆同。『吾與點也』，殆亦『惟我與爾有是夫』之意。」（《開卷偶得》）

孔子身處春秋變亂紛爭之世，極想撥亂反正，行道救民，但周遊列國，終不得志，而他又不肯放棄自己的理想和主張，以求取功名利祿，所謂「不義而富且貴，於我如浮雲」。他立身行事是有原則的。他曾對他最得意的學生顏淵說過：「用之則行，舍之則藏，惟我與爾有是夫！」（《論語・述而》）也就是說，祇有顏淵在用舍行藏各方面都能合乎原則，和他自己一致。曾皙在孔門沒有什麽突出的表現，德才都遠不及顏淵。但他能够「卽其所居之位，樂其日用之常」；又恰值孔子感慨身世、自傷不遇之際，忽然聽到他說出沂水春風、眼前樂事，正與自己「舍之則藏」的志趣相合，而且比顏淵那樣陋巷簞瓢、安貧樂道，更爲動人，所以不覺喟然興嘆，引爲同調了。

這章不過二百多字，描寫了五個人物，各人有各人的性格和修養，通過生動的描述展現出來。開頭老師提出問題，態度從容而親切。接着子路「率爾而對」，不但他那「兼人」「好勇」的性格躍然紙上，同時也使場面頓然活躍起來。接下去便是冉有、公西華依次回答，語氣一個比一個謙遜，也各具特色。但最爲出色的是寫曾皙答話的情景，先是「鼓瑟希」；渲染出一種音樂藝術氣氛；接着是「鏗爾」一聲，推瑟而起，尤爲傳神；再往後是「異乎三子者之撰」，這句話在這個時候才說出，和子路的「率爾而對」形成鮮明的對照，衹這麽一句，曾皙當時躊躇不安的神態便充分表露出來了。然而「山重水複疑無路，柳暗花明又一村」，接着展現的却是一幅春風和煦，陽光融融，一羣活潑的青年散步河邊，載歌載舞的遊春圖，使人恍如置身其間，也跟着他們心曠神怡起來。無怪乎當日孔子對曾點特别讚嘆，就連我們今天讀到這裏也還是爲之神往的。

以文而論，南北朝時丘遲《與陳伯之書》有「暮春三月，江南草長，雜花生樹，羣鶯亂飛」數句，千古傳誦，與此章「暮春者」一段有異曲同工之妙。那篇文章本是軍中檄文一類，在擺事實講道理之際，忽然插寫江南春景，由景生情，以感染增强説服的效果。清人宋湘有詩讚之云：「文章絶妙有丘遲，一紙書中百首詩；正在將軍旗鼓處，忽然花雜草長時。」（《紅杏山房詩鈔》）而《論語》這章，則是在子路諸人講論兵農禮樂、治國安邦的抱負時，忽然有「曾點曠達之言，泠然入耳」（袁枚語），别開生面，令人情移神往。但丘遲還是有意爲文，而此章則是隨手記録，自然成文。因此對於它的剪裁布置之妙，更應細心體會。

（齊治平）

墨子·公輸

公輸盤爲楚造雲梯之械，成，將以攻宋。子墨子聞之，起於齊，行十日十夜，而至於郢，見公輸盤。

公輸盤曰：「夫子何命焉爲？」

子墨子曰：「北方有侮臣者，願藉子殺之。」

公輸盤不說。

子墨子曰：「請獻千金。」

公輸盤曰：「吾義固不殺人！」

子墨子起，再拜，曰：「請說之。吾從北方，聞子爲梯，將以攻宋。宋何罪之有？荆國有餘於地，而不足於民。殺所不足而爭所有餘，不可謂智；宋無罪而攻之，不可謂仁；知而不爭，不可謂忠；爭而不得，不可謂強。義不殺少而殺衆，不可謂知類。」

公輸盤服。

子墨子曰：「然，胡不已乎？」

公輸盤曰：「不可，吾既已言之王矣。」

子墨子曰：「胡不見我於王？」

公輸盤曰：「諾！」

子墨子見王，曰：「今有人於此，舍其文軒，鄰有敝轝，而欲竊之；舍其錦繡，鄰有短褐，而欲竊之；舍其粱肉，鄰有糠糟，而欲竊之。此爲何若人？」王曰：「必爲有竊疾矣。」

子墨子曰：「荆之地，方五千里，宋之地，方五百里，此猶文軒之與敝轝也；荆有雲夢，犀兕麋鹿滿之，江、漢之魚鱉黿鼉，爲天下富，宋所爲無雉兔鮒魚者也，此猶粱肉之於糠糟也；荆有長松、文梓、楩、枏、豫章，宋無長木，此猶錦繡之與短褐也。臣以三事之攻宋也，爲與此同類。臣見大王之必傷義而不得。」

王曰：「善哉！雖然，公輸盤爲我爲雲梯，必取宋。」

於是見公輸盤。子墨子解帶爲城，以牒爲械。公輸盤九設攻城之機變，子墨子九距之；公輸盤之攻械盡，子墨子之守圉有餘。

公輸盤詘。而曰：「吾知所以距子矣，吾不言。」

子墨子亦曰：「吾知子之所以距我，吾不言。」

楚王問其故。子墨子曰：「公輸盤之意，不過欲殺臣。殺臣，宋莫能守，可攻也。然臣之弟子禽滑釐等三百人，已持臣守圉之器，在宋城上而待楚寇矣。雖殺臣，不能絕也。」楚王曰：「善哉！吾請無攻宋矣。」

子墨子歸，過宋，天雨，庇其閭中，守閭者不內也。故曰：「治於神者，衆人不知其功；爭於明者，衆人知之。」

《墨子》一書七十一篇（今存五十三篇），從第五十一篇以下（二十一篇，今存十一篇）都是講防禦戰的器械和方法的，墨子用來對付公輸盤的，不過小試其技而已。

墨子和他的信徒，是有着嚴密的組織和嚴明的紀律的一個集團。人人都要服從領袖（巨子）的命令。刻苦力行，獻身於共同的理想。《呂氏春秋・上德篇》記載，楚國當吳起之亂，墨者的巨子孟勝，使人傳巨子於田襄子，而爲陽城君死守，弟子從死的有一百八十五人。這就是孟子所說「摩頂放踵利天下爲之」的精神。又《墨子・魯問篇》記墨子派他的弟子勝綽在項子牛（齊人）手下做官。項子牛三次侵掠魯地，勝綽都跟着作戰，墨子以爲他違背教義，派高孫子去叫他辭職回來。正因爲他們有着這樣一羣肯自我犧牲來實現共同理想的人，又有這樣嚴密的組織紀律，所以反對戰爭的主張，才不致徒託空言，才能使好戰的楚王和公輸盤不得不知難而退。

《公輸》是墨子書的第五十篇。全書的前四十五篇是記墨子的學說的，一部分是墨子所自著，大部分則是弟子所記。第四十六篇至五十篇，則是墨家記墨子的言行的。其《耕柱》、《貴義》、《公孟》、《魯問》四篇都是雜記墨子的言語行事，每篇中包含許多事情，獨有這一篇却是集中敍述墨子止楚攻宋的一件事，是墨子的「非攻」思想的具體表現。因爲它有一個單純的中心內容，所以有一個完整的結構。

全文可以分爲三段。

第一段，墨子聽到公輸盤爲楚王造成了雲梯，將要去攻打宋國，馬上趕到楚國去見公輸盤，勸他不要去打宋國，好容易在道理上折服了公輸盤。但是公輸盤雖然口頭上認了輸，依然沒有放棄攻打宋國的念頭，却把責任一推推給楚王，說自己不能作主。

在這一段文章裏，首先寫出了墨子那種舍己爲人的精神。楚國要打的是宋國，墨子自己在魯國，可說是風馬牛不相及的，但墨子并不因爲不涉及自身的利害而置身事外，一聽到之後，就日夜不息地趕了十天十夜，到楚國去阻止這一次侵略戰爭。這種「摩頂放踵」忠於自己的信念的偉大精神，在寥寥幾句裏面，已經充分顯示出來了。

見了公輸盤，怎樣去說服他呢？假使單刀直入，說他不該去打宋國，那公輸盤也像所有侵略者一樣，必然有一套冠冕堂皇的藉口，那將是一場無了無休的論爭。墨子看透了這一點，知道他儘管在準備血腥的戰爭，口頭上却一定裝作無限仁慈的樣子，所以就故意用賄買他去代自己殺人報仇的話來激怒他，使他不加思索地說出那句「吾義固不殺人」的話來。於是就抓住這個把柄，責備他「義不殺少而殺衆」，再加「不仁、不智」二層，使他無所遁詞。但又提防他推說是楚王的意思，自己無力勸阻。所以又加上「知而不爭，不可謂忠，爭而不得，不可謂強」兩層，公輸盤再沒有絲毫狡辯的餘地了，祇好承認墨子的話說得對。

這是墨子利用誘敵入伏的戰略，初步取得了勝利。但是這一個「服」字還不是眞的心悅誠服，不過出於不意，陷入重圍，無法解脫，祇好認輸罷了。等到墨子問他：「那麽，爲什麽不就此罷手呢？」他又推說已經跟楚王說了，沒法收回，這又充分表現了好戰分子不肯輕易放棄掠奪機會的心理。於是墨子就請公輸盤介紹他去見楚王。

這是鬥爭的第一個回合。

第二段說墨子怎樣在理論上說服了楚王。

楚王是和公輸盤一類的人，自然有着一樣的心思，有同樣一套冠冕堂皇的託詞，墨子料到這一點，所以用同樣的戰術來誘他入伏。不過這一次不用激怒他的方法，而是提出一些無可辯難的問題去問他，使他不得不說出墨子所預期的答案來。有了漂亮車子不坐，而去偷人家的破車；有了漂亮衣服不穿，而去偷人家的破衣；有了山珍海味不吃，而去偷人家的糠糟：除非神經有毛病，偷上了癮的人才會這樣。楚王當然不能提出另外的意見來。墨子抓住了楚王這一句話，就問他：楚國跟宋國相比，貧富大小不侔，正像「文軒之與敝轝，錦繡之與短褐，粱肉之與糠糟」，那麽楚王爲什麽不滿足於自己的楚國而要去侵略宋國呢？難道也偷上了癮嗎？楚王自然無話可說，衹好說你說得有理了。然而他又不甘心讓墨子的一席話把侵略宋國的企圖打消。於是轉過頭來又往公輸盤的身上一推，說公輸盤辛辛苦苦製造了雲梯不能就此罷手。

公輸盤和楚王，既然道理說不過墨子，承認墨子的話不錯，爲什麽還是相互推諉，不肯放棄他們侵略的企圖呢？主要由於他們相信自己的武力，他們的計劃，必然能順利完成，等到把宋國打下來，目的達到，墨子縱使有天大的道理，也是白說。本來他們的認輸，不過是口頭上敷衍，如果把宋國滅了，土地愈廣，兵力愈強，鄰近小國奉承之不暇，誰還根據道理來指斥他們呢？衹有把他們自恃實力的迷夢打破了，他們才會死心塌地放棄侵略的陰謀。

第三段達到了故事的高潮，經過雙方實力的賭賽，墨子終於制止了這場侵略戰爭的發動。

楚國所以決心要攻宋，是由於有了公輸盤所造的雲梯，預料宋國無法防禦，可以輕而易舉地把宋國拿下來。因此墨子就和公輸盤進行一次攻守戰的表演，教他看看這種想法是否現實。我們讀墨子的《備城門》以下各篇，知道他對於防禦戰是有精深的研究的，尤精於器械製造，「公輸盤九設攻城之機變，墨子九距之」，結果是「公輸盤之攻械盡，子墨子之守圉有餘」。公輸盤所自矜爲無敵的雲梯，在墨子面前顯得毫無用處，於是公輸盤和楚王的幻想破滅了，這是對於侵略者的最有效的打擊。

然而侵略者的心還是沒有死，以爲祇有墨子能拒他的雲梯，如果把墨子殺了，他們的雲梯還是無敵於天下，還是沒有人能阻擋他們的進攻的。

可是墨子早就算計到這一點，已經作了準備，并且當着楚王面戳穿了公輸盤的陰謀詭計，告訴他們自己已經派弟子禽滑釐等三百人，拿了他所設計的守禦之器，幫助宋國守城，等待楚軍的到來了，卽使把他殺了也沒有用。

到了這時候，楚王才智窮力竭，最後吐出了「我不攻打宋國了」的話來。也就是墨子取得了最後的勝利。

整個故事，一方面描寫了墨子的勇敢機智和舍己爲人的精神，另一方面也充分暴露了侵略者的虛僞陰毒的面目。

墨子的舍己爲人的精神，不僅在一聽到公輸盤替楚國造了雲梯，將要攻宋，馬上不辭辛苦地十日十夜趕到楚國去阻止他的時候表現了出來，從最後一段裏他預先把禽滑釐等三百人布置在宋國這一點看來，他預料到楚王和公輸盤到了智窮力竭的時候會把他殺害的，然而仍舊毅然決然地去說服他們，更顯得他忠於自己的信念，不以死生禍福轉變。因爲像公輸盤和楚王那樣的人，爲了實現他們的侵略陰謀，什麼事都會幹得出來的，那麼墨子的預先布置，也完全有必要，不然徒然以口舌相爭，畢竟是會落空的。所以這一段話決不是墨子當時靈機一動，隨口謅出來，虛聲恫嚇楚王和公輸盤的。由此可見墨子這一次眞是抱着舍身取義的精神到楚國去的。

然而單憑視死如歸的勇氣也還不够，我們又可以看到墨子對他的敵人怎樣地沉着應付，處處看透，着着算到，眞是「如見其肺肝然」。在出發之前，就算計到事態的可能發展，知道在這件事情上不準備好實力而徒憑口舌是不行的，所以預先把禽滑釐等布置在宋國。到了楚國，他又看透了公輸盤和楚王的虛僞面目，所以在說話的時候，都是用迂迴的戰術來誘敵深入。他又看透了兩人雖然理屈詞窮，却不是心悅誠服，勢必互相推諉，這時候就得取決於實力的賭賽，最後又喝破了公輸盤的險毒陰謀，使他再也沒有掉弄花槍的餘地，這一切像高手下棋一樣，胸有成竹地一着跟着一着，終於取得了最後的勝利。

公輸盤和楚王儘管一心損人利己，却又裝着僞善的面目，說什麽「義不殺人」，說什麽「必爲有竊疾」，及至理屈詞窮，又強顏相向，彼此推諉。一個「不可」，一個「雖然」，不曉得跟上文怎麽接得上去，從沒有理由中找理由的那種厚顏窘態，躍然如見。等到他們所恃爲王牌的雲梯也失效了，又想把墨子殺害，却又不敢公然進行。墨子又把他大聲喝破，這才無可奈何地接受了墨子的意見。

（卞　慧）

孟子·孟子見梁襄王章

孟子見梁襄王。出，語人曰：「望之不似人君，就之而不見所畏焉。卒然問曰：『天下惡乎定？』吾對曰：『定于一。』

『孰能一之？』

對曰：『不嗜殺人者能一之。』

『孰能與之？』

對曰：『天下莫不與也。王知夫苗乎？七八月之間旱，則苗槁矣。天油然作雲，沛然下雨，則苗浡然興之矣。其如是，孰能禦之？今夫天下之人牧，未有不嗜殺人者也。如有不嗜殺人者，則天下之民皆引領而望之矣。誠如是也，民歸之，猶水之就下，沛然誰能禦之？』』

清代劉熙載說：「孟子之文，至簡至易，如舟師執舵，中流自在，而推移費力者不覺自屈。」（《藝概・文概》）我們讀《孟子見梁襄王章》也就可以得到印證。這一章選自《孟子・梁惠王上》，以孟子見過梁襄王之後，向人轉述他與梁襄王對答的情況，表現了他主張「仁政」、「王道」的一貫思想。

孟子處於戰國七雄爭霸的時代，新興地主階級正在崛起，并要取得政治上的統治地位，因而社會矛盾更趨激烈，兼併戰爭日益頻繁。「爭地以戰，殺人盈野；爭城以戰，殺人盈城」的戰爭和「庖有肥肉，廄有肥馬，民有饑色，野有餓莩」的階級對立，正如孟子所說：「民之憔悴於虐政，未有盛於此時者也。」孟子到處宣揚「保民而王」、「仁義爲本」的思想，在當時符合人民的願望，有一定的積極意義。孟子首先到梁（今開封）謁見梁惠王，向梁惠王遊說，在此并見到梁惠王的兒子嗣，也就是梁襄王。孟子與梁襄王的應對，既鮮明地表明了他的觀點，又表現出他高超的講話藝術。

善辯。孟子是一位有名的雄辯家。其門人公都子對他說：「外人皆稱夫子好辯。」孟子回答說：「予豈好辯哉，予不得已也！」孟子確實是爲了推行自己的政治主張，對付那班急利忘義，嗜殺不仁的統治者，才施展他的辯才的。孟子對付梁襄王，首先在於善於察言觀色而擇言。他見梁襄王「望之不似人君，就之而不見所畏焉」，這個國君不像個國君的樣子，卽就是接近了他，也看不出什麽威嚴。孟子對梁襄王的印象并不佳，因而講話直截了當，毫不婉轉曲折。其次在於圍繞中心，逐步展開論述。梁襄王的命題是「天下惡乎定？」怎樣才能使天下安定，孟子回答以「定于一」，襄王不知「孰能一之」，孟子對以「不嗜殺人者能一之」。梁襄王的問話不如他父親惠王能提出一些他面臨的矛盾，步步追問的都屬於治國的常識性問題，孟子也就以嚴密的邏輯聯繫，將啓發與闡釋相結合的言論，使之啓蒙益智。作爲一國之君，祇有使天下歸附，才得人心，這就要愛民保民，絕不嗜殺好戰，那麽天下歸於一統，社會也就安定了。孟子循着梁襄王問題的思路，逐步揭示所要講的內容，而不逕直揭底，使對方在獲得某種滿足之時，又有新的不滿足，這種「引而不發，躍如也」的講話藝術，較之捷言盡說更能收到效果。

善喻。漢代趙岐《孟子題辭》說：「孟子長於譬喻，辭不迫切，而意已獨至。」據現代學者統計，《孟子》全書二百六十一章，有九十三章共使用譬喻一百五十九種。比喻旣使語言生動形象，具有直觀性，又含意豐富，具有揭示事物本質的深刻性。《孟子見梁襄王章》，同樣以生動的比喻說明了「天下莫不與也」的道理。孟子將人民盼望不嗜殺的君王，比作七八月間的旱苗盼雨。苗「槁」，久旱要枯死，這時天空「油然作雲，沛然下雨」，烏雲像油樣地漫延，泛着光澤，大雨像滿溢樣嘩嘩傾瀉，那麽禾苗自然「浡然興之」，蓬蓬勃勃地生長，更爲茂盛。孟子以苗「槁」與「興」的對比，說明雨對禾生死榮枯的關係，顯示人民對明君與暴君的態度。孟子形容天下之民歸附不嗜殺人者，「猶水之就下」，無法抗拒，也貌合神契。槁苗望雨，「孰能禦之」；民之歸附，「沛然誰能禦之」，反詰得讓人毋庸置疑。要天下「與」之，都跟隨君王，關鍵在君不嗜殺人，如甘霖惠旱苗，則民便如水歸溝壑，前以天上雨水比君澤，後以地上流水比民心，兩喻相銜聯，又各賦其義，旣自然又新穎。雨潤禾苗，水向低處，生活中習見之事，易明之理，旣爲人熟知又深感貼切。

犀利。郭沫若先生在《十批判書》中說：「孟文的犀利，莊文的恣肆，荀文的渾厚，韓文的峻峭，單拿文章來講，實在各有千秋。」（《荀子的批評》）孟子對梁襄王的應答，也是詞鋒尖銳。「不嗜殺人者能一之」，而「今夫天下之人牧，未有不嗜殺人者也」。沒有一個君王不好殺人，概括戰國時廣闊的社會現實，也揭示了當時尖銳的階級矛盾，且連梁惠王、梁襄王也都一概列入嗜殺者之列。孟子看出梁襄王也屬於嗜殺圖霸的一類角色，也就乘機痛下針砭。他對梁惠王還申述了一番「王無罪歲，斯天下之民至焉」，「爲民父母，行政，不免于率獸而食人，惡在其爲民父母也」，「仁者無敵」的道理，而對梁襄王則勸之仍恐其愚，譏之則不畏其惱，言言作聲，語語中的。孟子對梁襄王一番應答之後，梁襄王沒有任何反應。孟子見在梁無法施行他的政治主張，便由梁到齊，「加齊之卿相」。

孟子見梁襄王時，已是七十歲左右，先前已經遊歷了好多國家，到梁後先和惠王有過多次接觸，因此這時是他思想很成熟的時期，也是經驗很豐富的時候。他與梁襄王僅此一次接觸的記載，雖然時間短暫，言談簡要，可是由此一斑，亦可見孟子的思想核心和講話藝術。就此，對於我們了解孟子的主張以及散文藝術，是有意義的。

（徐應佩　周溶泉）

孟子·魚我所欲也章

魚，我所欲也；熊掌，亦我所欲也。二者不可得兼，舍魚而取熊掌者也。生，亦我所欲也；義，亦我所欲也。二者不可得兼，舍生而取義者也。生亦我所欲，所欲有甚於生者，故不爲苟得也。死亦我所惡，所惡有甚於死者，故患有所不辟也。如使人之所欲莫甚於生，則凡可以得生者，何不用也！使人之所惡莫甚於死者，則凡可以辟患者，何不爲也！由是則生而有不用也，由是則可以辟患而有不爲也。是故所欲有甚於生者，所惡有甚於死者，非獨賢者有是心也，人皆有之，賢者能勿喪耳。

一簞食，一豆羹，得之則生，弗得則死。嘑爾而與之，行道之人弗受；蹴爾而與之，乞人不屑也。

萬鍾則不辨禮義而受之，萬鍾於我何加焉？爲宮室之美，妻妾之奉，所識窮乏者得我與？鄉爲身死而不受，今爲宮室之美爲之；鄉爲身死而不受，今爲妻妾之奉爲之；鄉爲身死而不受，今爲所識窮乏者得我而爲之：是亦不可以已乎？此之謂失其本心。

這篇文章選自《孟子・告子上》，它論述了孟子的一個重要主張：義重於生，當義和生不能兩全時應該舍生取義。

什麼「義」呢？孟子說：「羞惡之心，義也。」（《告子上》）又說：「義，路也。……惟君子能由是路。」（《萬章下》）孟子認爲自己做了壞事感到恥辱，別人做了壞事感到厭惡，這就是義；義是有道德的君子所必須遵循的正路。

孟子是怎樣提出和論證他的主張的呢？

「魚，我所欲也，熊掌，亦我所欲也，二者不可得兼，舍魚而取熊掌者也。生，亦我所欲也，義，亦我所欲也，二者不可得兼，舍生而取義者也。」孟子用人們生活中熟知的具體事物打了一個比方：魚是我想得到的，熊掌也是我想得到的，在兩者不能同時得到的情況下，我寧願舍棄魚而要熊掌；生命是我所珍愛的，義也是我所珍愛的，在兩者不能同時得到的情況下，我寧願舍棄生命而要義。在這裏，孟子把生命比作魚，把義比作熊掌，認爲義比生命更珍貴就像熊掌比魚更珍貴一樣，這樣就很自然地引出了「舍生取義」的主張。這個主張是全篇的中心論點。

爲什麼要舍生取義呢？孟子從三個方面進行論證。其一，「生亦我所欲，所欲有甚於生者，故不爲苟得也。死亦我所惡，所惡有甚於死者，故患有所不避也。」這幾句論證說：生命是我珍愛的，但還有比生命更爲我所珍愛的（指義），所以不能做苟且偷生的事；死亡是我厭惡的，但還有比死亡更爲我所厭惡的（指不義），所以有時對禍害（死亡）不願躲避。這是從正面論證義比生更珍貴，在二者不可兼得時應該舍生取義。其二，「如使人之所欲莫甚於生，則凡可以得生者，何不用也！使人之所惡莫甚於死者，則凡可以辟患者，何不爲也！」這幾句論證說：如果沒有比生命更爲人們所珍惜的，那麽凡是可以用來保全生命的手段哪樣不能用呢！如果沒有比死亡更爲人們所厭惡的，那麽凡是可以用來避免禍患（死亡）的事情哪樣不能做呢！言外之意是：這樣下去，人們的行爲不是會變得無所不爲、卑鄙無恥了嗎？這是從反面論證義比生更珍貴，在二者不可兼得時應該舍生取義。其三，「由是則生而有不用也，由是則可以辟患而有不爲也。是故所欲有甚於生者，所惡有甚於死者。非獨賢者有是心也，人皆有之，賢者能勿喪耳。」這幾句論證說：通過這樣的手段（指不正當的手段）就可以保全生命，而有的人不願意採用；通過這樣的辦法（指不正當的辦法）就可以避免禍患（死亡），而有的人不願意去做。所以，還有比生命更爲人們所珍愛的（指義），還有比死亡更爲人們所厭惡的（指不義）；不單是賢人有這種重義之心，而是人人都有，衹是賢人沒有喪失罷了。這是從客觀事實論證義比生更珍貴，在二者不可兼得時有人舍生取義。通過以上論證，文章開頭提出的中心論點就成立了。

不過，上面的論證衹是講道理。爲了使這種道理更令人信服，更容易被人接受，孟子接着用具體的事例來說明。「一簞食，一豆羹，得之則生，弗得則死。嘑爾而與之，行道之人弗受；蹴爾而與之，乞人不屑也。」「簞」是古代盛飯的圓形竹籃，「豆」是古代盛肉或其他食品的器皿，「嘑爾」是大聲呼喝着，「蹴爾」是用脚踢着。這幾句說：衹要得到一小筐飯、一小碗湯就可以保全生命，不能得到就要餓死，如果是輕蔑地呼喝着叫別人吃，哪怕是飢餓的過路人都不願接受，如果是用脚踢着給別人吃，那就連乞丐都不屑要了。《禮記·檀弓》有一段故事與此相類似：「齊大飢，黔敖爲食於路，以待餓者而食之。有餓者，蒙袂輯屨，貿貿然來。黔敖左奉食，右執飲，曰：『嗟！來食！』揚其目而視之曰：『予惟不食嗟來之食，以至於斯也！』從而謝焉，終不食而死。」可見，孟子寫這段話是有根據的。「所惡有甚於死者」，當面忍受別人的侮辱比死亡更令人厭惡，所以寧願餓死也不願接受別人侮辱性的施舍。連無人認識的路人和貧困低賤的乞丐都能這樣做，常人更不用說了。這一事例生動地說明人們把義看得比生更爲珍貴，在二者不可兼得時就會舍生取義。

在孟子看來，「非獨賢者有是心也，人皆有之」，人人都有這種重義之心，人人在生與義不可兼得之時都應舍生取義。但是，在現實生活中却并非都是如此，有的人在窮困危急的情况下可以拒絕別人侮辱性的施舍，而在和平安寧的環境中却見利忘義。這種現象該如何解釋呢？文章第三段對這個問題進行了分析。孟子指出，社會上確實存在「萬鍾則不辨禮義而受之」的人。「鍾」是古代的計量單位，六斛四斗爲一鍾，「萬鍾」指豐厚的俸祿。爲什麽有人不問合不合禮義而接受萬鍾俸祿呢？萬鍾俸祿對自己有什麽好處呢？「爲宫室之美，妻妾之奉，所識窮乏者得（德）我與？」是爲了住房的華麗、妻妾的侍奉、爲了給所認識的窮朋友以好處而使他們對自己感恩戴德嗎？華麗的住房也好，妻妾的侍奉也好，朋友的感激也好，這些都是身外之物，與生命相比是微不足道的。那些「萬鍾則不辨禮義而受之」的人當初寧肯餓死也不願受侮，現在却爲了這些身外之物而不顧廉恥，這是什麽原因造成的呢？「此之謂失其本心」，孟子認爲這種人原來也有舍生取義之心，後來因爲貪求利祿而喪失了。孟子警告說：「是亦不可以已乎？」這種「不辨禮義而受之」的可恥之事不是可以罷休了嗎？

朱熹在《四書集註》中說：「此章言羞惡之心，人所固有。或能決死生於危迫之際，而不免計豐約於宴安之時，是以君子不可以頃刻而不省察於斯焉。」朱熹的評語很有道理。有些人在民族存亡和革命成敗的危迫之際，能够寧死不屈、舍生取義，而在革命成功、天下太平的宴安之時，却不顧廉恥、不擇手段地追名逐利，甚至違法亂紀爲親戚朋友謀取私利，這不就是「爲宫室之美、妻妾之奉、所識窮乏者得我」嗎？他們確實是喪失了原來的立場和品德。因此，孟子指責「萬鍾則不辨禮義而受之」，不但對當時的黑暗政治和貪官污吏有揭露和批判意義，而且也提醒後人應該時時刻刻警惕和反省自己，不要貪圖爵祿而做不合禮義的事情。不過，孟子說：「非獨賢者有是心也，人皆有之。」他認爲每個人一生下來就具有仁、義、禮、智等善心，那些「萬鍾則不辨禮義而受之」的人是後來「失其本心」，這樣解釋没有強調後天教育和社會環境對人的影響，是他的唯心主義性善論的表現。

孟子本人是一個比較高傲的人，他不肯遷就，不肯趨附權勢。他說：「富貴不能淫，貧賤不能移，威武不能屈，此之謂大丈夫。」（《滕文公下》）孟子曾經在齊國任客卿，後來因爲與齊王的意見不合，便決定辭去齊卿回家，齊王托人挽留孟子，條件是準備在首都的中心地區建一座房子給孟子住，并送給孟子萬鍾糧食作爲弟子們的生活費用，結果遭到孟子的嚴辭拒絕（見《公孫丑下》）。可見，孟子在本篇中所說的「萬鍾則不辨禮義而受之，萬鍾於我何加焉」，是有所爲而發的，表現了孟子大義凛然的性格和氣概。

孟子在本篇中對舍生取義精神的頌揚，對「萬鍾則不辨禮義而受之」的批評，對後世產生了良好的影響。歷史上許多志士仁人把「舍生取義」奉爲行爲的準則，把「富貴不能淫」奉爲道德的規範，對國家和民族作出了較大的貢獻。南宋民族英雄文天祥在《過零丁洋》詩中說：「人生自古誰無死，留取丹心照汗青。」這是與「舍生取義」的精神一脈相承的。

從文學的角度來看，《孟子》散文氣勢充沛，感情強烈，生動活潑，充分體現了孟子大義凛然的個性，表現了孟子雄辯、善辯的才華。他喜歡使用排比的修辭手法，如：「鄉爲身死而不受，今爲宮室之美爲之；鄉爲身死而不受，今爲妻妾之奉爲之；鄉爲身死而不受，今爲所識窮乏者得我而爲之。」本來，這話用一句就可以說完，即「鄉爲身死而不受，今爲宮室之美、妻妾之奉、所識窮乏者得我而爲之」，但他有意把它分成三句排比起來，加強了氣勢，增強了感情，顯示出說話人的義正辭嚴、理直氣壯。其次，爲了把道理說得深入淺出、生動有趣，孟子喜歡使用比喻，本篇以具體的魚和熊掌比喻抽象的生和義，以「舍魚而取熊掌」巧妙地比喻「舍生取義」，就是一個非常著名的例子。其次，本篇中還大量運用了對比的手法，如把魚與熊掌對比，把生與義對比，把重義輕生的人與貪利忘義的人對比，把「鄉爲」與「今爲」對比，這樣互相比較，道理說得更加清楚，給人的印象特別深刻，加強了文章的說服力。

（唐滿先）

莊子·逍遙遊（節錄）

北冥有魚，其名爲鯤。鯤之大，不知其幾千里也。化而爲鳥，其名爲鵬。鵬之背，不知其幾千里也；怒而飛，其翼若垂天之雲。是鳥也，海運則將徙於南冥；南冥者，天池也。《齊諧》者，志怪者也。《諧》之言曰：「鵬之徙於南冥也，水擊三千里，摶扶搖而上者九萬里，去以六月息者也。」野馬也，塵埃也，生物之以息相吹也。天之蒼蒼，其正色邪？其遠而無所至極邪？其視下也，亦若是則已矣。且夫水之積也不厚，則其負大舟也無力。覆杯水於坳堂之上，則芥爲之舟；置杯焉則膠，水淺而舟大也。風之積也不厚，則其負大翼也無力。故九萬里則風斯在下矣，而後乃今培風；背負青天而莫之夭閼者，而後乃今將圖南。蜩與鷽鳩笑之曰：「我決起而飛，槍榆枋，

逍遙遊（節錄）

時則不至，而控於地而已矣。奚以之九萬里而南爲！」適莽蒼者，三飡而反，腹猶果然；適百里者，宿舂粮；適千里者，三月聚粮。之二蟲，又何知！小知不及大知，小年不及大年。奚以知其然也？朝菌不知晦朔，蟪蛄不知春秋，此小年也。楚之南有冥靈者，以五百歲爲春，五百歲爲秋；上古有大椿者，以八千歲爲春，八千歲爲秋：此大年也。而彭祖乃今以久特聞，衆人匹之，不亦悲乎？

湯之問棘也是已：「窮髮之北，有冥海者，天池也。有魚焉，其廣數千里，未有知其修者，其名爲鯤。有鳥焉，其名爲鵬，背若泰山，翼若垂天之雲，摶扶搖羊角而上者九萬里，絶雲氣，負青天，然後圖南，且適南冥也。斥鴳笑之曰：『彼且奚適也！我騰躍而上，不過數仞而下，翱翔蓬蒿之間，此亦飛之至也。而彼且奚適也！』」此小大之辯也。

故夫知效一官，行比一鄉，德合一君，而徵一國者，其自視也，亦若此矣。而宋榮子猶然笑之。且舉世而譽之而不加勸，舉世而非之而不加沮。定乎內外之分，辯乎榮辱之境，斯已矣。彼其於世，未數數然也。雖然，猶有未樹也。夫列子御風而行，泠然善也，旬有五日而後反。彼於致福者，未數數然也。此雖免乎行，猶有所待者也。若夫乘天地之正，而御六氣之辯，以遊無窮者，彼且惡乎待哉？故曰：至人無己，神人無功，聖人無名。

散文，在我國文學史上，與夙稱發達的詩歌一樣，具有悠久的歷史。早在先秦時代，我國就出現了大批的思想不同、風格各異的散文名著，而被譽爲「辭趣華深」的《莊子》散文，則更是當時散文園地中的

逍遙遊（節錄）

一株奇葩，具有特殊的成就。

前人稱《莊子》散文，「縱橫跌宕，奇氣逼人」。所謂縱橫跌宕，是說它的文風雄偉恣肆，大起大落，無所羈絆；「奇氣逼人」，是說它的文章構思奇殊，意奇語奇，不落常套。《莊子》一書，雖然跟其他諸子著作一樣，從嚴格意義上講并不是一部文學作品，而是一部思想學術著作，但它却具有顯著的文學特徵，濃郁的文學色彩。魯迅在《漢文學史綱要》中評論莊子時說：「著書十餘萬言，大抵寓言，人物土地，皆空無事實，而其文則汪洋闢闔，儀態萬方，晚周諸子之作，莫之能先也。」對於《莊子》散文的文學特點和文學史上的地位，做了很高的評價。

《莊子》現存三十三篇：《內篇》七，《外篇》十五，《雜篇》十一。一般認爲《內篇》爲莊子所自著，《外篇》、《雜篇》乃其門徒或同派學者記述莊子言行、發揮莊子思想之作。《逍遙遊》係《莊子·內篇》首篇，其文雄放、奇幻，最足以顯示莊子其人的思想和他文章所特有的藝術風格。

《逍遙遊》一文的思想，旨在說明人應當脫棄一切物累，以獲取最大的自由。當然，莊子式的所謂「自由」，完全是脫離實際的，違反人情物理的唯心主義囈語，是不足爲訓的，但這篇文章却揮灑自如，想象豐富，不失爲一篇我國散文史上的名作。

文章以描寫神奇莫測的大鯤巨鵬開端，開首就向我們展示了一幅非常開闊、神奇的畫卷：

> 北冥有魚，其名爲鯤。鯤之大，不知其幾千里也；化而爲鳥，其名爲鵬，鵬之背，不知其幾千里也。

北方深海中有一條「不知其幾千里」長的大魚，魚之大，已够令人驚奇的了；而這魚又復變化爲鳥，這怎能不使人感到神奇莫測，驚歎莫置呢！應當說，這樣的大鵬是現實中所沒有，爲人們所絕對不曾見過的，但浪漫主義者的莊子，却似乎偏要使你置信不疑，而着意地要對它進行一番形象的描寫。文中說這個大鵬豈止是大，還要騰空而起，還要乘海風做萬里遊，由北海直飛南海天地。這個巨大無比的鵬鳥騰空而起時是個什麽樣子呢？「怒而飛，其翼若垂天之雲」，怒而飛，是說積滿氣力，怒張毛羽，一突而起。「怒而飛」三字，窮形盡相地寫出了一個龐然大物在起飛時的那種突飛迅猛的樣子。大鵬凌空以後又是怎樣的呢？「其翼若垂天之雲」，「垂天之雲」，舊註解爲「若雲垂天旁」，近人新註亦多沿襲，說「像天邊的一大塊雲」，我以爲這樣理解似未盡莊子原意。「其翼若垂天之雲」，應是說巨鵬凌空，若雲行中天，垂陰布影其下。天空遼闊，在漫漫無際的天幕上，任何物體都難顯其大，衹有垂下的雲影，會給人一種遮天蓋地的感覺。

我們知道，文學中的浪漫主義，是以虛構形象、描寫幻想爲特徵的。但虛構或幻想并不能脫離人們的實際生活經驗，否則就會變得荒誕無稽，不可理解。因此，浪漫主義的文學作品絕不排斥對客觀事物進行具體、細緻的描繪。莊子的散文也是這樣。他在《逍遙遊》中假借所謂「齊諧」的話，對於鵬飛刺天、凌摩霄漢的情景，作了生動的形容和具體的描寫：

> 「鵬之徙於南冥也，水擊三千里，摶扶搖而上者九萬里，去以六月息者也。」野馬也，塵埃也，生物之以息相吹也。天之蒼蒼，其正色邪？其遠而無所至極邪？其視下也，亦若是則已矣。

這裏對大鵬起飛南徙、插翅摩天的描寫，可謂繪聲繪色之極。先寫人鵬起飛，不能決然而起，而是拍擊水面，滑行三千里之遙，然後才盤旋婉轉，靠風氣相扶，直沖天外，以至九萬里高空，而既已起飛，則歷時半載，方一止息。那麽，九萬里高空又是一番怎樣的景象，究竟是如何高遠呢？作者先以高空中衹見遊氣奔馳，微塵浮動來形容，接着以人的仰視蒼穹的經驗來比況，說鵬在碧遠高空俯視下界，猶如下界之人仰視高空，衹見茫茫蒼蒼，不辨正色。經過作者的這樣一番形容和比況，無形中聯繫了人們的實際經驗，調動了人們的想象力，把似乎難於理解和想象的高遠，也變得易於理解和想象了。讀文至此，怎能不令人驚服於莊子文筆的巧妙！

下面，文章爲了說明小與大的區別，小與大之間思想境界和見識的懸殊，而連續打了一系列的比喻，特別是童話般地寫了蜩（卽蟬）與鷽鳩（小鳥名）對大鵬的所謂嘲笑：

> 蜩與鷽鳩笑之曰：「我決起而飛，槍（突越過）榆枋，時則不至，而控於地而已矣；奚以之九萬里而南爲！」

局促的天地，渺小的見識，自鳴得意的口吻，以及它們毫無自知之明的對大鵬的奚落和嘲笑，其實正毫不待言地表現了蜩與鷽鳩本身的可憐和可笑，從而也有力地說明了作者所要說明的「小知不及大知」的道理。這種漫畫式的筆觸和形象對照，爲莊子散文頓時增添了一層幽默的氣氛。

就莊子文章說，所謂鯤鵬、蜩與鷽鳩，都不過是比喻，但在鯤鵬與蜩、鷽鳩故事中，作者又插入了一系列的精比巧喻，如水與舟的比喻，適百里、適千里者的比喻，朝菌、蟪蛄與冥靈（大龜）、大椿的比喻，長壽的彭祖和衆人的比喻等，有的淺顯，有的誇張，有的神奇，這種比中之比，猶如園中之園，使人涉步成趣，目不暇接，極大地增加了文章的藝術情趣。

逍遙遊（節錄）

莊子的文章是以「重言爲眞，寓言爲廣」（《莊子・天下篇》）的。他的一切徵引（重言）和故事（寓言），最終都是要爲表達他的所謂「超然物外」的逃避現實的思想服務的，《逍遙遊》這一篇也不例外。文章寫到最後，才畫龍點睛地道出原意。原來按照莊子的觀點，他不僅認爲蜩、鷽鳩和後面還曾提到的斥鴳（即尺鴳，小鳥）之流，衹是小知小見，「決起而飛」，算不上什麽「逍遙遊」，就連他所大肆渲染的「絕雲氣，負青天」的大鵬，由於仍不得不有「所待」（即有所依靠，如需乘風而行），也算不上是眞正的「逍遙遊」——即絕對自由的。那麽眞正的「逍遙遊」是怎樣的呢？他說：

若夫乘天地之正，而御六氣之辯，以游於無窮者，彼惡乎待哉！故曰：至人無己，神人無功，聖人無名。

這幾句話的意思是說，要能與他所宣稱的天地之「正道」——即所謂神秘的「宇宙精神」同體，超乎「六氣」（指陰陽、風雨、晦明，即物質世界）的變化之上，而神遊於天地宇宙之外的，才會不受任何限制，而達到所謂眞正的絕對自由——「逍遙遊」。所以說，「至人」是忘掉自己軀體的存在；「神人」是無爲、無用、拋棄一切功利的；「聖人」是隱姓埋名，不計一切是非、榮辱的。當然，像他所宣揚的這種完全超然而神秘的境界和不要任何客觀條件、不受任何客觀限制的所謂「無待」的自由，是天地間所根本沒有，也絕不會有的，這衹不過是一種主觀唯心主義者的幻想，所謂心造的幻影而已。

唐代大詩人李白曾稱讚莊子的文章說：「吐崢嶸之高論，開浩蕩之奇言。」（《大鵬賦》）顯然，對這樣的贊辭我們衹能同意一半，作爲唯心主義者的莊子，談吐雖奇，但并非什麽「高論」。他的虛無主義、神秘主義、虛妄無實的說教，在今天看來是不應信從的，而他的縱橫跌宕、浩淼奇警的文章風格，長於

庖丁解牛
（節自《養生主》）

想象、揮灑自如的文學筆觸，以及一些極富創造性的藝術表現手法，却還是值得我們研究和借鑒的。

（褚斌傑）

莊子·庖丁解牛（節自《養生主》）

庖丁爲文惠君解牛，手之所觸，肩之所倚，足之所履，膝之所踦，砉然嚮然，奏刀騞然，莫不中音；合於桑林之舞，乃中經首之會。

文惠君曰：「譆，善哉！技蓋至此乎？」

庖丁釋刀對曰：「臣之所好者道也，進乎技矣。始臣之解牛之時，所見無非牛者[一]；三年之後，未嘗見全牛也。方今之時，臣以神遇而不以目視，官知止而神欲行。依乎天

[一] 據趙諫議本，「所見無非牛者」，「牛」上有「全」字，加一「全」字後，可與後面的「未嘗見全牛也」句相呼應。但這裏採用的是通行本。

庖丁解牛

（節自《養生主》）

理，批大郤，導大窾，因其固然，枝經肯綮之未嘗[一]，而況大軱乎！良庖歲更刀，割也，族庖月更刀，折也。今臣之刀十九年矣，所解數千牛矣，而刀刃若新發於硎。彼節者有間，而刀刃者無厚；以無厚入有間，恢恢乎其於遊刃必有餘地矣！是以十九年而刀刃若新發於硎。雖然，每至於族，吾見其難爲，怵然爲戒，視爲止，行爲遲，動刀甚微。謋然已解，如土委地[二]。提刀而立，爲之四顧，爲之躊躇滿志。善刀而藏之。」

文惠君曰：「善哉！吾聞庖丁之言，得養生焉。」

《庖丁解牛》，節選於《莊子・養生主》第二章，題目是後加的。養生主，即養生的關鍵。這篇文章先從正面闡述養生的原則，然後設五喻（五個寓言故事）以論證之。本篇所選的「庖丁解牛」是五喻之首。以一個庖丁解牛的寓言故事說明，應該以「以無厚入有間」的方法來「養生」、「保身」、「全生」、「養親」、「盡年」。「以無厚入有間」的養生方法，用通俗的話來說，就是以無棱無角的「無厚」，來處於人世的「間（隙）」之中。他認爲，如此便能養生而安度天年了。當然，這是一種消極的處世哲學。但是這段文章想象豐富奇特，語言形象生動，行文汪洋恣肆，氣勢恢弘雄偉。至於文章中所蘊含的通過實踐掌握事物規律的道理，對於我們也不無啓示。

[一]「枝經肯綮之未嘗」，「枝」，即枝脈，原誤作「技」，據俞樾說改正。「經」，即經脈，「枝經」，猶言經絡。「肯」，著骨肉。「綮」，盤結處。郭慶藩《集釋》收郭象註、成玄英疏，在此句後有「微礙」兩字。

[二]據陳碧虛《闕誤》引文如海、劉得一的本子，「如土委地」前有「牛不知其死也」六字。

庖丁解牛

（節自《養生主》）

下面分析一下《庖丁解牛》的藝術特點：

結構緊湊。文章開頭先以「庖丁爲文惠君解牛」一句對整個事情加以交代，之後便對庖丁高超的解牛技術作了正面的繪聲繪色的描述。緊接着用文惠君稱讚庖丁技術的一句話引出庖丁的一篇宏論。這是全文的重心，層次井然，有條不紊：先作總括性回答，「臣之所好者道也，進（超過）乎技矣。」表明自己所追求的目標是道不是技。然後分別介紹「始臣之解牛之時」，「三年之後」，「方今之時」三種不同的情況，說明發現和掌握解牛規律是掌握高超解牛技術的奧秘。接下來又特別強調，雖已技巧嫻熟自如，但在難爲之處仍然謹慎從事，不敢掉以輕心。最後，以「謋然已解」時躊躇滿志的自得心情結尾，表現了庖丁的自信。文章末尾藉文惠君的話「善哉！吾聞庖丁之言，得養生焉」點出題旨。全文首尾連貫，環環相扣，不枝蔓，無贅語。似一株枝葉茂盛而又緊湊的大樹，遠看，濃蔭覆蓋，渾然一體；近視，枝幹相連，密葉巧布。

描寫生動。作者對庖丁解牛的高超技術的描述，達到了有形可察、有聲可聞的地步。以手觸、肩倚、足履、膝踦的具體細節，表現庖丁解牛時身體協調一致的靈活動作。以牛的皮骨分離的「砉然」聲，應和着進刀的「騞然」聲，表現解牛時的聲音。在這裏，人的敏捷動作與有節奏的運刀聲交織在一起。作者以「桑林」之舞與「經首」之樂比喻，實在很恰當貼切。第二段中對庖丁「每至於族」而「難爲」之時所表現出的謹慎的動作和小心的神態的描述，尤其傳神。「怵然爲戒，視爲止，行爲遲，動刀甚微」，使讀者到此處也屏息靜氣。及至牛嘩啦一聲解體時，庖丁的神態忽然爲之一變：「提刀而立，爲之四顧，爲之躊躇滿志」。僅僅三句，就使其欣欣然面有喜色的形態躍然紙上。讀者至此也鬆了一口氣，寥寥數語，即能描述出兩幅迥然不同的畫面，筆墨簡潔，而又細緻逼真。

寓理於事。以生動暢達的文筆，闡明深奧的道理。如果說，他的行文奔騰馳騁，像一匹駿馬，那麼，他文中深寓的哲理就是一根繮繩。文章的題旨在於闡明人要像庖丁那樣用「以無厚入有間」的態度來處世，

庖丁解牛

（節自《養生主》）

這一題旨正是制動奔騰馳騁的全文的繮繩。文中庖丁闡述的有關解牛的那一番話，將抽象深奧的養生之「道」用具體形象的事例描述出來。庖丁最初解牛時，所見者無非是常見的牛的形體，及至經過三年的反覆實踐後，便了解和掌握了牛的筋骨紋理和骨節等組織結構的內部規律，所見者就是許多組合在一起可以解剖的牛的部件了。這樣，他就能「依乎天理」、「因其固然」，讓刀在空隙之中運行而感到遊刃有餘，并由此而達到「以神遇而不以目視」、「官知止而神欲行」的高超境界。而且，一遇到難點，還「怵然爲戒」，動作謹慎，再大的困難也能解決了。作者藉庖丁之口所作的這般生動的描述，闡明了他處於紛繁複雜的社會矛盾中偷空隙而安度天年的態度。這樣一個微妙深奧的道理也就變得十分淺顯和生動了。

氣勢雄渾文章先作客觀的描述，再轉入文惠君的讚歎與發問，繼而是庖丁洋洋灑灑的一段對話，結尾再以文惠君的話作結，行文浩浩蕩蕩如急流直下，恣肆奔放，而又跌宕起伏。有生動活潑之妙，無呆板滯澀之弊。司馬遷曾稱讚其文章「其言洸洋自恣以適己」（《老子韓非列傳》）。文中「良庖歲更刀，割也；族庖月更刀，折也。今臣之刀十九年矣，所解數千牛矣，而刀刃若新發於硎。彼節者有間，而刀刃者無厚；以無厚入有間，恢恢乎其于遊刃必有餘地矣！是以十九年而刀刃若新發於硎」一段，氣盛理暢，雄奇險峻，那奔騰的語勢，如一個個浪頭，直沖而下，洶湧湍急，不可阻擋。作者說庖丁解牛的秘訣是「依乎天理」、「因其固然」，其實，這也正是他語言藝術的精義。

（張以英　完顏戎）

荀子·勸學篇（節錄）

君子曰：學不可以已。青，取之於藍，而青於藍；冰，水爲之，而寒於水。木直中繩，輮以爲輪，其曲中規。雖有槁暴不復挺者，輮使之然也。故木受繩則直，金就礪則利，君子博學而日參省乎己，則知明而行無過矣。……

吾嘗終日而思矣，不如須臾之所學也；吾嘗跂而望矣，不如登高之博見也。登高而招，臂非加長也，而見者遠；順風而呼，聲非加疾也，而聞者彰。假輿馬者，非利足也，而致千里；假舟檝者，非能水也，而絶江河。君子生非異也，善假於物也。……

積土成山，風雨興焉；積水成淵，蛟龍生焉；積善成德，而神明自得，聖心備焉。故不積跬步，無以至千里；不積小流，無以成江海。騏驥一躍，不能十步；駑馬十駕，功在不舍。鍥而舍之，朽木不折；鍥而不舍，金石可鏤。螾無爪牙之利，筋骨之強，上食埃土，下飲黄泉，用心一也。蟹六跪而二螯，非蛇蟺之穴無可寄託者，用心躁也。

《勸學篇》選自《荀子》。原文共十五段，這裏節選的是其中的第一段、第三段和第六段的前一部分。

荀子（約前三一三——前二三八），名況，趙國人。戰國後期思想家、教育家。當時的人們尊稱他爲荀卿；漢代人避宣帝劉詢諱，改稱爲孫卿。據清代汪中的《荀卿子年表》，可知他的社會活動大致在公元前二九八年到公元前二三八年之間。他先是在齊國的都城稷下（今山東省臨淄市北）講學，曾經三次擔任祭酒（學府之長）；後來遭受讒言，便到了楚國，春申君黃歇任用他做蘭陵（今山東省棗莊市東南）令。春申君死後，荀況丟了官，就住在蘭陵，晚年在那裏從事著作。

荀子學過儒學，屬儒家學派，但也受到其他學派的影響。他批判和總結了先秦諸子的學術思想，成爲一位集大成的人。他的學說實際上已經超脫了儒家的範疇，能適應社會發展的趨勢，對建立和鞏固封建社會秩序起了積極的作用。

《荀子》一書，現存三十二篇。其中《大略》、《宥坐》等最後六篇，可能出於荀況的門人之手。內容總結和發展了先秦哲學思想。闡述自然觀的，主要有《天論》；闡述認識論的，有《解蔽》；闡述邏輯思想的，有《正名》；闡述倫理政治思想的，有《性惡》、《禮論》、《王霸》和《王制》等篇。《非十二子》是對先秦各學派一個批判性的總結。《成相》篇以民間文學形式表達了他的學術思想。《賦篇》包括五篇短賦，是一種散文的賦體，在文學史上有一定地位。註釋有唐代的楊倞註、清代王先謙的《荀子集解》和今人梁啓雄的《荀子簡釋》，都是現在通行的註本。

「勸學」，是鼓勵學習的意思（《荀子》中的「勸」字，多作鼓勵勸勉講）。也有人認爲「勸學」是勉勵人們努力學習的意思。

勸學篇（節錄）

勸學篇（節錄）

下面我們將本文串講一遍，并扼要地作些分析。

第一段：

君子曰：學不可以已。青，取之於藍，而青於藍；冰，水爲之，而寒於水。木直中繩，輮以爲輪，其曲中規。雖有槁暴不復挺者，輮使之然也。故木受繩則直，金就礪則利，君子博學而日參省乎己，則知明而行無過矣。……

這一段中的「君子」，原義是西周、春秋時對貴族的通稱，這裏指封建社會裏所謂有學問有修養的人。「已」，停止，廢棄。「青」，青色，也就是現在所説的藍色。「藍」，草名，葉子可作爲染青色的染料。「中」，合乎，符合。「繩」，指木工用來取直的墨線。「輮」，通煣，用火烘木，使之彎曲。《漢書・食貨志》上就有「煣木爲耒」的話。另一種説法是「輮」通「揉」，使（木材）彎曲。「規」，圓規，指木工用來取圓的工具。「有」，這裏通「又」。「槁」，乾枯。「暴」，通「曝」，曬。「挺」，直。「然」，這樣。「金」，《淮南子》高誘註：「金，刀劍之屬。」「礪」，磨刀石。「利」，鋒利，鋭利。「博學」，廣泛地學習。「參省」，多次地對照檢查自己。「參」，通「三」。「省」，察的意思（見《爾雅・釋詁》）。也可以將「參省」解釋爲「檢驗考察」。「知」，通「智」（從楊樹達説），智慧。「行」，行爲。「過」，過失。

這段話的意思是，君子説：學習是不可以停止的。譬如靛青這種染料是從藍草裏提取的，然而却比藍草的顔色更青；冰塊是水凝結成的，然而却比水更冷。木頭的本性是伸直的，能與墨線取直的要求相合，但是用火烤熨，把它彎曲成車輪，它彎曲後也能和圓規相合。雖然經過風吹日曬，也不再伸直，這是用火烤熨把它彎曲成這樣的。所以木頭用墨線量過，經過斧鋸就能取直，刀劍拿到磨刀石上去磨，就會鋒利。

君子廣泛地學習，而且每天多次地對照檢查自己，這樣就能明白道理，行動上也不會有過錯了……

這一段論述了學習的重要性：學習能够增長知識，加強品德的修養。文章開宗明義，首先明確提出「學不可以已」的論點，作爲「立論」；接着就用青深於藍和冰寒於水這兩種生活現象作爲論據，比喻說明學習可以使人提高，學習比不學習強；然而又用輮木爲輪的比喻，說明人的氣質通過學習是可以改造的；最後再用「木受繩則直」和「金就礪則利」兩個比喻，得出人們如果博學而又能用所學到的事理時刻對照省察就會智識日明、不犯錯誤的結論。作者使用了一系列比喻作爲論據，從而生動地論證了「學不可以已」這個論點。作者在本段中提出學習不能中斷，學習能够豐富知識，培養品德，并用來指導行動等觀點，都是正確的。但是，要想不犯錯誤（卽「無過」）或少犯錯誤，光靠學習還是很不够的，重要的是理論和實踐的結合，要將學到的知識不斷地拿到實踐中去驗證，要不斷地在社會實踐過程中去逐步認識客觀世界，祇有主觀認識符合客觀實際，行動起來，才可能「知明而行無過」。由此可見，本段中作者所強調的「君子博學而日參省乎己，則知明而行無過矣」的結論，是帶有較大的片面性的。

第二段：

吾嘗終日而思矣，不如須臾之所學也；吾嘗跂而望矣，不如登高之博見也。登高而招，臂非加長也，而見者遠；順風而呼，聲非加疾也，而聞者彰。假輿馬者，非利足也，而致千里；假舟檝者，非能水也，而絕江河。君子生非異也，善假於物也……

這一段中的「須臾」，是片刻、一會兒的意思。「跂」，通「企」，《說文》：「企，舉踵也。」就是踮起脚跟。「博見」，見得廣。「招」，招手。「疾」，《爾雅·釋言》：「疾，莊也。」指聲音宏大。這裏不當速度快講。「彰」，清楚。這裏指聽得清楚。「假」，借助，憑藉，利用。「輿」，車。「利足」，脚走得快。指善於走路。「致」，使……到。「檝」，船槳。「能水」，指能凫水。「水」，作動詞使用。「絕」，由此岸渡到彼岸。「生」，通「性」（從王念孫說），生性。「物」，指客觀存在的實物，引申爲泛指嘉言懿行、賢師良友等。

這段話的意思是：我曾經一天到晚地冥思苦想，總不如從事片刻學習的收穫大；我曾經踮起脚跟眺望遠方，總不如登臨高處眼界開闊。登高向人招手，手臂并沒有加長，而遠處的人却能看得見；順着風勢呼喚，聲音并沒有加大，而聽喚的人却能聽得清。駕車騎馬的人，不是自己走得快，却能達到千里；乘坐舟船的人，不是自己會凫水，却能橫渡江河。有修養學識的人，他的生性并不是與一般人有什麽不同，衹是因爲善於利用客觀條件（善於學習），所以就不同了。

這一段論述了利用客觀條件進行學習的重要性：學習可以增長能力。作者首先結合自身的生活體驗和經驗，對比地說明冥思苦想不如實地去學習和登高才能望遠的道理。然後又連舉「登高而招」、「順風而呼」、「假輿馬」和「假舟檝」可以收到「見者遠」、「聞者彰」、「致千里」和「絕江河」的良好效果的生活事例，作爲論據，自然得出「君子生非異也，善假於物也」的結論，從而進一步證明了「學不可以已」的論點。作者強調學習要善於利用客觀條件，是正確的。特別是他認爲人的知識要靠後天獲得，人的技能要靠後天培養，君子的生性和一般人的沒有什麽不同，這種樸素的唯物主義觀點是很可貴的，它嚴正地否定和批判了「生而知之」的唯心主義謬論。

當然，荀況所說的實踐活動是指個人借助外物，與我們今天說的社會實踐有本質的不同。

第三段：

積土成山，風雨興焉；積水成淵，蛇龍生焉；積善成德，而神明自得，聖心備焉。故不積跬步，無以至千里；不積小流，無以成江海。騏驥一躍，不能十步；駑馬十駕，功在不舍。鍥而舍之，朽木不折；鍥而不舍，金石可鏤。螾無爪牙之利，筋骨之強，上食埃土，下飲黃泉，用心一也。蟹六跪而二螯，非蛇蟺之穴無可寄託者，用心躁也。

這一段中的「蛟」，指古代傳說中能發洪水的一種獸。「善」，指日常所做的善事。「德」，高尚的道德。「神明」，人的智慧、精神。「得」，得到。「聖心」，聖人的思想。「備」，具備。「跬」，通「趌」，《說文》：「趌：半步也。」古人以跨出一脚爲跬，再跨出一脚爲步。古人所謂半步，等於今天所謂一步。「騏驥」，良馬，駿馬。「駑馬」，劣馬，笨馬。據王先謙的考證，「駑馬十駕」一句下面還應有「則亦及之」一句。「駕」，指馬拉着車一天所走的路程。「功」，成功。「舍」，舍棄，中止。「鍥」，刻，截斷。「鏤」，雕刻。這裏含有刻透、刻成的意思。「黃泉」，地下的泉水。「六跪」，六條腿（「六」字疑爲「八」字之誤。螃蟹實爲八條腿）。跪，楊倞注：「跪，足也。」「螯」，這裏指螃蟹的雙夾，形狀像鉗子。「蟺」，鱔的借代字，卽黃鱔。黃鱔常潛伏在泥洞或石縫當中。一說通「鱔」，卽蚯蚓。「躁」，浮躁，不專一。

這段話的意思是：積土成爲高山，風雨就會從那裏興起；積水成爲深淵，蛇龍就會在那裏生長；一個人多做好事，養成高尚的品德，精神就自然而然地達到了高超的境界，聖人的思想也就具備了。所以不一步一步地走，就不能達到千里遠的目的地；不把小的水流聚積起來，就不能匯合成大的江海。良馬跳躍一下，不能超過十步；劣馬拉車走十天，也能走很遠的路程，它的成功就在於走個不停。用刀刻東西，如果刻一會兒就放下，卽使是腐朽的木頭也刻不斷；如果不停地刻下去，卽使是金石也可以雕刻成功。蚯蚓沒有銳利的爪牙，強壯的筋骨，却能上吃地面的塵土，下飲地底的泉水，這是因爲它用心專一。螃蟹雖然有六條腿（實爲八條腿）和兩隻像鉗子一樣的螯，但是如果不靠蛇和蟺的洞穴，就無處寄居，這是因爲它浮躁而不專一的緣故。

這一段論述了學習的態度和方法：注意知識的積累，要持之以恆，要專心致志。全段可分三層：首先用「積土成山」和「積水成淵」兩個比喻作爲襯托，引出「積善成德」的說法，從正面闡明要想獲得淵博的知識，要想使學習卓有成效，就必須注意知識的積累，這也正是「洪由纖起」、「累微以著」的道理。這是從量變與質變的關係上說明「學不可以已」，強調一個「積」字。不過限於古人對自然現象的幼稚理解，風雨之興和蛟龍之生的說法是不科學的。然後又用「不積跬步」和「不積小流」兩個比喻，從反面論證注意知識積累的重要性，主張學習要脚踏實地，循序漸進。這是第一層。下面再用「騏驥」和「駑馬」兩個比喻，對比說明學習不能三天打魚，兩天曬網，而必須「不舍」，卽有恆心。前一個比喻說明主觀條件雖然優越，但學習不刻苦，是不可能成功的；後一個比喻則說明主觀條件卽使不好，但能持之以恆，是終究可以成功的。作者爲了把這個道理講透，跟着又用「朽木不折」和「金石可鏤」兩個比喻，還是從正反兩個方面對比說明，指出蜻蜓點水，淺嘗輒止，再容易的事也做不好；而氣銳志堅，刻苦磨礪，再困難的事也能成功。這就說明了「鍥而不舍」的重要性，說明了滴水穿石、鐵杵成針的道理。這是第二層。作者爲了強調學習必須專心，最後用了蚯蚓和螃蟹兩個比喻，正反對比地說明先天條件差，如果能用心專一，也可以成就事業；先天條件好，如果心浮氣躁，則將一事無成。這是論證了學習取得成效，關鍵在於堅持不懈，而不在於「天分」的道理。這是談怎樣才能由量變到質變，強調一個「一」字（卽專一）。作者的這種觀點，同他在《王制》篇中表現的觀點是一脈相承的。《王制》篇中有這樣的話：「雖王、公、士大夫之子孫，不能屬於禮義，則歸之庶人；雖庶人之子孫也，積文學，正身行，能屬於禮義，則歸之卿、相、士大夫。」都是對「天才論」和「惟上智與下愚不移」等謬論的否定和批判。

勸學篇（節錄）

這篇節選文字，論述了學習的重要性和學習必須持久與專一的道理，闡明人的知識是由後天學習得來的，否定先知先覺的存在。荀子勸學是從地主階級的利益出發的，他要人們按照封建道德規範加強修養，做封建統治者的馴服工具。但是，他對於學習所論述的道理，包含着合理有益的因素，今天我們仍然可以借鑒。

荀子的文章論辯析理，精微周密，邏輯性強；而且詞藻豐富，多用比喻排比，以形成諧美的聲調和跌宕的語勢。《勸學篇》很能表現這種風格。本文成功地運用了比喻和推理的方法，運用了排比和對偶的句式，形象生動地從正反兩個方面論述了文章的主旨。

本文有一些含義深刻、富有哲理的語句，頗爲後人傳誦。如我們今天常用的成語「青出於藍」，就是從「青，取之於藍，而青於藍」演變成的，用來比喻後來居上；「鍥而不舍」比喻堅持不懈；「鍥而不舍，金石可鏤」比喻衹要勤勉不息，再大的困難也能克服。這些都是督促人們不斷上進的有益格言。

（李如鸞）

韓非子・買櫝還珠（節自《外儲說左上》）

楚王謂田鳩曰：「墨子者，顯學也。其身體則可，其言多不辯，何也？」

曰：「昔秦伯嫁其女於晉公子，令晉爲之飾裝，從衣文之媵七十人。至晉，晉人愛其妾而賤公女。此可謂善嫁妾，而未可謂善嫁女也。楚人有賣其珠於鄭者，爲木蘭之櫃，薰以桂椒，綴以珠玉，飾以玫瑰，輯以羽翠。鄭人買其櫝而還其珠。此可謂善賣櫝矣，未可謂善鬻珠也。今世之談也，皆道辯說文辭之言，人主覽其文，而忘有用。墨子之說，傳先王之道，論聖人之言，以宣告人；若辯其辭，則恐人懷其文，忘其用，直以文害用也。此與楚人鬻珠、秦伯嫁女同類，故其言多不辯。」

韓非（約前二八〇——前二三三），出身於韓國貴族，是戰國末期法家集大成的人物，提出過「法、術、勢」三者結合的封建君王統治術，對後世有深遠影響。他曾上書諫韓王，而不被韓王所用。司馬遷《史記・老莊申韓列傳》載：「非爲人口吃，不能道說，而善著書。與李斯俱師荀卿，斯以爲不如非。」他

買櫝還珠

（節自《外儲說左上》）

著有《孤憤》、《五蠹》、《說難》等篇，約十餘萬言，受到秦王的重視。後來，他出使秦國，被秦王留用，但爲李斯、姚賈陷害，自殺於獄中。他的著述，被後人集爲《韓非子》。

《買櫝還珠》，節選自《韓非子·外儲說左上》，題目是後加的。文章藉楚王的發問，提出論點——墨子之言多不辯；以田鳩的回答進行論述。一問一答，論點集中突出，論述生動活潑，邏輯推理嚴密，具有較強的說服力和很高的藝術水平，是一篇說理文的典範。

田鳩，齊人，是墨子一派的學者。墨子是春秋戰國時代的大哲學家，主張兼愛非攻，薄喪非樂，是我國論辯文體的首創者。其文章，尙質實用，論述條理謹嚴，文字通達明暢，樸實無華。因此，在這篇文章一開始，楚王才這樣問：「墨子是顯於當世的一個學派，墨子本身對於自己理論的實踐還是不錯的，但是他的言論不講求辭令，這是爲什麽呢？」

藉楚王發問爲文章開頭，提出全文要論述的問題，開宗明義，發人深思。緊接着，是田鳩的回答，由問到答，承接自然，語勢一瀉而下。

田鳩的回答，是一段邏輯性很強的論述。論述的方法相當巧妙：先敍述「秦伯嫁女」和「楚人賣珠」兩個故事，并在每個故事末尾畫龍點睛地加以議論，指出喧賓奪主、本末倒置所可能導致的後果。第一個故事說的是：「過去，秦穆公將自己的女兒嫁給晉國的公子重耳，讓人爲她準備嫁妝。陪嫁相從的妾，衣錦着綉，絢爛華麗，竟有七十人之多。到晉國後，晉人喜歡陪嫁的妾，而不喜歡秦穆公的女兒。」至此，田鳩一語中的，指出：「這可以說是善於出嫁妾，却不能說是善於出嫁女兒啊！」第二個故事說的是：「楚國有一個人，在鄭國賣珠子。其用香氣四溢的木蘭做了個匣子（來盛珠子），再用桂、椒等香料薰那個匣子，用明珠和玉石鑲嵌在匣子上，用火齊珠（「玫瑰」即火齊珠，似雲母，色紫而有光耀，薄如蟬翼。）裝飾匣子，用翠鳥的羽毛點綴匣子。結果，鄭國人買去他的匣子，却將匣子裏的珠子還給了他。」對此，田鳩又精闢地指出：「這可以說是善於賣匣子，却不能說是善於賣珠子。」

在講述了上面兩個故事，并點明其所包含的意義之後，田鳩便聯繫到當時的社會現實，說：「現在社會上的一些言談，都是些辭藻華麗的言論，國君們欣賞這些言論的文采，而忘却了它們實際上的用意。」接着，又進一步聯繫到墨子的言論，說：「墨子的言論，是要宣揚先王的大道，陳述聖人的名言，并以此來向人們作解說。如果言辭太華麗、太講究，就怕人們愛其文采而忘記其內容的實際用意。那樣一來，簡直是因爲文辭太講究而把內容要起的作用給妨害了。」說到這裏，田鳩將現實與故事再掛上一句，說：「（言辭太講究文飾）就同楚人的賣珠、秦穆公的嫁女一樣，所以，墨子的言辭大多不講究文飾。」明確地回答了文章開篇時楚王提出的問題，得出了不「以文害用」的結論。

文章前後照應，首尾連貫，結構嚴謹，渾然一體。

寫作說理文章，一要說理充分，不然就不能以理服人，達不到論述的目的；二要生動活潑，不然就乾巴巴，味同嚼蠟。《買櫝還珠》在這兩方面都堪稱楷模。

說理充分。說理文，關鍵在於說理。不說理，豈能算得上說理文？怎樣才能把理說好呢？回答是：論點要明確，論據要充分，邏輯推理要嚴密。論點不明確，論據與邏輯推理就沒有針對性；論據不充分，就無法證明論點，衹能從概念到概念地說些空話；邏輯推理不嚴密，就不能使論據與論點有機地聯繫起來，更不能用論據來證明論點。《買櫝還珠》在上述三方面都處理得極爲恰當。文章一開始，藉楚王的提問，明確地擺出了論點——「墨子之言多不辯」。然後，針對這一論點，進行論述。在論述中，交叉運用了類比和反證兩種邏輯推理方法。爲了證明「墨子之言多不辯」的正確與必要，作者先陳述了兩個事例（即論據）。這兩個事例的性質是一樣的，都說明了喧賓奪主、本末倒置產生的後果。作者用這兩個事例與「今世之談也，皆道辯說文辭之言」的現實相比，從而推出「人主覽其文而忘其用」的嚴重後果。這兩個事例及所推

買櫝還珠

（節自《外儲說左上》）

買櫝還珠

（節自《外儲說左上》）

出的「人主覽其文而忘其用」的嚴重後果，雖還未直接涉及墨子的言論，但實際上已起到了這樣的作用：從反面證明「墨子之言多不辯」的正確與必要。接着，作者又直接論述「墨子之言多不辯」的道理：「若辯其辭，則恐人懷其文，忘其用，直以文害用也。」這裏，是先假設一種與墨子之言相反的情況，再通過對此相反情況的否定，反過來肯定了「墨子之言多不辯」的正確與必要。這也是一個反證的方法。最後下結論時，仍用了類比論證的方法：「此與楚人鬻珠，秦伯嫁女同類，故其言多不辯。」這樣論述，由遠及近，層層剝筍，由反到正，步步遞進，邏輯推理十分嚴密。打比方，講道理，有故事，有事實，論據充分有力。全篇一字字，一句句，一步步，一層層，如千軍萬馬，一齊奔向論點。

生動活潑。說理文章，是闡述抽象道理的，寫不好，就容易失之平板呆滯。但《買櫝還珠》却寫得生動活潑，饒有趣味。細細剖析全文，不難發現作者是從三個方面將文章寫「活」的：其一，用對話增添文章的活力。楚王發問，田鳩作答。問得扼要，答得生動。採取這樣的表達方式，既扣住了論述的中心，又使文章語氣輕鬆，語調有變化，給人以侃侃而談的親切感。其二，從具體事例的描述寫起，然後再歸結到論點上去。由於「秦伯嫁女」與「楚人賣珠」這兩個弄巧成拙、適得其反的事例本身富有趣味，就給人以強烈的印象和咀嚼的回味；又由於這兩個事例寫得很具體，更給人以直觀的形象感。而後一點，很切合人們對事物認識的規律。人們對事物的認識，總是先從形象的、感性的階段開始，而後才轉入抽象的、理性的階段。道理說得越具體、形象，就越易於被人們理解和接受。其三，有意地將所寫事例作必要的鋪敍和誇張，使之更加生動形象。如寫「楚人賣珠」時，對藏珠之「櫝」，用濃墨重彩加以鋪排渲染，不光說它是用貴重的木蘭做成的，還用「薰以桂椒，綴以珠玉，飾以玫瑰，輯以羽翠」四個排比句加以渲染和誇張。經這樣一番淋漓盡致的描繪，其結果是使「櫝」的「形象」更加生動突出，使之牢牢地印在讀者的腦際。

韓非的說理文，深刻明透，簡約生動，從《買櫝還珠》中，可窺見一斑。

（張以英　完顏戎）

韓非子·宋人酤酒

（節自《外儲說右上》）

宋人有酤酒者，升概甚平，遇客甚謹，爲酒甚美，縣幟甚高著，然而不售，酒酸。怪其故，問其所知里長者楊倩。倩曰：「汝狗猛耶？」曰：「狗猛則酒何故而不售？」曰：「人畏焉。或令孺子懷錢，挈壺甕而往酤，而狗迓而齕之，此酒所以酸而不售也。」夫國亦有狗。有道之士懷其術而欲以明萬乘之主，大臣爲猛狗，迎而齕之。此人主之所以蔽脅，而有道之士所以不用也。

故桓公問管仲曰[一]：「治國最奚患？」對曰：「最患社鼠矣！」公曰：「何患社鼠哉？」對曰：「君亦見夫爲社者乎？樹木而塗之，鼠穿其間，掘穴託其中，燻之則恐焚木，灌之則恐塗阤，此社鼠之所以不得也。今人君之左右，出則爲勢重而收利於

[一]「故」，陳奇猷謂當作「一曰」，誤。按本篇「經三」謂：「夫國亦有狗，且左右皆社鼠也」，明系進一層意，非傳聞別說之辭，以「故」爲正。

民，入則比周而蔽惡於君；內間主之情以告外，外內爲重，諸臣百吏以爲害。吏不誅則亂法，誅之則君不安。據而有之[一]，此亦國之社鼠也。」

故人臣執柄而擅禁，明爲己者必利，而不爲己者必害，此亦猛狗也。夫大臣爲猛狗而齕有道之士矣！左右又爲社鼠而間人主之情矣！人主不覺如此，主焉得無壅，國焉得無亡乎？

宋人酤酒

（節自《外儲說右上》）

本文是《韓非子·外儲說右上》篇的著名寓言故事。寓言，是通過具體的故事情節和形象以說明理性認識的一種文學形式，是哲理和形象的統一體。韓非子所創造和運用的大量寓言，同他嚴峻峭刻的理論證一樣，處處表現出睿智深沉的思想之光。它們以豐富的生活體驗和深刻的人生感受爲基礎，以鮮明、準確的語言爲衣表，樸實峻潔，鞭辟入裏，尖銳地揭示出社會政治生活中的種種弊端和問題，表達了鮮明的政治見解，具有深刻的哲理性和生動的形象性，在我國文學史上，像顆顆珍珠，閃耀着熠熠的光彩。《宋人酤酒》正是這樣的一篇作品。

《宋人酤酒》是以說明「術之不行，有故」爲目的的，即是分析人君統治之術不能實行的原因。全文以「宋人酤酒」和「管仲對齊桓公問社鼠」兩個互相關連的小故事構成，說明一個問題的兩個方面，層層遞進，互相補充，互相生發。文章前半部分，說宋國有一位賣酒的人，雖然「升概甚平，遇客甚謹，爲酒甚美，縣幟甚高」（計量非常公平，對待顧客非常恭謹，做的酒味道非常好，酒旗掛得非常明顯），但酒却賣不出去。

[一]「據」後當脫「腹」字。《晏子春秋》、《韓詩外傳》、《說苑》并有與本篇相似的故事，僅人物略不同，此句并有「腹」字，當以有「腹」爲是。顧廣圻、孫星衍、王念孫等并主此說。

宋人酤酒
（節自《外儲說右上》）

這人覺得奇怪，找同里長者楊倩詢問原因，楊倩指出是他家的狗很兇，亂咬買酒的人，所以酒酸了也賣不掉。作者由此而論及治國，指出「執柄而擅禁」的大臣就是國家的猛狗。由於這些人，就造成了人君之被蒙蔽裹脅，而有治國才能的人不被重用的局面。這是全文的第一層，也是問題的一個方面。進一步，作者又運用「管仲對桓公問社鼠」的故事，說明人君左右親信朋黨比周的危害。社鼠託庇於社廟——祭祀土神之所，這是過去人們極爲尊崇的地方，「熏之則恐焚木，灌之則恐塗陁」（煙火熏烤就恐怕燒壞房木，水灌就恐怕牆泥脫落），因此，社鼠就不能够被捉住。這正像人君的左右親信，雖然「出則爲勢重而收利於民，入則比周而蔽惡於君；內間主之情以告外，外內爲重，諸臣百吏以爲富」（對外則擅弄權勢而取利於民，對內則結爲一黨而向君主隱瞞劣迹；在內部窺察人君情況而告訴外廷的大臣，內外互相倚重，各級官吏都借重於他們的地位勢力），但他們得到君主的信任和保護，從而得以安然無恙。這些人就是「國之社鼠」。這外內兩個方面——擅權的大臣和人君所倚仗的親信——以自己的地位和權勢而謀取私利，任何法令對他們都無能爲力，這就是人君統治之術不能實行的原因。爲了反覆申明這些人的危害，文章最後又加以精練概括：「夫大臣爲猛狗而齕有道之士矣！左右又爲社鼠而間人主之情！人主不覺，如此，主焉得無壅，國焉得無亡乎？」（大臣像兇惡的狗那樣撲咬有治國才能的人！君主親信又像社鼠一樣從內部窺察人君的情況！人君不能覺察，像這樣，君主怎能不被蒙蔽，國家怎麼能不滅亡呢？）精闢地指明了這則寓言的深刻含義。全文的兩部分緊密聯繫，成爲一個有機整體，充分顯示出韓非運用寓言說理的純熟和自如。

《宋人酤酒》具有鮮明的針對性和強烈的現實性。在中國歷史上，自春秋以迄戰國末的幾百年間，各諸侯國之中大臣擅權、朋比爲奸、忠直不容、主壅國亡的事屢屢發生。特別韓非生活的戰國後期，七雄紛爭而秦國獨強，六國處於日漸削弱的地位。韓非是一位有清醒頭腦的地主階級政治理論家，他對歷史的豐富了解和對現實的清楚認識，使他洞察了列國政治的要害。同時，他又是一位切望用世的人物，他「見韓之削弱，數以書諫韓王，韓王不能用」（《史記》本傳）。這使他對現實政治產生了強烈的不滿和憤慨情緒。他「悲廉直不容於邪枉之臣，觀往者得失之變」（《史記》本傳），從而以辛辣的筆觸，生動描摹出當時列國政治的狀況。本篇作品就是以寓言形式對現實作出的生動說明。賣酒的宋國人由於自己家的狗的兇惡，而敗壞了自己的事業；社鼠由於託身之重，人們也拿它沒有辦法。同樣，對於人君來說，也有類似猛狗、社鼠的情況，這就是那些結黨營私、擅權弄奸的大臣和左右親近。這種生動的譬喻和一針見血的敘述，好似匕首和投槍，刺破了這些人的假面，又像在當時渾渾噩噩的政治漩渦中炸響一聲霹靂，振聾發聵，令人驚醒。這體現了韓非對現實政治的鮮明態度，具有強烈的戰鬥性。

說理性是寓言的生命。一篇好的寓言，絕不僅僅取決於情節的曲折，形象的鮮明，還在於淺顯的描述中能寄寓深刻的道理而發人深省。《宋人酤酒》正是集中了日常生活中習見的現象以構成故事，經過作者的提煉加工，賦予它以深刻含義，在平凡的形象中，包含豐富的內涵。韓非緊緊抓住故事形象與所要說明的問題在實質上的聯繫，圍繞中心展開敍述、分析。故事以猛狗、社鼠這些日常習見之物構成形象，給人以直觀上的不快感覺，同時，又重點剖析了猛狗與大臣、社鼠與倖臣給人們事業上造成嚴重危害的共通點，言在此而意在彼，在瑣細情節的描述中體現出理性的光輝。爲了使這種深含的哲理性更明確，作者在故事的組織中運用了敍議結合的方法，把議論作爲寓言的有機組成部分，由形象的敍述自然引出針對性極強的議論。如在本文的後半部分故事中，桓公問什麼是治國的最大禍患，管仲却不正面回答，而是以比喻說明最大禍害是社鼠。當桓公不明而進一步發問時，管仲則對社鼠的生活環境及特點加以說明，接着，作者由社鼠推衍開去，轉入了要說明的正題：

宋人酤酒

（節自《外儲說右上》）

宋人酤酒
（節自《外儲說右上》）

今人君之左右，出則爲勢重而收利於民，入則比周而蔽惡於君；內間人主之情以告外，外內爲重，諸臣百吏以爲富。吏不誅則亂法，誅之則君不安，據而有之，此亦國之社鼠也。

既有敍述，又有議論。社鼠情形的敍述，是作者議論的基礎，而議論則賦予形象以更深更廣的意義。作者還用「此亦國之社鼠也」這樣明確而肯定的語言指明類比的對象，由它把敍述與議論密切聯繫起來，使文章完整嚴密，體現出深刻的説理性。

但是，寓言作爲論道理的一種手段，與單純的哲理性論文不同。它不依靠邏輯的力量、嚴密的論證去説服讀者，而主要運用具體的情節、可感的形象引起讀者的思考和聯想。因此，寓言的形象和故事選擇的恰如其分，描寫的生動鮮明，就是它成功的基本條件。在這方面，本文同樣表現了突出的特點。作爲故事情節來説，這篇寓言是簡短概括的，但它的描述却是具體可感的，形象也是生動鮮明的。這得力於作者對形象選擇的恰當、描寫的準確經濟以及運用了强烈的對比手法。

作者在故事中選擇的形象，并不是一般的狗與鼠，而是猛狗與社鼠。狗猛則有兇狠相，社鼠則有恃而無恐。對這兩種特定形象，作者注意描摹其特點。寫猛狗，作品用「迓而齕之」幾個字，就把猛狗張牙舞爪、撲上前去咬人的兇相生動而簡練的表現出來，雖然文字樸實簡約，但却具體，是用最少的筆墨取得了最佳的效果。同樣，描寫社鼠的生活情景，用「掘穴託其中」一句話，不但寫出了社鼠居於社廟的情形，而且顯示了社廟對它的保護作用。一個「託」字，也就爲「熏之」、「灌之」之不能作了鋪墊。這種描寫，突出了故事形象的特點，增加了故事的眞實性、生動性。在故事情節的敍述中，作者以對比的描寫展開。

宋人賣酒，數量足，態度好，味道美，標誌明顯，按理說應該門庭若市，供不應求。但作者筆鋒一轉，輕輕拈出一個「然而不售，酒酸」的結局。條件與結果互相矛盾，尖銳對立，這就很自然引出其原因——狗猛，引起人們的注意。同樣，建築社廟的人們「樹木而塗之」，辛辛苦苦建起的自己崇敬的神殿，却成了老鼠的安樂窩，人們還拿它毫無辦法。這種主觀願望與實際結果的矛盾，也對比說明了社鼠之可惡。這些，形成了這篇作品故事情節的生動與形象鮮明的特色，眞正達到了形象性與哲理性的統一。

運用寓言故事闡明道理，是韓非理論文的特點之一。這些寓言故事不但大大增加了韓非文章的文學性，而且就每一篇寓言來說，也是短小精悍、觀察深刻、描寫犀利、富有啓發與教育意義的文學作品。《宋人酤酒》就正清楚地說明了這一點。

（王培元）

離騷

屈原

帝高陽之苗裔兮，朕皇考曰伯庸。攝提貞于孟陬兮，惟庚寅吾以降。皇覽揆余初度兮，肇錫余以嘉名，名余曰正則兮，字余曰靈均。紛吾既有此內美兮，又重之以脩能；扈江離與辟芷兮，紉秋蘭以爲佩。汩余若將不及兮，恐年歲之不吾與。朝搴阰之木蘭兮，夕攬洲之宿莽。日月忽其不淹兮，春與秋其代序；惟草木之零落兮，恐美人之遲暮。不撫壯而棄穢兮，何不改乎此度？乘騏驥以馳騁兮，來吾道夫先路！

昔三后之純粹兮，固衆芳之所在，雜申椒與菌桂兮，豈維紉夫蕙茝？彼堯、舜之耿介兮，既遵道而得路；何桀、紂之猖披兮，夫唯捷徑以窘步！惟夫黨人之偷樂兮，路幽昧以險隘；豈余身之憚殃兮，恐皇輿之敗績。忽奔走以先後兮，及前王之踵武；荃不察余之中情兮，反信讒而齌怒。余固知謇謇之爲患兮，忍而不能舍也。指九天以爲正兮，夫唯靈脩之故也！曰黄昏以爲期兮，羌中道而改路。初既與余成言兮，後悔遁而有他；余既不難夫離別兮，傷靈脩之數化。

余既滋蘭之九畹兮，又樹蕙之百畝。畦留夷與揭車兮，雜杜衡與芳芷。冀枝葉之峻茂兮，願俟時乎吾將刈。雖萎絶其亦何傷兮，哀衆芳之蕪穢！衆皆競進以貪婪兮，憑不厭乎求索，羌內恕己以量人兮，各興心而嫉妒。忽馳騖以追逐兮，非余心之所急，老冉冉其將至兮，恐脩名之不立。朝飲木蘭之墜露兮，夕餐秋菊之落英；苟余情其信姱以練要兮，長顑頷亦何傷！攬木根以結茝兮，貫薜荔之落蕊；矯菌桂以紉蕙兮，索胡繩之纚纚。謇吾法夫前脩兮，非世俗之所服；雖不周於今之人兮，願依彭咸之遺則！

長太息以掩涕兮，哀民生之多艱；余雖好脩姱以鞿羈兮，謇朝誶而夕替。既替余以蕙纕兮，又申之以攬茝；亦余心之所善兮，雖九死其猶未悔！怨靈脩之浩蕩兮，終不察夫民心，衆女嫉余之蛾眉兮，謠諑謂余以善淫。固時俗之工巧兮，偭規矩而改錯；背繩墨以追曲兮，競周容以爲度。忳鬱邑余侘傺兮，吾獨窮困乎此時也；寧溘死以流亡兮，余不忍爲此態也！鷙鳥之不羣兮，自前世而固然；何方圜之能周兮，夫孰異道而相安！屈心而抑志兮，忍尤而攘詬；伏清白以死直兮，固前聖之所厚！

悔相道之不察兮，延佇乎吾將反，回朕車以復路兮，及行迷之未遠。步余馬於蘭皋兮，馳椒丘且焉止息；進不入以離尤兮，退將復脩吾初服。製芰荷以爲衣兮，集芙蓉以爲裳；不吾知其亦已兮，苟余情其信芳！高余冠之岌岌兮，長余佩之陸離；芳與澤其雜糅兮，唯昭質其猶未虧。忽反顧以遊目兮，將往觀乎四荒；佩繽紛其繁飾兮，芳菲菲其彌章！民生各有所樂兮，余獨好脩以爲常！雖體解吾猶未變兮，豈余心之可懲！

女嬃之嬋媛兮，申申其詈予；曰：「鮌婞直以亡身兮，終然殀乎羽之野。汝何博謇而好脩兮，紛獨有此姱節？薋菉葹以盈室兮，判獨離而不服。衆不可戶說兮，孰云察余之中情？世并舉而好朋兮，夫何煢獨而不予聽！」

依前聖以節中兮，喟憑心而歷茲；濟沅、湘以南征兮，就重華而陳詞：啓《九辯》與《九歌》兮，夏康娛以自縱；不顧難以圖後兮，五子用失乎家巷。羿淫遊以佚畋兮，又好射夫封狐，固亂流其鮮終兮，浞又貪夫厥家。澆身被服強圉兮，縱欲而不忍；日康樂而自忘兮，厥首用夫顛隕。夏桀之常違兮，乃遂焉而逢殃；后辛之菹醢兮，殷宗用而不長。湯禹儼而祇敬兮，周論道而莫差，舉賢而授能兮，循繩墨而不頗。皇天無私阿兮，覽民德焉錯輔；夫維聖哲以茂行兮，苟得用此下土。瞻前而顧後兮，相觀民之計極；夫孰非義而可用兮？孰非善而可服？阽余身而危死兮，覽余初其猶未悔；不量鑿而正枘兮，固前脩以菹醢。曾歔欷余鬱邑兮，哀朕時之不當；攬茹蕙以掩涕兮，霑余襟之浪浪。跪敷衽以陳辭兮，耿吾既得此中正；駟玉虬以乘鷖兮，溘埃風余上征。朝發軔於蒼梧兮，夕余至乎縣圃；欲少留此靈瑣兮，日忽忽其將暮。吾令羲和弭節兮，望崦嵫而勿迫；路曼曼其脩遠兮，吾將上下而求索。飲余馬於咸池兮，總余轡乎扶桑；折若木以拂日兮，聊逍遙以相羊。前望舒使先驅兮，後飛廉使奔屬，鸞皇爲余先戒兮，雷師告余以未具。吾令鳳鳥飛騰兮，繼之以日夜；飄風屯其相離兮，帥雲霓而來御。紛總總其離合兮，斑陸離其上下；吾令帝閽開關兮，倚閶闔而望予。時曖曖其將罷兮，結幽蘭而延佇；世溷濁而不分兮，好蔽美而嫉妒。

朝吾將濟於白水兮，登閬風而緤馬；忽反顧以流涕兮，哀高丘之無女。溘吾遊此春宮兮，折瓊枝以繼佩；及榮華之未落兮，相下女之可詒。吾令豐隆乘雲兮，求宓妃之所在，解佩纕以結言兮，吾令蹇脩以爲理。紛總總其離合兮，忽緯繣其難遷；夕歸次於窮石兮，朝濯髮乎洧盤。保厥美以驕傲兮，日康娛以淫遊；雖信美而無禮兮，來違棄而改求。覽相觀於四極兮，周流乎天余乃下，望瑤臺之偃蹇兮，見有娀之佚女。吾令鴆爲媒兮，鴆告余以不好，雄鳩之鳴逝兮，余猶惡其佻巧。心猶豫而狐疑兮，欲自適而不可，鳳皇既受詒兮，恐高辛之先我。欲遠集而無所止兮，聊浮遊以逍遙；及少康之未家兮，留有虞之二姚。理弱而媒拙兮，恐導言之不固。世溷濁而嫉賢兮，好蔽美而稱惡。閨中既已邃遠兮，哲王又不寤；懷朕情而不發兮，余焉能忍與此終古！索藑茅以筳篿兮，命靈氛爲余占之。曰：「兩美其必合兮，孰信脩而慕之？思九州之博大兮，豈唯是其有女？」曰：「勉遠逝而無狐疑兮，孰求美而釋女？何所獨無芳草兮，爾何懷乎故宇？世幽昧以眩曜兮，孰云察余之善惡？民好惡其不同兮，惟此黨人其獨異；戶服艾以盈要兮，謂幽蘭其不可佩。覽察草木其猶未得兮，豈珵美之能當？蘇糞壤以充幃兮，謂申椒其不芳！」

欲從靈氛之吉占兮，心猶豫而狐疑；巫咸將夕降兮，懷椒糈而要之。百神翳其備降兮，九疑繽其并迎；皇剡剡其揚靈兮，告余以吉故。曰：「勉陞降以上下兮，求榘矱之所同；湯、禹嚴而求合兮，摯、咎繇而能調。苟中情其好脩兮，又何必用夫行媒；說操築於傅巖兮，武丁用而不疑。呂望之鼓刀兮，遭周文而得舉；甯戚之謳歌兮，齊桓聞以該輔。及年歲之未晏兮，時亦猶其未央；恐鵜鴂之先鳴兮，使夫百草爲之不芳！」

何瓊佩之偃蹇兮，衆薆然而蔽之；惟此黨人之不諒兮，恐嫉妒而折之。時繽紛其變易兮，又何可以淹留；蘭芷變而不芳兮，荃蕙化而爲茅。何昔日之芳草兮，今直爲此蕭艾也？豈其有他故兮，莫好脩之害也！余以蘭爲可恃兮，羌無實而容長；委厥美以從俗兮，苟得列乎衆芳。椒專佞以慢慆兮，樧又欲充夫佩幃；既干進而務入兮，又何芳之能祗！固時俗之從流兮，又孰能無變化？覽椒蘭其若茲兮，又況揭車與江離！惟茲佩之可貴兮，委厥美而歷茲；芳菲菲而難虧兮，芬至今猶未沬。和調度以自娛兮，聊浮遊而求女；及余飾之方壯兮，周流觀乎上下。靈氛既告余以吉占兮，歷吉日乎吾將行。折瓊枝以爲羞兮，精瓊爢以爲粻。爲余駕飛龍兮，雜瑤象以爲車；何離心之可同兮，吾將遠逝以自疏！邅吾道夫崑崙兮，路脩遠以周流；揚雲霓之晻藹兮，鳴玉鸞之啾啾。朝發軔於天津兮，夕余至乎西極；鳳皇翼其承旂兮，高翱翔之翼翼。忽吾行此流沙兮，遵赤水而容與；麾蛟龍使梁津兮，詔西皇使涉予。路脩遠以多艱兮，騰衆車使徑待；路不周以左轉兮，指西海以爲期。屯余車其千乘兮，齊玉軑而并馳；駕八龍之婉婉兮，載雲旗之委蛇。抑志而弭節兮，神高馳之邈邈；奏《九歌》而舞《韶》兮，聊假日以媮樂。陟陞皇之赫戲兮，忽臨睨夫舊鄉；僕夫悲余馬懷兮，蜷局顧而不行。

亂曰：已矣哉！國無人莫我知兮，又何懷乎故都？既莫足與爲美政兮，吾將從彭咸之所居！

屈原是詩國的一顆巨星，遠在衆星之前，他出現在我國詩歌史上，成爲無數後繼者所仰慕的風範。他的不朽之作——《離騷》，震古爍今，千百年來深深地震撼着人們的心靈，成爲我國詩歌史以至世界詩史上，最爲激動人心而具有「永久的魅力」的篇章。

偉大、優秀的藝術，自有其永恆的生命力，自是美的無盡藏。歌德說：「優秀的作品無論你怎樣探測它，都是探不到底的。」是的，多少年來人們讀《騷》，人們認識它，分析它，開掘它，祇要是一個態度嚴肅者，眞正的渴求者，似乎都不曾空手而返過。它給人以「眞」的啓迪，「善」的激勵，「美」的享受。它是那樣完美而豐富，古老而常新，「逸響偉辭，卓絶一世」，「衣被詞人，非一代也」。

「離騷者，猶離憂也」，這是史遷對《離騷》題義的解釋。「屈平之作《離騷》，蓋自怨生也」，這是他對詩篇創作動力的說明，也是對長詩《離騷》感情基調的論釋。屈原爲了振興邦國，實行「美政」，「竭忠盡智，以事其君」，但却「信而見疑，忠而被謗」，遭讒遠謫。他滿懷「存君興國」之志，却喚不醒昏庸之主，眼看楚國兵挫地削，危亡無日，自己却竟被疏失位，救國無門。這對於一位憂國憂民的愛國志士來說，能無怨乎？能無怨乎！詩中有云：「余既不難夫離別兮，傷靈脩之數化。」又云：「曾歔欷余鬱邑兮，哀朕時之不當；攬茹蕙以掩涕兮，霑余襟之浪浪。」最後說：「既莫足與爲美政兮，吾將從彭咸之所居！」《離騷》正是詩人蘊藏着滿腔愛國激情，飽含着血淚寫成的一首悲傷怨憤之歌，讀之令人摧肝裂膽，撼人心魄。

《離騷》一詩素稱難讀，這除了南楚的方言、歷史、神話、風物帶來的某些理解上的障礙之外，主要由於全詩感情迴環激盪，反反覆覆，脈絡不易掌握。誠然，《離騷》是一首規模宏偉的長詩，凡二千四百七十七言，三百七十三句（從洪氏說刪去「曰黄昏以爲期，羌中道而改路」二句），它既是一首自敍傳性的長篇政治抒情詩，而又帶有某種神話色彩和事件敍寫以及情節因素。因此，對於《離騷》一詩，我們祇有首先從整體上進行把握，才有可能深入到它的思想、藝術深處，發掘出它深邃的思想和偉大的藝術創造。

長詩《離騷》，敍寫了詩人自己的某些生平經歷，從而說它帶有自敍傳的性質，但它又具有大量的超現實的描寫，在自我形象中滲入了濃重的神奇因素。詩中的構思，具有某些情節性，但也并非是客觀、眞實的生活經歷的敍寫，而完全是主觀想象的飛騰。這一切都說明長詩《離騷》是一篇浪漫主義的抒情之作，而不像有人所理解的那樣是一篇自傳體的敍事詩。也就是說他們讀長詩《離騷》，特別應該把握的是它的「情」，是詩人內心世界活動的起伏，以至由此而展開的全部豐富性和貫穿於全詩的藝術特質。

貫穿於《離騷》長詩中的「情」，即司馬遷所說的「怨」情，更確切地說就是一股忠怨之情。詩人身處戰國時期新舊交替的激烈變化時代，他的父母之邦，他所熱愛的祖國，原本是一個強大富庶的國家，在羣雄并峙之中，曾居於盟主地位，有着統一天下的諸多條件。但自楚悼王變法失敗以後，國政受舊貴族的把持，日非一日。至屈原所生活的懷王時期，由於內政不修，外有強秦壓境，已陷入岌岌可危的境地。屈原是一位「博聞強志，明於治亂」的政治家，是一位有理想、有遠見和持正不阿的愛國志士。他出於對祖國命運的擔憂，滿懷忠貞之志，企圖刷新政治，振興楚國。但他的一片赤忠之心，却得不到理解。最初他曾一度受到楚王的信任，擔任左徒要職，推行新政；誰料正當他忠心耿耿，報效祖國之際，却因爲觸犯了舊貴族的利益，而謠諑蜂起。「衆女嫉余之蛾眉兮，謠諑謂余以善淫」。羣小逞技，而楚王不察，竟遭讒見疏。他怨忿楚王之「數化」，「不寤」；怨忿「黨人」之「貪婪」、「工巧」，怨忿「衆芳」之「蕪穢」、變節、墮落。最使他感到哀傷怨忿的，是他目睹祖國的日趨危亡，而自己却被剝奪了報效祖國的機會，「豈余身之憚殃兮，恐皇輿之敗績」，「閨中既已邃遠兮，哲王又不寤」。作爲一個「忠而被謗」，愛國獲罪，眼看祖國瀕臨險境而又「救國無門」的人，該是有怎樣的一種激怨之情啊！於是詩人的感情猶如火山爆發，迸射而出，鑄就這篇積忿幽深、摧人肝膽的長篇詩作——《離騷》。

忠怨之情是長詩《離騷》的一條主線，而從全詩結構上看，則可以分爲兩大層次，即從開篇到「豈余心之可懲」，可以視做詩篇的前半部分，這一部分主要寫詩人矢志報國，高潔自守所遇到的矛盾和不公正的待遇，充分表現了抒情主人公與楚國黑暗現實的衝突；從女嬃的責難至篇末，則主要寫詩人遭到迫害以後，繼續求索的精神和所引動起來的內心衝突，以至於最後的抉擇。從藝術手法來說，前半部分雖然也有藝術誇張，并運用了許多象徵手法，但基本上是詩人現實生活的經歷，是實寫；而後半部分，則主要把熾烈的感情化爲超現實的想象，表現了詩人內心世界的經歷，表現了一個苦悶的靈魂，上天下地的求索精神，是虛寫。

掌握了長詩《離騷》這一結構層次，我們再來具體分析一下它的內在邏輯，亦即詩篇中抒情主人公的思想感情軌跡，以及起伏於全詩中的細微的心理描寫。

長詩《離騷》的開端就是很奇特的。詩人首先以十分莊重而自矜的口吻，自敍了高貴的出身，奇異的生日，以及由於父親對自己莫大期望而賜予的「美名」。前人分析說：「首溯其本及始生之月日而命名命字，鄭重之體也。」（清顧天成《離騷解》）誠然，開篇起始的八句，感情是很肅穆的，含蘊是深邃的。他強調自己與楚王同宗共祖（「帝高陽之苗裔」），意在表明自己對楚國的興亡負有義不容辭的責任。同時也爲他的至死不能去國墊下了伏線。他自道奇異的生辰，美好的名字，也正是在表現他的尊貴不凡和具有崇高的理想。「名余曰正則兮，字余曰靈均」。正則，正道直行，嚴於律己；靈均，稟賦良善，公平均一。這是親人對他的期望，也是他一生所恪守的信條。總之，這起始的八句，就爲他一生的自尊自重自愛（「忽馳騖以追逐兮，非余心之所急」，「寧溘死以流亡兮，余不忍爲此態也」，「民生各有所樂兮，余獨好脩以爲常」）定下了基調。接着詩人表白了自己的品德、才能和理想，并以萬分急迫的心情表達了自己獻身君國的願望。

汩余若將不及兮，恐年歲之不吾與。

這是對自己的。他擔心時光飛馳，自己爲國家做不成事業。因此他不滿足於先天的「內美」，還「重之以脩能」，朝夕充實、提高自己，以便奉獻於祖國。

日月忽其不淹兮，春與秋其代序。惟草木之零落兮，恐美人之遲暮。

這是對楚王（「美人」）。他擔心楚王不能及時奮進，耽誤了楚國的前途。兩個「恐」字，充分表達了詩人對國事的危機感，特別是詩人爲祖國的前途而焦慮，爲祖國的命運而擔憂的急迫心情。他寄希望於楚王，他勸導楚王「撫壯而棄穢」，願爲楚王「導夫先路」，希望日益衰敗的楚國，重新振興，恢復到開國盛世的那種局面：

豈余身之憚殃兮，恐皇輿之敗績。忽奔走以先後兮，及前王之踵武。

但詩人的這一片赤忠之心，却并沒有得到應有的理解和支持。相反的却因觸犯了守舊貴族的利益，而招來了重重的打擊和迫害。詩篇展現了楚國社會的一片令人窒息、令人憤慨的圖景：楚王昏庸不察，信讒多變（「荃不察余之中情兮，反信讒而齌怒」，「初既與余成言兮，後悔遁而有他」）；「羣芳」（培植的人才）隨風轉舵，墮落變質（「雖萎絶其亦何傷兮，哀衆芳之蕪穢」）；朝廷羣小「貪婪」、「嫉妒」，蔽美稱惡，無所不爲。黑暗的現實構成了「歷史的必然要求」與詩人的愛國理想「不可能實現」的悲劇性的衝突。詩人於是感到苦悶、孤獨、憤懣，以至強烈的失望。但詩人是堅決不屈服的，在詩篇中他反覆申說了對自己的理想、信念和人格操守至死而不悔的決心：「亦余心之所善兮，雖九死其猶未悔。」「寧溘死以流亡兮，余不忍爲此態也。」「民生各有所樂兮，余獨好脩以爲常；雖體解吾猶未變兮，豈余心之可懲。」詩人是要誓死堅持自己的理想和信仰，誓死保持自己人格的清白的。

但長詩并未就此結束，黑暗的現實，巨大的苦悶，迫使詩人由現實進入幻境。「路曼曼其脩遠兮，吾將上下而求索」，從而全詩轉入了第二部分。

堅貞的靈魂需要戰勝誘惑。與常人一樣，在失敗的極端痛苦中，詩人的內心矛盾也是激烈的。在自己的理想不被理解，而且慘遭迫害的情況下，還應不應該堅持自己的原則和永無反悔的態度？在不被自己的祖國所容的情況下，應不應出走遠逝，到他國尋求知音，展示自己的才能抱負？詩人通過女嬃、巫咸、靈氛這些虛構的人物，以及他們的勸說，把自己的內心衝突和抉擇形象化了，從而向我們展示出了一顆經過煉獄的考驗，而更加潔白無疵的偉大的靈魂。

女嬃用「鮌婞直以亡身」的歷史悲劇來規勸他，勸他放棄執守，與世浮沉。這與詩人「依前聖以執中」的堅持眞理的態度是矛盾的，實際也是對詩人既往鬥爭生活的否定。這一內心衝突是激烈的。這個矛盾怎樣解決呢？他需要歷史的反思，需要公平的仲裁。於是他藉「就重華而陳詞」，重溫了夏、商、周歷代的興亡史，并以壯烈的心情回顧了前朝那些爲正義而鬥爭者的命運，這種再認識不僅增強了他原有的信仰和信念，同時更激發起他繼續奮鬥的勇氣和寧死不悔的壯烈胸懷：

瞻前而顧後兮，相觀民之計極。夫孰非義而可用兮，孰非善而可服？阽余身而危死兮，覽余初其猶未悔。不量鑿而正枘兮，固前脩以菹醢。

戰勝了世俗的誘惑，他的內心世界得到了暫時的平衡。於是他在新的認識的基礎上，滿懷激情地進行了新的「求索」。這樣，詩篇又展現了一個再生的靈魂爲實現理想而頑強追求的動人情境。詩中寫他不顧天高路遠，駕飛龍，歷崑崙，渡白水，登閬風，遊春宮，上叩天門，下求佚女，他在求索什麼呢？他要喚醒楚王，他要挽救國運，他要尋求再次能有獻身於祖國事業的機會。但楚國的現實太黑暗了，他遭到了冷遇，受到了戲弄，結果以困頓、失望而告終：

世溷濁而嫉賢兮，好蔽美而稱惡。閨中既已邃遠兮，哲王又不寤。

詩人完全陷入到絕望的悲哀之中：「懷朕情而不發兮，余焉能忍與此終古！」詩人本是把自己的命運完全與祖國貼在一起的，他赤忠爲國，但卻「方正而不容」，那麽他還有什麽出路呢？出路是有的，那就是去國遠逝，去求得自身安全和前途。這無論從當時「楚材晉用」的風習上看，還是從詩人主觀的才能和現實處境上看，似乎都是可以理解的了。於是出現了第二、第三個誘惑。

索藑茅以筳篿兮，命靈氛爲余占之

占卜的結果是告訴他在楚國已無出路可言，勸他離開是非顛倒的楚國，去尋求自己的前途。「思九州之博大兮，豈唯是其有女？曰：勉遠逝而無狐疑兮，孰求美而釋女？何所獨無芳草兮，爾何懷乎故宇？」但做出這樣抉擇對於詩人來説畢竟是太重大了，使他「欲從靈氛之吉占兮，心猶豫而狐疑」。於是又出現了巫咸的勸説，巫咸不但同樣勸他出走，而且還以歷史上賢才得遇明主的事例，啓發他趁年華未晚而急於成行：「及年歲之未晏兮，時亦猶其未央。恐鵜鴂之先鳴兮，使夫百草爲之不芳！」女嬃的忠告，靈氛的勸説，巫咸的敦促，既代表了當時的世俗人情之見，無疑也是詩人在極度彷徨苦悶中內心衝突的外現，也就是堅定或動搖兩種思想鬥爭的形象化。屈原要把自己思想感情考驗得更堅定，就得通過這種種誘惑。於是在詩中詩人假設自己姑且聽從靈氛的勸告，「吾將遠逝以自疏」，決心去國遠遊。可是正當他駕飛龍，乘瑤車，奏《九歌》，舞《韶》舞，在天空翺翔行進的時候，忽然看到了自己的故鄉楚國。也就是看來一切矛盾、衝突行將結束的時候，一切又都重新開始：是就此遠離開這黑暗的已無希望的祖國呢，抑是仍無希望地留下來？詩人深沉的愛國情志再次占了上風，「僕夫悲余馬懷兮，蜷局顧而不行」，詩人終於還是留了下來。他明知道楚國的現實是那麽黑暗，政治風浪是那麽險惡，實際上他也吃盡了苦頭，但他不能離開他災難深重的祖國，哪怕是在幻想中也不能離開。這樣，詩人又從幻想被逼入現實，悲劇性的衝突不可逆轉地引導出悲劇性的結局。他熱愛楚國，但楚王誤解他，不能用他，楚國的羣小又兇狠地迫害他；他想離開楚國，這又與他深厚的愛國感情不能相容。最後，衹能用死來殉他的理想了：

既莫足與爲美政兮，吾將從彭咸之所居。

體現着「歷史的必然要求」的光輝理想被扼殺了，這是詩人屈原個人的悲劇，也是時代的悲劇。屈原是在我國文學史上出現的第一個偉大愛國者的藝術典型，他用自己生命所譜寫的詩篇，如日月麗天，光照後世，成爲我們民族的偉大精神財富而萬世永存。

我們前面已經說過，偉大的藝術是一個美的無盡藏，長詩《離騷》更確乎如此。我們讀長詩《離騷》时感到那樣的驚心動魄，那樣的仰之彌高，它有着怎樣的美的內容呢？

首先，就是它具有由莊嚴而偉大的思想而帶來的無比光輝的崇高美。進步的政治理想，深厚的愛國主義激情，莊嚴的歷史使命感，以及悲壯的獻身精神，這就構成了詩人無比崇高的美的人格，光輝耀目的美的形象。正如車爾尼雪夫斯基所說：「要是一個人的全部人格，全部生活都奉獻給一種道德追求，要是他擁有這樣的力量，一切其他的人在這方面和這個人相比起來都顯得渺小的時候，那我們在這個人身上就看到崇高的善。」是的，我們在長詩《離騷》中正是可以看到這種完美而崇高的形象，他的高尚的追求，潔白的人格，堅貞的操守，使圍繞在他周圍的那些貪婪、偏私、庸俗，以至邪惡的人羣，顯得是那麽渺小而又卑瑣，而詩人的人格和形象却是峻潔而高大的：

> 矯菌桂以紉蕙兮，索胡繩之纚纚。謇吾法夫前脩兮，非世俗之所服。雖不周於今之人兮，願依彭咸之遺則。
>
> 鷙鳥之不羣兮，自前世而固然；何方圜之能周兮，夫孰異道而相安。
>
> 不吾知其亦已兮，苟余情其信芳！高余冠之岌岌兮，長余佩之陸離。芳與澤其雜糅兮，惟昭質其猶未虧。

詩人是孤獨的、甚至是寂寞的。但他是聖潔的、高貴的，也是傲岸的。長詩《離騷》正爲我們創造了這樣一個人格美的崇高典型形象。「余讀《離騷》……悲其志……推此志也，雖與日月爭光可也。」（司馬遷）「不有屈原，豈見《離騷》？驚才風逸，壯志煙高。」（劉勰）「逸響偉辭，卓絕一世。」（魯迅）對於屈原《離騷》一詩所具有的崇高美這一特色，古今人正有着不二之詞，同一感受。

其次，慷慨激昂的悲壯之美，是長詩《離騷》的另一鮮明美學特色。屈原的一生是悲劇的一生。他既有「存君興國」之志，又有治國理亂之能。他「博聞強志，明於治亂，嫻於辭令」，胸懷「美政」理想，企圖改善楚國的處境，振國興邦。但却爲黑暗勢力所圍困，從而引發出悲劇性的衝突。而最爲感人的是，屈原始終是自己悲劇命運的自覺承擔者。所謂自覺地承擔，是指他對堅持鬥爭下去的個人後果本有足够的估計，但他義無反顧，仍去自覺承擔：

余固知謇謇之爲患兮，忍而不能舍也。
寧溘死以流亡兮，余不忍爲此態也！
雖體解吾猶未變兮，豈余心之可懲！

明知堅持下去會慘遭不幸，但他爲了深刻的原則性，仍然選擇了鬥爭以及把鬥爭堅持到底的道路，從而忍受了極大痛苦，罹得了人生的極大悲劇。「悲劇是人底偉大的痛苦或偉大人物的滅亡。」（車爾尼雪夫斯基）詩人屈原高標着「美政」的理想，懷着「九死不悔」的壯烈獻身精神，經受着嚴酷的政治鬥爭和自我鬥爭的磨練。屈原的一生是極其不幸的，他蒙冤受屈，赴告無門，而最終以自沉結束了生命。但洋溢在長詩《離騷》中的整個感情却不是悲觀，甚至也不單純是悲哀。它表現的是正義壓倒邪惡，莊嚴壓倒恐怖，美壓倒醜；它所表現的是「伏清白以死直」，「九死而不悔」的剛毅不屈精神；是探索，是苦苦地追求。我們讀着《離騷》中那些發自肺腑的昂揚詩句，就會感受到一股不能自已的激越、崇高的感情和悲壯的英雄氣概，這也工是長詩《離騷》的又一鮮明的美學特徵。

與長詩《離騷》上述美學特徵相聯繫的，是它的高超的、獨創性的藝術表現手段。詩人艾青在其《詩論》中說：「一首詩必須具有一種造型美，一首詩是一個心靈的活的雕塑。」長詩《離騷》是通過怎樣的藝術手段來完成其抒情主體的造型美和雕塑出一顆美的心靈的呢？詩人把熾烈的感情與奇麗的超現實想象相結合，把對現實的批判與歷史的反思相結合，熔宇宙大自然、社會現實、人生經歷、神話傳說和歷史故事爲一爐，結構出一個無比恢宏壯麗的抒情體系，這是詩人屈原在中國詩史上的奇異貢獻，是對中國古代詩歌園地的偉大開拓。魯迅在《漢文學史綱要》中曾把它與古老的「詩三百篇」相比較，并對於它的特點與貢獻做了這樣的評論：「較之於《詩》，則其言甚長，甚思甚幻，其文甚麗，其旨甚明，憑心而言，不遵矩度……其影響於後來之文章，乃甚或在三百篇以上。」屈原的創作，特別是長詩《離騷》爲我國文學開闢了一個新的傳統，成爲我國古代積極浪漫主義文學創作的典範。

這是就長詩《離騷》總的創作方法和宏觀結構而言的。而就其諸多的具體表現手法來看，長詩《離騷》也有着多方面的新穎創造。如他發展了《詩經》以來的「比興之義」，以香花美草作爲抒情主人公的情志節操的象徵，令讀者如睹其崇高聖潔之姿，如聞其道德之芳香。長詩《離騷》是一首政治抒情詩，但詩人却不時的借用男女情愛的心理來表達自己的希望與失望，堅貞與被嫉，苦戀與追求。屈原的悲劇是政治悲劇，但他對君國的忠誠哀怨眷戀之情，用愛情來比喻，用愛情心理來刻畫，就更爲曲折盡致，深微動人。詩人抓住香花異草、佳木美林、男女情愛本身所具有的豐富美學內涵，來美化抒情主體的形象和性格，從而也使全詩的風格更爲絢美奇麗，光彩照人了。

（褚斌傑）

湘君

屈原

君不行兮夷猶，蹇誰留兮中洲！美要眇兮宜脩，沛吾乘兮桂舟。令沅湘兮無波，使江水兮安流。望夫君兮未來，吹參差兮誰思？駕飛龍兮北征，邅吾道兮洞庭。薜荔柏兮蕙綢，蓀橈兮蘭旌。望涔陽兮極浦，橫大江兮揚靈。揚靈兮未極，女嬋媛兮爲余太息。橫流涕兮潺湲，隱思君兮陫側。桂櫂兮蘭枻，斲冰兮積雪。采薜荔兮水中，搴芙蓉兮木末。心不同兮媒勞，恩不甚兮輕絶。石瀨兮淺淺，飛龍兮翩翩。交不忠兮怨長，期不信兮告余以不閒。鼂騁騖兮江皋，夕弭節兮北渚。鳥次兮屋上，水周兮堂下。捐余玦兮江中，遺余佩兮醴浦。采芳洲兮杜若，將以遺兮下女。時不可兮再得，聊逍遙兮容與！

屈原《九歌》裏的「二湘」，寫的是湘山湘水之神的愛情及其波折，纏綿悱惻，楚楚動人。

據《史記·秦始皇本紀》，秦始皇渡過淮水，到衡山，自南郡浮江，就到了湘山祠，遇到大風。秦博士告訴他，這湘山祠所祀的湘君就是堯女、舜妻（卽湘夫人）。這至少證明周秦時期湘山湘水神的祠廟頗多，迷信深入民間。但從整體看，湘君所住的山最早是指湖南南部的九嶷山，古人相信湘水發源於此；此山此水有源流因果的關係，才逐漸生出這般優美詭奇的神話來。這神話本來屬於湘山湘水的土著部落或氏族。我們知道氏族制度的前提是生產極不發達，因而廣大地區內人口極度稀少；因此，人類差不多完全受着陌生的、對立的、不可理解的外部大自然的支配，這也就反映在幼稚的宗教觀念中。最初的神，無論是自然神、圖騰神或祖先神，都衹能是氏族的神，部落的神。所以湘君、湘夫人最初衹是楚國偏南地區的地方神。正如費爾巴哈《宗教的本質》所說：「古代閉塞的民族，當然有同樣的充分理由，把他們國度中的一些山嶽、樹木、動物、河川、泉源當作神來崇拜，因爲他們的整個存在、整個本質確乎衹是寄託在他們的國度、他們的自然的特質上面。」任何神、神話或宗教現象都是離不開具體特定的現實基礎的。後來，事情漸漸複雜了起來，我國東方的夷人集羣及其神話、文化逐漸深入、影響到南楚，他們的大神「舜」便和土著的湘山神結合起來，成爲「湘君」。迄今爲止，大多數的楚辭專家也認爲《湘君》寫的是舜，湘夫人是他的配偶神。《禮記・檀弓篇》、《列女傳・有虞二妃傳》、《水經注・湘水》等書都說舜去南方巡視（或作戰），死於蒼梧地區，葬在九嶷山上。馬王堆漢墓出土《古地圖》「九嶷山」處標着「舜廟」二字，還畫了九塊石碑，表示「九嶷」（這本來是考古學上所謂「大石文化」的一種，叫做「列石」，西文爲Alignement，多是酋長的墳墓）。這些都是東夷集羣及其文化南下荆楚在神話傳說裏的形象反映和證明。原始人還有個怪想法：偉大人物或文化英雄死在哪裏，就成爲哪裏的地方神、保護神，不能隨便調動工作的；就是偶爾離開崗位，也得趕快回來，居住於斯，終老於此。這就來了問題。根據傳說和上述文獻記載，舜的妃子沒有隨軍，她們聽到舜死九嶷，趕快南下，到了江湘之間就悲痛而死，成爲湘水之神，就是「湘夫人」。上面說過，原始神或神話都是有地區或人羣組織的「界限」，不大好移動或超越的。湘君（舜）葬在九嶷，湘夫人却死於湘水（接近長江處），夫妻分居兩地，衹能像牛郎織女那樣一年一度春風，當然不免有相思的痛苦；而一旦這難得的會見出了差錯，一個「望夫君兮未來，吹參差兮誰思」，一個「荒忽兮遠望，觀流水兮潺湲」，那就更要鬧誤會——屈原《九歌》裏的「二湘」就是在這樣的民間傳說基礎上描寫了一場神靈夫妻間相思、苦戀、誤解、怨望的悲喜劇。

所以《湘君》一開頭，詩人就「設問」，問這位多情而又多疑的九嶷山大神（舜）：您爲什麼遲疑不走？您爲誰滯留水之中洲？您是在想念那美麗、頎長而又修飾得當的湘水女神嗎？您趕快乘上您那桂樹製成的龍舟，去尋找您的夫人吧。（「美要眇兮宜脩」，或說形容湘夫人，或說卽寫湘君，這裏幾句寫的是誰還很難做結論；但《湘君》寫舜爲主，《湘夫人》以舜妃爲核心，則可無疑。）「令沅湘兮無波，使江水兮安流。」詩人代神「言志」，也爲民祈禱，希望風平浪靜，災禍不生。這當然是南方水原文化和灌溉農業民族的觀念。而要做到這一點，就必須神靈和諧，不發生誤解和怨望，山水之神本多與風雨關連。《史記・秦始皇本紀》透露，作爲楚國地方神的「湘君」對這位以武力征服南方的秦王懷着仇恨，掀起風浪，弄得後者幾乎渡不成江；秦始皇大發脾氣，把湘山上的樹統統砍光；砍伐森林，破壞生態平衡，山嶽地帶就會鬧旱災，山水之神跟着倒霉。《山海經・中山經》還說天帝之二女（湘夫人的一個「分身」）「出入必以飄風暴雨」。可見「山水—風雨之神」發起脾氣來是挺可怕的。所以詩人要祀禱，「令沅湘兮無波，使江水兮安流」，希望二神順利重逢，無怨無怒，無災無禍。這也是跟《九歌》那祈願風調雨順、國泰民安、神人和諧、五穀豐登的深層意念相一致的。可是望斷秋水，不見伊人——

望夫君兮未來，吹參差兮誰思？

這「夫君」，或說湘夫人稱湘君；或說上古女性也可以稱「君」，「夫」是發語詞，這裏是湘君想念湘夫人，也能講通。「參差」則肯定跟舜神夫妻有關。這是一種古樂器，也叫編簫（湖北隨縣曾侯乙墓出有實物），幾根竹管長短不齊編在一起，就叫「參差」。洪氏補注引《風俗通》說：「舜作簫，其形參差，象鳳翼。參差，不齊之貌。」我們知道，舜所屬的東夷集羣以鳥爲圖騰，他的樂器、樂舞當然也要跟鳳凰聯繫起來。《尚書》裏講舜的神跡，也有「簫韶九成，鳳皇來儀」的傳說（大意是，大舜創作的編簫之樂《大韶》像《九歌》那樣演奏九次，鳳凰也跟着跳起舞來）。

由於某種誤差，舜神夫妻這次沒見到面。於是湘君駕起「飛龍」之舟沿湘水北上、穿過洞庭湖去尋找湘夫人。爲什麼說「飛龍」指龍舟呢？因爲下文說舜神用香草「薜荔」和蕙蓀、芳蘭等裝飾「飛龍」，并且用桂木做的船槳破冰前進。如果飛龍不是船，幹嘛要提到這許多船具呢？最近海外有些學者說《九歌》是跟划龍船、敲銅鼓有關的祭歌，證據不足。但《九歌》的湘君確實乘着龍舟，許多人沒注意。這是楚國當時盛行龍舟祭賽風俗的反映。湘君駕着這飛龍之舟在江湖之上疾進，「望涔陽兮極浦，橫大江兮揚靈」，顯現出那赫赫的靈光（湘君「舜」本來是東方的大太陽神，所以靈光顯赫；《楚辭》裏許多「靈」字都指靈光，像《離騷》舜神代表出現時就「皇剡剡其揚靈」，雲中君軒轅星神也「靈皇皇兮既降」）。然而，卽令是發揚靈光也還「未極」，沒有達到見到愛妻的目的，連侍奉他的「下女」也「嬋媛兮爲余太息」。這「下女」是誰，爭論頗多。漢代的王逸注說：「女謂女嬃。」專家們多認爲瞎說，其實却是「不幸而言中」。按照《離騷》，女嬃應該是專門祭祀九嶷山神大舜的小女巫，也就是善良而美麗的「太陽貞女」或「處女星神」。她在「二湘」的愛情糾葛裏處處爲他們排解、說情；這裏她就向湘君描摹湘夫人想念他以眼淚洗面的情景：「橫流涕兮潺湲，隱思君兮陫側。」有人說，這也是描寫湘君想念湘夫人，這却不大像男子漢大丈夫特有的那種「硬心腸」（卽令是表面的）。所以他一面「斲冰兮積雪」地催舟疾進，一面却發出憤懣、埋怨和懷疑：

采薜荔兮水中，搴芙蓉兮木末。心不同兮媒勞，恩不甚兮輕絕。石瀨兮淺淺，飛龍兮翩翩。交不忠兮怨長，期不信兮告余以不閒。

他辛辛苦苦地飛奔前進，「鼂（朝）騁騖兮江皐，夕弭節兮北渚」，却撲了一場空，衹見「鳥次兮屋上，水周於堂下」，夫人還是遲遲不來。這怎能叫他不猜疑呢！他先是覺得這樣苦苦尋愛是白費心機，就像採香藤於水底，摘荷花却去上樹那樣（這是中外民間文學裏常見的「倒反」體，跟《湘夫人》中的「鳥何萃兮蘋中，罾何爲兮木上」遙相對照）。他甚至認爲他們不能「同心同德」，恩愛也不深厚，縱有女嬃那樣的良媒也無濟於事；愛的交流缺乏了忠誠，衹能留下長久的怨恨；而約會不守信用，以沒有閒暇爲藉口，怎麼能不損害感情。這裏描寫湘君行動與心理的矛盾以及內心情感的衝突都相當細緻、準確而鮮明；這樣的「神」既不莊嚴，更不呆板，活脫脫地是個陷在相思和失戀的苦惱裏的情人！

事已至此，牢騷、埋怨、苦惱還有何用，趕快拿出男子漢的氣概來，與她訣絕了吧。他解下身上帶着的玉玦、玉佩，扔在醴水江心。「玦」是有缺口的玉環，如☾，據《左傳》、《荀子》、《史記》等書的說法，象徵訣絕（「玦」和「訣」同音，因而「連義」，據說古代天子賜給出外的大臣以玉玦，就是要他自殺；頒發玉環，則是召「還」）。佩是古代「貴人」身上帶的叮叮當當的玉器雜件，就好像現代人的表鏈、鑰匙串那樣。或說佩、悲音近，這裏的「遺佩」就是「遺悲」。或說佩是一串，有「繼」的意思，《離騷》就有「折瓊枝以繼佩；及榮華之未落兮，相下女之可詒」。「訣」而又「繼」，心底還是想挽回。所以緊接着說「采芳洲兮杜若，將以遺兮下女」。杜若，香草，《名醫別錄》說它「令人不忘」，是東方的「勿忘我」之草。宋人羅願《爾雅翼》指出：「《二湘》同用杜若，杜若之爲物，令人不忘，搴采而贈之，以明其不相忘也。」但湘君究竟是男性尊神，抹不開面子，他不把「杜若」留給遠離的夫人而送給自己的女侍或「專祭女巫」（女嬃），其眞意却明明是讓她去轉交，這麼一曲折，倒使人物有了性格和生命。他究竟是男人啊，衹能這樣自我欺騙，又自我安慰，自我解嘲。

時不可兮再得，聊逍遙兮容與！

這當然使人想起《古詩十九首》裏的「生年不滿百，常懷千歲憂……爲樂當及時，何能待來茲」，以及唐詩裏的「有花堪折直須折，莫待無花空折枝」，但這決不僅是「及時行樂」或煩悶的排遣，而是一種對生命和青春的執著，跟《離騷》裏「惟草木之零落兮，恐美人之遲暮」遙遙相應，借神之口表現出詩人對人生、愛情、時間和理想的珍惜。

莎士比亞《十四行詩集》第十五首說他爲了愛情要與時光「拚命相持」，時間把青春剝掉，「我要把你（青春）重新接枝」（屠岸譯文），也表現得健康、有力、生動。他的喜劇《皆大歡喜》裏有一首情歌《一對情人并着肩》，朱生豪先生譯爲：「勸君莫負豔陽天，噯唷噯唷噯唷唷，恩愛歡娛要趁少年，春天是最好的結婚天。聽嚶嚶歌唱枝頭鳥，姐郎們最愛春光好。」跟「時不可兮再得，聊逍遙兮容與」，「有花堪折直須折，莫待無花空折枝」等等，都是「心有靈犀一點通」，可以放在一塊兒玩味。

（蕭　兵）

湘夫人

屈原

帝子降兮北渚，目眇眇兮愁予。嫋嫋兮秋風，洞庭波兮木葉下。登白薠兮騁望，與佳期兮夕張。鳥何萃兮蘋中，罾何爲兮木上？沅有茝兮澧有蘭，思公子兮未敢言。荒忽兮遠望，觀流水兮潺湲。麋何食兮庭中，蛟何爲兮水裔？朝馳余馬兮江皋，夕濟兮西澨。聞佳人兮召予，將騰駕兮偕逝。築室兮水中，葺之兮荷蓋。蓀壁兮紫壇，播芳椒兮成堂。桂棟兮蘭橑，辛夷楣兮藥房。罔薜荔兮爲帷，擗蕙櫋兮既張。白玉兮爲鎮，疏石蘭兮爲芳。芷葺兮荷屋，繚之兮杜衡。合百草兮實庭，建芳馨兮廡門。九嶷繽兮并迎，靈之來兮如雲。捐余袂兮江中，遺余褋兮醴浦。搴汀洲兮杜若，將以遺兮遠者。時不可兮驟得，聊逍遙兮容與。

傳說裏舜妃是帝堯的女兒，《山海經》等也說她是「天帝之二女」，所以可稱「帝子」。她以湘水之神兼攝風雨，「出入必以飄風暴雨」，因此她一出現就是雨絲風片，波光瀲灩，木葉紛紛，水影粼粼。人物的行動、表情、思緒和周遭的景物、氛圍、調子打成一片，充滿着詩意和柔情。這是我國古典詩歌裏「情景交融，意境相生」最古老、最著名的一個例子。一開篇就極盡迷離恍惚、纏綿婉轉之致，使它比《湘君》具有更多的陰柔之美。

「登白薠兮騁望，與佳期兮夕張。」「佳」，就是下文的佳人（有一個本子便作「佳人」），指湘君；意思是跟我那個好人兒約會在傍晚，有如「月上柳梢頭，人約黃昏後」。白天要勞動，要工作，傍晚或子夜則可以休息和歡樂。何況暮色不但能够「避人耳目」，又可以遮掩初戀的羞澀與膽怯，還能够給狂熱蒙上一層神秘而柔媚的輕紗。「佳人」，這是《詩經》裏的「良人」，漢魏民歌的「歡」，近代的「相好」，古代可以用指男子。清代學者沈德潛指出，漢武帝以賢士爲「佳人」，光武帝稱陸良臣爲「佳人」，而蘇惠讚美她的丈夫說：「非我佳人，莫之能解。」「張」，舊註說是「張設」，下文就有「既張」（已經陳列、準備就緒），大概是楚語，「夕張」可以理解爲預備在晚上會見；但是，望穿兩眼，他還是遲遲未到。你看，她登上「白薠」（水草）騁望所歡，是多麼地風姿綽約而又焦急萬分（宋端平本朱熹《楚辭集注》等此句作「登白薠兮騁望」）。湘夫人是水仙，她當然能够像曹植筆下的洛神那樣「凌波微步，羅襪生塵」，在水面行走，站在草上眺望情人。唐人張文潛蓮花詩「水仙宮女鬥新妝，輕步凌波踏明鏡」，宋人黃山谷詠水仙花詩「凌波仙子生塵襪，水上盈盈步微月」，都寫的是這種情景。這也是中國古典文學裏描寫女子體態輕盈、身姿優美的常用手法。歌德曾對愛克曼說，中國傳奇裏寫到「一個姑娘腳步輕盈，站在一朵花上，花也沒有損傷」（《歌德對話錄》），這正是湘夫人「登白薠兮騁望」，洛神「步蘅薄而流芳」的動人意象啊。傣族長詩《娥并與桑洛》形容美女的飄逸，也說：「可愛的姑娘走在水上，水也不會動盪……」湘夫人登上白薠卻衹見朦朧的夜色，心中是何等地悵惘。「綢繆束薪，三星在天。今夕何夕，見此良人；子兮子兮，如此良人何！」（《詩經·唐風·綢繆》）民歌裏頗多類似意境。

然而她跟湘君一樣，到底沒有見到所歡。衹有飛鳥萃集在浮蘋間，魚網空掛在木椿上。這裏屈原摹仿了民歌常用的「倒反」手法。民間或稱之爲「倒唱歌」或「奇怪歌」。比如湖北歌謠：「倒唱歌，順唱歌，河裏石頭滚上坡。先養我，後生哥；爹討媽，我打鑼……」對此，錢鍾書先生《管錐篇》中有詳盡的研究，還舉出西方文學裏也有「驢騎人背，牲宰屠夫」之類的描寫，「海湼即有一首，舉以頭代足行地、牛烹庖人、馬乘騎士等爲喻」。更進一步講，古代民俗多以魚象徵女性，以鳥暗喻男性（詳見聞一多先生《說魚》）。《詩經》第一首「關關」「咶咶」地叫着的雎鳩就是魚鷹，隱喻着君子想「釣魚」，追求苗條的淑女。那麽「鳥」集蘋間，「網」掛木上，本都是爲的捉「魚」。可是男神偏不來尋找女神。

佳人不來，她多麽傷心。看到（或想到）沅水邊的香茝、醴水畔的芳蘭，她想起了人裏的靈草、神中的異芭，可是她到底是羞澀而又端莊的女神，滿懷的心腹話兒沒法講出來！她放眼四觀，除了流水潺潺之外，恍惚見到麋鹿不在荒野奔馳却在庭院啃草皮，蛟龍離開深淵在淺水裏掙扎（這兩句其實仍是「倒唱歌」的變體）。「荒忽兮遠望，觀流水兮潺湲。」白茫茫一片江水，何處是離人？猶如「孤帆遠影碧空盡，惟見長江天際流」，何等的空虛和惆悵！

「沅有茝兮醴有蘭，思公子兮未敢言。」這種情景相生、即景取喻的「興」體，民歌裏常用，摹擬、學習的人也很多。《漢武故事》裏《秋風辭》「蘭有秀兮菊有芳，懷佳人兮不能忘」，分明就從此脫出。漢人劉向《說苑・善詩篇》記載着一首楚康王時代的《越人歌》，裏面最有名的兩句是「山有木兮木有枝，心悅君兮君不知」，與《湘夫人》那兩句如出一轍。現在中外學者設法破譯出它的原文，證明它大體上是壯族、侗族、水族等的先民「百越」民族的頌歌，跟《楚辭》不屬一個語言系統；三種譯文裏恰恰沒有「山有木兮木有枝」這句「興」辭，說明它是楚國的越語譯員有意摹擬當時的「楚辭體」加上去的。後來《續齊諧記》裏的《青溪小姑歌》：「日暮風吹，葉落依枝；丹心寸意，愁君未知。」像是從這裏脫胎。它們却都幫助我們比較、分析、體味《湘夫人》這兩句「情語」兼「景語」的內在含義和美。

思公子而又不敢言，她衹好馳馬（可能是「龍馬」）於江曲水畔，仍希望與夫君見上一面。她在幻覺中「聞佳人兮召予」，好像不久就能跟他「騰駕兮偕逝」似的，於是她興奮起來，忙碌起來，急急忙忙地「築室兮水中」，布置一個水底洞房，想象着與愛人重逢的歡樂——如果當初的楚地《九歌》祭賽儀式確實是載歌載舞的話，那麼扮演湘夫人的演員（巫）很可能是用「秧歌」一般的身段、動作來表現這一段「蓋花房」的歡快勞作的。她用荷葉苫屋頂，拿蓀草飾房壁，以紫貝鑲庭壇，碾碎花椒塗粉牆；這個「水底花房」華麗而尊貴，簡直是南國的「水晶宮」，跟這對夫妻的水神身分很相稱。香木爲梁，芳草作飾；白玉鎭席，石蘭播馨。奇花異草布滿貝殼鑲嵌的庭院，還有一座芬芳四散的「愛情凱旋門」！

描寫華麗，想象豐富，但這座水底宮殿的現實基礎說穿了却是南方少男少女談情說愛的「花房」。草木茂盛、氣候炎熱的南方，一個「草寮子」便是避人耳目的幽會場所，在各種形式的「狂歡會」裏更有比較正式的「花房」。

據雲南省德宏傣族地區的社會調查報告，他們的未婚男女在「潑水節」狂歡之前要「同至山中採摘鮮花，作花房」。明人鄺露《赤雅》說，在所謂「浪花歌」節慶裏，婦女三五成羣「採芳拾翠於山溆水湄」，以贈情郎。這跟「疏石蘭兮爲芳」本質上是一個目的。有趣的是，外國的情歌裏好像也有類似「花房」的描述。比如《舊約・雅歌》愛人們唱：「我們以青草爲牀榻，以香柏樹爲房裏的棟梁，以松樹爲椽子。」跟「桂棟兮蘭橑，辛夷楣兮藥房」實在很相似。

然而這一對可憐的情人終於沒有見上一面！不然，就用不着把玉玦扔進水中表示「訣絕」，或者用「勿忘我」的杜若來誘致情人了。「聞佳人兮召予」是耳裏的「幻聲」，是所謂「心理音響」；「將騰駕兮偕逝」更祇是美妙的心願。而「九嶷繽兮并迎，靈之來兮如雲」，更是望眼欲穿的湘夫人眼前出現的幻影：她所熱愛的舜靈肯定是像飛逝的彩雲一般被九嶷山異彩繽紛的羣神迎接去了，他再也不會回到她的身邊了！她祇好採取跟她的佳人「對等」的行動：把她的衣袖扔在江心，將她的薄衣（褋）留在醴浦——可這又別有一番心機：湘君投「玦」是故作訣絕，夫人脫衣却是爲了感動、喚回自己的情郎。初民或古人認爲跟肉體密切相連的衣物可以代表它的所有者（一種變異性的「以部分代整體」，民俗學上或稱「借代律」）；獲得或接觸這「部分」，例如「衣物」，便能够得到或占有對方（民俗學或稱「感觸律」）。所以古人在戀愛或調情的時候往往要交換內衣。《左傳》宣公五年記載，陳靈公及其臣屬跟夏姬私通，穿起她的衣服「以戲於朝」，可見其來源古老。《論衡・吉驗篇》說，姜嫄曾經穿起帝嚳的衣裳，在他那裏「坐息」，就懷了孕。唐人朱揆《釵小志》記載，蘇紫蘛愛上謝耽，却沒法親近，叫侍兒弄來他常穿的「小衫」，白天穿在裏頭，晚上抱着它睡覺，謝耽也設法穿着她的內衣，後來就如願成了親。直到《紅樓夢》，晴雯臨死還跟賈寶玉交換內衣穿，表示他們如同有了實際的夫妻關係。所以湘夫人把袂和褋扔在水裏，就跟現代女孩子送給男朋友手絹一樣，是向湘君暗通愛的信息。以下採杜若於芳洲，將它送給「遠者」，當然是更進一步要求他「勿忘我」。而最後的兩句無非是跟前篇呼應，以抒發湘夫人無可奈何的哀怨與悵惘，從而使二《湘》聯結爲一個整體。

至於每年相會的湘神夫妻這次爲什麽會「失約」，說來話長。那是因爲湘夫人的原型是舜妻「女匽」（匽就是燕），也就是燕子女神。燕子是候鳥，每年都要飛臨洞庭湖和沅湘地區。這一年寒流南下較早，她提前飛來，湘君却如期或延遲來到，所以出了差錯。這則愛情故事實際上是初民對物候變化的一種審美的神話解釋。（詳細論證請參見拙著《楚辭新探》裏的《九嶷山神與湘江燕子女神——二湘新解》）

（蕭　兵）

少司命

屈原

秋蘭兮麋蕪，羅生兮堂下。綠葉兮素華，芳菲菲兮襲予。夫人兮自有美子，蓀何以兮愁苦。秋蘭兮青青，綠葉兮紫莖。滿堂兮美人，忽獨與余兮目成。入不言兮出不辭，乘回風兮載雲旗。悲莫悲兮生別離，樂莫樂兮新相知。荷衣兮蕙帶，儵而來兮忽而逝。夕宿兮帝郊，君誰須兮雲之際？與女遊兮九河，衝風至兮水揚波。與女沐兮咸池，晞女髮兮陽之阿。望美人兮未來，臨風怳兮浩歌。孔蓋兮翠旍，登九天兮撫彗星。竦長劍兮擁幼艾，蓀獨宜兮爲民正。

少司命

《楚辭》中的《九歌》原是一組祭祀鬼神用的樂歌。祭祀形式由男女巫師主持其事，其中有一個是主巫，他或她代表着受祭的男神或女神，并以神鬼的身分在儀式中獨唱獨舞。其餘的巫者則以集體的歌舞相配合，起着迎神、送神、頌神、娛神的作用。《九歌》中有的篇章含有談情說愛的內容，那都是表現神與神、鬼與鬼之間的戀愛。過去有人認爲《九歌》中也有表現神與人或神與巫相愛的，并且以這篇《少司命》爲其突出例證。其實這是一種誤解。那麼《少司命》究竟表現了什麼內容呢？在下面解釋中，將回答這個問題。

〔第一章〕秋蘭兮麋蕪，羅生兮堂下。綠葉兮素華，芳菲菲兮襲予。夫人自有兮美子，蓀何以兮愁苦？

這一章是羣巫合唱的迎神曲。由於少司命是專管人間生兒育女和兒童命運的女神，很自然地與女性發生密切的關係，所以參加祭祀儀式的也都是女巫。下面第二章說「滿堂兮美人」，以及第四章所寫的種種情況，也可以證明這一點。

本章以「秋蘭」四句描述了祭祀現場的背景，顯得極爲清雅素淨。《少司命》全詩猶如一組淡彩工筆連續畫，讀來令人油然而生恬靜悠遠、芳香盈溢之感，這與富有特色的背景刻畫是分不開的。

末二句「夫人自有兮美子，蓀何以兮愁苦」，「夫」是發語詞，「夫人」等於說人們。「蓀」是少司命的代稱。這二句是羣巫以女性代表的身分告訴少司命說，人們在她護祐之下養育兒童情況良好，她也就不必成天爲此操心擔憂了。兩句詩委婉有致地說明了神對人的關懷和人對神的體貼，一下子消除了人與神之間的距離。作者這樣來表現神和人的關係，實際是表現了對人類命運的美好願望。從寫作技巧上說，這二句是爲少司命降臨受祭作了必要的導引。

（第二章） 秋蘭兮青青，綠葉兮紫莖。滿堂兮美人，忽獨與余兮目成。入不言兮出不辭，乘回風兮載雲旗。悲莫悲兮生別離，樂莫樂兮新相知。

這一章是扮成少司命的主巫的獨唱詞。開頭二句是少司命目中所見的現場背景。前人因爲不明白這一章與前一章分別爲羣巫之詞與少司命之詞，所以就不能解釋爲什麽前章已經說了「秋蘭」、「綠葉」之類，此章又要來上一遍。現在我們既已知道兩章分屬不同身分的歌者，就可以體會這一重複頗有意思，它不僅起到前後呼應的作用，而且少司命一唱這兩句就意味她已經來到現場。如果把這二句改爲實敍，說道「我少司命從天而降，來到這設祭的廳堂」，那就笨得沒法讀了。

三四句「滿堂兮美人，忽獨與余兮目成」，是理解全詩的關鍵。多少人因爲誤讀了這二句而一錯到底。他們以爲說這話的人是滿堂美人中的一個，意思是少司命獨獨垂青於我，對我眉目傳情。又因爲滿堂美人既是女性，於是就把少司命說成男神。後來又有人因爲確知少司命爲女神，衹得把滿堂美人說成是「美男子」。總之講來講去都牽強得很。其實呢，少司命是女神，滿堂美人也是女性。說這兩句話的不是滿堂美人而是少司命。她說自己一到祭祀之處，滿堂的美人就都對她眉目傳情。這個情，不是男女之間的愛情，而是女神與女性之間的友情。少司命既在天上專管兒童福利，當然應該同辛辛苦苦養育兒童的人間婦女交朋友。這朋友并非滿堂美人中的一個，而是滿堂美人的全體。

但是少司命剛剛交上了一批朋友，她却又要乘車返航了。進來既沒說一說話，臨走也未告一告別，所以不勝感慨地說：「悲莫悲兮生別離，樂莫樂兮新相知。」這二句之所以成爲千古絕唱，一方面是因爲兩句詩分別概括了全然不同的生活經驗，既準確明快，又經得起玩味。另一方面又因爲二句合用在這裏又極其貼切，相比相映，正好表達了少司命此時此地的情感特徵。由於兩句詩的工穩對仗與所表現的情事嚴絲合縫，因此顯得猶如天造地設，一點沒有斧鑿的痕跡。我一直猜想，這兩句詩可能對啓發後人認識語言對偶之美起過巨大作用；却又懷疑後世有些文人未必全部了解這兩句詩所提供的藝術經驗，否則他們爲什麼要片面追求駢儷堆砌，而不在對景切事、表達眞情實感上下工夫呢？

〔第三章〕 荷衣兮蕙帶，儵而來兮忽而逝。夕宿兮帝郊，君誰須兮雲之際？

這一章是羣巫合唱的問詞。「荷衣蕙帶」是羣巫所見的少司命的裝束。「儵而來兮忽而逝」，與上章「入不言」二句相呼應，都說明少司命來去匆匆，不過前章是少司命自述，這章是羣巫對她的描述；前人不知這一區別，因此又無法解釋爲什麼要有這種詞義的重複。其實衹要弄清楚這些歌詞分別出於什麼人之口，就可以看出本篇各章的聯繫是十分清晰的。

但是此時主巫實際上尚未退場，她衹是站在某個高處，離羣巫遠遠的，所以羣巫問她：您在天郊雲際等候什麼人呢？這一想象也很巧妙，引出了下章少司命一段情意深長的答詞。

〔第四章〕 與女游兮九河，衝風至兮水揚波。與女沐兮咸池，晞女髮兮陽之阿。望美人兮未來，臨風怳兮浩歌。

這一章是扮成少司命的主巫的答詞。但開頭二句經宋代洪興祖《楚辭補注》指出是《九歌·河伯》篇中的詞句竄入本篇的，這個說法爲後來《楚辭》研究者所公認。因此這二句可置勿論。三四句緊接上章，對羣巫的疑問作了回答，意思是我在天郊等的就是你們（「女」，通「汝」），要和你們一起在天池裏洗頭髮，然後一起在向陽的山灣玩兒一陣，把頭髮晾乾。我們現在已經知道這是少司命女神和她的一羣女朋友之間的活動，便覺得這想象很有意思，既親昵，又大方，還富有生活氣息。再想到前人的解釋，在這裏放上一位「美男子」，便不能不大感別扭了。

但是人間的朋友們怎會跑到天上來呢？因此少司命感到惆悵，不禁當風高歌以抒發她的感情。這些描寫進一步表現了她的淳樸和豪放，她既無媚態，也無俗態，衹是天性磬露，情眞意切，別具一派爽朗自然的風韻。她邀請人間朋友上天來玩固然不能實現，但上天不成情意在，人間的朋友把她想象成有此一番用心，就因爲深信這位偉大的女神是與她們同在的。

〔第五章〕 孔蓋兮翠旍，登九天兮撫彗星。竦長劍兮擁幼艾，蓀獨宜兮爲民正。

這一章是羣巫合唱的送神曲。詩中想象少司命這時已經遠去，帶着全副儀仗登上九天，降服危害人類的「掃帚星」（一說是她拿着「掃帚」爲人類掃除邪惡與災禍）。

「竦長劍兮擁幼艾」一句最值得注意，它猶如戲曲舞臺上英雄人物經過勝利的戰鬥來了一個最後的「亮相」。那一手挺着長劍、一手抱着幼兒的造型，實在是我國文藝創作歷史畫廊中最有光輝的形象之一。照我看來，這比之矗立在紐約港口高達九十三公尺的自由女神像還更含有積極的鬥爭經驗，也更爲深刻地體現了人民羣衆的美學理想。偉大的少司命，她是這樣熱愛新生而幼弱的嬰孩，保衛他們也就是保衛了人類的未來和人類的希望；而在這個充滿了正與邪、善與惡的鬥爭的世界上，還必須挺着長劍才能完成這個偉大的使命。少司命是這樣的懂得愛又懂得恨，這樣的溫厚善良而又勇敢剛強，怎能不贏得人民羣衆的讚頌。人民羣衆謙虛地聲稱英雄之神少司命最適於爲人民作主，而實際上人民羣衆正是按照自己的本質、自己的理想來創造這一光輝形象的。

世界上一切妄想侵略我們、奴役我們的人，無妨通過少司命的形象來了解我們中華民族，并請不要懷疑，少司命手中的長劍是能够戰勝橫行在太空之中的各式各樣的「掃帚星」的。——當然這祇是由本詩引發的聯想。

（金開誠）

東君

屈原

暾將出兮東方，照吾檻兮扶桑。撫余馬兮安驅，夜皎皎兮既明。駕龍輈兮乘雷，載雲旗兮委蛇。長太息兮將上，心低佪兮顧懷。羌聲色兮娛人，觀者憺兮忘歸。緪瑟兮交鼓，簫鍾兮瑤簴，鳴篪兮吹竽，思靈保兮賢姱。翾飛兮翠曾，展詩兮會舞，應律兮合節，靈之來兮蔽日。青雲衣兮白霓裳，舉長矢兮射天狼。操余弧兮反淪降，援北斗兮酌桂漿。撰余轡兮高馳翔，杳冥冥兮以東行。

東君

《東君》爲《楚辭·九歌》中的一章，是祭祀太陽神的歌辭。神話傳說：太陽神駕着六條龍拉着的車子，每天早晨從東天邊的湯谷出發，經行一周天，又向西方的咸池落去。太陽神的馭者叫羲和。《山海經》上又說羲和是帝俊之妻，生下十個小太陽。《東君》這篇歌辭，就是以神話傳說作爲素材。

據東漢人王逸《楚辭章句》說，《九歌》原爲南楚祭祀鬼神的樂歌，「其詞鄙陋」，後經屈原改作，就是我們現在看到的《九歌》的十一篇歌辭。

本篇是歌舞劇的形式。由男巫扮演太陽神。

開頭四句，大約即是太陽神的唱詞，寫太陽初升的情景氣勢磅礴。因爲太陽被當作一位神靈，詩中採用擬人化的手法。說太陽神從居處走出來，光華暾暾然，立刻照上戶外的扶桑樹。在黎明時分，他輕輕鞭策了一下駕車的驅馬，便開始了一天的行程。「檻」與「扶桑」是複指，就是太陽神住處前面的欄干。根據神話傳說：太陽始出湯谷，躍上扶桑神木。

接下的四句描繪太陽神出行的儀節和離家遠行時的心緒。他駕着龍車，車輪滾滾，發出隆隆的雷聲。天上飄動的彩雲，就是他車上招展的旗幡。看看漸漸離開家鄉遠了，太陽神不覺長長歎息了一聲，躊躇着不忍離去。這裏，太陽不僅是光明、聖潔的化身，又是一位顧戀多情的尊神。「長太息」、「心低佪」，其中寄託了屈原的感情，此即朱熹所謂「忠君愛國眷戀不忘之意」（《楚辭集註》）。

九、十兩句寫太陽神眼睛裏所見人間祭祀娛神的典禮。其場面之盛大，聲色之美妙，使觀光的人流連忘返。這是實寫。這兩句是說，太陽神親眼看到人們對他的禮拜和謹敬，看到祭典的隆盛，爲之感動，爲之陶醉。

下面八句正面描寫祭神歌舞的繁盛。這一段，在劇中應是合唱。

瑟開始張弦演奏，大鼓小鼓一齊擂得蓬蓬、咚咚地響，鐘、磬有節奏地交鳴。由於頻頻敲擊，以至懸

東君

掛鐘磬的木架子都有些搖搖晃晃。與此同時，篪和竿也吹奏個不停。女巫們姣美婀娜，令人動情；她們輕盈地起舞，猶如翠鳥展翅旋翔。於是誦唱詩章，全體合舞。每一個聲響都應和着音樂的旋律，每一個動作都遵循一定的節拍。全場上下，構成和諧的整體。這令人神搖目奪的歌舞表演，吸引諸天神祇都來歆享；他們挨挨擠擠，把祭壇前的天空都遮蔽了。

這一段鋪張祭祀的場面，誇耀祭典的盛大，全是對太陽神說的，目的在於媚神邀福。說天上無數的神靈都爲之下降，其意正在於誘惑太陽神的莅臨。所有古代祭典都是竭力誇飾歌、樂、舞，就是爲討神靈的歡心，以達到所祈求的目標。

那麼，《九歌》中祭祀太陽神，何所祈求呢？這是最後六句的內容。祭者希望借重太陽神鎮懾、驅逐一切邪惡的偉力，擊敗他們的強敵。這最後幾句應該就是用於此種目的的祝禱詞，其形式可能是由扮演太陽神的男巫領唱，衆巫齊唱，全體複唱。歌詞說：我太陽神以青雲爲上衣，以白霓爲下裳，張弓屬矢，反身射向那兇惡的「天狼」；「天狼」的肢體被利鏃射中，紛紛下落，衹留下天宇一片浩茫。太陽神將神矢發出之後，順勢舉起北斗斟滿桂酒一飲而盡，慶賀自己的成功。爲什麽說「反」身射呢？因爲太陽神的車子是從東方馳向西方，而天狼星在東南，弧矢星在天狼星的東南，所以太陽神須反轉身來，才能操弧與天狼星相對。這幾句是對太陽舒光、羣星隱沒的一刹那的奇妙想象和恰當比喻。其形象無比壯美。

這幾句比喻具有深刻的含義。天狼星的分野正當秦地。所以戴震說，「此章有報秦之心，故於秦分野之星言之」（《屈原賦注》）。這確是屈原改作《九歌》的微意所在。就中也透露出屈原改作《九歌》的歷史背景：當時秦國已構成楚國的心腹大患，故屈原藉祭神之詞厭之。無疑，這四句是全篇的核心。

結尾兩句，說太陽神剿滅惡星之後，又縱轡高馳，繼續他的航程。在他的前面，是廣博邃深的天穹。在他的燭照下，黑暗飛遁，光遍環宇。這個結尾，似并不十分着力，却令人昂揚奮發。其氣象是宏大的。

最後這一段，以三個星宿的名稱寓托深義，而與全詩的主體形象太陽神密切相關，設譬巧妙，奇警，不著痕跡，因而絲毫無損詩中固有的神話色彩，相反，更增強了藝術魅力。全篇雄奇瑰麗。基本構思從神話中來，而又無一不暗合自然現象。

（齊天舉）

國殤

屈原

操吳戈兮被犀甲，車錯轂兮短兵接。旌蔽日兮敵若雲，矢交墜兮士爭先。凌余陣兮躐余行，左驂殪兮右刃傷。霾兩輪兮縶四馬，援玉枹兮擊鳴鼓。天時懟兮威靈怒，嚴殺盡兮棄原野。出不入兮往不反，平原忽兮路超遠。帶長劍兮挾秦弓，首身離兮心不懲。誠既勇兮又以武，終剛強兮不可凌。身既死兮神以靈，子魂魄兮爲鬼雄。

《國殤》是屈原《九歌》中的第十篇。《九歌》，是屈原在民間祭歌的基礎上加工創造而成的一整套祭歌。所祭對象均爲楚人最尊貴的神祇。國殤，指死於國事之人。本篇名爲「國殤」，從《九歌》十篇統一的內容與風格來看，它所祭祀的，當是一位爲國家戰死沙場、歿而爲神的戰神。由於是一首戰神的祭歌，所以歌詞內容取材於戰爭。全詩概括地描述了一場悲壯戰爭的過程，從中對戰神進行了歌頌與禮讚。

全詩共十八句，分三段。第一段四句，概括地描述一次激戰開始時的場面。首句「操吳戈兮被犀甲」，開門見山，直書戰神的威武形象。「操」字是挺起的意思，展示了戰神昂揚奮發、挺戈進擊的姿態，并給全詩奠定了激昂悲壯的基調。第二句「車錯轂兮短兵接」，轂，是車輪中心貫穿車軸的部位。車錯轂，即車轂交錯。古時戰車，車轂突出，交戰時容易發生車轂交錯的現象。這句好像一個近鏡頭，展現出車轂交錯、短兵相接的熱戰場面。三、四句「旌蔽日兮敵若雲，矢交墜兮士爭先」，詩人調整焦距，推成遠鏡頭，顯現出戰場的全貌：旌旗蔽日，敵衆若雲，矢墜如雨，戰神率衆爭先恐後地衝鋒陷陣，冒死迎敵。這一段寫出了戰士們的勇武激越，然而却露出了失敗的端倪，因爲戰爭是在羣寡懸殊的形勢下進行的，暗示出戰神的命運將是悲壯的犧牲。

第二段，「凌余陣兮躐余行」以下六句，是對戰神臨陣時堅毅沉着、英勇頑強的精神與品格的讚頌。「凌余陣」和「躐余行」，都是說敵軍衝破了己方的戰陣，竄進了己方的行列。「左驂殪兮右刃傷」，驂，古代戰車的轅馬叫服，邊馬叫驂。殪，即死。這句是說，戰神的左邊馬被殺死，右邊馬也被刀刃所傷，表明戰神處境十分危險。下面兩句「霾兩輪兮縶四馬，援玉枹兮擊鳴鼓」。霾，埋的假借字。霾兩輪，是指車輪陷入絕境。縶，用繩絆住馬足。縶四馬，是指拉車的四匹馬被繩索絆住。玉枹，是鑲有玉飾的鼓槌。鳴鼓，指聲音響亮的鼓。上句極寫戰神陷入絕境，下句寫他在絕境中臨危不懼，指揮若定。最後兩句「天時懟兮威靈怒，嚴殺盡兮棄原野。」寫出了這場戰爭的激烈殘酷。懟，是恨的意思，天時懟，猶言天地怨恨。威靈怒，即鬼神震怒。嚴殺盡，是說戰神的士卒悲壯地被殺盡。這兩句的大意是，戰爭直殺得驚天動地，天怨神怒，戰神的士卒悲壯地被殺盡，尸骨遺棄在原野上。這一段描繪了戰爭的白熱化程度及其悲壯的結局，并通過戰神及其將士們英勇犧牲後尸抛原野的描述，微露悲涼之意，曲折地表達出對戰神的崇高敬意。

第三段共八句，對戰神勇武剛毅的英雄性格進行熱烈地歌頌與禮讚。「出不入兮往不反」，寫戰神出戰時就抱定了一去不返的決心。「平原忽兮路超遠」，寫出戰時迅疾奔馳在原野上，一下子跑出了極遠的路程。這兩句突出了戰神勇往直前、義無反顧的英雄氣概。下面兩句「帶長劍兮挾秦弓，首身離兮心不懲」，秦弓，指強弓，係秦地所產。據《漢書・地理志》：「秦有南山檀柘，可爲弓干。」懲，悔恨的意思。這兩句是說，戰神雖然戰死，可身上仍舊佩帶着長劍，挾持着強弓；悲壯地死去，心中毫無悔恨之意。詩歌再現了戰神的英武身姿，歌頌了他死而不屈的高貴品格。結尾四句：「誠既勇兮又以武，終剛強兮不可凌。身既死兮神以靈，子魂魄兮爲鬼雄。」勇，指勇敢精神。武，卽英武。神，指死者的精靈。子，是對戰神的尊稱。鬼雄，意思是說，雖死而不失英雄本色。這四句的大意是說，戰神是眞正勇敢而威武不屈的，他始終剛毅堅強而不可凌辱，身體已經戰死，可精靈長存，剛毅的魂魄化而爲神，於鬼神中仍不失英雄本色。這四句突出讚美了戰神的三種美德：勇武的氣概、剛強的性格、不可凌辱的氣節。同時對他歿而成神之後，爲神以靈、爲鬼以雄的英雄本色，極盡歌詠讚歎之意。

《九歌》中的前九篇所祭祀的，都是楚人心目中最受尊敬的自然神，獨此篇所祭戰神，是以人事爲背景的，這體現了當時楚人接受中原文化的影響、重視人事的思想傾向。楚國從周成王時封國以來，一直是南方最強大的諸侯國，它用大小無數次的戰爭融合了長江流域許多少數民族，到了戰國時代，已經發展爲「地方五千，帶甲百萬」，版圖相當於其他六國總合的最強大的諸侯國之一。所以出色的軍事家、戰爭中的英雄，在楚人的心目中，便與天神地祇居於同等重要的地位。通過對戰神的祭悼，一方面寄託對死於國事者的哀思，一方面激勵生人，鼓舞鬥志，以實現其稱霸於諸侯的願望，這是符合當時楚人的心理的。

《國殤》在寫作技巧上也有不少可取之處。首先，詩人選擇了三個典型場景，即初戰、高潮和結局，簡潔而洗煉地再現了戰爭的壯烈場面，集中概括了戰神的英雄氣概，突出了讚頌戰神的主題。其次是運用描寫與烘托相結合的手法，做到了翦裁得當，繁簡相宜。詩中對戰車的陷落、戰馬的死傷、以及在危急處境中援枹擊鼓的描繪，是對戰神的正面刻畫。而戰場上旌旗蔽日、敵衆若雲、戰車交錯、箭矢如雨的描寫，則是對戰神臨危不懼、剛毅勇敢性格的烘托。戰爭是殘酷的，但詩人對戰爭的殘酷程度沒有進行過多的正面敍述，衹用了「天時懟兮威靈怒」這種驚天地泣鬼神的誇張來加以烘托和渲染。而「嚴殺盡」、「棄原野」的描寫也寄寓了詩人的沉痛與不平，委婉地表達了對戰神的崇敬之意。再次，詩人運用戰神生前死後的外形描寫和義無反顧、志不可奪的內心刻畫相結合的手法，塑造出的戰神的高大形象，眞實飽滿，鮮明生動，十分感人。此外，在修辭上，運用重複、駢偶等手法，極盡其「一唱三嘆」之意，使詩的韻味深長、感情濃鬱，增強了詩的感人力量。

（崔承運）

涉江

屈原

余幼好此奇服兮，年既老兮而不衰。帶長鋏之陸離兮，冠切雲之崔嵬。被明月兮珮寶璐，世溷濁而莫余知兮，吾方高馳而不顧。駕青虬兮驂白螭，吾與重華遊兮瑤之圃。登崑崙兮食玉英，與天地兮比壽、與日月兮齊光。哀南夷之莫吾知兮，旦余濟乎江湘。乘鄂渚而反顧兮，欸秋冬之緒風。步余馬兮山皋，邸余車兮方林。乘舲船余上沅兮，齊吳榜以擊汰。船容與而不進兮，淹回水而凝滯。朝發枉陼兮，夕宿辰陽。苟余心之端直兮，雖僻遠其何傷？入漵浦余儃佪兮，迷不知吾所如。深林杳以冥冥兮，乃猿狖之所居。山峻高以蔽日兮，下幽晦以多雨。霰雪紛其無垠兮，雲霏霏而承宇。哀吾生之無樂兮，幽獨處乎山中。吾不能變心而從俗兮，固將愁苦而終窮。接輿髡首兮，桑扈臝行。忠不必用兮，賢不必以。伍子逢殃兮，比干菹醢。與前世而皆然兮，吾又何怨乎今之人？余將董道而不豫兮，固將重昏而終身。亂曰：鸞鳥鳳凰，日以遠兮。燕雀烏鵲，巢堂壇兮。露申辛夷，死林薄兮。腥臊并御，芳不得薄兮。陰陽易位，時不當兮。懷信侘傺，忽乎吾將行兮。

《涉江》，是《九章》中的結構，是偉大的愛國詩人屈原晚年流放江南時所作。當時，楚國統治集團倒行逆施，政治日益腐敗；對外實行絕齊親秦政策，屈膝事敵，國家民族瀕於覆亡。詩人蒿目時艱，恫瘝在抱，多次直言諷諫，希望國君能改弦易轍，復興楚國。可是，楚王拒諫飾非，不知悔悟，并且妄信子蘭等佞臣的讒言，一怒而將屈原放逐江南荒遠之地。屈原的政治生涯由此告終，在大江以南孤獨地飄泊多年。在此期間，他深味着民族的災難和自身的不幸，創作了許多悲壯的詩篇，《涉江》就是其中之一。

本篇敍寫了詩人渡江南行的過程，他行經湘水、洞庭湖，沿沅水上溯，轉入辰陽、溆浦，踽踽獨行於深山幽谷之中。他慨嘆自己被謗見放，憂念國事日非，於是抗音吐懷，發爲浩歌，表達他高潔堅貞的意志和頑強鬥爭的精神；并揭露陰陽易位、善惡顛倒的黑暗現實。這篇紀行詩，不僅眞實生動地記述了詩人遠放江南的艱辛旅程，而且也是國士末路和民族末路的縮影。而這一切都是昏君佞臣造成的，他這忠心耿耿的放臣逐客，怎能不作窮途之哭呢？

作品開篇，興寄深微，獨造境地，詩人誇張描寫自己如何「好此奇服」，腰間掛着長長的寶劍；頭上戴着崔嵬高聳的切雲冠；身披珮飾，鑲嵌着明月珠和寶璐。這是藉着服飾的華美珍奇，表現他遺世獨立、直情徑行、不隨流俗的高尚情操。既然不與世俗同流合污，不向黨人羣小妥協，就不能被侹攘之亂世所容，就會遭受惡人的誣陷迫害，於是，他便決意奔向光明高遠的境界。想到這裏，他的精神爲之大振，通過豐富奇特的想象來表現自己與衆不同的高風亮節。他要求自我解脫、自我肯定、自我慰藉。他引吭高歌：「用有角的青龍爲我駕轅，用無角的白龍作兩側的驂馬。我和舜帝一同遊樂於瓊瑤的花圃。登上仙山崑崙，吃那美玉之花。我的高壽堪與天地比并，我的德行和日月同樣地燦爛光華。」這裏運用了比興和象徵的筆法，思致變幻超忽，藉容易引起人們聯想與想象的事物，表現與其特性相似或相近的思想感情和具體形象。詩人要求人格的完美，他超越時空，想象與古帝重華同遊瑤圃，把自己視爲絕世高蹈的超人。這不是什麼孤傲狂狷，大言欺人。在舉世皆濁、衆人皆醉的社會環境中，像屈原這樣正道直行、九死不悔的愛國赤子，難道不能與天地比壽、與日月同光嗎？這不但是自我肯定，而且也應受到歷史的肯定。屈原的自然生命是短暫的，寂寞的；但眞理的生命、藝術的生命却放射着永恆的光焰。詩篇以天地喻偉大與永恆，以日月喻光明磊落，這理至、情至之語，誇不失眞，無跡有神。

詩章至此，詩人從自由馳騁的想象，轉入嚴肅的、正視現實的思考，他慨嘆：「南夷對我不了解，清晨我就渡過長江、湘水，遠適蠻荒之地。」這是無可奈何的一步，也是堅貞不屈的一步。正由於屈原赤誠愛國、堅持眞理，所以受到楚國舊貴族集團的打擊迫害，放逐江南。他對黑暗勢力永不妥協的鬥爭精神，從「旦余濟乎江南」的自述中曲折地透露出來。這位進一步覺醒的愛國詩人脚下是艱難困苦的道路，胸中燃燒着強烈的悲憤。苦難益深，鬥志愈堅。當他登上鄂渚時，迎着淒涼的寒風，回顧鄉關，不禁黯然神傷。眷戀故國的一線血誠縈繞心頭，怎能不使他悲嘆不已？接着便是他浪跡江湖的痛苦自述：「我解下駕車的馬匹，任其信步緩行於水濱的山岡。將車停在方林，我悵然彷徨。乘着舲船，又沿着沅水上溯。艄公齊力舉槳，拍擊着水波遠航。舲船緩緩容與而難行進，停滯在迴曲的水流而隨波蕩漾。清早又從枉渚啓程，黄昏就止宿辰陽。衹要我的心志正直不阿，雖被流放僻遠之地，又有何妨？」他所處的時代是混濁紛亂、黑白顛倒的。正如《卜居》中說的那樣：「蟬翼爲重；千鈞爲輕。黄鐘毁棄；瓦釜雷鳴。讒人高張；賢士無名。」屈原如果同流合污，與世偃仰，立卽會改變困厄的處境。可是他却遺世獨立，永葆赤子之心。他明知這是招禍之由，却鐵骨嶙峋，迎接苦難。

「入漵浦余儃佪兮」以下一段，說他進入漵浦後，是如何低徊猶夷，心中迷惑，神志恍惚，不知要走到何方。山林幽冥淒清，猿狖在林間棲息；奇峯高峻蔽日，山下幽晦多雨；時而霰雪紛飛，彌漫天際。在這陰森杳冥的山林之間，詩人自忖已臨絕境，他感傷平生沒有享受什麼安樂，却流落蠻荒，苦度淒楚孤獨的歲月。言念及此，他不但沒有消沉頹廢，反而斷然明志：「我決不改變忠直之志而俯隨世俗，當然要終生愁苦困頓而難成事功。」這是不可調和的社會矛盾。如果「變心從俗」，就能飛黃騰達；否則便將「愁苦而終窮」。窮通禍福，衹在一念之差。可是屈原却義無反顧，願爲眞理而獻身。

以上二、三兩段，寫曲折艱難的旅程，寫淒涼荒寒的自然環境，渲染了孤寂的氣氛，反襯了詩人忠而被放的悲憤和窮而益堅的鬥志。環境雖然悲苦，而屈原却以苦爲榮，不向苦難低頭。詩章以物境反襯心境，實中見虛，融情入景。敍事寫景，小中見大，直接寫的是屈原親歷的江湖丘壑，這是幽淒的小環境；從這裏又能透視楚中黑暗社會的大環境。寓小景於大景，拓大景於小景，更襯托出屈原當時進退不由的困境。天地之大，何處容身！在這荆棘載途、山窮水盡之境，屈原却不甘沉淪，橫下一條心，九死不悔地鬥爭到底！

屈原清醒地直面黑暗的現實，冷峻地明辨人間的是非，公正地察今識古，懇切地陳說古往今來許多賢士佯狂、忠臣被戮的慘劇。他對接輿、桑扈是理解的，對比干、伍子是同情的；前世的賢士忠臣的悲慘遭遇，他是感同身受的。吟咏至此，詩人的思辨又深入了一步，他總結說：「歷數前世全都如此混濁，我又何必怨恨今日的昏君佞臣？」這是言不由衷的反語。看似無怨，實則有深怨；不僅怨今，而且怨古。反語成義，寂處有音。接着，思路陡轉，詩人又一次以忿語述志：「我仍要堅持眞理，正道直行，毫不動搖，自然會反覆地陷入黑暗境地而終身不見光明。」他決心爲「直道」而忍受一切磨難。

屈原這樣忠直而優秀的政治家和詩人，理應受到楚王的信任和重用，實現振興楚國、統一天下的宏願；可是，却橫遭讒人誣陷，被推出政治舞臺，流放荒遠之地。此時此境，何去何從？是否放棄鬥爭？是否離開祖國？這些問題嚴峻地橫在詩人面前。在春秋戰國時期，「朝秦暮楚」、「楚材晉用」，乃司空見慣之事。像屈原這樣的曠世奇才，并非不能棄離故土，遠適異國以求寵榮爵祿。可是，在這或去或留的十字路口，他卻經過痛苦而嚴肅的思想鬥爭，最後作出正確的抉擇：寧肯「幽獨處乎山中」、「重昏而終窮」，也絕不背離血肉相連的祖國和人民。他所以不離開祖國，并非「不能爲」，而是「不忍爲」。他這末路之國士，既不逃避現實，也不懷抱幻想；而是堅定地做中流砥柱，敢披昏君之逆鱗，敢攖羣醜之怨怒，頂天立地，光明正大，孤忠介性，鐵骨錚錚。

詩篇末章是「亂辭」，也就是終篇之結語，樂歌之卒章。詩人一路慷慨悲歌，唱到最後，激情達到了高潮，凝聚了滿腔悲憤，以生動形象的比喻，揭穿了醜惡的現實，他說：「神鳥鸞、鳳、皇，一天天被迫飛向遠方；凡鳥燕、雀、烏、鵲，卻占居祭壇朝堂。香木露申、辛夷，枯死於林薄叢莽；腥臊惡臭之物，并進於君前；芳香高貴的異珍，卻不能薄近朝廷之上。陰陽易位，是非顛倒，恨我生時不當。」他以神鳥及奇瑰芳菲之物喻英士人傑；以凡鳥及腥臊之物喻黨人羣小。愛憎分明，毫不含糊。他恨生不逢辰，并不是恨自己，而是痛恨楚王朝的腐朽政治和污濁世風。儘管殘酷的現實一次又一次地將他擊倒，他卻更堅強地站立起來，寧爲玉碎，不爲瓦全。在楚國那樣溷濁紛挐、忠奸不分的社會環境，屈原必然會遭到悲劇性的命運。他最後慨歎：「滿懷忠信，卻如此失意惆悵，我要飄忽地遠飛高翔！」這充分反映了他的一片赤忱、無限失意和勃鬱不平。他決意遠行，也不由他不遠行，但他不向邪惡勢力妥協的意志是堅定的，他的遭際和立身行事是悲壯的。他身陷幽獨而不自憐，英雄失路而不自餒，江湖憂國，廟堂憂民，直如砥矢，言若丹青。他不愧爲我們民族之魂，民族之花。

《涉江》運用比興、象徵手法表現詩人的高風姱節，意深筆曲，興寄超遠，將無盡的情志訴諸生動的形象，產生了強有力的藝術效果。又具體地寫景紀行，描狀自然環境，映襯詩人不幸的身世和貞骨凌霜的品格。并廣設譬喻，顯忠斥佞，針砭時弊。統觀全詩，以悲壯爲基調，幽惋淒楚，字字傷情；而又柔中有剛，梗概多氣，屈原的性情面目，自然地流露其間。

（袁　梅）

哀郢

屈原

皇天之不純命兮，何百姓之震愆！民離散而相失兮，方仲春而東遷。去故鄉而就遠兮，遵江夏以流亡。出國門而軫懷兮，甲之鼂吾以行。發郢都而去閭兮，怊荒忽其焉極。楫齊揚以容與兮，哀見君而不再得。望長楸而太息兮，涕淫淫其若霰。過夏首而西浮兮，顧龍門而不見。心嬋媛而傷懷兮，眇不知其所蹠。順風波以從流兮，焉洋洋而爲客。淩陽侯之氾濫兮，忽翱翔之焉薄！心絓結而不解兮，思蹇産而不釋。將運舟而下浮兮，上洞庭而下江。去終古之所居兮，今逍遙而來東。羌靈魂之欲歸兮，何須臾而忘反。背夏浦而西思兮，哀故都之日遠！登大墳以遠望兮，聊以舒吾憂心。哀州土之平樂兮，悲江介之遺風。當陵陽之焉至兮，淼南渡之焉如？曾不知夏之爲丘兮，孰兩東門之可蕪？心不怡之長久兮，憂與愁其相接。惟郢路之遼遠兮，江與夏之不可涉。忽若去不信兮，至今九年而不復。慘鬱鬱而不通兮，蹇侘傺而含感。外承歡之汋約兮，諶荏弱而難持。忠湛湛而願進兮，妒被離而鄣之。彼堯舜之抗行兮，瞭杳杳而薄天。衆讒人之嫉妒兮，被以不慈之僞名。憎愠惀之脩美兮，好夫人之忼慨。衆踥蹀而日進兮，美超遠而踰邁。亂曰：曼余目以流觀兮，冀壹反之何時！鳥飛反故鄉兮，狐死必首丘。信非吾罪而棄逐兮，何日夜而忘之！

這是一曲悲歌，猶如浩浩沅湘，逸響千載。楚天無際，汨羅寂寞，一位偉大的詩人把生命化作南楚山川，把情思寄於中華古土！他「寧赴常流而葬乎江魚腹中」，却不肯「以皓皓之白蒙世俗之溫蠖」！——這就是我國偉大的愛國詩人屈原！他以死殉志，留下了悲歌一束！

二千二百六十年的悠久歲月畢竟是如此的遙遠，歷史的塵霧迷茫了我們回顧的視野。那降臨在詩人頭上的是一場何等殘酷的風雨，我們已知焉不詳；他那歷時二十六載的沼澤林藪中放流行吟的足跡，我們也已無法詳微地辨認；甚至他那吟於楚聲、書於楚竹的哀歌，我們也已不知其音、不察其衷！尤其是《哀郢》，這支思君念國的悲歌，儘管今日的爭論多麽不同，但詩人的峻潔的人格美、詩歌意境的悲劇美、詩歌語言的音韻美，均以巨大的魅力撼人心絃，催人淚下。

詩的開篇：「蒼天哪，你爲何這樣反覆無常！爲何給這芸芸衆生降下災殃？多少骨肉離散、人亡家破，正是這仲春二月向東流亡！」呼天喚地，悲憤欲絕！司馬遷在《史記·屈原列傳》中說得好：「夫天者，人之始也；父母者，人之本也。人窮則反本，故勞苦倦極，未嘗不呼天也，疾痛慘怛，未嘗不呼父母也。」「皇天之不純命兮」，正是這種「疾痛慘怛」、「勞苦倦極」的呼聲！所以，屈原在《天問》裏的反覆對天問難，實亦屬此類心情的表現。

然《哀郢》所道，爭論迭起，諸多卓識言其爲秦將白起攻陷郢都的寫實。而細審《哀郢》，并無具體字句述及秦師，更未言拔郢之變。而思歸之心却時見於詩間：「羌靈魂之欲歸兮，何須臾而忘反。背夏浦而西思兮，哀故都之日遠！」正是這種魂寄故都歸心難平的動人之歎，尤其是詩的「亂」辭所道：「曼余目以流觀兮，冀壹反之何時！鳥飛反故鄉兮，狐死必首丘，信非吾罪而棄逐兮，何日夜而忘之！」這是詩的「卒章」，是全詩的高潮與頂峯，一切的思想都要在這個「高潮」中用三倍的力量、十倍的激情呼喊出來！這一段激楚哀烈的「終奏」，實質上是對天呼冤，喊了一聲「我冤枉！」的哀音：「啊，我縱目眺望四方，何時才可實現一日獲歸的切望！連那飛鳥也不忘飛回故鄉，狐狸死於異地也要頭向它舊穴所在的山崗。我確實無罪呀，而竟遭流放，郢都，日日夜夜我怎能把你遺忘！」——詩人失去了的郢都不是被秦兵奪去了，而是他遭到不白之冤，歸計難成之故！這正是第一次放逐的繼續，或謂第二次放逐的開始。所以開篇才會說：「離開故鄉而漂泊遠方，循着長江與夏水開始了新的流亡，走出郢都而傷懷無恨，終於在這個甲日之晨我被謫遷！」這裏所述的是一個既定的日期，而不是由於一個突然的事變而造成的不擇日而行。所謂「流亡」就是《史記·屈原列傳》中所說的「放流」，亦即《哀郢》結尾所言之「棄逐」。這都表明：《哀郢》確是敍述某次放逐的經過，下文從「發郢都而去閭兮」至「淼南渡之焉如」，共三十句，所言其途經路線最爲詳實。

「從郢都出發離開了故鄉，神傷心碎不知要走向何方？衆槳并舉船在江水上飄盪，悲哀呀！永不能再見到永別的君王！」這裏「哀見君而不再得」之句，發人深省，實爲懷王新死而發，其意爲「永遠不可能再見到懷王」此事堪「哀」。《楚辭》中頗多思君之語，而皆無言及「哀」者，「哀見君而不再得」，這意境卽與《少司命》之「悲莫悲兮生別離」相類。這個「哀」，司馬遷頗會其意，化爲《史記·楚世家》中之「懷王卒于秦……楚人皆憐之，如悲親戚」之「憐」與「悲」。這都證明了《哀郢》應是頃襄四年（懷王客死於秦之次年）夏曆二月間屈原遷於江南，乘船東去，行抵陵陽後之作。他自漢北南去，路過郢都，故有「出國門而軫懷兮」、「發郢都而去閭兮」諸語。若寫於白起陷郢之年，則其時懷王已死十八年之久，十八年間竟無動於衷，僅在十八年後，乍聞郢都之變，才「哀見君而不再得」，此顯然有悖屈子忠君之志。故此句恰正表明懷王之新死，懷王已死，再見而不得，故言「不再得」，後有「哀故都之日遠」之句，未言故都之不再得，可見故都尚存，僅放流東去，距離漸遠。說到這裏，《哀郢》的寫作時間、寫作背景該已很清楚。以下所述盡是放流的途中寫實。

「望見那故都的參天古木而喟然長嘆，冷淚潸潸，猶如那紛飛的雪片，船過夏首隨江流而西轉，回望郢都却已是眇然不見。」凡古代歷史故城大都植有喬木，《孟子・梁惠王下》記：「所謂故國者，非謂有喬木之謂也，有世臣之謂也。」即言其狀。這裏的「楸」乃是一種落葉喬木。「霰」不是雪，是一種細小的冰粒，落霰之天極寒。此處以「霰」喻淚，既喻淚多，又喻淚冷，極言傷懷之重。故接着說到了下面的幾句。

「傷懷無限，依依戀戀，歸宿何方？望前程渺茫，道路悠遠，一任這風吹浪逐，惡流激湍，隻身異鄉，歸不了自己的家國。船行大江，波浪滔天，隨浪滔波谷，升落無羈，不知何處是歸宿的彼岸！愁腸百結，難以舒展，憂思千重，無計驅散！」「陽侯」是古代傳說中陽陵國之侯，他溺水而死，其神遂爲大波，故此處以此代表洶湧的江濤。「翺翔」則形容船在水上任其顛簸而上下升落隨波逐流之態，以此加重隻身異地孤獨無主的情狀。此段最後兩句「思絓結而不解兮，心蹇產而不釋」，其實是一個意思而以對偶式的句子重複了兩次，以加強描寫他心情的沉重與悲哀。這種句式在《哀郢》中多次使用，如下文的「哀州土之平樂兮，悲江介之遺風」，「當陵陽之焉至兮，淼南渡之焉如」，「慘鬱鬱而不通兮，蹇侘傺而含慼」等句皆屬此類。而在《詩經》的語言中尚無此例，衹有到諸子爭鳴的散文篇章中始被使用，一個意思反覆說出，實有論辯的作用，屈原生當戰國末季，百家爭鳴的文風對他影響彌深，這種句法於他的詩篇中頗爲多見，大大地加強了楚辭的論辯風格與抒情特色，他的這一實踐與嘗試乃是一個開創性的貢獻。

「順水行舟，經洞庭而直下江漢，飄蕩東去，離開了世代久居的家園，歸心難收，一刻也不忘欲返，背向夏水之岸，哀思那郢都日益遙遠。登上水濱的岸，遠望以解我憂傷，哀痛那安樂的民生與古樸的風俗將好景不長！」以上是全詩的第一大段，敍述放流途中經於郢都，適逢人民離散，自己也雜於其中，同舟東行。水行迢遰，悼心深重，傾訴國家危亡及自身的不幸與苦痛。漢代學者王逸稱之爲：「正以仲春陰陽會時，徙我東行，遂與室家相失也。」宋代朱熹則謂：「屈原被放時，適會凶荒，人民離散，而原亦在行中，閔其流離，因以自傷，無所歸咎，而歎皇天之不純其命，不能福善禍淫，相協民居，使之當此和樂之時，而遭離散之苦也。」皆爲卓見。

「運舟下浮」，又「上洞庭」、「下江」，此處之「上、下」在言水行之逆順，逆流爲「上」，順流爲「下」。「下江」，則言順水西行經江漢流域之地。「終古之所居」則指郢都。自周莊王五年（前六九〇）楚文王熊貲始都於郢，至屈原之時已四百餘年，歷時頗久，故稱爲「終古」。「羌靈魂之欲歸」，「羌」是楚人口語，沒有實意。屈子之詩頗多楚國方言，卽以本篇而論，卽有「嬋媛」、「蹇」、「侘傺」、「蹇產」等字、詞，宋代學者黃伯思曾說：「屈宋詩騷，皆書楚語，作楚聲，紀楚地，名楚物，故謂之楚辭。若些、只、羌、誶、蹇、紛、侘傺者，楚語也；悲壯頓挫，或韻或否者，楚聲也；沅、湘、江、沣、修門、夏首者，楚地也；蘭、茝、荃、藥、蕙、若、芷、蘅者，楚物也。」本篇所言地名，皆爲楚地，自不待言。正因如此，在《詩經》之後，我國詩壇沉寂了三百多年，在南楚土壤上發育而出的屈子的詩，它帶着南楚芳草的馨香，與楚山楚水的峻潔幽深，別開生面地獨樹我國詩壇的一幟，歷史與南楚風物造就了屈原和他的詩篇，正如劉勰所道：「屈平所以能洞鑒風騷之情者，抑亦江山之助乎？」

「問君爲何來到這陵陽？又將向南漂泊到何方？難料那大廈盡成廢墟，故都怎能變成荒涼？心中長久的不樂，憂思難忘，想到那郢都路遠，憂如那江水之湯湯，時間迅速得令人難信，恍然已度過九年的時光，慘淡愁苦，難以自訴，禁不住失望與自傷。」陵陽在大江之南，故曰「南渡」。舟到陵陽，結束了行程的描寫，「當陵陽之焉至兮，渺南渡之焉如」，言抵陵陽之後則不知何往，此句之前所述均屬寫實，而後之言，乃止於陵陽而興嘆遭遇之不幸，抒情想象之語迄於卒篇。「曾不知夏之爲丘兮，孰兩東門之可蕪」，夏指大廈，大廈變成廢墟，城門化爲荒蕪，——這分明是詩人放流異地，消息阻絕，想象郢都之非狀，開李煜「雕欄玉砌應猶在」懷念故國之情的先河。這是本篇第二段，極寫哀痛愁苦的心情。詩人回憶了流放已經九年，迄未再被召回，以致一腔忠言，無法上訴之狀，遂憂愁繼至，對景難排，把一腔怨怒寫到了最低沉亦卽最高潮的程度，幽思及此，遂想到一切的不幸皆自王聽之不聰，讒諂之蔽明，邪曲之害公，方正之不容所致，故下面一段乃痛斥羣小誤國，昏君偏聽，致令不肖猖獗而賢忠遠疏！

「那小人之巧言令色，何可依憑！我忠心耿耿，願竭忠心，却遭到他們的阻梗！那堯舜的品德何等崇高，如日月經天，却被讒人嫉妒誣蔑以『不慈』的罪名！那昏君黑白不辨而憎賢信佞，君子日益疏遠，小人則放肆橫行。」

總論之，《哀郢》表現了思鄉盼歸與冤訴被放的兩個主題，在「卒章」之「亂曰」裏乃以「信非吾罪而棄逐兮，何日夜而忘之！」把詩人的悲憤含冤之情化作最強音的呼吁！難怪司馬遷說：「余讀離騷、天問、招魂、哀郢，悲其志。」說的正是該詩的悲劇主題，以及屈原詩中所構成的詩人的悲劇式的人格美！

全詩語言整齊華美，劉勰稱其爲「麗淫而繁句」，是長篇多句，爲「一、二、二」的特殊節奏而構成的五言體「兮」字句長詩。如：「何百姓之震愆」一句，其讀法是：「何——百姓（之）——震愆」，如此頓挫，別有新意，我想此卽應是「楚聲」所獨具的地方特色吧！至於「涕淫淫」、「焉洋洋」、「慘鬱鬱」、「忠湛湛」、「瞭杳杳」等的有疊字成分的三字詞組，猶如連珠齊落，回聲叮咚，有聲有色地表達了情境，增強了《哀郢》語言的音韻美。

荀子謂：「文久而滅，節族久而絕！」歷史的塵土淹滅了多少天才的靈光，時間的長河淘盡了千古的風流。詩人的悲哀與吟嘆早已沉沒於荒遠的過去，却把一腔峻潔的情志永識於千古之下，今日讀起，如聞昨日之聲！它實在純粹雋永、豐靈華贍，完美非常！百代之下，愈顯其不衰的清麗之美！司馬遷早就稱頌「其文約，其辭微，其志潔，其行廉」。再看《哀郢》中的「死必首丘」之衷，確是「推此志也，雖與日月爭光可也」！

（張元勛）

風賦

宋玉

楚襄王遊於蘭臺之宮。宋玉、景差侍。有風颯然而至。王迺披襟而當之，曰：「快哉此風！寡人所與庶人共者邪？」宋玉對曰：「此獨大王之風耳，庶人安得而共之？」

王曰：「夫風者，天地之氣，溥暢而至。不擇貴賤高下而加焉。今子獨以爲寡人之風，豈有說乎？」宋玉對曰：「臣聞於師：枳句來巢，空穴來風。其所託者然，則風氣殊焉。」

王曰：「夫風始安生哉？」宋玉對曰：「夫風生於地，起於青蘋之末。侵淫谿谷，盛怒於土囊之口。緣泰山之阿，舞於松柏之下。飄忽淜滂，激颺熛怒。耾耾雷聲，迴穴錯迕。蹶石伐木，梢殺林莽。至其將衰也，被麗披離，衝孔動楗。眴煥粲爛，離散轉移。故其清涼雄風，則飄舉升降。乘凌高城，入于深宮。邸華葉而振氣，徘徊於桂椒之間，翱翔於激水之上，將擊芙蓉之精，獵蕙草，離秦衡，槩新夷，被荑楊。迴穴衝陵，蕭條衆芳。然後徜徉中庭，北上玉堂。躋于羅帷，經于洞房。迺得爲大王之風也。故其風中人狀，直憯悽惏慄，清涼增欷。清清泠泠，愈病析酲。發明耳目，寧體便人。此所謂大王之雄風也。」

王曰：「善哉論事！夫庶人之風，豈可聞乎？」宋玉對曰：「夫庶人之風，塕然起於窮巷之間，堀堁揚塵。勃鬱煩冤，衝孔襲門。動沙堁，吹死灰。駭溷濁，揚腐餘。邪薄入甕牖，至於室廬。故其風中人狀，直憞溷鬱邑，毆温致濕。中心慘怛，生病造熱。中脣爲胗，得目爲蔑。啗齰嗽獲，死生不卒。此所謂庶人之雌風也。」

《風賦》是戰國時代楚國辭人宋玉的作品。相傳宋玉是屈原的弟子，他的文學成就僅次於屈原。後代的人常常將屈宋并稱。現在我們能見到的屬於宋玉名下的作品共有十四篇，其中大半是後人僞託的。歷來公認爲宋玉作品的是見於王逸《楚辭章句》的《九辨》。見於同書的《招魂》和見於蕭統《文選》的《神女賦》、《高唐賦》、《登徒子好色賦》與《風賦》，雖然有人懷疑，但并沒有充分的理由否認宋玉是它們的作者。

風賦

根據這些作品并參考關於宋玉的軼事記載，我們知道宋玉本是出身卑微的一個「貧士」，他在楚懷王宮廷做過「小臣」。他和楚襄王的關係比較親近，是襄王的「文學侍從」之一。

宋玉不但擅長文學，同時也嫻於辭令。他的語言才能也運用於辭賦。《風賦》就是一篇措辭巧妙，意味深長的「譎諫」文字。

《風賦》以敍述楚襄王在蘭臺之宮披襟當風爲端，藉楚王和宋玉的幾番問答展開關於風的文章。先泛泛描述風由發生而散布，然後漸漸強烈，又漸漸微弱以至於停息的一般現象。接下去用兩段文字分別描寫兩種不同的風。一種是潔淨的、涼爽的甚至帶來香氣的風。它給人快感，有益身體。這是國王（或統治階級中的貴人們）所享受的風，叫做「雄風」。另一種是挾帶着塵垢、腐敗物體和濕氣，散播疾病，使人痛苦的風。這是平民大衆所專有的風，叫做「雌風」。這三段文字告訴讀者：風在大自然中，無論是「青蘋之末」還是「泰山之阿」或「松柏之下」本來祇有一種，并無「雌」、「雄」之別，但是當它到了深宮之中，玉堂之上，就成了造福於「大王」的「雄風」；到了「窮巷」，進入「甕牖」，就成了加害於「庶人」的「雌風」。很明顯，作者認爲造成風的分化與不公平的是人類不平等的社會，不是造物的本意。這篇賦顯然不是對於風作科學的說明，也不是爲描寫風而描寫風。作者祇是藉此把王公貴族和平民的生活作對比，指出貴賤貧富不齊和苦樂不均的現象。對楚王指出這個現象，就等於說：請看，你自己身在天堂，你的人民却生活在地獄裏。在言語之外，實際上同時提出了一個問題，就是要不要採取措施減輕人民的痛苦？這就是《風賦》的諷喻意義。宋玉本是「貧士」，他了解「窮巷」中人的生活，也有改善那些人的生活的願望，同時又有一定的正義感，這推動他爲那些人鳴不平，否則他不能寫出這篇《風賦》。

《風賦》是兩千多年前的作品，它有這樣的思想內容，不能不說是難能可貴的。杜甫的詩句「朱門酒肉臭，路有凍死骨」使千古讀者爲之動容，給予很高的評價。《風賦》的尖銳雖然不如杜甫的那兩句詩，但是同樣用對比的方法指出了社會上的不平等現象，客觀上反映了被剝削階級對現狀的不滿。在古代的文學裏這樣的例子能有多少呢？

《風賦》雖然有些地方用韻，就整篇說來很近散文。賦中沒有多少鋪陳，描寫適可而止，給人的印象是活潑而簡淨。最後一段把庶人之風寫完了就立刻滯住，不再多費一詞，而諷意全在言外。這種地方見出筆墨的經濟。賦中把風分爲雌雄兩類，認爲某種風可以爲某一類人所專有，出人意表，頗有詼諧和詭辯的意味，因爲不全作「莊語」，所以較活潑。但是讀完之後加以回味，又覺得它命意深刻，能够啓發人的深思，并不是淺薄的俳諧。賦家的諷諭精神，依照傳統的說法是原本於《詩經》。其語言便捷，態度詼諧的趣味，多少受到了滑稽家諧隱風氣的影響。如果能以巧妙的語言表達深刻的諷喻，便是賦家所重視的「譎諫」。賦家重視「譎諫」，但賦中成功的譎諫却不多。因此，拿傳統的論賦的標準來衡量《風賦》，它也是難能可貴的。（余冠英）

易水歌

荆軻

風蕭蕭兮易水寒，壯士一去兮不復還。

荆軻以此得名，而短短的兩句詩乃永垂於千古。在詩裏表現雄壯的情緒之難，在能令人心悦誠服，而不在囂張誇大；在能表現出那暫時感情的後面藴藏着的更永久普遍的情操，而不在那一時的衝動。大約悲壯之辭往往易於感情用事，而人在感情之下便難於辨别眞僞，於是字裏行間不但欺騙了别人，而且也欺騙了自己。許多一時興高采烈的作品，事後自己讀起來也覺得索然無味，正是那表現欺騙了自己的緣故。《易水歌》以輕輕二句遂爲千古絶唱，我們讀到它時，何嘗一定要有荆軻的身世。這正是藝術的普遍性，它超越了時間與空間而訴之於那永久的情操。

「蕭蕭」二字詩中常見。古詩「白楊多悲風，蕭蕭愁殺人」，「風蕭蕭」三字所以自然帶起了一片高秋之意。《九辨》説「登山臨水兮送將歸」，而這裏説「壯士一去兮不復還」，它們之間似乎是一個對照，又似乎是一個解釋，我們不便説它究竟是什麽，但我們却尋出了另外的一些詩句。這裏我們首先記得那「明月照積雪」（謝靈運《歲暮》）的遼闊。

「明月照積雪」，清潔而寒冷，所謂「瓊樓玉宇，高處不勝寒」。《易水歌》點出了寒字，謝詩没有點出，但都因其寒而高，因其高而更多情致。杜詩説「風急天高猿嘯哀」，猿嘯爲什麽要哀，我們自然無可解釋。然而我們不見那「朔風勁且哀」嗎？朔風是北風，它自然要剛勁無比，但這個哀字却正是這詩的傳神之處。那麽壯士這一去又豈可還乎？一去正是寫一個勁字，不復還豈不又是一個哀字？天下巧合之事必有一個道理，何況都是名句，何況又各不相關。各不相關而有一個更深的一致，這便是藝術的普遍性。我們每當秋原遼闊，寒水明淨，獨立在風聲蕭蕭之中，即使我們并非壯士，也必有壯士的胸懷，所以這詩便離開了荆軻而存在。它雖是荆軻説出來的，却屬於每一人。「枯桑知天風，海水知天寒」，我們人與人之間的這一點知，我們人與自然間的一點相得，這之間似乎可以説，又似乎不可以説，然而它却把我們的心靈帶到一個更遼闊的世界去。那廣漠的原野乃是生命之所自來，我們在狹小的人生中早已把它忘記，在文藝上乃又認識了它，我們生命雖然短暫，在這裏却有了永生的意味。

專諸刺吳王，身死而功成；荊軻刺秦王，身死而事敗。然而我們久已忘掉了專諸，而在讚美着荊軻。士固不可以成敗論，而我們之更懷念荊軻，豈不因爲這短短的詩嗎？詩人創造了詩，同時也創造了自己，它屬於荊軻，也屬於一切的人們。

（林　庚）

鵩鳥賦

賈誼

單閼之歲兮，四月孟夏。庚子日斜兮，鵩集予舍。止於坐隅兮，貌甚閒暇。異物來萃兮，私怪其故。發書佔之兮，讖言其度，曰：「野鳥入室兮，主人將去。」請問於鵩兮：「予去何之？吉乎告我，凶言其災。淹速之度兮，語予其期。」鵩乃歎息，舉首奮翼；口不能言，請對以臆。

曰：「萬物變化兮，固無休息。斡流而遷兮，或推而還。形氣轉續兮，變化而嬗。沕穆無窮兮，胡可勝言！禍兮福所倚，福兮禍所伏；憂喜聚門兮，吉凶同域，彼吳彊大兮，夫差以敗；越棲會稽兮，句踐霸世。斯遊遂成兮，卒被五刑。傅說胥靡兮，乃相武丁。夫禍之與福兮，何異糾纏；命不可說兮，孰知其極！水激則旱兮，矢激則遠；萬物迴薄兮，振蕩相轉。雲蒸雨降兮，糾錯相紛；大鈞播物兮，塊圠無垠。天不可預慮兮，道不可預謀，遲速有命兮，焉識其時！且夫天地爲爐兮，造化爲工；陰陽爲炭兮，萬物爲銅。合散消息兮，安有常則？千變萬化兮，未始有極！忽然爲人兮，何足控摶；化爲異物兮，又何足患；小智自私兮，賤彼貴我；達人大觀兮，物無不可。貪夫殉財兮，烈士殉名。夸者死權兮，品庶每生。怵迫之徒兮，或趨西東；大人不曲兮，意變齊同。愚士係俗兮，窘若囚拘；至人遺物兮，獨與道俱。衆人惑惑兮，好惡積億；真人恬漠兮，獨與道息。釋智遺形兮，超然自喪；寥廓忽荒兮，與道翱翔。乘流則逝兮，得坻則止；縱軀委命兮，不私與己。其生兮若浮，其死兮若休；澹乎若深淵之靜，泛乎若不繫之舟。不以生故自寶兮，養空而浮；德人無累兮，知命不憂。細故蒂芥，何足以疑！」

自有文學以來，大自然中的草木鳥獸就像日月風雨一樣成了人們描寫的對象。在我國古代的詩賦中這一點尤爲突出，以致孔夫子在談到學《詩》的重要時，除了強調它「可以興，可以觀，可以羣，可以怨」外，還要加上一句「多識乎鳥獸草木之名」。不過，《詩經》中提到的鳥並不算很多，包括同種異狀的也不過三十二種。詩人寫這些鳥大都是用來作爲比興，通篇以鳥爲描寫對象如《鴟鴞》那樣的詩是極個別的。《楚辭》中有專寫木的《桔頌》，却沒有專寫鳥的。

賈誼這篇《鵩鳥賦》從標題來看是專寫鳥的，從形式看也是寫作者與鳥的問答，而以鳥的答爲主，所以梁朝蕭統編的《文選》把它列入賦中的「鳥獸」類。但作者明說鵩鳥是「口不能言，請對以臆」。

所謂「對」全是作者自道，故孫月峯說：「此賦雖以鵩鳥名，却衹是談理，宜入《志》類。」何義門也認爲編入鳥獸類爲誤。他們的說法是有道理的，但按照蕭統的體例，各種文體中的小類是按題材分，至於作者對題材如何處理，他沒有也不可能去區別。所以，倘不改變分類法，他是不能把《鵩鳥》歸入別的小類中的。歷來對文學進行分類的人大都要遇到某些作品難以歸類的困境，分類越細，困難越多，這也是其中的一例。但分類的困難却正好說明這篇賦的特點。《鵩鳥賦》實際上也衹是拿鵩鳥來起興，用以抒發作者心中的抑鬱，而作者所採取的抒情的方法又與他人不同。在形式上他既承襲了《詩經》中《鴟鴞》那樣的禽言體，又活用了《楚辭》中已開始出現的問答體。在內容上則又以說理爲抒情，或者說寓抒情於哲理性的論述之中。這在辭賦中是沒有先例的（荀況的五賦是教誡性的而非哲理性的），是賈誼的獨創。

但賈誼這樣來寫《鵩鳥賦》，並不是故意要標新立異，而是他當時的思想感情需要用這種形式來表達，同時也與他所處的歷史條件和個人學養有一定的關係。

賈誼是漢初一個學識淵博而又比較早熟的政治思想家和文學家。他是洛陽人，十八歲時，就「以能誦《詩》、《書》，屬文稱於郡中」，爲河南守吳公所賞識。漢文帝初年吳公調至朝廷任廷尉，就把他這位當時還衹有二十歲多一點的少年推薦給文帝，文帝召爲博士，「每詔令議下，諸老先生未能言，誼盡爲之對」。於是文帝大悅，「超遷，歲中至太中大夫」。他也積極提出改革的建議，文帝擬讓他「任公卿之位」，但却觸怒了那些元老大臣，說他「年少初學，專欲擅權，紛亂諸事」。（以上引文均見《漢書·賈誼傳》）後來文帝就疏遠了他，讓他到當時屬於偏遠之地的長沙國當太傅。這實際是「貶謫」。所以他初渡湘水，就爲賦以弔屈原，以抒發其抑鬱。到寫《鵩鳥賦》時，他已「爲長沙傅三年」了，情緒自然更不好。鵩鳥，卽鴞鳥，俗名猫頭鷹，長沙一帶土俗認爲是一種不祥之鳥，至人家，則主人去（死），而當時鵩鳥正好飛入賈誼的住宅，《漢書》本傳說：「誼既以適（同謫）居長沙，長沙卑濕，誼自傷悼，以爲壽不得久長，乃爲賦以自廣。」這就是他寫這篇賦時的心情。這裏我們要特別注意「自廣」兩字，自廣者，就是要使自己從悲哀中解脫出來。這就需要從理性上來加以認識，甚至需要從宇宙觀、人生觀上加以探討。賈誼正是這樣，他把自己平時（特別是到長沙以來）對宇宙人生的看法都藉此傾吐出來了。漢初諸子百家學說已處在互相融和的階段，賈誼又是「頗通諸子百家之書」（《史記・賈生列傳》）的，因而他的思想也帶有融會各家的特色。但在不同的環境和不同的問題上却又表現有所側重。在政治問題上，在積極用世的時候，他主要是從儒家、法家那裏吸取營養，也吸取了陰陽五行家的某些學說。這篇賦則主要是從道家那裏取得思想資料。

就結構來說，這篇賦分爲兩大段。

從「單閼之歲兮」起到「請對以臆」爲第一大段，它是這篇賦的引言。文字寫得極簡潔，開始六句是交代鵩鳥入室的時間和狀況。古人用太歲紀年，有攝提格、單閼等十二個名目，與寅、卯等十二辰相應，因此，一般地說，單閼是指太歲在卯的那一年，卽文帝六年，不過也有按「超辰」推算爲文帝五年或七年的。這與我們理解本篇關係不大，我們不妨暫定鵩鳥入賈誼之室這件事發生在文帝六年，賦也作於此年。對於這個「鵩」，作者對它的形態除了「貌甚閑暇」四字之外再沒有作更多的描寫。這是因爲他的目的本不在寫它，而在於由它引出對吉凶的推測。儘管如此，這四個字仍値得注意。按照傳說，「鵩」本是個不祥的「異物」，而其貌却「甚閑暇」，這就同傳說相矛盾了。故接下去作者雖寫到「野鳥入室兮，主人將去」的預言，但却將吉凶雙提，不專從凶上去着想。接着再寫「鵩乃嘆息，舉首奮翼」。這就完全使它脫去不祥者的凶相，而變成一個可親的對話者了。

從「萬物變化兮」起到篇末是賦的主體。也是對引言中提出的「吉乎告我，凶言其災，淹速之度兮，語予其期」四句的回答。但開始不是徑直地說吉凶，而是先從宇宙間萬物都是無休止地變化說起。但又不是泛論。「斡流而遷」兩句，是暗指吉凶禍福若循環，可以互相轉化，「形氣轉續」兩句是暗指生死也是在不斷地互相轉化。賈誼的這個觀點，顯然有取於老子的朴素的辯證法，但又不完全是老子的思想，而是還吸取戰國齊國稷下道家學派的精氣說和《周易·繫辭》中關於陰陽二氣的學說。認爲人的形體是由天地之氣所形成的，死了又化爲氣，故就一個人來說雖有生死，但就氣來說却是變化而蟬聯的。祇是這種生死和吉凶的變化是「沕穆無窮」，卽精微深遠而無止境，難用言語來表達罷了。這是一層。從「禍兮福所倚」以下至「孰知其極」是第二層，專申述禍福吉凶的互相轉化。作者舉了吴王夫差、越王句踐、李斯、傅說等的事跡來說這種轉化，而歸結爲「命不可說」，反映了他雖看到了事物在互相變化的現象，但又無法把握自己的命運的悲哀。從「水激則旱」到「焉識其時」爲第三層。是專答「淹速之度」的。「淹速」卽「遲速」，這個問題比禍福吉凶更不好回答，所以他用一些富於形象性的比喻來說明。他先用水與矢的「激」有兩種不同的結果作比，水受阻而激蕩則迅猛（「旱」同「悍」），而矢與弓弦相激盪則飛得很遠。由此推到萬物，可知也是「振盪相轉」。意思是說：人的生命和禍福也是在運動變化中，誰知道是像水一樣的急還是像矢一樣的遠呢？他又用「雲蒸雨降」作比喻，人們但見忽雲忽雨，變化紛紜，却不看見大自然是怎樣興雲作雨的，所以說「天不可預慮兮，道不可預謀」。意思是說，禍福死生就像雲雨一樣難以預測，也難根據道理事先考慮，故歸結爲「遲速有命兮，焉識其時」。賦寫到這裏，似乎要回答的都已回答了。但實際上還未完，因爲它還祇說到吉凶及其來之遲速不可知，並未說人們該怎樣辦，接下去就是對此加以申述。作者仍不是作簡單的回答，而是更進一步從萬物的生成說起，指出天地就是一座大冶爐，萬物都是由它陶鑄的，它要怎樣就怎樣。人之爲人，就是忽然而來的，死了又有什麽可怕呢？這裏順便提一下「何足控摶」這句話。控是控引之義，摶是摶弄之意，這是前人早指出來了。但何以說「忽然爲人兮，何足控摶」呢？我認爲這裏當是用的女媧造人的故事。據《御覽》卷七八引《風俗通義》說，女媧曾摶黃土作人，後來疲勞了，就

「引繩紉於泥中，舉以爲人」，她摶的人就是富貴聰明者，而用繩紉引出的人就是貧賤凡庸者。《風俗通義》雖後出，但這個傳說應該較早就有了。「何足控摶」，意思是何足勞控摶或何足分控摶，也就是沒有必要分貴賤，所以賈誼接着說：「小智自私兮，賤彼貴我，達人大觀兮，物無不可。」自此以下，作者對比了兩種不同的人生觀，否定了對名利權勢的追求，排除了對死的恐懼，而讚美那種「意變齊同」、「獨與道俱」、「獨與道息」的思想。所謂「齊同」就是外榮辱、齊死生，而所謂「道」，則是因順自然，恬淡無慾。「釋智遺形」以下則是這種人生觀的進一步的描繪。而歸結到樂天知命，不爲吉凶禍福而產生疑慮，對全文作了收束。

不容諱言，賈誼在這篇賦中所表現的並不是積極有爲的思想，更不是新的思想。但是，封建社會的失意的知識分子，除了外榮辱、齊死生這類道家的思想之外，確實很難找到更好的排遣苦悶的辦法。司馬遷讀《鵩鳥賦》要「爽然自失」（《史記·屈原賈生列傳》），而後來的許多人，包括一些傑出的詩人如李白、蘇軾等都按照賈誼的辦法在逆境中頑強地生活着。故從歷史上看，也不能說它衹有消極的作用。特別是賦中反覆闡明的萬物變化不息和吉凶禍福死生互相轉化的思想，則更閃爍出古代思想家的智慧的火花。儘管這些觀點並不是賈誼的發現。

在藝術上本篇更有其特出的成就。用韻文的形式來說理，本來極易枯燥無味，我們讀此賦却沒有這種感覺，這首先是因爲作者能盡量把抽象的理論形象化。除前已提到的「水激則旱」、「雲蒸雨降」等之外，本篇還用了很多形象性的比喻來說理，如「天地爲爐兮，造化爲工；陰陽爲炭兮，萬物爲銅」就是絕妙的比喻。又如「寥廓忽荒兮，與道翺翔。乘流則逝兮，得坻則止」，「其生兮若浮，其死兮若休；澹乎若深淵之靜，泛乎若不繫之舟」等，也是很生動的描繪。正是有了這些比喻和形容，我們讀起來才感到雖爲說理而生趣盎然。作者的這種技巧，顯然是從《莊子》那裏得到啓發。這是一個方面。另一方面作者還力圖把抽象的說理寫得極爲精練，使一些純粹的說理性的句子變得像格言那樣的簡潔，吸引讀者進行哲學的思考。如「萬物變化兮」以下二十四句，「小智自私兮」以下二十句就多是這樣的句子。這類句子頗似《老子》，有的還直接取自《老子》或從《老子》《莊子》中化出。所以不僅在思想內容上而且在藝術上，本篇也受到老、莊的影響。此外，作者還注意將上述兩方面結合起來，交替使用，這也使文章變得活潑有致。（馬積高）

長門賦（並序）

司馬相如

孝武皇帝陳皇后時得幸，頗妒。別在長門宮，愁悶悲思。聞蜀郡成都司馬相如天下爲文工，奉黃金百斤爲相如文君取酒，因於解悲愁之辭。而相如爲文以悟主上，陳皇后復得親幸。其辭曰：

夫何一佳人兮，步逍遙以自虞。魂踰佚而不反兮，形枯槁而獨居。言我朝往而暮來兮，飲食樂而忘人，心慊移而不省故兮，交得意而相親。伊予志之慢愚兮，懷貞愨之歡心。願賜問而自進兮，得尚君之玉音。奉虛言而望誠兮，期城南之離宮。修薄具而自設兮，君曾不肯乎幸臨。

長門賦（並序）

廓獨潛而專精兮，天漂漂而疾風。登蘭臺而遥望兮，神怳怳而外淫。浮雲鬱而四塞兮，天窈窈而晝陰。雷殷殷而響起兮，聲像君之車音。飄風回而起閨兮，舉帷幄之襜襜，桂樹交而相紛兮，芳酷烈之誾誾。孔雀集而相存兮，玄猨嘯而長吟。翡翠脅翼而來萃兮，鸞鳳翔而北南。心憑噫而不舒兮，邪氣壯而攻中。下蘭臺而周覽兮，步從容於深宫。正殿塊以造天兮，鬱并起而穹崇。間徙倚於東廂兮，觀夫靡靡而無窮。擠玉戶以撼金鋪兮，聲噌吰而似鐘音。刻木蘭以爲榱兮，飾文杏以爲梁，羅豐茸之遊樹兮，離樓梧而相撑。施瑰木之欂櫨兮，委參差以槺梁。時彷彿以物類兮，像積石之將將。五色炫以相曜兮，爛耀耀而成光。緻錯石之瓴甓兮，像瑇瑁之文章。張羅綺之幔帷兮，垂楚組之連綱。撫柱楣以從容兮，覽曲臺之央央。白鶴噭以哀號兮，孤雌跱於枯楊。日黄昏而望絶兮，悵獨託於空堂。

懸明月以自照兮，徂清夜於洞房。援雅琴以變調兮，奏愁思之不可長。案流徵以却轉兮，聲幼眇而復揚。貫歷覽其中操兮，意慷慨而自卬。左右悲而垂泪兮，涕流離而縱横。舒息悒而增欷兮，蹝履起而彷徨。揄長袂以自翳兮，數昔日之諐殃。無面目之可顯兮，遂頹思而就牀。摶芬若以爲枕兮，席荃蘭而茝香。忽寢寐而夢想兮，魄若君之在旁。惕寤覺而無見兮，魂迋迋若有亡。衆鷄鳴而愁予兮，起視月之精光。觀衆星之行列兮，畢昴出於東方。望中庭之藹藹兮，若季秋之降霜。夜曼曼其若歲兮，懷鬱鬱其不可再更。澹偃蹇而待曙兮，荒亭亭而復明。妾人竊自悲兮，究年歲而不敢忘。

長門賦（並序）

一

《長門賦》最早見於《昭明文選》，題司馬相如作。賦序說漢武帝皇后陳阿嬌因妬失寵，幽居長門宮。她用黄金百斤請司馬相如寫賦，希圖感動武帝，武帝讀賦後居然復寵阿嬌。由於序文開首就稱「孝武皇帝」，這是劉徹身後的謚號，死在武帝前的司馬相如不會預知後事，加上「復得親幸」與史實不符，所以後代屢有不信此賦爲司馬相如所作的。顧炎武就斷此賦是「後人託名之作」（見《日知録》）。但也有相反的意見，張惠言說「此文非相如不能作」（見《七十家賦鈔》）。筆者認爲，漢代許多賦作是靠《漢書》、《後漢書》保存下來的，史書收採這些作品時，往往有些說明文字，後人輯録賦作，便取以爲序。《長門賦》雖未見於史傳，但收編者倣史家成例作一序文是非常簡便可能的。賦序非司馬相如所寫不能證明賦文是僞作。有人說此賦「不一定與陳皇后失寵有關」。筆者以爲，既以「長門」命題，至少也是以陳皇后失寵爲因由的作品。當然，以歷史事件爲題材的文學作品完全可以突破歷史事實的拘囿。我們祇要不把賦文中的主人公同歷史人物等同起來就可以了——「復得親幸」云云就可這樣理解，雖然它不過是後人熱愛此賦的誇張之辭。

二

賦文大致可分三層。第一層從開頭到「君曾不肯乎幸臨」，總寫陳皇后被棄的痛苦。文章開始就發問：爲什麼佳人徘徊消憂，魂不守舍，形容枯槁，獨自幽居？用一「何」字一氣貫開首四句，推出一個傷心到癡病程度的不幸婦女形象，吸引了讀者的注意。接着便從兩方面說明原因：一是配偶食言，轉移了恩愛；二是自己過於癡情，盼望夫君回心而終於失望。第二層從「廓獨潛而專精」起到「悵獨托於空堂」，具體寫陳皇后被棄的痛苦——孤獨和寂寞。文章用飄飄的風，沉沉的雲，窈窈的天，殷殷的雷渲染出一種遭受壓抑、情不能舒的沉悶氣氛。恍惚中她錯把雷聲聽作君王的車音，似乎在弄清牽動帷幄的是風而非人時，才從錯覺中猛醒。於是，桂樹枝條的紛密交接以及羣鳥的翔集、猿嘯的呼應均使她意識到自己的孤單。她承受着可怕的孤獨徘徊在深宮。但是，那冷落的宮殿裏沒有任何可使心靈感到溫暖的東西：殿體壯大莊嚴，難以褻近。東廂有無數瑣細玲瓏的飾物，却徒有炫美之意而不會生出同情。殿門上，鎖環聲若宏鐘，沒有親昵的溫柔之音。堂頂是椽梁構櫨等物，雖然美麗，却有如積石山般高峻，休想攀附偎依。地下是五色錯石，花紋美好整齊，却因帳幔空垂而顯得蒼白。撫着門楣外望，是與未央宮（皇帝的政事堂）相連的曲臺殿，遼遠而難以企及。這一切構成一種廣大但却空闊，華美但却幽冷的意境，使人神悽膚寒。所以，「聲聞於天」的鶴鳴，她聽來像是哀號；黃昏殘陽裏枯楊上獨棲的雌鳥，她看來像自己一樣可憐。她該有多少寂寞呀！第三層從「懸明月以自照」起到文末，具體寫陳皇后精神痛苦的另外兩個方面：悽涼、空虛。晚上是昔日鸞鳳和鳴的時候，她習慣地懸鏡自照，雖然妝扮齊整，却衹能獨度清宵。她藉鳴琴來宣泄悲愁，琴聲竟催落使女們淋漓的眼淚，其所含哀愁的分量自可想見。她怎能不一再嘆息，一再哽咽？她把造成不幸的責任都攬在自己身上，歷數自己的過失，羞愧得以袖掩面，無地自容。這種自責自怨固然表現了她的賢淑，更主要的是表現了她無計擺脫的囚徒式的生活痛苦。所以，她「頹思就牀」就不是卸掉負擔後心裏平靜的行爲，不是斬斷了情思「勿復相思」；而是無可奈何的表現，是痛苦中的喘息，是氣急時的撒手。惟其如此，她才在恍然入夢時似覺君王仍在身旁，才在夢醒後又跌進失魂落魄般的空虛巨壑。而靜夜裏那荒鷄的啼鳴使她感到聲音的縹緲空漠，歷歷繁星使她感到天宇的深邃空曠，中庭的月色使她感到深宮的清虛空闊，連熬不完的長夜也給人以時間的步子太不實在的感覺。它用具體的事物寫出了「空虛」的聲音、顏色和形貌，使陳皇后愁懷鬱鬱的痛苦成爲讀者可以聽得見、看得清的東西，獲得了人們的同情。

賦文的結構是完整的，層次也非常清楚。它的第一層是總寫、概括寫，第二第三層是分寫、具體寫。

第一層寫痛苦的起因，第二、三層寫痛苦的表現。文章把痛苦具體化爲孤獨、寂寞、悽涼和空虛四種感受，又把這些感受貫穿在陳皇后一天的活動裏。這樣，全文就有一條把不同感受並列排比起來的橫線，也有一條按時間順序展示人物活動的縱線。這些活動是：從白晝到黃昏，登蘭臺遙望，下蘭臺周覽。從「清夜」到「復明」，援雅琴抒懷，夢醒後彷徨。文章末段說「荒亭亭而復明」，暗示了隨後的日子也像賦文具體寫了的那一天一樣無聊和難熬，做到了言已盡而意未窮。

三

賦文的主人公喚起讀者的感情，不是對她的喜愛和尊敬，而是同情和憐憫。因而她的真正動人之處不是根據所謂「中和」的漢代美學原則刻畫出來的溫柔敦厚、怨而不怒等性格品德，而是她的不幸遭遇引發出人們類似的生活經驗和感受，是她的複雜感情同居處環境氛圍有機諧合並且相得益彰的那種高度和諧的美，即這一形象的生活概括力和藝術感染力。

賦文主要寫陳皇后的內心痛苦，這是十分抽象的描寫對象，要把它準確地傳達給讀者並留下深刻印象是非常困難的。爲了避免抽象化、概念化，賦作沒有採用一般漢賦作品那種呆板的陳述，而是借景抒情，把主人公各種複雜的感情融進清晰的景色畫面裏，變成讀者可以感知的藝術形象、藝術意境。在這方面，它繼承了楚辭，又有自己的特色。例如它與宋玉的《九辯》，同是情景交融的名篇，但《九辯》的寫景是爲人物的直接抒情渲染氣氛的。而《長門賦》則是把自然景物作爲人物活動的背景攝入複雜的生活圖像裏，讓讀者體味浸透在景物裏的感情，從而感知主人公的思想情緒。它寫的幾種圖景是：（一）陳皇后登臺所見風雲鳥樹的自然景象。特點是陰沉煩鬱，給人以窒悶不舒之感，用以表現主人公的孤獨。（二）周覽所見高大幽深、精巧華麗的宮觀之景。特點是莊嚴工細，給人以閉塞和煩瑣之感，最宜於渲染主人公的寂寞。（三）洞房清夜哀音淚面、愁煎氣結的生活圖景。特點是清冷慘戚，情調同人物的悽涼之感完全一致。（四）冷宮殘更、月白星寒的空庭夜景。特點是廓落虛靜，烘托出居人心靈的空虛。總之，每一景都有人物活動在其中，都透過主人公的感覺展示出來，便以景與情的統一融合表現出高度和諧的美。在這裏，所有的景物都染上一層濃重的悲愁色彩，而悲愁又在沉鬱、幽閉、悽慘、寂寥的境界裏增加了分量，加大了濃度，顯示了同楚辭的「以悲爲美」基本一致的美學風格，而不同於大賦的誇誕恢廓。朱熹說「此文古妙，最近楚辭」（見《楚辭後語》卷二），大約就指它的這種特色。

四

《毛詩正義》說：「詩文直陳其事不譬喻者，皆辭賦也。」賦的這種「直陳」或「直言」的特點，使它同多用比興的詩歌又有所不同。爲了比較，我們再引一首王昌齡的《春宮怨》：「昨夜風開露井桃，未央前殿月輪高。平陽歌舞新承寵，簾外春寒賜錦袍。」題材恰好也是漢武帝後宮之事，它寫的善歌舞的平陽公主的歌女衛子夫，就是《長門賦序》所說使陳皇后「頗妬」的新寵美人。現在我們來看這首詩的寫景：「風開露井桃」是寫實，但又不單純是寫實。詩歌還用桃花象徵衛子夫的美貌，用春風象徵武帝的寵愛，用春風吹開桃花象徵歡愛雙方的嬌媚、甜蜜、幸運、得意和愛撫、溫存、欣喜、迷醉。月輪已高，猶在歌舞，又是歡愛正濃的表現。《長門賦》也寫了樹，寫了花，寫了月：「桂樹交而相紛兮，芳酷烈之誾誾」，「望中庭之藹藹兮，若季秋之降霜」。詩裏的景物包含着自身以外的比興意義，賦裏的景物僅僅是構造某種美學意境的材料。《春宮怨》末句是「春寒賜錦袍」，由景及人了，但賜袍的是武帝，受賜的是衛子夫，未及失寵者半句，何處表現春宮怨情？原來，微有春寒便受錦袍之賜，與第二句所寫的深夜猶爲君王歌舞一樣，都是受寵特重的表現。新人如此得幸，舊人被棄無疑，未言怨而怨情已現。《長門賦》寫的怨情却是直說出來的：「言我朝往而暮來兮，飲食樂而忘人，心慊移而不省故兮，交得意而相親。」「修薄具而自設兮，君曾不肯乎幸臨。」可見，王詩運用比興襯托等藝術手法，給人留足了想象的餘地，表現了婉曲蘊藉的美。《長門賦》則運用白描和直接抒情的方法。當然它的白描不是純客觀的反映，而是飽和着強烈的感情；它的抒情也融滙着對眞僞美醜的慕怨欲惡，包含着封建社會裏的人生感慨和正確的美學評價，因而具有激動人心的感情力量。加上隔句一用「兮」字，增強了詠嘆的韻味，便顯示出一種悠長深厚的情韻之美。自然，優秀的抒情詩也不乏情韻，《長門賦》的情韻美更非一般大賦所有，這裏祇就兩篇作品的主要特徵做一比較而已。

由於《長門賦》在藝術表現方面達到的高度，加上它對封建制度、封建禮教具有一定程度的批判意義，歷來就被人們傳誦着，是古代抒情小賦中的名作。《長門賦》又是寫宮怨題材最早最成功的作品。班婕妤《自悼賦》以下許多寫春怨的辭賦，六朝以後尤其是唐代的許多宮詞，都受了該賦的滋溉。李白的樂府詩《白頭吟》，辛棄疾的詞《摸魚兒》等作品還都歌詠了該賦的故事。所以，《長門賦》是中國文學史上較有影響的一篇優秀作品，值得一讀。

（康金聲）

歸田賦

張衡

遊都邑以永久，無明略以佐時；徒臨川以羡魚，俟河清乎未期。感蔡子之慷慨，從唐生以決疑；諒天道之微昧，追漁父以同嬉。超埃塵以遐逝，與世事乎長辭。

於是仲春令月，時和氣清，原隰鬱茂，百草滋榮。王雎鼓翼，鶬鶊哀鳴，交頸頡頏，關關嚶嚶。於焉逍遙，聊以娛情。

爾乃龍吟方澤，虎嘯山丘。仰飛纖繳，俯釣長流。觸矢而斃，貪餌吞鉤。落雲間之逸禽，懸淵沉之魦鰡。

於時曜靈俄景，係以望舒。極般遊之至樂，雖日夕而忘劬。感老氏之遺誡，將回駕乎蓬廬。彈五弦之妙指，詠周、孔之圖書。揮翰墨以奮藻，陳三皇之軌模。苟縱心於物外，安知榮辱之所如！

《歸田賦》是一篇很有名的抒情小賦。作者張衡是東漢傑出的科學家，也是著名的辭賦作家。他的《二京賦》洋洋大觀，是東漢大賦中有代表性的作品。但《二京》是模擬班固《兩都》的，雖在具體描述上有所變化，畢竟缺少創造性，從文學發展的觀點來看，還不如這篇《歸田賦》。

有人說，兩漢是大賦的天下，這並不對，實際當時的抒情賦也不少。漢初的賈誼且不說，就是武、宣以後的大賦作家如司馬相如、揚雄等也都寫過極好的抒情小賦。張衡這篇賦的特點既不在於「抒情」，也不在於篇幅「小」，而在於它的內容和形式都有其別致之處。

先從內容說起吧。

魯迅曾說我國古代文學可分爲廊廟文學和山林文學兩大類，那是一種憤激之談，實際情況要複雜得多。但這兩種文學確實存在，而且源遠流長。廊廟文學的祖先當推《詩經》中的雅、頌，漢代的一些大賦卽其支流，這是比較明顯的。山林文學的原始就不大好說了。照傳統的解釋，《詩經・陳風》中的《衡門》應是山林文學之祖。這首詩共三章，全文是：

衡門之下，可以棲遲。泌之洋洋，可以樂饑。
豈其食魚，必河之魴。豈其取妻，必齊之姜？
豈其食魚，必河之鯉。豈其取妻，必宋之子？

如我們以第一章爲賦，後兩章爲比，則可以認爲此詩寫的是安於過貧困的隱居生活；反之，如認爲後兩章中的後兩句是賦，而其餘是興或比，那就祇能理解爲講選擇對象的問題了。所以還不能確定它爲山林文學的開宗之作。比較沒有爭議的山林文學恐怕要從諸子中去找。《論語》中的「長沮、桀溺章」也許可算作第一篇，《莊子》中的片斷更多一些，比較完整的則有《漁父》。但這些作品都還不能說是以描寫山林田園隱居生活爲目的，淮南小山的《招隱士》才是以此爲主，然其意義却相反，它是反對隱居的。故如用「椎輪爲大輅之始」這個成語來打比，它們都祇能說是「椎輪」，祇有張衡這篇《歸田》才能說是「大輅」，也就是比較典型的山林文學。因爲它的全文雖不足三百字，但把多數山林文學在內容上的基本特點都體現出來了。

賦開頭十句是講自己想歸田的原因。張衡生於漢章帝建初三年（七八），卒於順帝永和四年（一三九），和帝永元七年（九五）開始至京都。中間除安帝永初三年至七年（一〇九——一一三）曾離京任南陽主簿外，長期在京城，至順帝永和元年（一三六）才離京任河間相及至逝世。此賦首言「遊都邑以永久」，雖不知作於何年，似當在和帝末年（一〇五）以後。這時東漢政權已在走下坡路，外戚、宦官交替專權，故張衡發出「俟河清乎未期」的感嘆。至於所謂「感蔡子之慷慨，從唐生以決疑」，不過是一種設辭，實際上他認爲天道隱晦難知，根本不用去占卜，所以接着就說要「追漁父以同嬉」而「與世事乎長辭」。這「漁父」是指

《莊子》和《楚辭》兩書《漁父》中的漁父，他是隱士的代稱。張衡這種把清高的隱士生活與仕途的險惡對立起來的思想，正是後來許多山林文學的基本內容，而且也是這類文學作品具有某種積極意義的原因。

從「於是仲春令月」以下是正面寫山林隱居之樂。其中又分三層：「聊以娛情」以上是寫山林自然環境的美麗，作者祇寫了仲春的風光，因爲這時自然風景最優美，足以代表其餘，同時接着從「爾乃龍吟方澤」到「懸淵沉之魦鰡」是寫山林漁獵之樂，而古人的漁獵一般是在秋冬，故兩段實際上又是互相補充的，把一年四季山林生活之樂都概括進去了。但這些還祇是山林之樂的一面，作者認爲僅僅這樣，就會像《老子》中所說的那樣：「馳騁畋獵，令人心發狂。」因此他在用「於是曜靈俄景」四句對上兩層文字加以收束後，立卽用「感老氏之遺誡」領起，轉入到寫家居的琴書之樂。然後以縱心「物外」，忘懷「榮辱」作結。這些，也是後來山林文學常見的基本內容。

在形式上，這篇賦也有不同於過去的抒情小賦的特色。

西漢及東漢初年抒情小賦的形式大抵不外是楚騷體、四言詩體（基本上用四言）和散韻夾雜的文賦體三種。《歸田》則不同，它基本上是一篇四六句的駢體韻文，後代的駢賦卽由此發端。在語言風格上它也同過去的作品有區別：既不追求詞藻的鋪張，也不講究氣勢的排盪，而是力求用精練雅致的語言去表現鮮明的意境。如形容春鳥則用「鼓翼」、「哀鳴」、「交頸頡頏，關關嚶嚶」。使人如見其形，如聞其音。形容自己的吟、嘯則用「龍吟方澤，虎嘯山丘」，表現雖隱居而仍有豪氣。而「仰飛纖繳，俯釣長流。觸矢而斃，貪餌吞鈎」的描寫，則既反映了自己那種悠然自得的情緒，又暗示了貪戀仕途的危險。同時，爲了盡量使語言駢化而結構緊湊，作者還在文意的轉折上下了功夫，在可以避免使用轉折詞語時竭力避免。如「諒天道之微昧，追漁父以同嬉」，以及「極般遊之至樂，雖日夕而忘劬。感老氏之遺誡，將回駕乎蓬廬」。就都是用的不着痕跡的暗轉的方法。這些都不僅爲後來的駢賦，也爲後來的駢散文乃至詩歌都提供了有益的經驗。

（馬積高）

史記·項羽本紀（節錄）

司馬遷

項籍者，下相人也，字羽。初起時，年二十四。其季父項梁。梁父卽楚將項燕，爲秦將王翦所戮者也。項氏世世爲楚將，封於項，故姓項氏。項籍少時，學書不成，去，學劍，又不成。項梁怒之。籍曰：「書，足以記名姓而已。劍，一人敵，不足學。學萬人敵。」於是項梁乃教籍兵法。籍大喜。略知其意，又不肯竟學。項梁嘗有櫟陽逮，乃請蘄獄掾曹咎書抵櫟陽獄掾司馬欣，以故事得已。項梁殺人，與籍避讎於吳中，吳中賢士大夫皆出項梁下。每吳中有大繇役及喪，項梁常爲主辦，陰以兵法部勒賓客及子弟，以是知其能。秦始皇帝遊會稽，渡浙江。梁與籍俱觀。籍曰：「彼可取而代也！」梁掩其口，曰：「毋妄言，族矣！」梁以此奇籍，籍長八尺餘，力能扛鼎，才氣過人，雖吳中子弟，皆已憚籍矣。

秦二世元年七月，陳涉等起大澤中。其九月，會稽守通謂梁曰：「江西皆反，此亦天亡秦之時也。吾聞：『先卽制人，後則爲人所制。』吾欲發兵，使公及桓楚將。」

是時，桓楚亡在澤中。梁曰：「桓楚亡，人莫知其處，獨籍知之耳。」梁乃出，誡籍持劍居外待。梁復入，與守坐，曰：「請召籍，使受命召桓楚。」守曰：「諾。」梁召籍入。須臾，梁眴籍曰：「可行矣。」於是籍遂拔劍斬守頭。項梁持守頭，佩其印綬。門下大驚，擾亂，籍所擊殺數十百人。一府中皆慴伏，莫敢起。梁乃召故所知豪吏，諭以所爲起大事。遂舉吴中兵。使人收下縣，得精兵八千人。梁部署吴中豪傑爲校尉、侯、司馬。有一人不得用，自言於梁。梁曰：「前時某喪，使公主某事，不能辦。以此不任用公。」衆乃皆伏。於是梁爲會稽守，籍爲裨將，徇下縣。

廣陵人召平於是爲陳王徇廣陵，未能下。聞陳王敗走，秦兵又且至，乃渡江，矯陳王命，拜梁爲楚王上柱國。曰：「江東已定，急引兵西擊秦。」項梁乃以八千人渡江而西。聞陳嬰已下東陽，使使欲與連和俱西。陳嬰者，故東陽令史，居縣中，素信謹，稱爲長者。東陽少年殺其令，相聚數千人，欲置長，無適用，乃請陳嬰。嬰謝不能，遂强立嬰爲長，縣中從者得二萬人。少年欲立嬰便爲王，異軍蒼頭特起。陳嬰母謂嬰曰：「自我爲汝家婦，未嘗聞汝先古之有貴者。今暴得大名，不祥。不如有所屬，事成，猶得封侯，事敗，易以亡，非世所指名也。」嬰乃不敢爲王。謂其軍吏曰：「項氏世世將家，有名於楚。今欲舉大事，將非其人不可。我倚名族，亡秦必矣。」於是衆從其言，以兵屬項梁。項梁渡淮，黥布、蒲將軍亦以兵屬焉。凡六七萬人，軍下邳。

……

項梁聞陳王定死，召諸别將會薛計事。此時，沛公亦起沛，往焉。居鄛人范增，年七十，素居家，好奇計。往說項梁曰：「陳勝敗固當。夫秦滅六國，楚最無罪。自懷王入秦不反，楚人憐之至今，故楚南公曰：『楚雖三户，亡秦必楚也。』今陳勝首事，不立楚後而自立，其勢不長。今君起江東，楚蜂起之將皆爭附君者，以君世世楚將，爲能復立楚之後也。」於是項梁然其言，乃求楚懷王孫心，民間爲人牧羊，立以爲楚懷王，從民所望也。陳嬰爲楚上柱國，封五縣，與懷王都盱台。項梁自號爲武信君。

……

項梁使沛公及項羽別攻城陽，屠之。西破秦軍濮陽東。秦兵收入濮陽。沛公、項羽乃攻定陶。定陶未下，去。西略地至雍丘，大破秦軍，斬李由。還攻外黄，外黄未下。

項梁起東阿，西北至定陶，再破秦軍，項羽等又斬李由，益輕秦，有驕色。宋義乃諫項梁曰：「戰勝而將驕卒惰者敗。今卒少惰矣，秦兵日益，臣爲君畏之！」項梁弗聽。乃使宋義使於齊。道遇齊使者高陵君顯。曰：「公將見武信君乎？」曰：「然。」曰：「臣論武信君軍必敗。公徐行即免死，疾行則及禍。」秦果悉起兵益章邯，擊楚軍，大破之定陶。項梁死。

沛公、項羽去外黄，攻陳留。陳留堅守，不能下。沛公、項羽相與謀曰：「今項梁軍破，士卒恐。」乃與呂臣軍俱引兵而東。呂臣軍彭城東，項羽軍彭城西，沛公軍碭。

章邯已破項梁軍，則以爲楚地兵不足憂，乃渡河擊趙，大破之。當此時，趙歇爲王，陳餘爲將，張耳爲相，皆走入鉅鹿城。章邯令王離、涉間圍鉅鹿。章邯軍其南，築甬道而輸之粟。陳餘爲將，將卒數萬人而軍鉅鹿之北，此所謂河北之軍也。

楚兵已破於定陶，懷王恐，從盱台之彭城，並項羽、呂臣軍自將之。以呂臣爲司徒；以其父呂青爲令尹；以沛公爲碭郡長，封爲武安侯，將碭郡兵。

初，宋義所遇齊使者高陵君顯在楚軍，見楚王曰：「宋義論武信君之軍必敗，居數日，軍果敗。兵未戰而先見敗徵，此可謂知兵矣。」王召宋義與計事而大說之，因置以爲上將軍；項羽爲魯公，爲次將；范增爲末將；救趙。諸別將皆屬宋義，號爲卿子冠軍。行至安陽，留四十六日不進。項羽曰：「吾聞秦軍圍趙王鉅鹿，疾引兵渡河，楚擊其外，趙應其內，破秦軍必矣。」宋義曰：「不然。夫搏牛之虻不可以破蟣虱。今秦攻趙，戰勝則兵罷，我承其敝；不勝，則我引兵鼓行而西，必舉秦矣。故不如先鬥秦、趙。夫被堅執銳，義不如公；坐而運策，公不如義。」因下令軍中曰：「猛如虎，很如羊，貪如狼，彊不可使者，皆斬之！」乃遣其子宋襄相齊，身送之至無鹽，飲酒高會。天寒大雨，士卒凍飢。項羽曰：「將戮力而攻秦，久留不行。今歲飢民貧，士卒食芋菽，軍無見粮，乃飲酒高會，不引兵渡河，因趙食，與趙并力攻秦，乃曰『承其敝』。夫以秦之彊，攻新造之趙，其勢必舉趙。趙舉而秦彊，何敝之承！且國兵新破，王坐不安席，掃境內而專屬於將軍，國家安危，在此一舉。今不恤士卒而徇其私，非社稷之臣。」項羽晨朝上將軍宋義，卽其帳中斬宋義頭。出令軍中曰：「宋義與齊謀反楚，楚王陰令羽誅之。」當是時，諸將皆慴服，莫敢枝梧。皆曰：「首立楚者，將軍家也。今將軍誅亂。」乃相與共立羽爲假上將軍。使人追宋義子，及之齊，殺之。使桓楚報命於懷王。懷王因使項羽爲上將軍，當陽君、蒲將軍皆屬項羽。

項羽已殺卿子冠軍，威震楚國，名聞諸侯。乃遣當陽君、蒲將軍將卒二萬，渡河救鉅鹿。戰少利。陳餘復請兵。項羽乃悉引兵渡河，皆沉船，破釜甑，燒廬舍，持三日粮，以示士卒必死，無一還心。於是至則圍王離。與秦軍遇，九戰，絕其甬道，大破之。殺蘇角，虜王離。涉間不降楚，自燒殺。當是時，楚兵冠諸侯。諸侯軍救鉅鹿下者十餘壁，莫敢縱兵。及楚擊秦，諸將皆從壁上觀。楚戰士無不一以當十。楚兵呼聲動天，諸侯軍無不人人惴恐。於是已破秦軍，項羽召見諸侯將。諸侯將入轅門，無不膝行而前，莫敢仰視。項羽由是始爲諸侯上將軍，諸侯皆屬焉。

……

項羽使蒲將軍日夜引兵度三户，軍漳南，與秦戰，再破之。項羽悉引兵擊秦軍汙水上，大破之。章邯使人見項羽，欲約。項羽召軍吏謀曰：「糧少，欲聽其約。」軍吏皆曰：「善。」項羽乃與期洹水南殷虛上。已盟，章邯見項羽而流涕，爲言趙高。項羽乃立章邯爲雍王，置楚軍中；使長史欣爲上將軍，將秦軍，爲前行。到新安。諸侯吏卒異時故繇使屯戍過秦中，秦中吏卒遇之多無狀，及秦軍降諸侯，諸侯吏卒乘勝，多奴虜使之，輕折辱秦吏卒。秦吏卒多竊言曰：「章將軍等詐吾屬降諸侯，今能入關破秦，大善；即不能，諸侯虜吾屬而東，秦必盡誅吾父母妻子。」諸將微聞其計，以告項羽。項羽乃召黥布、蒲將軍計曰：「秦吏卒尚衆，其心不服。至關中，不聽，事必危。不如擊殺之，而獨與章邯、長史欣、都尉翳入秦。」於是楚軍夜擊阬秦卒二十餘萬人新安城南。

行，略定秦地，至函谷關，有兵守關，不得入。又聞沛公已破咸陽。項羽大怒，使當陽君等擊關。項羽遂入，至於戲西。

沛公軍霸上，未得與項羽相見。沛公左司馬曹無傷使人言於項羽曰：「沛公欲王關中，使子嬰爲相，珍寶盡有之。」項羽大怒，曰：「旦日饗士卒，爲擊破沛公軍！」

當是時，項羽兵四十萬，在新豐鴻門；沛公兵十萬，在霸上。范增說項羽曰：「沛公居山東時，貪於財貨，好美姬。今入關，財物無所取，婦女無所幸，此其志不在小。吾令人望其氣，皆爲龍虎，成五彩，此天子氣也。急擊勿失！」

楚左尹項伯者，項羽季父也，素善留侯張良。張良是時從沛公。項伯乃夜馳之沛公軍，私見張良，具告以事，欲呼張良與俱去，曰：「毋從俱死也。」張良曰：「臣爲韓王送沛公。沛公今事有急，亡去，不義。不可不語。」良乃入，具告沛公。沛公大驚，曰「爲之奈何？」張良曰：「誰爲大王爲此計者？」曰：「鯫生說我曰：『距關毋內諸侯，秦地可盡王也。』故聽之。」良曰：「料大王士卒足以當項王乎？」沛公默然，曰：「固不如也。且爲之奈何？」張良曰：「請往謂項伯，言沛公不敢背項王也。」沛公曰：「君安與項伯有故？」張良曰：「秦時與臣遊，項伯殺人，臣活之。今事有急，故幸來告良。」沛公曰：「孰與君少長？」良曰：「長於臣。」沛公曰：「君爲我呼入，吾得兄事之。」張良出，要項伯。項伯卽入見沛公。沛公奉卮酒爲壽，約爲婚姻，曰：「吾入關，秋毫不敢有所近，籍吏民，封府庫，而待將軍。所以遣將守關者，備他盜之出入與非常也。日夜望將軍至，豈敢反乎！願伯具言臣之不敢倍德也。」項伯許諾。謂沛公曰：「旦日不可不蚤自來謝項王！」沛公曰：「諾。」於是項伯復夜去。至軍中，具以沛公言報項王。因言曰：「沛公不先破關中，公豈敢入乎？

今人有大功而擊之，不義也。不如因善遇之。」項王許諾。

沛公旦日從百餘騎來見項王，至鴻門，謝曰：「臣與將軍戮力而攻秦，將軍戰河北，臣戰河南，然不自意能先入關破秦，得復見將軍於此。今者有小人之言，令將軍與臣有郤。」項王曰：「此沛公左司馬曹無傷言之，不然，籍何以至此。」項王卽日因留沛公與飲。項王、項伯東嚮坐；亞父南嚮坐——亞父者，范增也；沛公北嚮坐；張良西嚮侍。范增數目項王，舉所佩玉玦以示之者三。項王默然不應。范增起，出召項莊，謂曰：「君王爲人不忍，若入前爲壽，壽畢，請以劍舞，因擊沛公於坐，殺之。不者，若屬皆且爲所虜。」莊則入爲壽。壽畢，曰：「君王與沛公飲，軍中無以爲樂，請以劍舞。」項王曰：「諾。」項莊拔劍起舞，項伯亦拔劍起舞，常以身翼蔽沛公，莊不得擊。

於是張良至軍門，見樊噲。樊噲曰：「今日之事何如？」良曰：「甚急！今者項莊拔劍舞，其意常在沛公也。」噲曰：「此迫矣！臣請入，與之同命！」噲卽帶劍擁盾入軍門。交戟之衛士欲止不內，樊噲側其盾以撞，衛士僕地。噲遂入。披帷西嚮立，瞋目視項王，頭髮上指，目眦盡裂。項王按劍而跽曰：「客何爲者？」張良曰：「沛公之參乘樊噲者也。」項王曰：「壯士！賜之卮酒！」則與斗卮酒。噲拜謝，起，立而飲之。項王曰：「賜之彘肩！」則與一生彘肩。樊噲覆其盾於地，加彘肩上，拔劍切而啗之。項王曰：「壯士！能復飲乎？」樊噲曰：「臣死且不避，卮酒安足辭！夫秦王有虎狼之心，殺人如不能舉，刑人如恐不勝，天下皆叛之。懷王與諸將約曰：『先破秦入咸陽者王之。』今沛公先破秦入咸陽，毫毛不敢有所近，封閉宫室，還軍霸上，以待大王來。故遣將守關者，備他盜出入與非常也。勞苦而功高如此，未有封侯之賞，而聽細說，欲誅有功之人，此亡秦之續耳，竊爲大王不取也。」項王未有以應，曰：「坐！」樊噲從良坐。坐須臾，沛公起如廁，因招樊噲出。

沛公已出，項王使都尉陳平召沛公。沛公曰：「今者出，未辭也，爲之奈何？」樊噲曰：「大行不顧細謹，大禮不辭小讓。如今人方爲刀俎，我爲魚肉，何辭爲？」於是遂去。乃令張良留謝。良問曰：「大王來何操？」曰：「我持白璧一雙，欲獻項王，玉斗一雙，欲與亞父。會其怒，不敢獻。公爲我獻之。」張良曰：「謹諾。」當是時，項王軍在鴻門下，沛公軍在霸上，相去四十里。沛公則置車騎，脫身獨騎，與樊噲、夏侯嬰、靳彊、紀信等四人持劍盾步走，從酈山下，道芷陽間行。沛公謂張良曰：「從此道至吾軍，不過二十里耳。度我至軍中，公乃入。」沛公已去，間至軍中，張良入，謝曰：「沛公不勝杯杓，不能辭。謹使臣良奉白璧一雙，再拜獻大王足下；玉斗一雙，再拜奉大將軍足下。」項王曰：「沛公安在？」良曰：「聞大王有意督過之，脫身獨去，已至軍矣。」項王則受璧，置之坐上。亞父受玉斗，置之地，拔劍撞而破之，曰：「唉！豎子不足與謀！奪項王天下者，必沛公也，吾屬今爲之虜矣！」沛公至軍，立誅殺曹無傷。

居數日，項羽引兵西屠咸陽，殺秦降王子嬰。燒秦宮室，火三月不滅。收其貨寶婦女而東。人或說項王曰：「關中阻山河，四塞，地肥饒，可都以霸。」項王見秦宮室皆以燒殘破，又心懷思欲東歸，曰：「富貴不歸故鄉，如衣繡夜行，誰知之者！」說者曰：「人言楚人沐猴而冠耳，果然。」項王聞之，烹說者。

項羽本紀（節錄）

項王使人致命懷王。懷王曰：「如約。」乃尊懷王爲義帝。項王欲自王，先王諸將相。謂曰：「天下初發難時，假立諸侯後，以伐秦。然身被堅執鋭首事，暴露於野三年，滅秦定天下者，皆將相諸君與籍之力也。義帝雖無功，故當分其地而王之。」諸將皆曰：「善。」乃分天下，立諸將爲侯王。

項王、范增疑沛公之有天下，業已講解，又惡負約，恐諸侯叛之，乃陰謀曰：「巴、蜀道險，秦之遷人皆居蜀。」乃曰：「巴、蜀亦關中地也。」故立沛公爲漢王，王巴、蜀、漢中，都南鄭。而三分關中，王秦降將以距塞漢王。……項王自立爲西楚霸王，王九郡，都彭城。

漢之元年四月，諸侯罷戲下，各就國。項王出之國，使人徙義帝，曰：「古之帝者地方千里，必居上游。」乃使使徙義帝長沙郴縣，趣義帝行。其羣臣稍稍背叛之。乃陰令衡山、臨江王擊殺之江中。……

是時，漢還定三秦。項羽聞漢王皆已并關中，且東；齊、趙叛之，大怒。乃以故吴令鄭昌爲韓王，以距漢；令蕭公角等擊彭越。彭越敗蕭公角等。漢使張良徇韓，乃遺項王書曰：「漢王失職，欲得關中，如約卽止，不敢東。」又以齊、梁反書遺項羽，曰：「齊欲與趙并滅楚。」楚以此故，無西意，而北擊齊。……漢之二年冬，項羽遂北至城陽，田榮亦將兵會戰。田榮不勝，走至平原，平原民殺之。遂北燒夷齊城郭室屋，皆坑田榮降卒，係虜其老弱婦女。徇齊至北海，多所殘滅。齊人相聚而叛之。於是田榮弟田横收齊亡卒，得數萬人，反城陽。項王因留，連戰未能下。

春，漢王部五諸侯兵凡五十六萬人，東伐楚。項王聞之，卽令諸將擊齊，而自以精兵三萬人南從魯出胡陵。四月，漢皆已入彭城，收其貨寶、美人，日置酒高會。項王乃西，從蕭晨擊漢軍，而東至彭城。日中，大破漢軍。漢軍皆走，相隨入谷、泗水，殺漢卒十餘萬人。漢卒皆南走山，楚又追擊至靈壁東睢水上。漢軍却，爲楚所擠，多殺漢卒十餘萬人，皆入睢水，睢水爲之不流。圍漢王三匝，於是大風從西北而起，折木發屋，揚沙石，窈冥晝晦，逢迎楚軍。楚軍大亂，壞散，而漢王乃得與數十騎遁去。欲過沛，收家室而西。楚亦使人追之沛，取漢王家。家皆亡，不與漢王相見。漢王道逢得孝惠、魯元，乃載行。楚騎追漢王，漢王急，推墮孝惠、魯元車下，滕公常下收載之。如是者三。曰：「雖急，不可以驅，奈何棄之！」於是遂得脫。求太公、呂后，不相遇。審食其從太公、呂后間行，求漢王，反遇楚軍。楚軍遂與歸，報項王。項王常置軍中。

是時，呂后兄周呂侯爲漢將兵居下邑。漢王間往從之，稍稍收其士卒。至滎陽，諸敗軍皆會；蕭何亦發關中老弱未傅，悉詣滎陽，復大振。楚起於彭城，常乘勝逐北，與漢戰滎陽南京、索間。漢敗楚，楚以故不能過滎陽而西。……

漢軍滎陽，築甬道屬之河，以取敖倉粟。漢之三年，項王數侵奪漢甬道。漢王食乏，恐，請和，割滎陽以西爲漢。項王欲聽之。歷陽侯范增曰：「漢易與耳。今釋弗取，後必悔之。」項王乃與范增急圍滎陽。漢王患之，乃用陳平計，間項王。項王使者來，爲太牢具，舉欲進之。見使者，佯驚愕，曰：「吾以爲亞父使者，乃反項王使者！」更持去，以惡食食項王使者。使者歸，報項王。項王乃疑范增與漢有私，稍奪之權。范增大怒，曰：「天下事大定矣，君王自爲之！願賜骸骨歸卒伍！」項王許之。

項羽本紀（節錄）

行未至彭城，疽發背而死。

……

當此時，彭越數反梁地，絕楚糧食。項王患之。爲高俎，置太公其上，告漢王曰：「今不急下，吾烹太公。」漢王曰：「吾與項羽俱北面受命懷王，曰『約爲兄弟』，吾翁卽若翁。必欲烹而翁，則幸分我一杯羹。」項王怒，欲殺之。項伯曰：「天下事未可知。且爲天下者不顧家，雖殺之，無益，祇益禍耳。」項王從之。

楚、漢久相持未決，丁壯苦軍旅，老弱罷轉漕。項王謂漢王曰：「天下匈匈數歲者，徒以吾兩人耳。願與漢王挑戰決雌雄，毋徒苦天下之民父子爲也！」漢王笑謝曰：「吾寧鬥智，不能鬥力。」項王令壯士出挑戰，漢有善騎射者樓煩，楚挑戰三合，樓煩輒射殺之。項王大怒，乃自被甲持戟挑戰。樓煩欲射之，項王瞋目叱之，樓煩目不敢視，手不敢發，遂走還入壁，不敢復出。漢王使人間問之，乃項王也。漢王大驚。於是項王乃卽漢王，相與臨廣武間而語。漢王數之。項王怒，欲一戰，漢王不聽。項王伏弩射中漢王。漢王傷，走入成皋。

……

是時，漢兵盛食多，項王兵罷食絕。漢遣陸賈說項王，請太公。項王弗聽。漢王復使侯公往說項王，項王乃與漢約，中分天下，割鴻溝以西者爲漢，鴻溝而東者爲楚。項王許之，卽歸漢王父母妻子。軍皆呼萬歲。……項王已約，乃引兵解而東歸。

漢欲西歸，張良、陳平說曰：「漢有天下太半，而諸侯皆附之。楚兵罷食盡，此天亡楚之時也。不如因其機而遂取之。今釋弗擊，此所謂『養虎自遺患』也。」漢王聽之。漢五年，漢王乃追項王，至陽夏南，止軍，與淮陰侯韓信、建成侯彭越期會而擊楚軍。至固陵，而信、越之兵不會。楚擊漢軍，大破之。漢王復入壁，深塹而自守。謂張子房曰：「諸侯不從約，爲之奈何？」對曰：「楚兵且破，信、越未有分地，其不至固宜。君王能與共分天下，今可立致也；即不能，事未可知也。君王能自陳以東傅海，盡與韓信；睢陽以北至穀城，以與彭越；使各自爲戰，則楚易敗也。」漢王曰：「善。」於是乃發使者，告韓信、彭越曰：「并力擊楚。楚破，自陳以東傅海與齊王，睢陽以北至穀城與彭相國。」使者至，韓信、彭越皆報曰：「請今進兵。」韓信乃從齊往，劉賈軍從壽春并行，屠城父，至垓下；大司馬周殷叛楚，以舒屠六；舉九江兵，隨劉賈、彭越，皆會垓下，詣項王。

項王軍壁垓下，兵少食盡。漢軍及諸侯兵圍之數重。夜聞漢軍四面皆楚歌，項王乃大驚，曰：「漢皆已得楚乎？是何楚人之多也！」項王則夜起，飲帳中。有美人名虞，常幸從，駿馬名騅，常騎之。於是項王乃悲歌忼慨，自爲詩曰：「力拔山兮氣蓋世，時不利兮騅不逝。騅不逝兮可奈何！虞兮虞兮奈若何！」歌數闋，美人和之。項王泣數行下，左右皆泣，莫能仰視。

於是項王乃上馬騎，麾下壯士騎從者八百餘人，直夜潰圍南出，馳走。平明，漢軍乃覺之，令騎將灌嬰以五千騎追之。項王渡淮，騎能屬者百餘人耳。項王至陰陵，迷失道，問一田父，田父紿曰：「左。」左，乃陷大澤中。以故漢追及之。項王乃復引兵而東，至東城，乃有二十八騎。漢騎追者數千人。項王自度不得脫，謂其騎曰：「吾起兵至今八歲矣，身七十餘戰，所當者破，所擊者服，未嘗敗北，遂霸有天下。

然今卒困於此。此天之亡我，非戰之罪也。今日固決死，願爲諸君快戰，必三勝之，爲諸君潰圍，斬將，刈旗，令諸君知天亡我，非戰之罪也。」乃分其騎以爲四隊，四嚮。漢軍圍之數重。項王謂其騎曰：「吾爲公取彼一將。」令四面騎馳下，期山東爲三處。於是項王大呼馳下，漢軍皆披靡，遂斬漢一將。是時赤泉侯爲騎將，追項王，項王瞋目而叱之，赤泉侯人馬俱驚，辟易數里。與其騎會爲三處，漢軍不知項王所在。乃分軍爲三，復圍之。項王乃馳，復斬漢一都尉，殺數十百人，復聚其騎，亡其兩騎耳。乃謂其騎曰：「何如？」騎皆伏曰：「如大王言。」

於是項王乃欲東渡烏江。烏江亭長檥船待，謂項王曰：「江東雖小，地方千里，衆數十萬人，亦足王也。願大王急渡！今獨臣有船，漢軍至，無以渡。」項王笑曰：「天之亡我，我何渡爲？且籍與江東子弟八千人渡江而西，今無一人還，縱江東父兄憐而王我，我何面目見之？縱彼不言，籍獨不愧於心乎！」乃謂亭長曰：「吾知公長者。吾騎此馬五歲，所當無敵，嘗一日行千里，不忍殺之，以賜公。」乃令騎皆下馬步行，持短兵接戰。獨籍所殺漢軍數百人。項王身亦被十餘創。顧見漢騎司馬呂馬童，曰：「若非吾故人乎？」馬童面之，指王翳曰：「此項王也。」項王乃曰：「吾聞漢購我頭千金，邑萬户，吾爲汝德。」乃自刎而死。王翳取其頭，餘騎相蹂踐爭項王，相殺者數十人。……

項王已死，楚地皆降漢，獨魯不下。漢乃引天下兵，欲屠之。爲其守禮義，爲主死節，乃持項王頭視魯。魯父見乃降。始，楚懷王初封項籍爲魯公，及其死，魯最後下，故以魯公禮葬項王穀城。漢王爲發哀，泣之而去。……

太史公曰：吾聞之周生曰：「舜目蓋重瞳子。」又聞項羽亦重瞳子，羽豈其苗裔邪？何興之暴也！夫秦失其政，陳涉首難，豪傑蠭起，相與并爭，不可勝數。然羽非有尺寸，乘勢起隴畝之中，三年，遂將五諸侯滅秦，分裂天下，而封王侯，政由羽出，號爲霸王；位雖不終，近古以來，未嘗有也。及羽背關懷楚，放逐義帝而自立，怨王侯叛己，難矣。自矜功伐，奮其私智而不師古，謂霸王之業，欲以力征，經營天下，五年卒亡其國。身死東城，尚不覺寤，而不自責，過矣。乃引「天亡我，非用兵之罪也」，豈不謬哉！

自從古希臘羅馬以來，西方人對悲劇的看法，一般都認爲悲劇主角是命運的犧牲品。黑格爾甚至把它引用到歷史中的眞人眞事上來，認爲英雄不過是上蒼的工具罷了，免不了當悲劇的主角。不過人類決不滿意於被征服的消極描寫，而要寫出對命運的反抗，至少要寫出反抗的意志。即使在知識不發達的古代，藝術家也要竭力渲染英雄的搏鬥，寫出他對命運的反征服；而且既然是悲劇，這些作品中所反映的英雄在命運面前的巍然屹立，便足以不朽。悲劇之所以驚天地、泣鬼神，不以其所寫的英雄徒勞搏鬥而喪失價值，原因就在於此。中國古代沒有關於悲劇的明確概念，但在英雄題材的神話和傳記裏，不乏悲劇手法的實例。司馬遷《項羽本紀》（以下簡稱爲《本紀》）就是其中之一。

司馬遷寫項羽的失敗，直截了當；寫他的反征服，則一唱三嘆，言有盡而意無窮。這是《本紀》的一條主脈。然而司馬遷的史筆，并不因此而不實。（後世以項羽爲小丑的人所用的史料，依然要取之於《本紀》）司馬遷只是不善用——也許是不樂用——純客觀的史筆。他的英雄史觀在《本紀》裏，自然是大筆濡染，濃墨淋漓的。

有別於歷史上眞正存在的英雄的反征服，悲劇主角的「反征服」不必要求在歷史事件中確實完成。《本紀》一開頭就撒下它的種子。明朝人張溥論《史記》說，劉邦項羽都是在秦王朝的霸業的開始和極盛的日子誕生的。司馬遷也有這種興亡在於機會的觀點，所以他一開頭便寫始皇渡江的盛況和項羽的嶄露頭角。項羽認爲秦皇可以取而代之的話，正說在這個交叉點上。這寥寥一語便使項羽的天縱之才立刻進入讀者腦海，開篇所敍的書劍之學反而成了陪襯。應運挺生者其實乃是命運的「工具」。征服秦王朝并非項羽的個人事業，却是注定了由他扮演主角的事業。文中，司馬遷不說項羽的才能是勤學苦練的結果，其實他何嘗不知世上沒有不經勤苦鍛煉而輕易得到的才能？司馬遷在《報任少卿書》中列舉古往今來的聖賢豪傑，哪一個沒下過苦功夫？天縱之而天熄之，不過是英雄塑像的明暗交輝，是司馬遷宣揚英雄史觀的一種悲劇手法。不這樣去理解，就會錯認《本紀》爲才子欺人之筆。

《本紀》在垓下突圍時，對英雄的末路有這樣一段出色的描寫：「項王軍壁垓下，兵少食盡。漢軍及諸侯兵圍之數重。夜聞漢軍四面皆楚歌，項王乃大驚，曰：『漢皆已得楚乎？是何楚人之多也！』項王則夜起，飲帳中。有美人名虞，常幸從；駿馬名騅，常騎之。於是項王乃悲歌忼慨，自爲詩曰：『力拔山兮氣蓋世，時不利兮騅不逝。騅不逝兮可奈何！虞兮虞兮奈若何！』歌數闋，美人和之。項王泣數行下，左右皆泣，莫能仰視。」項羽在喪失天下的最後時刻，所心疼的却只有女人和駿馬。這不是貶項羽，也不是從兒女情長上同情項羽，而是悲劇家用弱者的同情反襯強者的可悲命運，是描寫他對命運反征服的有意安排。能使拔山蓋世之人爲之泣下的決不是奴隸。後人詠虞姬說：「貞魂化作原頭草，不逐東風入漢郊。」千軍萬馬踏不倒這一點「貞魂」，這就是反征服。司馬遷的絃外之音，在這首詩中得到了藝術的發揮。連烏騅馬也馱着「大王」，直到烏江自刎。到底她（它）們是不負英雄的。換句話說，沒有她（它）們就烘托不出項羽反征服的英雄本色。她（它）們是反征服的伴侶。拔山蓋世，至死不屈，而見證於茲者只有他的駿馬名姝。

爲什麼不寫得更多一些，因爲項羽畢竟不是民心所歸的人物，把他寫成萬人號泣的對象就違背歷史了。司馬遷對項羽不管多麼崇拜，他的史筆還是眞實的。泣數行下的「泣」，當然不是哀哀哭泣。有下文烏江自刎前的岸然一笑可以託住。「數行」兩字不是點，不是線，不是涕泗交加，不是老淚縱橫——想當年略讀兵書，便知大意，也是數行俱下的吧？——這兩字該說得自洗煉。至於「下」字呢？那是個剛性字，略如杜詩「無邊落木蕭蕭下，不盡長江滾滾來」的「下」字，和陶詩「種豆南山下……」的「下」字，各有神韻。杜有涵蓋乾坤的眼界，陶有巋然不動的志節，項羽的「泣下」有不服、不甘與悲憤的意味，自當和無可奈何的垂淚不同。

至於項羽失敗的眞正原因，史學家自有見解。我只能估計，項羽決不是敗於鴻門宴不殺劉邦的失策，不是敗於不都長安而都彭城，也不如崔東壁所說，敗於不擊漢軍於初起而東伐齊，甚至司馬遷所開列的錯誤單子也不是眞正的原因。眞正的原因在於項氏集團完全不重視經濟發展，他本人就對生產一竅不通。美國地理學家辛浦爾指出，古代的遊牧民族，儘管剽悍迅猛，勢如破竹，却不得不在長期持久的鬥爭中輸給立足於耕戰的農業大國（見所著《地理環境之影響》）。國力的根本是生產，而項羽是貴族軍人，如同歐洲中世紀的騎士那樣鄙夷生計，如同日本的西鄉隆盛那樣鄙夷百姓兵。他們不以「不治家人生產」爲失計，反而以此爲無上的光榮。項羽所帶的是一羣飛揚跋扈，好戰敢死的江東子弟兵（吳兵的剽悍早在《左傳》裏已有記載）。在他們那個集團裏沒有人會抓生產，也沒有人想抓生產。漢王朝建立後，鄂千秋在朝廷上說：「漢與楚相守滎陽數年，軍無見糧。蕭何轉漕關中，給食不乏。陛下雖數亡山東，蕭何常全關中以待陛下，此萬世之功也。」一語道破了劉項成敗的總關鍵。這個道理，司馬遷未必不懂，鄂千秋的話不是他親筆記下的嗎？但是在《本紀》裏照這樣寫，就成了史論，而不是悲劇；打天下就不那麼羅曼諦克。這和全文的悲劇氣氛不諧調。司馬遷把這個道理留到蕭何的傳記裏去寫，而不寫入《本紀》，正是爲着塑造悲劇主角項羽。這是耐人尋味的。

司馬遷不僅是史學家和文學家，在某種程度上他還是哲學家。他雖然崇拜英雄，卻不把歷史現象單純視爲傑出人物的活動。他首先確認項羽的失敗有現實的因果，是「霸王之業，欲以力征」和「奮其私智」所致。在《高帝本紀》裏，司馬遷不得不稱頌天命，結論中所說的「天統」實際却是指三代的民風和治術。在知識不發達的古代，往往把歷史的必然叫做天命，這其中未必不含唯物主義的樸素思想。悲劇主角的致命傷，不在神祇的意志，而在歷史的必然趨勢，這是司馬遷進步歷史觀的萌芽，堪稱那個時代卓越的見識。它說明文學家司馬遷的手筆，并沒有攪亂哲學家司馬遷的視線。有人說，舞臺而有幕布，好比平面的繪畫，舞臺而沒有幕布，好比立體的雕刻。那麼司馬遷的粗淺哲學，就要承包這一座沒有幕布的舞臺。不過傳記畢竟不是戲劇，它不僅要觀衆一看就愛，還要觀衆一看就懂。這裏，眼光的能否透視，是懂與不懂的關鍵。史傳作者自己不會透視，怎能幫助讀者去透視？司馬遷的哲學雖淺，它的關係不淺。他靠着這一點歷史觀，通古今之變，透視了歷史。請看司馬遷在「秦楚之際月表」的序文裏所顯露的眼光。

序文一開頭就說：「初作難，發於陳涉；虐戾滅秦，自項氏；撥亂誅暴，平定海內，卒踐帝祚，成於漢家。」三十個字概括了一個不可逆轉的歷史過程。現在知道——當時可不容易知道——在秦末農民大起義中，最初發難的只能是陳勝、吳廣這樣的戍卒。別人還在伺機觀變的時候，他們就打響了頭一炮，因爲他們沒有可以失去的東西。歷史的幕布即將拉開，劉邦却只能縱所送徒曰：「公等皆去，吾亦從此逝矣。」項氏也只能「陰以兵法部勒賓客及子弟」。是盧是雉，他們不敢輕易下注。

但是倉卒糾合的起義羣衆，和強大的秦軍對壘，很難不被擊敗。司馬遷一再點明，「秦軍復振」，「秦兵強，常乘勝逐北」，「秦兵尚強，未可輕」，甚至秦軍投降以後，也沒有士氣消沉，「秦吏卒尚衆，其心不服，至關中不聽，事必危」。要知道，秦政權不是歲月淹綿，在下坡路的終點被人消滅，而是蛇吞鯨飲，在

項羽本紀（節錄）

消化不下的時候被人折斷的。秦王朝的兵力不可能在一夜之間全部喪失；陳涉的起義羣衆也不可能一下子變成能征慣戰的主力軍。那麼，下一步棋呢？六國之中，楚的潛力最大。被王翦六十萬大軍暫時征服的楚國，也衹缺少一面旗幟來重整山河。秦的軍事鎮壓在遙遠的大江南北，對楚未必十分有效。始皇遭博浪沙一擊後，不僅抓不到凶手，那逍遙法外的張良，何嘗一日停止活動？因而項梁一起，黥、蒲之屬望風歸附，連劉邦也「聞項梁在薛，從騎百餘往見之」。其聲威可以想見，「虐戾滅秦，自項氏」是又一個歷史的必然。但是楚人雖強，項氏却能破不能立，其弱點已如上述。最後平定海內的，當然只有劉邦了。

《項羽本紀》在這條經緯線上寫成。一開頭就抓住了項羽出場的特徵——一個二十四歲的年少英雄，只有老謀深算者劉邦年齡的一半。這兩位，一個是世代簪纓的貴族軍人，一個是白手起家的超級賭棍；一個是國恨家讎、刻骨銘心的復讎使者，一個是三教九流、風雲際遇的權詐之徒；一個從大到小都是悲劇，一個自始至終都是喜劇。請看項羽的戲，大至烏江自刎，小至鴻門宴賣了漢營中通楚的曹無傷，無不使人頓足。再請看劉邦的戲：一開頭，他老娘夢與龍交；他喝不起酒，偏巧遇上了好心腸的王婆；被推爲頭兒他顯得結結巴巴，這和項羽斬宋義，諸將慴伏得話都不及說完的威勢相比，相差何遠！再看後來他封雍齒、斬丁公等作爲，哪一樁不是小丑的活計？當然，劉邦的統一大業是有進步作用的，歷史決不否定劉邦。但司馬遷寫劉邦并不因其歷史功績便美化他個人流氓性格的眞實面目。司馬遷一方面不得不承認「撥亂誅暴，平定海內，卒踐帝祚，成於漢家」這一歷史事實，另一方面，對於漢家開國天子劉邦的流氓行徑却又不能不表示鄙夷。漢王朝雖是中國古代的盛世，但老百姓拋頭顱、灑熱血的勝利果實，被大小流氓奪去不少。司馬遷對此深感不平，所以定陳涉爲世家，定項羽爲本紀，用化整爲零的手段記下劉邦的眞像。這在當時，是旣要有勇氣，又要講技巧的。因司馬遷對漢家天子的不敬而斥罵他的，恐怕不止後生班固，當時也必有千夫之指，但司馬遷敢於冷對就是了。

然而可貴的是，司馬遷始終不叫感情作用溢出史實之外。劉邦作爲開國帝王的才幹，并沒有減少分毫。我們與其說司馬遷爲了當文學家，不屑純客觀地記載歷史；不如說他爲了當史學家，并未忘記本分而放縱文筆。

司馬遷崇拜項羽，但他的忠實記載使我們看到，一方面項羽白熱化的復仇主義烈焰，乘着年少英雄的才氣和精力，眞是無堅不摧；一方面禍福相倚，一帆風順的戰果使他意氣用事，過於自信。如司馬欣對項家有點好處就被他封土，不管此人是不是那塊材料；又如田榮有怨就寸土不封，不管此人有沒有實力。當秦軍主力已經潰敗的時候，項羽難道看不出咸陽城是苟延殘喘？只因爲復仇主義的狂熱蒙住了他的眼睛。他忘了，應該乘破秦之威，問田榮臨陣脫逃之罪，以免日後兩面作戰。在元末農民大起義中，朱元璋看見元王朝的氣數已盡，主要矛盾轉到羣雄，乃全力以赴地誅鋤陳友諒、張士誠、方國珍等割據者。這在反元起義的共同立場上似乎說不過去，但若不這樣，則羣雄并峙的局勢一成，元王朝反而不能消滅。項羽的處境與之相類。但項羽迫不及待地要火燒咸陽，一味只求報仇雪恨，以致坐失戰機，種下了悲劇的種子。若沒有這種子，則反征服的手筆就沒有歷史眞實來支撑它的反作用力。值得注意的是，反征服在這裏沒有實寫，大部分要借助讀者的想象力去理解。主角不知道自己何時撒下了種子，作者也有意不點明主角何時撒下了種子，他只是用絕妙的文筆直書史實，使你憑想象力，自己去認識主角。由於你的想象力受了作者的啓發，主角的形象就不設在平鋪直敘的場地上，而從四面八方凸显出來，這也算得是一種立體雕刻吧。

就拿項羽的書劍兩無成來說，司馬遷難道認爲項羽眞是不成材的朽木？他若連姓名的文字都認不得，那垓下之詩又從哪裏來的？他若連一人敵的劍術也未曾開竅，那整個太守府的兵將憑什麼被他懾伏呢？他若只有半瓶子醋的兵法，又怎麼挑得起反秦主力的擔子呢？其實這只是司馬遷用想象力的凸鏡，把實體放大成虛像。因爲司馬遷寫的是一個活生生的悲劇英雄，而不是要給項羽留下什麼書紀劍紀之類。如此而已，豈有他哉！在項羽刺殺宋義（既然不是明正典刑，就只能說刺殺）的一段記載裏，司馬遷使通常的對話產生變形，來刺激讀者的想象。在宋義的話，「夫披堅執銳，義不如公；坐而運策，公不如義」的下面，文筆立刻轉到「因下令軍中……」。本來「公不如義」下面還有許多要說的話，「夫」字是發語詞，意味着要講一番道理，可是話未說完，項羽就徑直下令，而且殺氣騰騰，前人評此爲「驕恣不堪」。及至宋義被殺，諸將震慴失次，「今將軍誅亂」下面的話，也是還沒有盡言，或雖出口而無人聽取。這些顯示了司馬遷有朝着事件的激湍奔流切取剖面的本領，給人以歷歷在目、身臨其境之感。又如項羽在鴻門一見劉邦，他的答話就吐出「此沛公左司馬曹無傷言之，不然，籍何以生此」。司馬遷在這裏又切斷了劉邦的話。劉邦的話并未說完，項羽就忙不疊地做出辯白。作者又給讀者留出地盤。那就是：只要「略定秦地」和「使當陽君等擊關」，使項羽「遂入」，項羽的怒火便已發泄一半。只要劉邦認錯，他就不好意思追究了。因爲只要他那神武大將軍的威力得到對方認可，項羽就不妨寬宏大量。劉邦光憑幾句軟話（實際并不太軟）是不能馬上奏效的。劉邦和項羽一起打過仗，深知項羽的火氣是什麼。請看，劉邦聽項羽說完了這半截話就杳無聲息，甚至項莊舞劍，他也若無其事。是司馬遷忘記寫了，還是史料在此中斷？我想都不是，而是司馬遷必須用暗筆來寫，才能使讀者想見劉邦的成竹在胸。

最離奇的筆法，在於垓下的尾聲，也就是反征服的最高峯。在那裏，前頭剛寫完「於是項王乃欲東渡烏江」十個清清楚楚的大字，底下突然接上「天之亡我，我何渡爲？」幾乎使人猜疑，司馬遷先生在寫文章的中間是否走了神？這算怎麼一回事呢？是不是項羽不相信那個擺渡的亭長？但無船而欲渡，有船而不渡，畢竟說不到一起呀。不要忘記，「乃欲東渡」四個字緊接着的上文是「騎皆伏曰：『如大王言。』」百戰百勝的霸王，雖只剩有二十六騎，依然挾着東渡烏江的氣勢。既然至死不屈，那捲土重來的幻想就不會成爲笑柄，而是英雄末路應有的餘威了。這樣，用虛的「欲渡」反射實的「不渡」，使悲劇在最高峯依然顯得有轉折，這眞是司馬遷的神來之筆。

然而這裏不是演戲。作者要寫好主角，必須主角眞是那樣的人物才行。請和西方的人物比一比。拿破侖從厄爾巴島啓程回國的時候，問看守他的士兵：「你們還是跟我去打天下呢，還是照舊守在這裏？」得到的答話是「跟你去打天下」。項羽這二十六騎，旣已相隨至此，何懼東渡烏江一水？項羽之不肯東渡，正乃英雄本色，欲渡則是一時心情，回光返照，可以有此意氣，不必實有此言。再者，項羽倘被生擒，劉邦表面上決不傷損他一根毫毛。君不見，拿破侖一到英國海岸，成千上萬的英國人，從上到下，一齊脫帽致敬。可是他死後化驗的結果，證明是由於砷劑慢性中毒。拿破侖正因爲肯於再渡，落得死在假紳士們手裏的下場，那「再渡」豈非多此一舉？蓋項氏之超越拿氏，就在沒有滑鐵盧那一役是了。

至於烏江亭長這個配角，也是十分奇特的。他的來龍去脈，司馬遷一點也沒有交代。按理說，項羽突圍是絕對保密的，到達東城和烏江的準確時間是無法預測的，這個亭長從哪裏得來的消息？項羽贈給他的駿馬，他接過來沒有？江東子弟多豪俊，捲土重來未可期，這話也値得深思，蓋項羽不死，則韓、彭不亡，矛盾必將轉化，天下事未可知。這些道理，亭長來得及講，項羽來得及聽嗎？司馬遷對這些問題，都以不了了之。因爲這個配角的作用，不過對悲劇完成最後一筆。與此無關的筆墨，司馬遷決不浪費。

必須費些筆墨的是劉邦，因爲項羽的致命之處，往往只從他的宿敵——劉邦那裏反襯得最明顯。劉邦洞察項羽的弱點，猶如越王句踐洞察吳王夫差的弱點。以此他敢於鴻門赴宴，身入虎穴；也敢於身居內線，輾轉於成皋之間，放手派出韓信去掃蕩外圍，這都是看準了對象。劉邦對項羽說，「吾寧鬥智，不能鬥力」，直截了當地自認力弱，却正是他制伏項羽的高招兒。項羽唯其不肯停止進攻，一味地力征經營，以致所耗之力全被劉邦借了過去。須知，鬥智也是變了相的鬥力也。

劉邦的心地殘忍和心胸狹窄是眞，仁厚和寬大是假。司馬遷對此雖然化整爲零，但對劉邦的僥倖，如靈壁的暴風助戰、鴻門的項伯救駕、紀信的誑楚替死，以及因一個不相干的田父把項羽騙入大澤使他獲勝等等，則集中在《本紀》一篇，以種種事實說明劉邦的勝利只是賭徒走運。尤其在靈壁一戰，充分說明了劉邦并不是眞正的知己知彼，百戰不殆，只是賭徒敢下大注，如此而已。賭徒最大的能耐就是在賭場上看透別的賭徒，這正是劉邦的特長。《三國演義》寫劉備遯走，曹操竟親自追趕；而此文寫項羽遯走，劉邦却只派部將，甚至部將也沒有親自領隊。他不怕項羽遯走，重起江東嗎？蓋劉邦早已算定，項羽決不會慘敗苟活，他姓劉的工作日程，今後應該轉到對付韓信、彭越、英布這些功臣宿將身上了。置項氏於不問之時，就是誅鋤韓、彭之機，可憐那些武夫哪裏知道！

總之，我們對征服和反征服，明筆和暗筆，敍述和想象的看法，都本着司馬遷的原著。這也是司馬遷的成功。因爲一部好傳記由作者自己談盡說完，是沒有多大意思的。司馬遷不僅忠實、深刻、生動地複製了當年的歷史舞臺，還能挾讀者與俱，一同觀看他怎樣用詩人的多情筆調，繪聲繪色，情文并茂地勾畫這些主角，使讀者變成可以心、眼并用的觀衆。《本紀》是《史記》中很有代表性的一篇，是作者把他的文才、史識、哲理熔於一爐的一篇。卽使《史記》全書都散佚了，只要《本紀》還在，司馬遷作爲全能國手的資格，仍然是可以肯定的。

（艾　巖）

史記·留侯世家

司馬遷

留侯張良者，其先韓人也。大父開地，相韓昭侯、宣惠王、襄哀王。父平，相釐王、悼惠王。悼惠王二十三年，平卒。卒二十歲，秦滅韓。良年少，未宦事韓。韓破，良家僮三百人，弟死不葬，悉以家財求客刺秦王，爲韓報雠，以大父、父五世相韓故。

良嘗學禮淮陽。東見倉海君。得力士，爲鐵椎重百二十斤。秦皇帝東遊，良與客狙擊秦皇帝博浪沙中，誤中副車。秦皇帝大怒，大索天下，求賊甚急，爲張良故也，良乃更名姓，亡匿下邳。

良嘗閒從容步遊下邳圯上，有一老父，衣褐，至良所，直墮其履圯下，顧謂良曰：「孺子，下取履！」良愕然，欲毆之。爲其老，強忍，下取履。父曰：「履我！」良業爲取履，因長跪履之。父以足受，笑而去。良殊大驚，隨目之。父去里所，復還，曰：「孺子可教矣。後五日平明，與我會此。」良因怪之，跪曰：「諾。」五日平明，良往。父已先在，怒曰：「與老人期，後，何也？」去，曰：「後五日早會。」五日鷄鳴，良往。父又先在，復怒曰：「後，何也？」去，曰：「後五日復早來。」五日，良夜未半往。有頃，父亦來，喜曰：「當如是。」出一編書，曰：「讀此則爲王者師矣。後十年興。十三年孺子見我濟北，穀城山下黄石卽我矣。」遂去，無他言，不復見。旦日視其書，乃《太公兵法》也。良因異之，常習誦讀之。

居下邳，爲任俠。項伯嘗殺人，從良匿。

後十年，陳涉等起兵，良亦聚少年百餘人。景駒自立爲楚假王，在留。良欲往從之，道遇沛公。沛公將數千人，略地下邳西，遂屬焉。沛公拜良爲厩將。良數以《太公兵法》說沛公，沛公善之，常用其策。良爲他人言，皆不省。良曰：「沛公殆天授。」故遂從之，不去見景駒。

及沛公之薛，見項梁。項梁立楚懷王。良乃說項梁曰：「君已立楚後，而韓諸公子横陽君成賢，可立爲王，益樹黨。」項梁使良求韓成，立以爲韓王。以良爲韓申徒，與韓王將千餘人西略韓地，得數城，秦輒復取之，往來爲遊兵潁川。

沛公之從洛陽南出轘轅，良引兵從沛公，下韓十餘城，擊破楊熊軍。沛公乃令韓王成留守陽翟，與良俱南，攻下宛，西入武關。沛公欲以兵二萬人擊秦嶢下軍，良說曰：「秦兵尚強，未可輕。臣聞其將屠者子，賈豎易動以利。願沛公且留壁，使人先行，爲五萬人具食，益爲張旗幟諸山上，爲疑兵，令酈食其持重寶啗秦將。」秦將果叛，欲連和俱西襲咸陽，沛公欲聽之。良曰：「此獨其將欲叛耳，恐士卒不從。不從必危，不如因其懈擊之。」沛公乃引兵擊秦軍，大破之。逐北至藍田，再戰，秦兵竟敗，遂至咸陽，秦王子嬰降沛公。

沛公入秦宮，宮室、帷帳、狗馬、重寶、婦女以千數，意欲留居之。樊噲諫沛公出舍，沛公不聽。良曰：「夫秦爲無道，故沛公得至此。夫爲天下除殘賊，宜縞素爲資。今始入秦，卽安其樂，此所謂『助桀爲虐』。且『忠言逆耳利於行，毒藥苦口利於病』，願沛公聽樊噲言。」沛公乃還軍霸上。

項羽至鴻門下，欲擊沛公，項伯乃夜馳入沛公軍，私見張良，欲與俱去。良曰：「臣爲韓王送沛公，今事有急，亡去不義。」乃具以語沛公。沛公大驚，曰：「爲將奈何？」良曰：「沛公誠欲背項羽邪？」沛公曰：「鯫生教我拒關無內諸侯，秦地可盡王，故聽之。」良曰：「沛公自度能却項羽乎？」沛公默然良久，曰：「固不能也。今爲奈何？」良乃固要項伯。項伯見沛公。沛公與飲爲壽，結賓婚。令項伯具言沛公不敢背項羽，所以拒關者，備他盜也。及見項羽後解，語在項羽事中。

漢元年正月，沛公爲漢王，王巴、蜀。漢王賜良金百鎰，珠二斗，良具以獻項伯。漢王亦因令良厚遺項伯，使請漢中地。項王乃許之，遂得漢中地。漢王之國，良送至褒中，遣良歸韓。良因說漢王曰：「王何不燒絕所過棧道，示天下無還心，以固項王意。」乃使良還，行燒絕棧道。

良至韓，韓王成以良從漢王故，項王不遣成之國，從與俱東。良說項王曰：「漢王燒絕棧道，無還心矣。」乃以齊王田榮反書告項王。項王以此無西憂漢心，而發兵北擊齊。

項王竟不肯遣韓王，乃以爲侯，又殺之彭城。良亡，閒行歸漢王，漢王亦已還定三秦矣。復以良爲成信侯，從東擊楚。至彭城，漢敗而還。至下邑，漢王下馬據鞍而問曰：「吾欲捐關以東等棄之，誰可與共功者？」良進曰：「九江王黥布，楚梟將，與項王有隙；彭越與齊王田榮反梁地，此兩人可急使。而漢王之將獨韓信可屬大事，當一面。卽欲捐之，捐之此三人，則楚可破也。」漢王乃遣隨何說九江王布，而使人連彭越。及魏王豹反，使韓信將兵擊之，因舉燕、代、齊、趙。然卒破楚者，此三人力也。

張良多病，未嘗特將也，常爲畫策臣，時時從漢王。

漢三年，項羽急圍漢王滎陽，漢王恐憂，與酈食其謀橈楚權。食其曰：「昔湯伐桀，封其後於杞。武王伐紂，封其後於宋。今秦失德棄義，侵伐諸侯社稷，滅六國之後，使無立錐之地。陛下誠能復立六國後世，畢已受印，此其君臣百姓必皆戴陛下之德，莫不嚮風慕義，願爲臣妾。德義已行，陛下南嚮稱霸，楚必斂衽而朝。」漢王曰：「善。趣刻印，先生因行佩之矣。」

食其未行，張良從外來謁。漢王方食，曰：「子房前！客有爲我計橈楚權者。」具以酈生語告，曰：「於子房何如？」良曰：「誰爲陛下畫此計者？陛下事去矣。」漢王曰：「何哉？」張良對曰：「臣請借前箸爲大王籌之。」曰：「昔者湯伐桀而封其後於杞者，度能制桀之死命也。今陛下能制項籍之死命乎？」曰：「未能也。」「其不可一也。武王伐紂封其後於宋者，度能得紂之頭也。今陛下能得項籍之頭乎？」曰：「未能也。」「其不可二也。武王入殷，表商容之閭，釋箕子之拘，封比干之墓。今陛下能封聖人之墓，表賢者之閭，式智者之門乎？」曰：「未能也。」「其不可三也。發巨橋之粟，散鹿臺之錢，以賜貧窮。今陛下能散府庫以賜貧窮乎？」曰：「未能也。」「其不可四矣。殷事已畢，偃革爲軒，倒置干戈，覆以虎皮，以示天下不復用兵。今陛下能偃武行文，不復用兵乎？」曰：「未能也。」「其不可五矣。休馬華山之陽，示以無所爲。今陛下能休馬無所用乎？」曰：「未能也。」「其不可六矣。放牛桃林之陰，以示不復輸積。今陛下能放牛不復輸積乎？」曰：「未能也。」「其不可七矣，且天下遊士離其親戚，棄墳墓，去故舊，從陛下遊者，徒欲日夜望咫尺之地。今復六國，立韓、魏、燕、趙、齊、楚之後，天下遊士各歸事其主，從其親戚，返其故舊墳墓，陛下與誰取天下乎？其不可八矣。且夫楚唯無強，六國立者復橈而從之，陛下焉得而臣之？誠用客之謀，陛下事去矣。」漢王輟食吐哺，駡曰：「豎儒，幾敗而公事！」令趣銷印。

漢四年，韓信破齊而欲自立爲齊王，漢王怒。張良說漢王，漢王使良授齊王信印，語在淮陰事中。

其秋，漢王追楚至陽夏南，戰不利而壁固陵，諸侯期不至。良說漢王，漢王用其計，諸侯皆至。語在項籍事中。

漢六年正月，封功臣。良未嘗有戰鬥功，高帝曰：「運籌策帷帳中，決勝千里外，子房功也。自擇齊三萬户。」良曰：「始臣起下邳，與上會留，此天以臣授陛下。陛下用臣計，幸而時中，臣願封留足矣，不敢當三萬户。」乃封張良爲留侯，與蕭何等俱封。

上已封大功臣二十餘人，其餘日夜爭功不決，未得行封。上在洛陽南宮，從復道望見諸將往往相與坐沙中語。上曰：「此何語？」留侯曰：「陛下不知乎？此謀反耳。」上曰：「天下屬安定，何故反乎？」留侯曰：「陛下起布衣，以此屬取天下，今陛下爲天子，而所封皆蕭、曹故人所親愛，而所誅者皆生平所仇怨。今軍吏計功，以天下不足遍封，此屬畏陛下不能盡封，恐又見疑平生過失及誅，故卽相聚謀反耳。」上乃憂曰：「爲之奈何？」留侯曰：「上平生所憎，羣臣所共知，誰最甚者？」上曰：「雍齒與我故，數嘗窘辱我。我欲殺之，爲其功多，故不忍。」留侯曰：「今急先封雍齒以示羣臣，羣臣見雍齒封，則人人自堅矣。」於是上乃置酒，封雍齒爲什方侯，而急促丞相、御史定功行封。羣臣罷酒，皆喜曰：「雍齒尚爲侯，我屬無患矣。」

劉敬說高帝曰：「都關中。」上疑之。左右大臣皆山東人，多勸上都洛陽：「洛陽東有成皋，西有殽、黽，背河，向伊、雒，其固亦足恃。」留侯曰：「雒陽雖有此固，其中小，不過數百里，田地薄，四面受敵，此非用武之國也。夫關中左殽、函，右隴、蜀，沃野千里，南有巴、蜀之饒，北有胡苑之利，阻三面而守，獨以一面東制諸侯。諸侯安定，河渭漕輓天下，西給京師；諸侯有變，順流而下，足以委輸，此所謂金城千里，天府之國也，劉敬說是也。」於是高帝卽日駕，西都關中。

留侯從入關。留侯性多病，卽道引不食穀，杜門不出歲餘。

上欲廢太子，立戚夫人子趙王如意。大臣多諫爭，未能得堅决者也。呂后恐，不知所爲。人或謂呂后曰：「留侯善畫計策，上信用之。」呂后乃使建成侯呂澤劫留侯，曰：「君常爲上謀臣，今上欲易太子，君安得高枕而臥乎？」留侯曰：「始上數在困急之中，幸用臣策。今天下安定，以愛欲易太子，骨肉之間，雖臣等百餘人何益！」

呂澤強要曰：「爲我畫計。」留侯曰：「此難以口舌爭也。顧上有不能致者，天下有四人。四人者年老矣，皆以爲上慢侮人，故逃匿山中，義不爲漢臣。然上高此四人。今公誠能無愛金玉璧帛，令太子爲書，卑辭安車，因使辯士固請，宜來。來，以爲客，時時從入朝，令上見之，則必異而問之。問之，上知此四人賢，則一助也。」於是呂后令呂澤使人奉太子書，卑辭厚禮，迎此四人。四人至，客建成侯所。

漢十一年，黥布反，上病，欲使太子將，往擊之。四人相謂曰：「凡來者，將以存太子。太子將兵，事危矣。」乃說建成侯曰：「太子將兵，有功則位不益太子；無功還，則從此受禍矣。且太子所與俱諸將，皆嘗與上定天下梟將也，今使太子將之，此無異使羊將狼也，皆不肯爲盡力，其無功必矣。臣聞『母愛者子抱』，今戚夫人日夜侍御，趙王如意常抱居前，上曰『終不使不肖子居愛子之上』，明乎其代太子位必矣。君何不急請呂后承閒爲上泣言：『黥布，天下猛將也，善用兵，今諸將皆陛下故等夷，乃令太子將此屬，無異使羊將狼，莫肯爲用。且使布聞之，則鼓行而西耳。上雖病，強載輜車，臥而護之，諸將不敢不盡力。上雖苦，爲妻子自強。』」於是呂澤立夜見呂后，呂后承閒爲泣涕而言，如四人意。上曰：「吾惟豎子固不足遣，而公自行耳。」於是上自將兵而東，羣臣居守，皆送至霸上。留侯病，自強起，至曲郵，見上曰：「臣宜從，病甚。楚人剽疾，願上無與楚人爭鋒。」因說上曰：「令太子爲將軍，監關中兵。」上曰：「子房雖病，強臥而傅太子。」是時叔孫通爲太傅，留侯行少傅事。

漢十二年，上從擊破布軍歸，疾益甚，愈欲易太子。留侯諫，不聽，因疾不視事。叔孫太傅稱說引古今，以死爭太子。上佯許之，猶欲易之。反燕，置酒，太子侍。四人從太子，年皆八十有餘，須眉皓白，衣冠甚偉。上怪之，問曰：「彼何爲者？」四人前對，各言名姓，曰東園公，甪里先生，綺里季，夏黃公。上乃大驚，曰：「吾求公數歲，公避逃我，今公何自從吾兒游乎？」四人皆曰：「陛下輕士善罵，臣等義不受辱，故恐而亡匿。竊聞太子爲人仁孝，恭敬愛士，天下莫不延頸欲爲太子死者，故臣等來耳。」上曰：「煩公幸卒調護太子。」

四人爲壽已畢，趨去。上目送之，召戚夫人指示四人者也：「我欲易之，彼四人輔之，羽翼已成，難動矣。呂后真而主矣。」戚夫人泣，上曰：「爲我楚舞，吾爲若楚歌。」歌曰：「鴻鵠高飛，一舉千里。羽翮已就，橫絕四海。橫絕四海，當可奈何！雖有矰繳，尚安所施！」歌數闋，戚夫人嘘唏流涕，上起去，罷酒。竟不易太子者，留侯本招此四人之力也。

留侯從上擊代，出奇計馬邑下，及立蕭何相國，所與上從容言天下事甚衆，非天下所以存亡，故不著。留侯乃稱曰：「家世相韓，及韓滅，不愛萬金之資，爲韓報讎強秦，天下振動。今以三寸舌爲帝者師，封萬戶，位列侯，此布衣之極，於良足矣。願棄人間事，欲從赤松子游耳。」乃學辟谷，道引輕身。會高帝崩，呂后德留侯，乃強食之，曰：「人生一世間，如白駒過隙，何至自苦如此乎！」留侯不得已，強聽而食。

後八年卒，謚爲文成侯。子不疑代侯。

子房始所見下邳圯上老父與《太公書》者，後十三年從高帝過濟北，果見穀城山下黃石，取而葆祠之。留侯死，并葬黃石。每上冢伏臘，祠黃石。

留侯不疑，孝文帝五年坐不敬，國除。

太史公曰：學者多言無鬼神，然言有物。至如留侯所見老父予書，亦可怪矣。高祖離困者數矣，而留侯常有功力焉，豈可謂非天乎？上曰：「夫運籌策帷帳之中，決勝千里外，吾不如子房。」余以爲其人計魁梧奇偉，至見其圖，狀貌如婦人好女。蓋孔子曰：「以貌取人，失之子羽。」留侯亦云。

留侯張良是劉邦的開國元勳，他與蕭何、韓信歷來被人們合稱爲「漢初三傑」。《史記·留侯世家》詳細地記載了張良爲劉邦統一中國和鞏固政權所建立的豐功偉業。這一點，人們一般是沒有異議的。但是司馬遷寫《留侯世家》，是不是就是爲了歌頌張良的這些本領才幹呢？我們認爲并非如此。作品在充分肯定張良的卓越功勳之外，對他那種精通黃老之術的欲取先予、突發制人等手段却并不欣賞，而是表現了一種敬而遠之的畏惡之情；對他那種明哲保身，爲遠害避禍而無所不爲的立身處世態度，也十分反感。本文就打算重點談談這兩個問題。

作爲劉邦的主要謀臣，張良是極善於使用權術而從來不講什麼信義的，如《留侯世家》寫他們的計破嶢關就是一例。由於當時秦兵尚強，因而張良便勸劉邦一面賄賂秦將，一面虛張聲勢。待至秦將答應投降後，張良又勸劉邦趁其麻痹懈怠而對之發動突然襲擊。這哪裏還有什麼信義可言？這與殺降有什麼區別？司馬遷對於不講信義、特別是對於殺降是極其憎惡的，在白起、李廣等人的列傳中都涉及過這樣的事情。另外，他們還往往把簽訂和約作爲一種緩兵之計。《項羽本紀》中劉邦與項羽相約以鴻溝爲界，中分天下。但項羽剛剛「引兵解而東歸」，張良、陳平便立卽給劉邦出主意，勸他撕毀和約，發起突然襲擊，項羽就在劉邦這次背約發起的攻擊中被徹底消滅了。宋代楊時對此評論說：「老子之學最忍，他閒時似個虛無單弱底人，到緊要處發出來令人支吾不住，如張子房是也。子房如蟯關之戰，與秦將連和了，忽乘其懈擊之；鴻溝之約，與項羽講解了，忽回軍殺之，這便是柔弱之發處，可畏！可畏！」（《史記評林》引）

張良不僅用這種手段來對付自己的敵人，而且用來對付自己的同僚，這就更可畏了。另一個「三傑」之一的韓信就是被劉邦、張良、陳平、蕭何等一起陰謀害死的。（見《淮陰侯列傳》）

他們用這種手段與秦朝鬥，與項羽鬥，與韓信鬥，同時也用這種手段彼此互相鬥。當劉邦寵愛的戚夫人欲立其子如意，勸劉邦廢掉呂后子太子盈的時候，張良害怕捲入這一旋渦，於是故意裝病不露面。呂后知道他足智多謀，於是派自己的侄子呂澤把他劫持了起來，硬逼着他出主意。《留侯世家》關於這段故事的敍述是很細緻的。張良被逼無法，於是說：「此難以口舌爭也。顧上有不能致者，天下有四人。四人者年老矣，皆以爲上慢侮人，故逃匿山中，義不爲漢臣。然上高此四人。今公誠能無愛金玉璧帛，令太子爲書，卑辭安車，因使辯士固請，宜來。來，以爲客，時時從入朝，令上見之，則必異而問之。問之，上知此四人賢，則一助也。」這四個人後來果然起作用了，劉邦不得不對戚夫人說：「（太子）羽翼已成，難動矣。呂后眞而主矣。」關於四皓的問題，前人早已懷疑這是張良設下的一個圈套。明代王守仁說：「果於隱者必不出，謂隱而出焉，必其非隱者也。世家謂留侯招四皓爲太子輔，余疑非眞四皓也，乃子房爲之也。良、平之屬，平日所挾以事君者，何莫非奇功巧計，彼豈顧其欺君之罪哉？況是時高帝之惑已深，呂氏之請又急，何以明其計之不出此也。」（《史記評林》引）這些懷疑都沒有什麼確實的根據。但是爲什麼後人會產生這種懷疑呢？這是因爲張良一生可以讓人相信的事情太少了。《留侯世家》中的張良，從出場到收場，什麼東見倉海君，什麼圯上老人授書，什麼欲從赤松子遊，什麼并葬黃石等等，恍忽迷離，眞眞假假，在他身上始終繚繞着一種神秘的煙霧，使人難以辨識其眞面目，這些都和他的善於使用權術相一致。縱然四皓眞有其人，也只能說明張良確實能够針對劉邦的心理，針鋒相對而又極其巧妙地採取措施。而且每次行動，都是既要求有突出的效果，而又絕不給自身的安全帶來任何麻煩，這就是張良的爲人。張良及劉邦等人的這些所作所爲，使人感到手段高強，望而生畏；但是人家本人對於這一套却是如魚得水，從容自然。因而這就更加使人感到驚懼，感到上流社會的可怕與可憎了。

張良還很善於用這套權術來實現他遠害避禍、明哲保身的目的。早在他追隨劉邦之初，他就爲自己設計了退路。其一是打出「爲韓報讎」的旗號。這在最初反秦時可能是事實，但到了楚漢相爭的時候，他還一再重申此事，這就不能不使人懷疑他的用意了。其二是強調「多病」，特別是在劉邦建國之後，張良更打出一個「辟穀」、「道引」、「欲從赤松子遊」的旗號來。這前後兩個旗號名目雖然不同，但其效果一致，都是爲自己立脚步，都是用來對付劉邦的。劉邦好侮辱人，好猜忌人，狎侮、謾罵、騎脖子、下獄，什麼難以容忍的舉動都做得出來，連與他親密無間的蕭何，對此都不能倖免，其他人也就可見了。張良深知這一點，所以他和劉邦之間，總保持着一定距離。他在劉邦身邊始終像是一位客人，而不是僚屬。再加上他的足智多謀，這就使得劉邦對他不得不既依賴，又敬重。他恬靜少言，深居簡出，不掌兵權，不管政事，因此劉邦能够殺韓信、囚蕭何，而對他却始終沒有任何懷疑，這是多麼高明的手段哪！

到劉邦晚年，猜忌日甚，諸侯功臣，稀有全者。而劉邦家裏又值呂后與戚夫人爭風吃醋，太子劉盈的地位動搖，大臣們對此傾向於哪一方都是非常危險的。這時曹參、陳平相繼爲相國，都是採取沉湎酒色的辦法以自保。張良則比他們更先知先覺得多，他深知劉邦及呂后的忌刻殘忍，也深知「狡兔死，走狗烹；高鳥盡，良弓藏；敵國破，謀臣亡」的歷史經驗，所以他從劉邦一卽位就格外小心謹慎，處處主動謙讓。劉邦封他三萬戶，他辭讓不受，自己提出只要留一個縣。後來因爲太子的問題，他被迫幫呂后出了一些主意。但他又聲明：「願棄人間事，欲從赤松子遊耳。」宋代劉子翬說：「良從赤松子遊，蓋婉其辭以脫世網，所謂鴻飛冥冥，弋人何慕焉。」（《史記評林》引）劉邦、呂后的陰險毒辣是該批判的，但是作爲他們左輔右弼的肱股大臣們，難道就應該是這種樣子嗎？明代袁黃說：「張良辟穀，曹參湎於酒，陳平淫於酒與婦人，其皆有不得已乎？其憂思深，其道周，其當呂氏之際乎？良也辟世，故引而立於潔；參、平避事，故推而納諸污。夫神仙爲高尚所托，而公宰非優遊之司，余以是輕留侯焉。」（《增評歷史綱鑒補》）這些都與司馬遷寫作此文的用意非常接近。司馬遷所稱頌的是那種敢做敢爲、積極進取的精神，如果爲了讓名讓位，或者爲了某種正義的理想而避世，司馬遷也不反對。但張良、蕭何、曹參、陳平都不在此列，他們的這些行爲都是從極端卑鄙自私的目的出發的。他們爲了保全自己，甚至還可以出賣靈魂，可以不惜用別人的尸骨來討好劉邦，來爲自己築造避風穴。這點在韓信、彭越、黥布等人被殺的問題上表現得分外突出，這是使司馬遷非常痛恨憎惡的。正如清代吳汝綸所說：「史公於高帝君臣，皆不當其一哂。『子房狀貌如婦人好女』，蓋輕之也。」（《批註史記》引）

《留侯世家》的文筆也相當精彩，與上述內容相適應，有兩個突出的特點：

其一，通篇於照實敍述中夾帶着一種虛誕飄忽的描寫，從而使人物具有了一種神話傳奇的性質。例如作品寫張良早期「嘗學禮淮陽。東見倉海君。得力士，爲鐵椎重百二十斤。秦皇帝東遊，良與客狙擊秦皇帝博浪沙中，誤中副車。秦皇帝大怒，大索天下，求賊甚急，爲張良故也。良乃更名姓，亡匿下邳」。這第一個亮相就十分驚人。明代陳仁錫說：「子房一椎，宇宙生色。」宋代劉辰翁說：「從倉海君得力士已怪，百二十斤舉於曠野中，正中副車，雖架炮不能也。大索甚急，良非獨自免，并隱力士，此大怪事！」但這裏的張良，還只是一個荆軻、高漸離一樣的刺客的形象，還不是後來作爲「帝王師」的張良。隨後作品寫他遇到圯上老人，在經歷了一番考驗之後，授予他《太公兵法》，那段詳細的描寫，簡直是一篇傳奇小說。清代吳見思說：「此節夜半來去，悄悄默默，寫有鬼神氣。」（《史記論文》）日人有井范平說：「《左傳》善寫鬼，此段若有若無之事亦類鬼。史公蓋自狐突見太子申生之章變化來，極奪胎換骨之妙。」（《史記評林補標》）這段故事的眞假是值得懷疑的，至少是含有一定誇張虛構的成分，也可能是出自當時人們的一種傳說。但是不管怎樣，這段文字對於張良性格的發展是極其重要的，從此他那種魯莽的俠氣一掃而光，完全變成一個以老子思想爲基礎、以陰謀權變、縱横捭闔爲能事的才略超人而又帶有某些神道氣的人了。接着作品就寫了張良一系列的籌謀劃策，而這些往往又都是「說沛公，沛公善之，常用其策；良爲他人言，皆不省」的，豈不是怪事？作品最後說：「子房始所見下邳圯上老父與《太公書》者，後十三年從高帝過濟北，果見穀城山下黄石，取而葆祠之。留侯死，并葬黄石。每上冢伏臘，祠黄石。」這樣一寫，不僅照應了前文，而且連張良的死也具有了一種神秘的色彩。魯迅在《中國小說史略》中評《三國演義》之得失說：「欲顯劉備之長厚而似僞，狀諸葛之多智而近妖。」我看羅貫中這種方法很可能是受了《留侯世家》的影響，不過二者所不同的是，羅貫中是眞心歌頌諸葛亮，而司馬遷則是於行文之中多少流露着一種揶揄嘲弄之意。

其二，作品在描寫張良的心理性格上，有些地方相當精彩細緻。如前面講到的圯上老人授書一節，就把老人的灑落奇詭，與張良的先是厭惡忍耐，後是驚異好奇之狀，摹寫得極其逼眞。吳見思說：「一段奇事，躍躍欲觀。」又說：「『至良所』，寫得有意無意。『取履』、『履我』、『以足受』，寫老父一段，灑落風神，與人自別。」凌約言說：「『強忍下取履』，正模寫妙處。」

又如作品寫酈食其勸劉邦封立六國後，以分楚時，劉邦已經答應了。這時張良從外入，劉邦遂以酈生之策告之。張良曰：「誰爲陛下畫此計者？陛下事去矣。」於是接着向劉邦講了這樣做的八不可：「昔者湯伐桀而封其後於杞者，度能制桀之死命也。今陛下能制項籍之死命乎？」「武王伐紂封其後於宋者，度能得紂之頭也。今陛下能得項籍之頭乎？」「武王入殷，表商容之閭，釋箕子之拘，封比干之墓。今陛下能封聖人之墓，表賢者之閭，式智者之門乎？」如此等等。這段話無論從情理還是從邏輯上講，都是混亂而不堪聽聞的。金代王若虛說：「張良八難，古今以爲美談，竊疑此論甚疏。夫桀紂已滅，然後湯武封其後，而良云『度能制桀之命』、『得紂之頭』，豈封於未滅之前耶？酈氏所以說帝者，特欲繫衆人之心，庶幾叛楚而附漢耳，非使封諸項氏也，奈何其以湯武之事勢相較哉？湯武雖殊時，事理何異？『制死命』與『得其頭』，亦何以分列爲兩節？『表商容之閭，釋箕子之拘，封比干之墓』，此本三事，而并之者，以其一體也；至於『倒置干戈』，『歸馬』、『放牛』，獨非一體乎？而復析之爲三，何哉？八難之目，安知無誤耶！」（《滹南遺老集》）駁得眞是痛快！對此，我想我們不能認爲這是司馬遷把人家固有的好文章給無意中弄得不像話了，而是他在有意識地這樣寫，是爲了表現張良的虛張聲勢，徒以氣勢嚇人，這也是張良善用權術的一種表現。明代陳子龍說：「湯武事本一例，而更端進籌，策士之辯資耳。」鍾惺說：「八難中，其文盡有可省可合者，却妙在截然分作八股，歷歷數來，其借箸指畫光景，乃能千古如生。」這就把張良的心思，其實也就是司馬遷所以要這樣寫的用意揭示出來了。

《留侯世家》所記的都是關係着天下存亡的大事情，但因爲有些事情已經在項羽、高祖、韓信等其他人的紀傳中講過了，所以這裏只能稍稍點到，一帶而過。比較詳細展開的是集中表現張良心理性格的一些部分。吳見思說：「留侯一世豪傑，而文字只用平序，固世家之體，而亦以羽紀、蕭傳、噲傳已極其勝，故此只得約略其詞耳。然亦簡淨明快，無留滯也。」吳氏僅只提到了一些表面現象，對其底裏似乎看得并不深入透徹。

（韓兆琦　呂伯濤）

史記·魏公子列傳

司馬遷

魏公子無忌者，魏昭王少子，而魏安釐王異母弟也。昭王薨，安釐王即位，封公子爲信陵君。是時范睢亡魏相秦，以怨魏齊故，秦兵圍大梁，破魏華陽下軍，走芒卯。魏王及公子患之。

公子爲人仁而下士，士無賢不肖皆謙而禮交之，不敢以其富貴驕士。士以此方數千里爭往歸之，致食客三千人。當是時，諸侯以公子賢，多客，不敢加兵謀魏十餘年。

公子與魏王博，而北境傳舉烽，言「趙寇至，且入界」。魏王釋博，欲召大臣謀。公子止王曰：「趙王田獵耳，非爲寇也。」復博如故。王恐，心不在博。居頃，復從北方來傳言曰：「趙王獵耳，非爲寇也。」魏王大驚，曰：「公子何以知之？」公子曰：「臣之客有能深得趙王陰事者，趙王所爲，客輒以報臣，臣以此知之。」是後魏王畏公子之賢能，不敢任公子以國政。

魏有隱士曰侯嬴，年七十，家貧，爲大梁夷門監者。公子聞之，往請，欲厚遺之。不肯受，曰：「臣修身絜行數十年，終不以監門困故而受公子財。」公子於是乃置酒大會賓客。坐定，公子從車騎，虛左，自迎夷門侯生。侯生攝敝衣冠，直上載公子上坐，不讓，欲以觀公子。公子執轡愈恭。侯生又謂公子曰：「臣有客在市屠中，願枉車騎過之。」公子引車入市。侯生下見其客朱亥，俾倪，故久立與其客語，微察公子。公子顏色愈和。當是時，魏將相宗室賓客滿堂，待公子舉酒。市人皆觀公子執轡。從騎皆竊罵侯生。侯生視公子色終不變，乃謝客就車。至家，公子引侯生坐上坐，遍贊賓客，賓客皆驚。酒酣，公子起，爲壽侯生前。侯生因謂公子曰：「今日嬴之爲公子亦足矣。嬴乃夷門抱關者也，而公子親枉車騎，自迎嬴於衆人廣坐之中，不宜有所過，今公子故過之。然嬴欲就公子之名，故久立公子車騎市中，過客以觀公子，公子愈恭。市人皆以嬴爲小人，而以公子爲長者能下士也。」於是罷酒，侯生遂爲上客。

侯生謂公子曰：「臣所過屠者朱亥，此子賢者，世莫能知，故隱屠間耳。」公子往數請之，朱亥故不復謝，公子怪之。

魏安釐王二十年，秦昭王已破趙長平軍，又進兵圍邯鄲。公子姊爲趙惠文王弟平原君夫人，數遺魏王及公子書，請救於魏。魏王使將軍晉鄙將十萬衆救趙。秦王使使者告魏王曰：「吾攻趙旦暮且下，而諸侯敢救者，已拔趙，必移兵先擊之。」魏王恐，使人止晉鄙，留軍壁鄴，名爲救趙，實持兩端以觀望。平原君使者冠蓋相屬於魏，讓魏公子曰：「勝所以自附爲婚姻者，以公子之高義，爲能急人之困。今邯鄲旦暮降秦而魏救不至，安在公子能急人之困也！且公子縱輕勝，棄之降秦，獨不憐公子姊邪？」公子患之，數請魏王，及賓客辯士說王萬端。魏王畏秦，終不聽公子。公子自度終不能得之於王，計不獨生而令趙亡，乃請賓客，約車騎百餘乘，欲以客往赴秦軍，與趙俱死。

行過夷門，見侯生，具告所以欲死秦軍狀，辭決而行。侯生曰：「公子勉之矣！老臣不能從。」公子行數里，心不快，曰：「吾所以待侯生者備矣，天下莫不聞，今吾且死，而侯生曾無一言半辭送我，我豈有所失哉？」復引車還，問侯生。侯生笑曰：「臣固知公子之還也。」曰：「公子喜士，名聞天下。今有難，無他端而欲赴秦軍，譬若以肉投餒虎，何功之有哉？尚安事客？然公子遇臣厚，公子往而臣不送，以是知公子恨之復返也。」公子再拜，因問。侯生乃屏人間語，曰：「嬴聞晉鄙之兵符常在王臥內，而如姬最幸，出入王臥內，力能竊之。嬴聞如姬父爲人所殺，如姬資之三年，自王以下，欲求報其父仇，莫能得。如姬爲公子泣，公子使客斬其仇頭，敬進如姬。如姬之欲爲公子死，無所辭，顧未有路耳。公子誠一開口請如姬，如姬必許諾，則得虎符奪晉鄙軍，北救趙而西卻秦，此五霸之伐也。」

公子從其計，請如姬。如姬果盜晉鄙兵符與公子。公子行。侯生曰：「將在外，主令有所不受，以便國家。公子即合符，而晉鄙不授公子兵，而復請之，事必危矣。臣客屠者朱亥可與俱。此人力士。晉鄙聽，大善；不聽，可使擊之。」於是公子泣。侯生曰：「公子畏死邪？何泣也？」公子曰：「晉鄙嚄唶宿將，往恐不聽，必當殺之，是以泣耳，豈畏死哉？」於是公子請朱亥。朱亥笑曰：「臣乃市井鼓刀屠者，而公子親數存之，所以不報謝者，以爲小禮無所用。今公子有急，此乃臣效命之秋也。」遂與公子俱。公子過謝侯生。侯生曰：「臣宜從，老，不能。請數公子行日，以至晉鄙軍之日，北鄉自剄，以送公子。」公子遂行。

至鄴，矯魏王令代晉鄙。晉鄙合符，疑之，舉手視公子曰：「今吾擁十萬之衆，屯於境上，國之重任。今單車來代之，何如哉？」欲無聽。朱亥袖四十斤鐵椎，椎殺晉鄙。公子遂將晉鄙軍。勒兵，下令軍中曰：「父子俱在軍中，父歸；兄弟俱在軍中，兄歸；獨子無兄弟，歸養。」得選兵八萬人，進兵擊秦軍。秦軍解去，遂救邯鄲，存趙。趙王及平原君自迎公子於界，平原君負韊矢爲公子先引。趙王再拜曰：「自古賢人未有及公子者也。」當此之時，平原君不敢自比於人。公子與侯生決，至軍，侯生果北鄉自剄。

魏王怒公子之盜其兵符，矯殺晉鄙，公子亦自知也。已卻秦存趙，使將將其軍歸魏，而公子獨與客留趙。趙孝成王德公子之矯奪晉鄙兵而存趙，乃與平原君計，以五城封公子。公子聞之，意驕矜而有自功之色。客有說公子曰：「物有不可忘，或有不可不忘。夫人有德於公子，公子不可忘也；公子有德於人，願公子忘之也。且矯魏王令，奪晉鄙兵以救趙，於趙則有功矣，於魏則未爲忠臣也。公子乃自驕而功之，竊爲公子不取也。」於是公子立自責，似若無所容者。趙王埽除自迎，執主人之禮，引公子就西階。公子側行辭讓，從東階上。自言辠（古「罪」字）過，以負於魏，無功於趙。趙王侍酒至暮，口不忍獻五城，以公子退讓也。公子竟留趙。趙王以鄗爲公子湯沐邑，魏亦復以信陵奉公子。

公子留趙。公子聞趙有處士毛公藉於博徒，薛公藉於賣漿家。公子欲見兩人，兩人自匿不肯見公子。公子聞所在，乃間步往，從此兩人遊，甚歡。平原君聞之，謂其夫人曰：「始吾聞夫人弟公子天下無雙，今吾聞之，乃妄從博徒賣漿者遊，公子妄人耳。」夫人以告公子。公子乃謝夫人去，曰：「始吾聞平原君賢，故負魏王而救趙，以稱平原君。平原君之遊，徒豪舉耳，不求士也。無忌自在大梁時，常聞此兩人賢，至趙，恐不得見。以無忌從之遊，尚恐其不我欲也。今平原君乃以爲羞，其不足從遊。」乃裝爲去。夫人具以語平原君。平原君乃免冠謝，固留公子。平原君門下聞之，半去平原君歸公子。天下士復往歸公子。公子傾平原君客。

公子留趙十年不歸。秦聞公子在趙，日夜出兵東伐魏。魏王患之，使使往請公子。公子恐其怒之，乃誡門下：「有敢爲魏王使通者，死。」賓客皆背魏之趙，莫敢勸公子歸。毛公、薛公兩人往見公子曰：「公子所以重於趙，名聞諸侯者，徒以有魏也。今秦攻魏，魏急而公子不恤，使秦破大梁而夷先王之宗廟，公子當何面目立天下乎？」語未及卒，公子立變色，告車趣駕歸救魏。

魏王見公子，相與泣，而以上將軍印授公子，公子遂將。魏安釐王三十年，公子使使遍告諸侯。諸侯聞公子將，各遣將將兵救魏。公子率五國之兵，破秦軍於河外，走蒙驁。遂乘勝逐秦軍至函谷關，抑秦兵，秦兵不敢出。當是時，公子威振天下，諸侯之客進兵法，公子皆名之，故世俗稱《魏公子兵法》。

秦王患之，乃行金萬斤於魏，求晉鄙客，使毁公子於魏王曰：「公子亡在外十年矣，今爲魏將，諸侯將皆屬，諸侯徒聞魏公子，不聞魏王。公子亦欲因此時定南面而王，諸侯畏公子之威，方欲共立之。」秦數使反間，僞賀公子得立爲魏王未也。魏王日聞其毀，不能不信，後果使人代公子將。公子自知再以毀廢，乃謝病不朝，與賓客爲長夜飲，飲醇酒，多近婦女。日夜爲樂飲者四歲，竟病酒而卒。其歲，魏安釐王亦薨。

秦聞公子死，使蒙驁攻魏，拔二十城，初置東郡。其後秦稍蠶食魏，十八歲而虜魏王，屠大梁。

高祖始微少時，數聞公子賢。及即天子位，每過大梁，常祠公子。高祖十二年，從擊黥布還，爲公子置守冢五家，世世歲以四時奉祠公子。

太史公曰：吾過大梁之墟，求問其所謂「夷門」。「夷門」者，城之東門也。天下諸公子亦有喜士者矣，然信陵君之接巖穴隱者，不恥下交，有以也。名冠諸侯，不虛耳。高祖每過之，而令民奉祠不絕也。

《魏公子列傳》，既是一篇可信的歷史著作，又是一篇形象的文學作品。它不僅反映了司馬遷卓越的見識，而且體現了他高超的藝術造詣。

第一，完整地描繪歷史人物的一生，達到了新的高度。

在《戰國策》裏已有信陵君魏無忌的記載，但都是零星片斷的材料，看不見完整的人物形象。司馬遷通過實地調查，廣泛收集材料，把魏無忌一生的重要思想經歷，薈萃於一傳之中。《魏公子列傳》第一次完整地描繪了魏無忌的形象。這篇傳由四大部分組成。第一部分，自開頭至「魏王及公子患之」，概括介紹了魏公子的身分、封號、時代環境及其憂國之心。第二部分，從「公子爲人仁而下士」至「屠大梁」爲止，描敍魏無忌的一生經歷及其性格特點。這是《魏公子列傳》的核心部分。作者在介紹了魏公子「仁而下士」

的性格特點後，以此爲綱，據三椿典型的歷史事件，寫成三段文章：一是從「公子與魏王博」至「不敢任公子以國政」，記敍魏公子通過士收集別國情報的故事，寫「仁而下士」的出發點及其深得人心的程度。二是從「魏有隱士曰侯嬴」至「侯生果北鄉自剄」，通過侯生幫助魏公子建立救趙豐功，進一步刻畫魏公子「仁而下士」的性格。三是從「魏王怒公子之盜其兵符」至「屠大梁」，通過謀士幫助魏公子改過和歸魏救國的故事，歌頌「仁而下士」對保衛魏國的作用。但是由於魏王妒忌而公子終於以悲劇結束，魏亦隨之滅亡。三段文章，概括了魏公子一生三個階段的思想言行，刻畫了他的個性。值得注意的是，司馬遷特意把秦滅魏的經過附記在這裏，表示魏公子對魏的存亡關係重大。司馬遷曾在《魏世家》的論贊中，駁斥魏公子不死則魏不會滅亡的觀點。他認爲秦的統一，魏的滅亡，都是大勢所趨，不是個人所能主宰得了的。這些觀點證明，司馬遷對個人在歷史上的作用，認識比較正確。這在當時是極其難得的。第三部分，從「高祖始微少時」至「世世歲以四時奉祠公子」，記敍魏公子的歷史地位和影響。第四部分，作者盛讚魏無忌不恥下交而名冠諸侯的功業，抒發了對魏公子的仰慕之情。

《魏公子列傳》與現代的長篇傳記相比，顯得比較簡略。但人物形象是完整的，而且達到了歷史上前所未有的水平。清人趙翼《廿二史札記》說：「古書凡記事立論及解經者，皆謂之傳，非專記一人事蹟也。其專記一人爲一傳者，則自遷始。」司馬遷創立列傳，敍寫完整的人物傳記，對我國的傳記文學立下了開闢之功，而《魏公子列傳》，正是這樣一篇不可多得的珍品。

第二，運用各種方法，努力刻畫人物的性格。這是《魏公子列傳》最突出的藝術特點。它主要表現在三個方面：

一、通過對史料的剪裁取舍，努力把人物性格典型化。

魏公子的事蹟，除本傳所記之外，《戰國策》及《史記》其它篇章，還有救范痤、拒魏齊、諫伐韓、攻管縣等記載。但有的與「仁而下士」無關，有的甚至相矛盾。如走投無路的魏齊，因公子拒見而憤怒自殺。又如信陵君攻管縣，逼死縮高。縮高臨死說：「信陵君爲人，悍而自用也。」因而後人批評信陵君「愎而好遂」。（見《戰國策・魏策四》，宋鮑彪注）如果司馬遷把這些材料全部收進去，那末魏公子的性格特徵就不鮮明，并將大大有礙於這一形象的典型性。

但是《史記》畢竟是一部歷史著作，司馬遷不能爲了塑造典型而把其它史料棄置不顧。他根據需要，把有關材料分別寫進不同的篇章。人們稱這種方法爲互見法。從史學角度看，互見法使《史記》避免了很多重複；從文學角度看，這正是典型化的方法之一。司馬遷通過它，以集中概括的手法，在不同的傳記中塑造了不同的典型，并妥善處理了史學和文學的關係。

司馬遷把歷史人物典型化的方法，除了史料的取舍外，描敍的詳略，也是重要的途徑。他對有助於刻畫人物性格的題材，詳而又詳地鋪寫，反之則一筆帶過。如寫公子問策，侯生獻計，曲曲折折，詳盡生動，而敍述秦魏兩軍的戰鬥，極其簡略，顯然削去了許多與魏公子性格無關的節外繁枝。再如，敍述救趙後公子與魏王的關係，只用數筆曲盡情事，然而描繪魏公子禮交侯嬴的過程，却又細緻入微，從而刻畫出了一個仁而下士的典型，使我們又一次看到司馬遷刻畫典型的具體方法。

司馬遷寫魏公子禮交侯嬴，對侯嬴的地位和處境，只作了簡單的介紹，接着從兩方面進行刻畫：一方面描寫侯生之賢，另一方面，突出公子之仁。通過侯生拒絕公子的厚禮，反映侯生的人品很高，他既不是貪財小人，又不是喜歡攀附權貴的勢利之徒，他是一個不易結交而眞正值得結交的賢士。這一筆爲下文魏公子設宴禮賢作了鋪墊。

設宴禮賢，共分五層。第一層，公子帶着隨從人員，空着尊位，親自登門迎接侯生，點出公子的「謙」與「禮」。第二層描寫侯生從三個方面考察公子：一、侯生用不讓尊位，考察公子是否眞正謙虛讓賢。結果是公子對侯生不僅沒有反感，而且更加恭敬。二、侯生用入闤市訪屠夫，考察公子能否在羣衆面前執轡禮賢。結果是公子不僅言聽計從，而且親自駕車入市，不以下交爲恥。三、侯生與屠夫交談，故意拖延時間，傲視左右，考察公子是否有禮賢的誠心。結果是公子不僅耐心等待，而且態度更加溫和。這裏看似重筆寫侯生，輕筆寫公子，而實則背面敷粉，全在突出公子一人。但這樣的重彩，司馬遷猶嫌不足，他又拉出三種人來陪襯公子。一是公子府中的客人：魏國的將相、宗室、賓客。他們都等着公子回府傳令開宴。作者以此襯托公子不怕得罪貴賓而禮待貧士的精神。二是圍觀公子的羣衆。作者描繪了一幅公子執轡恭候寒士圖，襯托公子不恥下交的品格。三寫竊罵侯生的隨從人員。作者用「竊罵」二字，既寫出隨從們有礙於公子而不得不克制的樣子，又寫出他們實在忍無可忍而紛紛在私下裏駡侯生之狀，從而襯托出公子耐心等待的不平凡，也足見他禮賢下士的誠心程度。運筆至此，似已寫絕，然而作者猶嫌不足。於是第三層寫公子回府後，異乎尋常地把所有的賓客一個個向侯生介紹，以至賓客都感到驚奇。第四層寫公子特意到侯生座前祝福，侯生終於被感動。第五層，作者藉侯生之口，對公子的爲人，由衷地頌揚了一番。五層描寫，節節敷演，層層渲染，反映司馬遷繪人敍事好盡的藝術風格。然而我們却不因其盡而無昧，相反，突出地看到了魏公子待士的個性特色。他以仁心換取了金錢所買不到的東西——賢士之心。魏公子這一歷史人物，也在太史公的精雕細刻之下，成了「仁而下士」的藝術典型。

二、通過典型的歷史事件，把人物性格個性化。

奪軍救趙是魏公子一生中的大事，《戰國策》也不止一次地提到過它，但只是概括性的歷史記錄，對於有關的各種人物，一概不提。《魏公子列傳》則迥然不同，既不籠統地記一筆歷史流水賬，也不平鋪直敍事件的過程，而是着力刻畫事件中的人物：向魏公子獻計的侯嬴、幫助盜竊兵符的如姬、助成其奪軍的朱亥等等。

對於侯生，司馬遷從各個方面描寫他的足智多謀。當魏公子要和他結交時，他善於從各方面考驗魏公子是否眞正禮賢下士；當魏公子向他請教退秦兵、解趙圍的計謀時，他不僅清楚地論述了救趙的步驟，而且對如何兌現，也一一作了切實的安排。他雖然是一個地位低下的守門老頭，然而他洞察世事。內若魏王寵妃如姬的心事，外若邊將晉鄙的爲人，上如魏王兵符所藏之地，下如公子爲如姬報仇之事，王宮內外，君臣上下，無論何事，他莫不瞭如指掌。因此，他定計擇人竊符，而「如姬果盜晉鄙兵符與公子」；他畫策薦人奪軍，而「公子遂將晉鄙軍」。他看到信陵君顧惜晉鄙之死而哭泣，便想到他的「仁愛之心」可能臨事動搖，如此則不僅前功盡棄，而且會重蹈以肉投餒虎的覆轍，爲此，他不僅薦朱亥功成其事，而且以死相激，堅定公子的決心，盡力促其成功。他計策精密，思慮周詳，爲報知己而不惜犧牲。司馬遷成功地寫出了侯生老謀深算的性格特點。

至於朱亥，他是屠夫出身的力士，與侯生性格大不相同。他爲人粗豪，不惜以小禮待人。表面上，他對人不理不睬，似極冷淡，實際上極其熱烈。一旦有危急之事相求，他不怕出生入死，甘願效命。司馬遷雖然對於朱亥着墨不多，但其爲人個性，却很鮮明。同是賢者，謀士有謀士的特點，力士有力士的脾氣，性格不同，却又各極其妙。

司馬遷刻畫人物性格，尤爲可貴的是，不是孤立地描寫，而是把人物組合成一個有機的整體，不僅相互密切關聯，而且起着烘雲托月的作用。不論是寫謀士還是力士，門客還是貴妃，都爲着突出公子的性格服務。他們甘願爲公子賣命冒險的言行，有力地烘托了公子「仁而下士」的性格。

三、通過環境描寫，揭示人物性格的歷史必然性及其特殊性、複雜性。

《魏公子列傳》的第一部分，描寫魏無忌所處的時代環境說：「是時范雎亡魏相秦，以怨魏齊故，秦兵圍大梁，破魏華陽下軍，走芒卯。魏王及公子患之。」作者首先指出，這個時期強秦的執政者，是對魏國抱有深仇大恨的范雎，他要伐魏報仇，所以對魏的威脅很大。同時指出，當時魏的國勢日衰，在與秦的交戰中屢次大敗，竟至都城被圍、大將敗逃。作者雖然沒有詳細地記敍當時的歷史情況，但是寫出了這時期秦魏關係的特點，使我們清楚地看到了形成魏公子「仁而下士」性格的時代原因。

但是，在司馬遷描寫魏公子救趙的社會環境時，却又換了一副筆墨。他着力描寫人與人之間的關係，盡量把人物的環境具體化，從而突出公子「仁」的性格。「魏安釐王二十年（前二五七），秦昭王已破長平軍，又進兵圍邯鄲。」概括點出趙國的緊急形勢。接着介紹趙魏之間的親戚關係，趙國告急，魏國赴救。但是遭到了秦王的恐嚇，魏王因而畏縮。瀕臨危亡的趙國，見魏救不至而責備魏公子。此時，魏公子對救趙的看法，比魏王高明得多。他知道，趙亡則魏與強秦爲鄰，勢必隨之而亡。所以，救趙就是救魏。因此，魏公子想盡方法要求魏王發兵。可是魏王不聽。出於無奈，他只能邀請賓客，集合他所有的車騎，準備與秦拼命，同趙共存亡。通過展示信陵君、平原君、魏王、秦王之間的複雜關係，不僅具體地寫出了魏公子所處的特定環境，而且在與魏王的對比之下，既反映了魏公子高明的見識，又襯托了他「仁」的鮮明個性。

在司馬遷的筆下，魏公子的性格，也像現實生活中的人一樣複雜多變。救趙成功，勝利沖昏了頭腦，一向謙遜的公子，變得驕矜起來。魏國有難，魏王請他歸魏救國，他怕魏王問罪而不敢回去，甚至警告門下：「有敢爲魏王使通者，死。」反映了他凶殘不仁的一面。但這些性格的變化，都不是突如其來的孤立現象，而與環境的變化緊密相聯。正因爲如此，魏公子的性格，雖複雜多變却自然可信。更值得注意的是，司馬遷在展示魏公子性格的複雜變化時，既描繪了與人物基本性格矛盾的一面，又描繪了人物的基本性格起主導作用的一面。由於魏公子的基本性格是「仁而下士」，所以當他聽到賓客諫勸時，他能虛懷納諫，自責改過，歸魏救國。人物的性格隨着環境的變化而發展變化，又在人物基本性格的主導作用下轉化統一，因此，儘管魏公子的性格豐富而又複雜，但始終和諧地統一在他身上，讀來絲毫也不覺得生硬、不眞實。

這正是司馬遷在人物環境描寫上的高深造詣。

第三，獨特的語言藝術，濃厚的文學色彩。

首先，善於用複疊抒情寫懷。最爲突出的是「公子」二字的複疊，在一篇之中，竟達一百四十七次。自從明人陳仁錫讚其「大奇」之後，有的評其「顧盼生姿，跌宕自喜」（見曾國藩《求闕齋讀書録》）。有的論其對韓愈、歐陽修的影響（見葉玉麟《批註史記》）。李景星則闡述司馬遷的用意曰：「因其欽佩公子者深，故低徊縈繞，特於煩復處作不盡之致。」（見《史記評議》）正是交口稱頌而言各有當。司馬遷在《魏公子列傳》中，運用複疊手法描人敍事的地方較多。如通過反覆書寫「趙王田獵耳，非爲寇也」，顯示魏公子情報的準確。再如兩用「始吾聞」三字，描摹魏公子回敬平原君批評的口吻，恰如平時用有意學舌的方法譏諷對方一般，神情刻肖，富有意趣。

其次，喜歡用誇張手法描敍事理。如郭嵩燾在排比史實後指出，「諸侯以公子賢，多客，不敢加兵謀魏十餘年」，「無事實也」（見《史記札記》）。的確，這不是精確的歷史記録，而是文學上的誇張之詞。司馬遷在文學色彩濃厚的篇章中，往往不爲史法所拘，常常「發於情、肆於心而爲文」（見魯迅《漢文學史綱要》）。在《魏公子列傳》中，甚至由於前後各自誇張而出現自相矛盾之狀。當他誇張士仰慕魏公子而爭歸時說：「士以此方數千里爭往歸之。」然而在誇張賢士不肯輕易與他結交時，卻又相反。毛、薛二公與公子之間，雖無千里之隔，卻不來投奔。甚至「公子欲見兩人，兩人自匿不肯見公子」。至於侯嬴，非但不自動來投奔，竟然在公子親自迎接他時，搭足架子。用理智來審視，前後確有矛盾，但用藝術的眼光來觀賞，只覺得情詞生動，美不勝收，眞所謂「情得然後理眞」（見葉燮《原詩》）。因此，儘管史學家指責這裏不對，那裏有誤，而讀者但感其神情飛揚，意氣動人。明知侯生畫策，事事料若神明之類，貌似寫實而實屬誇張，然而傳神寫照，筆筆驚人，以至無不從心底裏歎服司馬遷的卓越才能。

（顏應伯）

史記·廉頗藺相如列傳（節錄）

司馬遷

廉頗者，趙之良將也。趙惠文王十六年，廉頗爲趙將，伐齊，大破之，取陽晉。拜爲上卿，以勇氣聞於諸侯。

藺相如者，趙人也。爲趙宦者令繆賢舍人。

趙惠文王時，得楚和氏璧。秦昭王聞之，使人遺趙王書，願以十五城請易璧。趙王與大將軍廉頗諸大臣謀：欲予秦，秦城恐不可得，徒見欺；欲勿予，即患秦兵之來。計未定，求人可使報秦者，未得。宦者令繆賢曰：「臣舍人藺相如可使。」王問：「何以知之？」對曰：「臣嘗有罪，竊計欲亡走燕。臣舍人相如止臣曰：『君何以知燕王？』臣語曰：『臣嘗從大王與燕王會境上，燕王私握臣手曰：願結友。以此知之，故欲往。』相如謂臣曰：『夫趙強而燕弱，而君幸於趙王，故燕王欲結於君。今君乃亡趙走燕，燕畏趙，其勢必不敢留君，而束君歸趙矣。君不如肉袒伏斧質請罪，則幸得脱矣。』臣從其計，大王亦幸赦臣。臣竊以爲其人勇士，有智謀，宜可使。」

廉頗藺相如列傳

（節錄）

於是王召見，問藺相如曰：「秦王以十五城請易寡人之璧，可予不？」相如曰：「秦強而趙弱，不可不許。」王曰：「取吾璧，不予我城，奈何？」相如曰：「秦以城求璧而趙不許，曲在趙。趙予璧而秦不予趙城，曲在秦。均之二策，寧許以負秦曲。」王曰：「誰可使者？」相如曰：「王必無人，臣願奉璧往使。城入趙而璧留秦；城不入，臣請完璧歸趙。」趙王於是遂遣相如奉璧西入秦。

秦王坐章臺見相如。相如奉璧奏秦王。秦王大喜，傳以示美人及左右，左右皆呼萬歲。相如視秦王無意償趙城，乃前曰：「璧有瑕，請指示王！」王授璧。相如因持璧，卻立，倚柱，怒髮上衝冠，謂秦王曰：「大王欲得璧，使人發書至趙王。趙王悉召羣臣議，皆曰：『秦貪，負其強，以空言求璧，償城恐不可得。』議不欲予秦璧。臣以爲布衣之交尚不相欺，況大國乎？且以一璧之故，逆強秦之驩，不可。於是趙王乃齋戒五日，使臣奉璧，拜送書於庭。何者？嚴大國之威以脩敬也。今臣至，大王見臣列觀，禮節甚倨；得璧，傳之美人，以戲弄臣。臣觀大王無意償趙王城邑，故臣復取璧。大王必欲急臣，臣頭今與璧俱碎於柱矣。」

相如持其璧睨柱，欲以擊柱。秦王恐其破璧，乃辭謝固請，召有司案圖，指從此以往十五都予趙。相如度秦王特以詐，佯爲予趙城，實不可得，乃謂秦王曰：「和氏璧，天下所共傳寶也。趙王恐，不敢不獻。趙王送璧時，齋戒五日，今大王亦宜齋戒五日，設九賓於廷，臣乃敢上璧。」秦王度之，終不可強奪，遂許齋五日。舍相如廣成傳舍。相如度秦王雖齋，決負約不償城，乃使其從者衣褐懷其璧，從徑道亡，歸璧於趙。

廉頗藺相如列傳
（節錄）

秦王齋五日後，乃設九賓禮於廷，引趙使者藺相如。相如至，謂秦王曰：「秦自繆公以來二十餘君，未嘗有堅明約束者也。臣誠恐見欺於王而負趙，故令人持璧歸，間至趙矣。且秦強而趙弱，大王遣一介之使至趙，趙立奉璧來。今以秦之強而先割十五都予趙，趙豈敢留璧而得罪於大王乎！臣知欺大王之罪當誅，臣請就湯鑊。唯大王與羣臣熟計議之！」秦王與羣臣相視而嘻。左右或欲引相如去。秦王因曰：「今殺相如，終不能得璧也，而絕秦、趙之驩，不如因而厚遇之，使歸趙。趙王豈以一璧之故欺秦邪！」卒廷見相如，畢禮而歸之。

相如既歸，趙王以爲賢大夫，使不辱於諸侯，拜相如爲上大夫。秦亦不以城予趙，趙亦終不予秦璧。

其後，秦伐趙，拔石城。明年，復攻趙，殺二萬人。

秦王使使者告趙王，欲與王爲好，會於西河外澠池。趙王畏秦，欲毋行。廉頗、藺相如計曰：「王不行，示趙弱且怯也。」趙王遂行。相如從。廉頗送至境，與王訣曰：「王行，度道里會遇之禮畢，還，不過三十日。三十日不還，則請立太子爲王，以絕秦望。」王許之。

遂與秦王會澠池。秦王飲酒酣，曰：「寡人竊聞趙王好音，請奏瑟。」趙王鼓瑟。秦御史前，書曰：「某年月日，秦王與趙王會飲，令趙王鼓瑟。」藺相如前曰：「趙王竊聞秦王善爲秦聲。請奉盆缻秦王，以相娛樂。」秦王怒，不許。於是相如前進缻，因跪請秦王。秦王不肯擊缻。相如曰：「五步之內，相如請得以頸血濺大王矣！」左右欲刃相如，相如張目叱之，左右皆靡。於是秦王不懌，爲一擊缻。相如顧召趙御

廉頗藺相如列傳
（節錄）

史，書曰：「某年月日，秦王爲趙王擊缻。」秦之羣臣曰：「請以趙十五城爲秦王壽！」藺相如亦曰：「請以秦之咸陽爲趙王壽！」秦王竟酒，終不能加勝於趙。趙亦盛設兵以待秦，秦不敢動。

既罷，歸國。以相如功大，拜爲上卿，位在廉頗之右。

廉頗曰：「我爲趙將，有攻城野戰之大功，而藺相如徒以口舌爲勞，而位居我上。且相如素賤人，吾羞，不忍爲之下。」宣言曰：「我見相如，必辱之。」相如聞，不肯與會。相如每朝時，常稱病，不欲與廉頗爭列。已而相如出，望見廉頗，相如引車避匿。於是舍人相與諫曰：「臣所以去親戚而事君者，徒慕君之高義也。今君與廉頗同列，廉君宣惡言，而君畏匿之，恐懼殊甚。且庸人尚羞之，況於將相乎！臣等不肖，請辭去。」藺相如固止之，曰：「公之視廉將軍孰與秦王？」曰：「不若也。」相如曰：「夫以秦王之威，而相如廷叱之，辱其羣臣。相如雖駑，獨畏廉將軍哉？顧吾念之，強秦之所以不敢加兵於趙者，徒以吾兩人在也。今兩虎共鬥，其勢不俱生。吾所以爲此者，以先國家之急而後私仇也！」廉頗聞之，肉袒負荊，因賓客至藺相如門謝罪，曰：「鄙賤之人，不知將軍寬之至此也！」卒相與驩，爲刎頸之交。

……

趙惠文王卒，子孝成王立。七年，秦與趙兵相距長平。時趙奢已死，而藺相如病篤。趙使廉頗將攻秦。秦數敗趙軍，趙軍固壁不戰。秦數挑戰，廉頗不肯。趙王信秦之間。秦之間言曰：「秦之所惡，獨畏馬服君趙奢之子趙括爲將耳。」趙王因以括爲將，代廉頗。藺相如曰：「王以名使括，若膠柱而鼓瑟耳。括徒能讀其父書傳，不知

廉頗藺相如列傳（節錄）

合變也。」趙王不聽，遂將之。

……

趙括既代廉頗，悉更約束，易置軍吏。秦將白起聞之，縱奇兵，佯敗走，而絕其糧道，分斷其軍爲二，士卒離心。四十餘日，軍餓。趙括出銳卒自搏戰，秦軍射殺趙括。括軍敗，數十萬之衆遂降秦，秦悉阬之。趙前後所亡凡四十五萬。

明年，秦兵遂圍邯鄲，歲餘，幾不得脫。賴楚、魏諸侯來救，乃得解邯鄲之圍。趙王亦以括母先言，竟不誅也。

自邯鄲圍解五年，而燕用栗腹之謀，曰：「趙壯者盡於長平，其孤未壯。」——舉兵擊趙。趙使廉頗將，擊，大破燕軍於鄗，殺栗腹。遂圍燕。燕割五城請和，乃聽之。趙以尉文封廉頗爲信平君，爲假相國。

廉頗之免長平歸也，失勢之時，故客盡去。及復用爲將，客又復至。廉頗曰：「客退矣！」客曰：「吁！君何見之晚也！夫天下以市道交，君有勢，我則從君；君無勢則去，此固其理也，有何怨乎！」居六年，趙使廉頗伐魏之繁陽，拔之。

趙孝成王卒，子悼襄王立，使樂乘代廉頗。廉頗怒，攻樂乘，樂乘走。廉頗遂奔魏之大梁。其明年，趙乃以李牧爲將而攻燕，拔武遂、方城。

廉頗居梁，久之，魏不能信用。趙以數困於秦兵，趙王思復得廉頗，廉頗亦思復用於趙。趙王使使者視廉頗尚可用否。廉頗之仇郭開多與使者金，令毀之。趙使者既見廉頗，廉頗爲之一飯斗米，肉十斤，被甲上馬，以示尚可用。趙使還報王曰：「廉將軍雖老，尚善飯；然與臣坐，頃之，三遺矢矣。」趙王以爲老，遂不召。楚聞廉頗

廉頗藺相如列傳（節錄）

在魏，陰使人迎之。廉頗一爲楚將，無功，曰：「我思用趙人。」廉頗卒死於壽春。

……　……

太史公曰：知死必勇。非死者難也，處死者難。方藺相如引璧睨柱，及叱秦王左右，勢不過誅。然士或怯懦而不敢發。相如一奮其氣，威信敵國。退而讓頗，名重太山。其處智勇，可謂兼之矣！

《廉頗藺相如列傳》是一篇富有思想、社會意義的作品。本篇通過「完璧歸趙」、「澠池會」、「藺廉交歡」三個故事，讚美了藺相如的智勇與愛國主義精神，即對敵鬥爭的堅持和對同僚的退讓；同時也讚美了廉頗的忠心爲國與勇於改過。從藺廉二人的行事與彼此間的相互關係，極爲自然地反映了這樣一種思想：當敵人侵犯的時候，應該怎樣地爲國而忘身，怎樣在軍事上、外交上緊密配合起來擊退敵人的進攻。而在平時，應該怎樣團結禦侮，消除內部矛盾，來保衛祖國。因此可以說，這篇傳記，是富於愛國主義思想教育意義的。

本篇可分爲四大段：第一、二節爲第一大段，第三至八節爲第二大段，第九至十二節爲第三大段，第十四至二十一節爲第四大段。第一大段介紹出藺、廉二人，第二大段敍「完璧歸趙」，第三大段敍「澠池之會」，第四大段敍「藺廉交歡」。爲什麼要這樣分法呢？我以爲這樣分更能够看出整個情節結構的內在聯繫，能够更好地說明本文的主題思想與分析人物形象。首先，本文一、二、三、四各段，是依照時間的次序而發展的，而二、三、四段亦各成爲一個相對獨立的故事。其次，各段之間又有其內在的聯繫。廉頗是趙國的一員大將，他爲趙國立了許多戰功，「以勇氣聞於諸侯」，他在趙國的地位相當重要。這個故事發生在戰國後期。秦併六國，是從軍事和外交兩方面展開攻勢；所以要擊退秦國的侵略，不僅要在軍事上，而且要在外交上擊退敵人，也就是說不僅要和敵人鬥勇，而且要和敵人鬥智。而本文二、三兩段，就是寫藺相如在外交上如何和秦國作鬥爭而取得勝利的故事。而相如之所以能取得這樣的勝利，又靠着趙國軍事上的準備作爲後盾。這在「完璧歸趙」一段，還是暗寫，而在「澠池之會」一段，則是明寫的了：「趙亦盛設兵以待秦，秦不敢動。」這是所謂內在聯繫的一個方面。現在再談另外一個方面。當時的所謂「虎狼之秦」，最會從內部來瓦解對方。據《史記》原傳記載，長平之役，秦國之所以能够大敗趙軍，就是用反間計，使趙孝成王（惠文王子）以趙奢之子趙括代替廉頗爲將。而「北邊良將」並曾「大破秦軍」的李牧，也因「秦多與趙王寵臣郭開金，爲反間」，而被趙收捕殺掉的（據《戰國策·秦策》，行反間計的是秦人頓弱）。而李牧一死，趙國也就接着滅亡了。可見將相內部團結，是何等的重要！用外交上、軍事上的密切配合來擊退侵略者的攻勢，這是作者在本文中有意識地強調的，而在趙國當時具體情況下，這兩方面的配合，就是藺廉的合作。所以文中藺相如說：「強秦之所以不敢加兵於趙者，徒以吾兩人在也。」如果藺廉失和，豈不是自造矛盾，給敵人以可乘之機嗎？在敵人正在展開攻勢時，將相固應合作，而在敵我矛盾暫時得到緩和時，像本篇秦趙「澠池之會」後，將相更應合作，因爲若非「外禦其侮」的時候，兄弟是容易「鬩於墻」的。這就可以說明藺的隱忍退讓，廉的認罪改過，是怎樣的難能可貴了。

作者在本文，就是以上述的兩個方面貫串全篇來敍述故事、描寫人物的。於此，可見作者在剪裁組織方面的獨具匠心。現在看看作者如何把這種思想貫串全篇的。

第一段廉藺并提，不但介紹出了兩人，而且也說明了兩人在趙國的地位，一貴一賤，一重一輕。第二段敍秦國願以十五城請易趙璧，這種外交攻勢其實是軍事進攻的前奏。這在趙國君臣面前的確是一個極大的難題，因爲給璧與不給璧，都不是好辦法。相如的對付辦法是，給你璧，使秦國沒有進兵的藉口；如秦不用城換璧，就把璧騙回，反正你騙我也騙，你不能拿我怎樣，而且這樣做顯出趙國有人，趙國有準備，強秦反而倒會有所顧忌。這樣，秦國外交上的騙局揭破了，而軍事上的攻勢，也就暫時解除了。第三段「澠池之會」，與上面不同，是先來軍事攻勢，繼之以外交攻勢，這時趙國的處境是更爲困難的。秦在「伐趙，拔石城，明年復攻趙，殺二萬人」之後，乘着軍事勝利的餘威，約趙王在澠池相會，從外交上再來脅迫他。所以張廉卿說：「先敍秦再破趙，而後綴以澠池之會，見趙於喪敗之後，抗秦尤難。」（見《歸方評點史記》）這是洞察當時局勢的話。當時廉頗、藺相如都看到這點，所以不但做好了軍事準備，而且做好了政治準備——「三十日不還，則請立太子爲王，以絕秦望。」這樣就可以在會上不爲秦國所要挾。當然，有了準備不等於萬事大吉，在會上對付又兇暴又狡猾的秦國君臣，還是要很好地和他們折衝周旋、鬥智鬥勇的。由於相如的智勇鬥爭，使秦在外交上「終不能加勝於趙」，終於在軍事上也「不敢動」。隨着兩次擊退秦國外交上的攻勢之後，這時趙國可以說是處於敵我矛盾相對緩和的時期。這時，在統治階級內部也最容易鬧摩擦，而相如却能顧全大局，「先國家之急而後私仇」，這不僅是明智的，而且是勇敢的。對敵人的鬥爭的勇敢，對自己人意氣之爭的「怯懦」，這是最大的勇敢。

對上面的分析，可以看出這作品反映了一個不僅在當時戰國，而且在階級社會任何時代都具有普遍意義的思想，那就是在對付敵國侵略的過程中，一方面應該在政治上（外交上）與軍事上取得密切的配合，而另一方面應該防止內部分裂，這樣才能有效地粉碎敵人的攻擊。這種思想，在我們這樣的時代，還是有啓發作用的。通過篇章結構之間的組織安排，作者就很好地突出了本文的主題思想。

以下再談談藺相如廉頗這兩個人物形象。

把人物放在尖銳的政治鬥爭、軍事鬥爭中描寫，放在爲公與爲私的矛盾中描寫，這是藺廉形象所以塑造得成功的重要原因。

相如的性格特點，就是智勇雙全。他的智勇，表現在兩個方面，一是對敵鬥爭的英勇，一是對同僚的退讓。《史記》本傳太史公贊曰：「相如一奮其氣，威信（伸）敵國；退而讓頗，名重太山。」《太史公自序》也說，他「信（伸）意強秦，而屈體廉子」。都是指這兩個方面。

相如的智，體現在對客觀事物判斷的正確與應變的敏捷。他未入秦前對趙王所說的「不予璧則曲在趙，予璧而秦不予城，曲在秦」的話，見識便比廉頗與諸大臣高出一頭。廉頗等從利害上考慮，而相如則進一步從曲直上考慮，更接觸到問題的本質，并從此生出了應付辦法。相如知道，秦國得璧固好，不得璧則可以抓住「曲在趙」這個藉口，而向趙發動侵略。相如奉璧入秦，獻給秦王，而秦王把璧傳示美人左右，相如看出秦王以爲璧已到手而無意償趙城，因此用計把璧收回。但是璧收到手裏，并不能完全解決問題。因爲相如身在虎穴，無法將璧攜出，就是攜到傳舍，而時間倉卒，也無法攜出秦境。相如一方面料到秦王必不肯以城易璧，另一方面又猜到秦王滿以爲璧已是他掌中之物，決不肯讓相如把它白白碎掉，因此要擊柱碎璧，并杜撰出趙王齋戒五日的話來。他說這話時已連帶考慮到也要秦王齋戒五日，以拖延時間，好讓從人懷璧歸趙。因此，當相如持璧睨柱，秦王辭謝固請不使破璧，并召有司案圖予趙城時，相如就請秦王也要齋戒五日，以示隆重。文中寫相如三番考慮，一則說「相如視秦王無意償趙城」，二則說「相如度秦王特以詐佯爲予趙城，實不可得」，三則說「相如度秦王雖齋，決負約不償城」。而緊接這些考慮，就是取璧、持璧、破璧、歸璧的行動。秦王并不是好惹的，而當時情勢，又是千鈞一髮，稍一延疑，立刻誤事，如非相如智勇相兼，敏捷應變，是做不到完璧歸趙的。

作者不僅寫相如智勇，而且通觀全篇，還可以看出相如智勇產生的根源。《史記菁華錄》有這樣一段話：「人臣謀國，只是致身二字看得明白，卽智勇皆從此生，而天下無難處之事矣。」相如對祖國的熱愛，急國家之急，便是智勇產生的根源；智是冷靜的考慮，勇是強毅的行動，這二者相輔相成。相如的智，前面已有較多分析，現在多談一些他的勇。孔子說：「仁者必有勇。」相如「怒髮上衝冠」以至欲持璧擊柱、

廉頗藺相如列傳（節錄）

與頭俱碎的行動，這雖然也料到秦王不會讓其破璧，而更主要的是這種憤怒的爆發，是由於祖國的被侮辱而激發出來的「寧爲玉碎，毋爲瓦全」的勇氣。再如澠池會上，秦王令趙王鼓瑟，這是對趙王的輕侮，也是對趙國的輕侮。相如爲此也堅請秦王擊缻，不許，直至要和他拚命。這一方面相如固然也料到秦王貌似兇狠而其實怯弱怕死，因此抓住這個弱點，他自然會聽你支配；而另一方面，相如拚命的決心和勇氣和怒目斥退秦王左右的英雄氣概，也不能說不是由熱愛祖國的思想感情所產生的。第四段廉頗與相如爭位，宣言要屈辱相如，這時曾經廷斥秦王及左右的相如，却避匿退讓，不與之爭。這種行動，甚至使他的舍人都受不了，以至要辭去。昔何勇而今何怯，這是事實，也是作者有意識的布置。第二段的「引璧睨柱」，第三段的「叱秦王左右」，這是爲公而鬥的英勇，這段的對廉頗的「引車避匿」，這是爲私而爭的「怯懦」，一勇一怯，前後對照，才更完整地體現出相如是眞勇，是大勇，才更鮮明地刻畫出相如這個智勇雙全的鮮明的形象。

關於廉頗性格的刻劃，第四段較爲細緻，其他較略。但一、二、三段對廉頗的略寫，并不減弱他在對秦鬥爭中的重要性。如上所說，在擊退強秦兩次外交攻勢的鬥爭中，沒有軍事上的準備作爲後盾，相如是不可能取得勝利的。而廉在當時是軍事上的主要負責者。本文第一段提他的戰功，第二段寫趙王與他商議，第三段寫他與趙王訣別，不但看出他的勇敢善戰，而且是一個竭忠盡智，全心爲國的人。其次，本文寫相如地位逐步上升，最後到位在頗上，作者在文中布置了一條或明或暗的線索。如第一段寫廉頗早已「拜爲上卿」，而相如只是宦者令繆賢的舍人，一貴一賤，地位懸殊。第二段相如奉使入秦，不會以舍人資格前往，想已取得大夫身分，及完璧歸趙，就拜爲上大夫了。澠池會後，相如拜爲上卿，并位在頗上。相如的快速遷升，廉頗的不服爭功，自是意料中事。廉頗之所以爭功，理由有二：一是認爲口舌之勞比攻戰之功小，也可說是重視軍事鬥爭，而忽視外交鬥爭；二是相如素賤，一旦在己之上，心中感到不平。第一點是認識問題，第二點是等級觀念在作祟。不過廉頗儘管負氣爭功，甚至要屈辱相如，但他一聽到由第三者傳來的相如回答舍人的話後，就馬上負荊請罪，這不但表現他知過必改的精神，而且可以看出他本來一直是忠心爲國的，不過一時爲私人意氣所蒙蔽，竟至想不到將相不和是關係國家安危的問題而已。他的感愧交併的言語與行動，就是平日公忠體國的內心的激發。所以他的勇於改過，也就是忠於爲國的體現。作者對廉頗的描寫儘管比較簡略，但由於藺、廉兩人始終合寫，互相襯托，互相輝映，故廉的形象，仍然是虎虎有生氣的。

（萬云駿）

史記·淮陰侯列傳

司馬遷

淮陰侯韓信者，淮陰人也。始爲布衣時，貧，無行，不得推擇爲吏，又不能治生商賈，常從人寄食飲，人多厭之者。常數從其下鄉南昌亭長寄食，數月，亭長妻患之，乃晨炊蓐食。食時，信往，不爲具食。信亦知其意，怒，竟絕去。

信釣於城下，諸母漂，有一母見信饑，飯信，竟漂數十日。信喜，謂漂母曰：「吾必有以重報母。」母怒曰：「大丈夫不能自食，吾哀王孫而進食，豈望報乎！」

淮陰屠中少年有侮信者，曰：「若雖長大，好帶刀劍，中情怯耳。」衆辱之曰：「信能死，刺我；不能死，出我袴下。」於是信孰視之，俛出袴下，蒲伏。一市人皆笑信，以爲怯。

及項梁渡淮，信杖劍從之，居戲下，無所知名。項梁敗，又屬項羽，羽以爲郎中。數以策干項羽，羽不用。漢王之入蜀，信亡楚歸漢，未得知名。爲連敖，坐法當斬，其輩十三人皆已斬，次至信，信乃仰視，適見滕公，曰：「上不欲就天下乎？何爲斬壯士！」滕公奇其言，壯其貌，釋而不斬。與語，大說之。言於上，上拜以爲治粟都尉，上未之奇也。

信數與蕭何語，何奇之。至南鄭，諸將行道亡者數十人。信度：「何等已數言上，上不我用。」即亡。何聞信亡，不及以聞，自追之。人有言上曰：「丞相何亡。」上大怒，如失左右手。居一二日，何來謁上，上且怒且喜，罵何曰：「若亡，何也？」何曰：「臣不敢亡也，臣追亡者。」上曰：「若所追者誰何？」曰：「韓信也。」上復罵曰：「諸將亡者以十數，公無所追；追信，詐也。」何曰：「諸將易得耳，至如信者，國士無雙。王必欲長王漢中，無所事信；必欲爭天下，非信無所與計事者。顧王策安所決耳。」王曰：「吾亦欲東耳，安能鬱鬱久居此乎？」何曰：「王計必欲東，能用信，信即留；不能用，信終亡耳。」王曰：「吾爲公以爲將。」何曰：「雖爲將，信必不留。」王曰：「以爲大將。」何曰：「幸甚。」於是王欲召信拜之。何曰：「王素慢無禮，今拜大將如呼小兒耳，此乃信所以去也。王必欲拜之，擇良日，齋戒，設壇場，具禮，乃可耳。」王許之。諸將皆喜，人人各自以爲得大將。至拜大將，乃韓信也，一軍皆驚。

信拜禮畢，上坐。王曰：「丞相數言將軍，將軍何以教寡人計策？」信謝，因問王曰：「今東鄉爭權天下，豈非項王邪？」漢王曰：「然。」曰：「大王自料勇悍仁強孰與項王？」漢王默然良久，曰：「不如也。」信再拜賀曰：「惟信亦爲大王不如也。然臣嘗事之，請言項王之爲人也。項王喑噁叱咤，千人皆廢，然不能任屬賢將，此特匹夫之勇耳。項王見人恭敬慈愛，言語嘔嘔；人有疾病，涕泣分食飲。至使人有功當封爵者，印刓弊，忍不能予。此所謂婦人之仁也。項王雖霸天下而臣諸侯，不居關中而都彭城。有背義帝之約，而以親愛王，諸侯不平。諸侯之見項王遷逐義帝置江南，亦皆歸逐其主而自王善地。項王所過無不殘滅者，天下多怨，百姓不親附，特劫於威強耳。名雖爲霸，實失天下心，故曰其強易弱。今大王誠能反其道，任天下武勇，何所不誅！以天下城邑封功臣，何所不服！以義兵從思東歸之士，何所不散！且三秦王爲秦將，將秦子弟數歲矣，所殺亡不可勝計；又欺其衆降諸侯。至新安，項王詐坑秦降卒二十餘萬，唯獨邯、欣、翳得脱。秦父兄怨此三人，痛入骨髓。今楚強以威王此三人，秦民莫愛也。大王之入武關，秋毫無所害，除秦苛法，與秦民約法三章耳，秦民無不欲得大王王秦者。於諸侯之約，大王當王關中，關中民咸知之。大王失職入漢中，秦民無不恨者。今大王舉而東，三秦可傳檄而定也。」於是漢王大喜，自以爲得信晚。遂聽信計，部署諸將所擊。

八月，漢王舉兵東出陳倉，定三秦。漢二年，出關，收魏、河南，韓、殷王皆降。合齊、趙共擊楚。四月，至彭城，漢兵敗散而還。信復收兵與漢王會滎陽，復擊破楚京、索之間，以故楚兵卒不能西。

漢之敗卻彭城，塞王欣、翟王翳亡漢降楚，齊、趙亦反漢與楚和。六月，魏王豹謁歸視親疾，至國，即絕河關反漢，與楚約和。漢王使酈生說豹，不下。其八月，以信爲左丞相，擊魏。魏王盛兵蒲坂，塞臨晉，信乃益爲疑兵，陳船欲度臨晉，而伏兵從夏陽以木罌缻渡軍，襲安邑。魏王豹驚，引兵迎信，信遂虜豹，定魏爲河東郡。漢王遣張耳與信俱，引兵東北擊趙、代。後九月，破代兵，禽夏說閼與。信之下魏破代，漢輒使人收其精兵，詣滎陽以距楚。

信與張耳以兵數萬，欲東下井陘擊趙。趙王、成安君陳餘聞漢且襲之也，聚兵井陘口，號稱二十萬。廣武君李左車說成安君曰：「聞漢將韓信涉西河，虜魏王，禽夏說，新喋血閼與；今乃輔以張耳，議欲下趙，此乘勝而去遠鬥，其鋒不可當。臣聞千里餽糧，士有饑色；樵蘇後爨，師不宿飽。今井陘之道，車不得方軌，騎不得成列，行數百里，其勢糧食必在其後。願足下假臣奇兵三萬人，從間道絕其輜重；足下深溝高壘，堅營勿與戰。彼前不得鬥，退不得還，吾奇兵絕其後，使野無所掠，不至十日，而兩將之頭可致於戲下。願君留意臣之計。否，必爲二子所禽矣。」成安君，儒者也，常稱義兵不用詐謀奇計，曰：「吾聞兵法：『十則圍之，倍則戰。』今韓信兵號數萬，其實不過數千，能千里而襲我，亦已罷極。今如此避而不擊，後而大者，可以加之！則諸侯謂吾怯，而輕來伐我。」不聽廣武君策，廣武君策不用。

韓信使人間視，知其不用，還報，則大喜，乃敢引兵遂下。未至井陘口三十里，止舍。夜半傳發，選輕騎二千人，人持一赤幟，從間道萆山而望趙軍，誡曰：「趙見我走，必空壁逐我，若疾入趙壁，拔趙幟，立漢赤幟。」令其裨將傳飧，曰：「今日破趙會食！」諸將皆莫信，佯應曰：「諾。」謂軍吏曰：「趙已先據便地爲壁，且彼未見吾大將旗鼓，未肯擊前行，恐吾至阻險而還。」信乃使萬人先行，出，背水陳。趙軍望見而大笑。平旦，信建大將之旗鼓，鼓行出井陘口，趙開壁擊之，大戰良久。於是信、張耳佯棄鼓旗，走水上軍。水上軍開入之，復疾戰。趙果空壁爭漢鼓旗，逐韓信、張耳。韓信、張耳已入水上軍，軍皆殊死戰，不可敗。信所出奇兵二千騎，共候趙空壁逐利，則馳入趙壁，皆拔趙旗，立漢赤幟二千。趙軍已不勝，不能得信等，欲還歸壁，壁皆漢赤幟，而大驚，以爲漢皆已得趙王將矣，兵遂亂，遁走，趙將雖斬之，不能禁也。於是漢兵夾擊，大破，虜趙軍，斬成安君泜水上，禽趙王歇。

信乃令軍中毋殺廣武君，有能生得者購千金。於是有縛廣武君而致戲下者，信乃解其縛，東鄉坐，西鄉對，師事之。

諸將效首虜，休，畢賀，因問信曰：「兵法『右倍山陵，前左水澤』。今者將軍令臣等反背水陳，曰：『破趙會食』，臣等不服。然竟以勝，此何術也？」信曰：「此在兵法，顧諸君不察耳。兵法不曰『陷之死地而後生，置之亡地而後存』？且信非得素拊循士大夫也，此所謂『驅市人而戰之』，其勢非置之死地，使人人自爲戰；今予之生地，皆走，寧尚可得而用之乎！」諸將皆服曰：「善。非臣所及也。」

於是信問廣武君曰：「仆欲北攻燕，東伐齊，何若而有功？」廣武君辭謝曰：「臣聞敗軍之將，不可以言勇；亡國之大夫，不可以圖存。今臣敗亡之虜，何足以權大事乎！」信曰：「仆聞之，百里奚居虞而虞亡，在秦而秦霸，非愚於虞而智於秦也，用與不用，聽與不聽也。誠令成安君聽足下計，若信者，亦已爲禽矣。以不用足下，故信得侍耳，」因固問曰：「僕委心歸計，願足下勿辭。」廣武君曰：「臣聞智者千慮，必有一失；愚者千慮，必有一得。故曰『狂夫之言，聖人擇焉』。顧恐臣計未必足用，願效愚忠。夫成安君有百戰百勝之計，一旦而失之，軍敗鄗下，身死泜上。今將軍涉西河，虜魏王，禽夏說閼與，一舉而下井陘，不終朝破趙二十萬衆，誅成安君。名聞海內，威震天下，農夫莫不輟耕釋耒，褕衣甘食，傾耳以待命者。若此，將軍之所長也。然而衆勞卒罷，其實難用。今將軍欲舉倦弊之兵，頓之燕堅城之下，欲戰恐久力不能拔，情見勢屈，曠日糧竭。而弱燕不服，齊必距境以自強也。燕齊相持而不下，則劉項之權，未有所分也。若此者，將軍所短也。臣愚，竊以爲亦過矣。故善用兵者不以短擊長，而以長擊短。」韓信曰：「然則何由？」廣武君對曰：「方今爲將軍計，莫如案甲休兵，鎮趙，撫其孤，百里之內，牛酒日至，以饗士大夫、醳兵，北首燕路；而後遣辯士奉咫尺之書，暴其所長於燕，燕必不敢不聽從。燕已從，使諠言者東告齊，齊必從風而服，雖有智者，亦不知爲齊計矣。如是，則天下事皆可圖也。兵固有先聲而後實者，此之謂也。」韓信曰：「善。」從其策，發使使燕，燕從風而靡。乃遣使報漢，因請立張耳爲趙王，以鎮撫其國。漢王許之，乃立張耳爲趙王。

楚數使奇兵渡河擊趙，趙王耳、韓信往來救趙，因行定趙城邑，發兵詣漢。楚方急圍漢王於滎陽，漢王南出，之宛、葉間，得黥布，走入成皋，楚又復急圍之。六月，漢王出成皋，東渡河，獨與滕公俱，從張耳軍脩武。至，宿傳舍。晨自稱漢使，馳入趙壁、張耳、韓信未起，即其臥內，上奪其印符，以麾召諸將，易置之。信、耳起，乃知漢王來，大驚。漢王奪兩人軍，即令張耳備守趙地，拜韓信爲相國，收趙兵未發者擊齊。

信引兵東，未渡平原，聞漢王使酈食其已說下齊，韓信欲止。范陽辯士蒯通說信曰：「將軍受詔擊齊，而漢獨發間使下齊，寧有詔止將軍乎？何以得毋行也！且酈生一士，伏軾掉三寸之舌，下齊七十餘城；將軍將數萬衆，歲餘乃下趙五十餘城，爲將數歲，反不如一豎儒之功乎？」於是信然之，從其計，遂渡河。齊已聽酈生，即留縱酒，罷備漢守禦。信因襲齊歷下軍，遂至臨菑。齊王田廣以酈生賣己，乃亨之；而走高密，使使之楚請救。韓信已定臨菑，遂東追廣至高密西。楚亦使龍且將，號稱二十萬，救齊。

齊王廣、龍且并軍與信戰，未合，人或說龍且曰：「漢兵遠鬥窮戰，其鋒不可當；齊、楚自居其地戰，兵易敗散。不如深壁，令齊王使其信臣招所亡城，亡城聞其王在，楚來救，必反漢。漢兵二千里客居，齊城皆反之，其勢無所得食，可無戰而降也。」龍且曰：「吾平生知韓信爲人，易與耳。且夫救齊不戰而降之，吾何功？今戰而勝之，齊之半可得，何爲止！」遂戰，與信夾濰水陣。韓信乃夜令人爲萬餘囊，滿盛沙，壅水上流，引軍半渡，擊龍且。佯不勝，還行。龍且果喜曰：「固知信怯也。」遂追信渡水。信使人決壅囊，水大至，龍且軍大半不得渡。即急擊，殺龍且。龍且水東軍散走，齊王廣亡去。信遂追北至城陽，皆虜楚卒。

漢四年，遂皆降。平齊。使人言漢王曰：「齊僞詐多變，反覆之國也。南邊楚，不爲假王以鎮之，其勢不定。願爲假王使。」當是時，楚方急圍漢王於滎陽，韓信使者至，發書，漢王大怒，罵曰：「吾困於此，旦暮望若來佐我，乃欲自立爲王！」張良、陳平躡漢王足，因附耳語曰：「漢方不利，寧能禁信之王乎？不如因而立，善遇之，使自爲守。不然，變生。」漢王亦悟，因復罵曰：「大丈夫定諸侯，即爲真王耳，何以假爲！」乃遣張良往立信爲齊王，徵其兵擊楚。

楚已亡龍且，項王恐，使盱眙人武涉往說齊王信曰：「天下共苦秦久矣，相與戮力擊秦。秦已破，計功割地，分土而王之，以休士卒。今漢王復興兵而東，侵人之分，奪人之地，已破三秦，引兵出關，收諸侯之兵以東擊楚，其意非盡吞天下者不休，其不知厭足如是甚也。且漢王不可必，身居項王掌握中數矣，項王憐而活之，然得脫，輒倍約，復擊項王，其不可親信如此。今足下雖自以爲與漢王爲厚交，爲之盡力用兵，終爲之所禽矣。足下所以得須臾至今者，以項王尚存也。當今二王之事，權在足下。足下右投則漢王勝，左投則項王勝。項王今日亡，則次取足下。足下與項王有故，何不反漢與楚連和，參分天下王之？今釋此時，而自必於漢以擊楚，且爲智者固若此乎！」韓信謝曰：「臣事項王，官不過郎中，位不過執戟，言不聽，畫不用，故倍楚而歸漢。漢王授我上將軍印，予我數萬衆，解衣衣我，推食食我，言聽計用，故吾得以至於此。夫人深親信我，我倍之不祥，雖死不易。幸爲信謝項王！」

武涉已去，齊人蒯通知天下權在韓信，欲爲奇策而感動之，以相人說韓信曰：「僕嘗受相人之術。」韓信曰：「先生相人何如？」對曰：「貴賤在於骨法，憂喜在於容色，成敗在於決斷，以此參之，萬不失一。」韓信曰：「善。先生相寡人何如？」對曰：「願少間。」信曰：「左右去矣。」通曰：「相君之面，不過封侯，又危不安，相君之背，貴乃不可言。」韓信曰：「何謂也？」蒯通曰：「天下初發難也，俊雄豪傑建號壹呼，天下之士雲合霧集，魚鱗雜遝，熛至風起。當此之時，憂在亡秦而已。今楚、漢分爭，使天下無罪之人肝膽塗地，父子暴骸骨於中野，不可勝數。楚人起彭城，轉鬥逐北，至於滎陽，乘利席卷，威震天下。然兵困於京、索之間，迫西山而不能進者，三年於此矣。漢王將數十萬之衆，距鞏、雒，阻山河之險，一日數戰，無尺寸之功，折北不救，敗滎陽，傷成皋，遂走宛、葉之間，此所謂智勇俱困者也。夫銳氣挫於險塞，而粮食竭於內府，百姓罷極怨望，容容無所倚。以臣料之，其勢非天下之賢聖固不能息天下之禍。當今兩主之命縣於足下。足下爲漢則漢勝，與楚則楚勝。臣願披腹心，輸肝膽，效愚計，恐足下不能用也。誠能聽臣之計，莫若兩利而俱存之，參分天下，鼎足而居，其勢莫敢先動。夫以足下之賢聖，有甲兵之衆，據強齊，從燕、趙，出空虛之地而制其後，因民之欲，西鄉爲百姓請命，則天下風走而響應矣，孰敢不聽！割大弱強，以立諸侯；諸侯已立，天下服聽而歸德於齊。案齊之故，有膠、泗之地，懷諸侯以德，深拱揖讓，則天下之君王相率而朝於齊矣。蓋聞『天予弗取，反受其咎；時至不行，反受其殃』。願足下孰慮之。」

韓信曰：「漢王遇我甚厚，載我以其車，衣我以其衣，食我以其食。吾聞之，乘人之車者載人之患，衣人之衣者懷人之憂，食人之食者死人之事，吾豈可以鄉利倍義乎！」蒯生曰：「足下自以爲善漢王，欲建萬世之業，臣竊以爲誤矣。始常山王、成安君爲布衣時，相與爲刎頸之交。後爭張黶、陳澤之事，二人相怨。常山王背項王，奉項嬰頭而竄，逃歸於漢王。漢王借兵而東下，殺成安君泜水之南，頭足異處，卒爲天下笑。此二人相與，天下至驩也。然而卒相禽者，何也？患生於多慾而人心難測也。今足下欲行忠信以交於漢王，必不能固於二君之相與也，而事多大於張黶、陳澤。故臣以爲足下必漢王之不危己，亦誤矣。大夫種、范蠡存亡越，霸句踐，立功成名而身死亡。野獸已盡而獵狗亨。夫以交友言之，則不如張耳之與成安君者也；以忠信言之，則不過大夫種、范蠡之於句踐也。此二人者，足以觀矣。願足下深慮之。且臣聞勇略震主者身危，而功蓋天下者不賞。臣請言大王功略：足下涉西河，虜魏王，禽夏說，引兵下井陘，誅成安君，徇趙，脅燕，定齊，南摧楚人之兵二十萬，東殺龍且，西鄉以報，此所謂功無二於天下，而略不世出者也。今足下戴震主之威，挾不賞之功，歸楚，楚人不信；歸漢，漢人震恐。足下欲持是安歸乎？夫勢在人臣之位而有震主之威，名高天下，竊爲足下危之。」韓信謝曰：「先生且休矣，吾將念之。」

後數日，蒯通復說曰：「夫聽者，事之候也；計者，事之機也；聽過計失而能久安者，鮮矣。聽不失一二者，不可亂以言；計不失本末者，不可紛以辭。夫隨廝養之役者，失萬乘之權；守儋石之祿者，闕卿相之位。故知者，決之斷也；疑者，事之害也。審豪氂之小計，遺天下之大數，智誠知之，決弗敢行者，百事之禍也。故曰『猛虎之猶豫，不若蜂蠆之致螫；騏驥之跼躅，不如駑馬之安步；孟賁之狐疑，不如庸夫之必至也；雖有舜禹之智，吟而不言，不如瘖聾之指麾也』。此言貴能行之。夫功者，難成而易敗；時者，難得而易失也。時乎時，不再來。願足下詳察之。」韓信猶豫不忍倍漢，又自以爲功多，漢終不奪我齊，遂謝蒯通。蒯通說不聽，已佯狂爲巫。

漢王之困固陵，用張良計，召齊王信，遂將兵會垓下。項羽已破，高祖襲奪齊王軍。漢五年正月，徙齊王信爲楚王，都下邳。

信至國，召所從食漂母，賜千金。及下鄉南昌亭長，賜百錢，曰：「公，小人也，爲德不卒。」召辱己之少年令出胯下者以爲中尉。告諸將相曰：「此壯士也。方辱我時，我寧不能殺之邪？殺之無名，故忍而就於此。」

項王亡將鍾離眛家在伊廬，素與信善。項王死後，亡歸信。漢王怨眛，聞其在楚，詔楚捕眛。信初之國，行縣邑，陳兵出入。漢六年，人有上書告楚王信反。高帝以陳平計，天子巡狩會諸侯，南方有雲夢，發使告諸侯會陳：「吾將遊雲夢。」實欲襲信，信弗知。高祖且至楚，信欲發兵反，自度無罪；欲謁上，恐見禽。人或說信曰：「斬眛謁上，上必喜，無患。」信見眛計事，眛曰：「漢所以不擊取楚，以眛在公所。若欲捕我以自媚於漢，吾今日死，公亦隨手亡矣。」乃罵信曰：「公非長者！」卒自剄。信持其首，謁高祖於陳。上令武士縛信，載後車。信曰：「果若人言：『狡兔死，良狗亨；高鳥盡，良弓藏；敵國破，謀臣亡。』天下已定，我固當亨！」上曰：「人告公反。」遂械繫信。至雒陽，赦信罪，以爲淮陰侯。

信知漢王畏惡其能，常稱病不朝從。信由此日夜怨望，居常鞅鞅，羞與絳、灌等列。信嘗過樊將軍噲，噲跪拜送迎，言稱臣，曰：「大王乃肯臨臣！」信出門，笑曰：「生乃與噲等爲伍！」上常從容與信言諸將能不，各有差。上問曰：「如我，能將幾何？」信曰：「陛下不過能將十萬。」上曰：「於君何如？」曰：「臣多多而益善耳。」上笑曰：「多多益善，何爲爲我禽？」信曰：「陛下不能將兵，而善將將，此乃信之所以爲陛下禽也。且陛下所謂天授，非人力也。」

陳豨拜爲鉅鹿守，辭於淮陰侯。淮陰侯挈其手，辟左右，與之步於庭，仰天嘆曰：「子可與言乎？欲與子有言也。」豨曰：「唯將軍令之。」淮陰侯曰：「公之所居，天下精兵處也；而公，陛下之信幸臣也。人言公之畔，陛下必不信；再至，陛下乃疑矣；三至，必怒而自將。吾爲公從中起，天下可圖也。」陳豨素知其能也，信之，曰：「謹奉教！」漢十年，陳豨果反。上自將而往，信病不從。陰使人至豨所，曰：「弟舉兵，吾從此助公。」信乃謀與家臣夜詐詔赦諸官徒奴，欲發以襲呂后、太子。部署已定，待豨報。其舍人得罪於信，信囚，欲殺之。舍人弟上變，告信欲反狀於呂后。呂后欲召，恐其黨不就。乃與蕭相國謀，詐令人從上所來，言豨已得死，列侯羣臣皆賀。相國紿信曰：「雖疾，強入賀。」信入，呂后使武士縛信，斬之長樂鍾室。信方斬，曰：「吾悔不用蒯通之計，乃爲兒女子所詐，豈非天哉！」遂夷信三族。

高祖已從豨軍來，至，見信死，且喜且憐之，問：「信死亦何言？」呂后曰：「信言恨不用蒯通計。」高祖曰：「是齊辯士也。」乃詔齊捕蒯通。蒯通至，上曰：「若教淮陰侯反乎？」對曰：「然，臣固教之。豎子不用臣之策，故令自夷於此。如彼豎子用臣之計，陛下安得而夷之乎！」上怒曰：「烹之。」通曰：「嗟乎，冤哉烹也！」上曰：「若教韓信反，何冤？」對曰：「秦之綱絕而維弛，山東大擾，異姓并起，英俊烏集。秦失其鹿，天下共逐之，於是高材疾足者先得焉。蹠之狗吠堯，堯非不仁，狗固吠非其主。當是時，臣唯獨知韓信，非知陛下也。且天下銳精持鋒欲爲陛下所爲者甚衆，顧力不能耳。又可盡烹之邪？」高帝曰：「置之。」乃釋通之罪。

太史公曰：吾如淮陰，淮陰人爲余言，韓信雖爲布衣時，其志與衆異。其母死，貧無以葬，然乃行營高敞地，令其旁可置萬家。余視其母冢，良然。假令韓信學道謙讓，不伐己功，不矜其能，則庶幾哉，於漢家勳可以比周、召、太公之徒，后世血食矣。不務出此，而天下已集，乃謀畔逆，夷滅宗族，不亦宜乎！

《淮陰侯列傳》是《史記》中歷史價值既高，文學色彩又濃，而且又具有傳記文學典型特徵的長篇巨制之一。它使用了一種文學色彩很強的筆法，按照歷史人物一生的幾個階段，有次序、重點突出地記載描述了韓信的生平事蹟，從而使韓信這個人物的精神氣質，聰明才幹，歷史功過，連同作者的濃厚感情，一起清晰地呈現於讀者眼前。但由於這是一篇記載當代史實的文字，作者在文章的某些地方不得不使用一些婉轉含蓄的筆法，因而兩千年來也造成了讀者們理解上的一些分歧，有些問題是應該說清楚的。

韓信不同於曹參、樊噲這種攻城野戰的猛士，也不單是孫臏、龐涓一流的軍事家。他是有深謀遠略，有運籌帷幄、決勝千里的大將之才的。爲此，作者在《淮陰侯列傳》中重點描寫了登臺拜將、井陘之戰、濰水之戰等幾個細節。關於登臺拜將，明代楊維楨說：「韓信登壇之日，畢陳平生之畫略，論楚之所以失，漢之所以得，此三秦還定之謀卒定於韓信之手也。」王世貞說：「淮陰之初說高帝也，高密（鄧禹）之初說光武也，武鄉（諸葛亮）之初說昭烈也，若懸券而責之，又若合券焉。噫，可謂才也已矣。」關於井陘之戰，明代茅坤說：「非爲水上陣，不可以致趙人之空壁而逐利；非拔趙幟而立漢幟，則成安君失利而還壁，信與趙相持之勢成，而其事未可知也。故信之此舉，謀定而後動，誠入虎口一舉而斃之矣。」（《史記鈔》）像韓信這樣的智謀韜略，像韓信用兵的這種神奇，不僅在漢代，就是在我國整個封建社會的軍事史上也少有其比。誠如宋代的陳亮所說：「古今來，太史公，文仙也；李白，詩仙也；屈原，詞賦仙也；劉阮，酒仙也；而韓信，兵仙也。然哉！」（《史記鈔》）司馬遷沒有虧負韓信這個歷史人物，也正是靠着司馬遷這支如椽的大筆，從而使韓信那種卓越的將才得以酣暢淋漓，活靈活現地表現出來了。

對於上述韓信的軍事天才，人們大體上都沒有什麼異議，至於作者對韓信被殺一案持的是什麼態度，人們的理解就頗不相同了。有人根據作品的結尾部分寫到了韓信與陳豨的密謀，又寫到了韓信想詐爲詔書赦諸官徒奴以襲呂后太子，而作者自己最後在「太史公曰」中又說：「天下已集，乃謀叛逆，夷滅宗族，不亦宜乎！」於是就認爲作者是譴責韓信的圖謀叛亂。例如明代的陳霆說：「保初節易，保晚節難，觀之淮陰可見矣。」（《史記評林》引）近些年來，更有些同志摘引上述材料以說明司馬遷的反對割據叛亂，擁護中央集權。說司馬遷反對割據叛亂，擁護中央集權是對的，但引證這段史實不合適。對於韓信與陳豨密謀叛亂一事，前人有過不少辯證。明代歸有光、馮班都認爲這可能是呂后、蕭何等人強加給韓信的罪名。但是，光憑這種分析情理還不足說明司馬遷的態度，我們還必須結合全篇全書來進行考察。

韓信是劉邦手下最有本事的人物，劉邦深知自己離開韓信是辦不成大事的。但也正因爲韓信的本事最大，所以他才成了最受劉邦猜疑，最被劉邦放心不下的人物。我們看劉邦一貫是怎樣對待韓信的吧：當韓信虜魏豹、擒夏說、滅魏破代後，「漢輒使人收其精兵，詣滎陽以距楚」。當韓信斬除陳餘、收臧荼、平定趙燕後，劉邦乃「自稱漢使，馳入趙壁，張耳韓信未起，即其臥內上奪其印符，以麾召諸將，易置之」。漢王奪兩人軍，即令張耳備守趙地，拜韓信爲相國，「收趙兵未發者擊齊」。當韓信殺龍且、虜田廣，平定齊地後，劉邦又「徵其兵擊楚」。當韓信指揮全軍大破項羽於垓下，戰事剛剛結束，劉邦又「馳入齊王壁，奪其軍」（《高祖本紀》）。而且把韓信的封地也由齊換到了楚。宋代黃震說：「韓信虜魏、破代、平趙、下燕、定齊，南摧楚兵二十萬，殺龍且，而楚遂滅。漢并天下，皆信力也。武涉、蒯通說信背漢，而信終不忍，自以功多，漢終不奪我齊也。不知功之多者忌之尤甚，今日破楚，明日奪齊王。信方爲漢取天下，漢之心已未嘗一日不在取信也。」（《黃氏日抄》）司馬遷寫這些絕不是漫無目的，讀者不應該粗心放過。

當韓信破趙定齊後，兵威大振，他佔據着魏代、燕趙、齊魯大片地區，其勢力已遥遥直出於項羽、劉邦之上。這時，項羽派説客武涉來勸誘韓信背離劉邦，勸他「與楚聯合，參分天下王之」。韓信不聽，他説他忘不了劉邦對他的知遇之情，他發誓「雖死不易」。接着齊國的辯士蒯通又勸説韓信「參分天下，鼎足而居」，他認爲這一來韓信就可以成爲天下的霸主。接着他又爲韓信分析了他們君臣之間的矛盾，他引證范蠡、文種的先例指出了韓信日後的危險，鑿鑿確確，眞是使人不得不感到觸目驚心。但是韓信始終不忘劉邦，他説：「乘人之車者載人之患，衣人之衣者懷人之憂，食人之食者死人之事，吾豈可以鄉利倍義乎！」武涉、蒯通的兩段文字共達一千三百余言，佔了整篇《淮陰侯列傳》的四分之一，使不少讀者都感到比例太失調了。班固寫《漢書》時，就把蒯通這段長文字提了出來另立了一個《蒯通傳》。這樣做當然也可以，但是司馬遷爲什麼要這樣安排呢？清代趙翼説：「全載蒯通語，正以見淮陰之心在爲漢，雖以通之説喻百端，終確然不變，而他日之誣以反而族之者之冤，痛不可言也。」（《廿二史札記》）李景星説：「蒯通説信反漢語，信亡後對高祖語，皆足表見信之功大而不反。《史記》詳載，確有深意，班氏乃節去另爲《通傳》，在彼爲無謂，在此爲有損，均不合也。」（《四史評議》）這些分析都是非常精確的。

韓信的被殺與蕭何、張良，尤其是陳平，有很大關係，因此我們也很需要注意一下作者是怎樣寫這三個人的。在《淮陰侯列傳》中，韓信平齊後，派人來向劉邦請求爲假齊王。劉邦發書大怒，駡曰：「吾困於此，旦暮望若來佐我，乃欲自立爲王！」張良、陳平躡漢王足，因附耳語曰：「漢方不利，寧能禁信之王乎？不如因而立，善遇之，使自爲守，不然，變生。」劉邦亦恍然醒悟，於是遣張良往立韓信爲齊王。在這裏，韓信的確是表現了他的私心，但是作爲劉邦的謀士們應該這樣説話嗎？這樣一來不是明顯地更加深了劉邦對韓信的猜忌與敵視嗎？至韓信爲楚王，有人上書告韓信謀反時，這本來是無中生有的事，作爲劉邦的謀士，原應該協助劉邦處理好這種君臣間的猜疑。而陳平不然，他慫恿劉邦假説巡遊雲夢，乘韓信中途迎謁之機而襲捕了他。但由於實在難以服衆，結果又「赦信罪，以爲淮陰侯」。日人中井積德說：「反逆者，三族之罪也，豈可赦哉？赦信，以見其無罪也。」（《史記會註考證》）呂氏最後殺韓信，蕭何是親自參與了謀劃，并把韓信騙入羅網的。張良爲了遠身避禍，這時正高唱什麽「願棄人間事，欲從赤松子遊」。這些人的品行難道不使人感到寒心嗎？司馬遷在《蕭相國世家》最後說：「蕭相國何，於秦時爲刀筆吏，碌碌未有奇節。及漢興，依日月之末光，何謹守管鑰，因民之疾，奉法順流，與之更始。淮陰黥布等誅滅，而何之勳爛焉。位冠羣臣，聲施後世，與閎夭散宜生爭烈矣。」有大才有大功的人沒有得到好下場，而庸碌之輩却名揚天下，福澤久長，這是歌頌呢，還是嘲弄？在《曹相國世家》中說：「（參）攻城野戰所以能功多如此者，以與淮陰侯俱。及信已滅，而列侯成功，唯獨參擅其名。」曹參所以能立功，是因爲當初跟上了韓信，韓信被殺了，於是這才顯出了他。這難道是什麽歌頌嗎？清代吳汝綸說：「史公於高帝君臣，皆不當其一眄。」這樣比較參照，就能更好地看清司馬遷對韓信的感情態度了。

作者寫韓信被殺時的情景，也是很耐人尋味的。當韓信被蕭何騙入長樂宮，陷入呂后的埋伏時，韓信說：「吾悔不用蒯通之計，乃爲兒女子所詐，豈非天哉！」臨死才後悔當初不反，說明當初的確是沒有想反。記得《紅樓夢》中晴雯臨死前對寶玉說：「我雖生得此別人略好些，并沒有私情密意勾引你怎樣，如何一口死咬定了我是個狐狸精！我太不服。今日既已擔了虛名，而且臨死，不是我說一句後悔的話，早知如此，我當日也另有個道理。」大某山民評點這段話說：「雪芹先生不欲以曖昧之事踏閨房，故於黛玉臨終時標出『身子乾淨』四字，使人默喻其意。前晴雯將死，亦云『悔不當初』，皆作者極力周旋處。」殆至劉邦從平定陳豨的軍前回來時，韓信已死，劉邦這時的心情是「且喜且憐之」。「喜」什麽呢？長期以來壓在心上的石頭終於搬掉了。「憐」什麽呢？這樣的大才，以這樣的罪名被殺，實在也太說不過去了。清代梁玉繩分析劉邦這種心理說：「高祖畏惡其能非一朝一夕，胎禍於躡足附耳，露疑於奪符襲軍，故擒縛不已，

族誅始快。從豨軍來，見信死且喜且憐，亦諒其無辜受戮爲可憐也。」（《史記志疑》）

經過這一系列的苦心經營後，作者仍恐讀者看不明白底裏，又特意把蒯通與劉邦的一段對話放在了《淮陰侯列傳》的最後，作爲整個故事的尾聲。當時劉邦問蒯通：「若教淮陰侯反乎？」蒯通曰：「然，臣固教之。豎子不用臣之策，故令自夷於此；如彼豎子用臣之計，陛下安得而夷之乎？」近代李景星說：「曰『不用』，曰『自夷』，則淮陰之心跡明矣。凡此，皆所謂特筆也。」（《四史評議》）司馬遷在《匈奴列傳》中說：「孔子著《春秋》，隱桓之間則章，至定哀之際則微，爲其切當世之文而罔褒，忌諱之辭也。」《淮陰侯列傳》是一篇記述當代史實的作品，司馬遷要想對韓信被殺表達自己的看法，就不得不用許多種特筆，這是我們讀者應該注意體會的。

韓信在當時是獨一無二的軍事天才，但一碰上劉邦就處處被動，被捉弄戲耍得有如嬰兒。這一方面是由於韓信太善良，太相信劉邦；而另一方面則說明劉邦駕馭人的手段太高了。韓信曾說劉邦「不善將兵，而善將將」，也正是指此而言。韓信因爲本領太高，功勳太大，因而招致最後被殺，這樣的結局是不可避免的。蒯通曾對韓信說過：「勇略震主者身危，而功蓋天下者不賞；」又說：「野獸已盡而獵狗烹。」這些話在專制獨裁的封建社會裏，都是帶有規律性的。司馬遷寫《淮陰侯列傳》的主旨就是要揭示這個慘痛的、令人厭惡但又不可改變的歷史規律。

韓信被誣爲謀反而遭族滅，這是個大冤案，作者對此事是極爲憤慨，對韓信是極爲惋惜同情的。但是作者對韓信也并不是沒有批評，并不是沒有寫出韓信也自有他的取死之道。首先，他的政治理想是落後的。韓信在登壇拜將時就勸劉邦「任天下勇武，何所不誅；以天下城邑封功臣，何所不服？」當他平定趙國後，「乃遣使報漢，因請立張耳爲趙王，以鎭撫其國」。至平定齊國後，於是使人言於漢王曰：「齊僞詐多變，反覆之國也，南邊楚，不爲假王以鎭之，其勢不定，願爲假王便。」當劉邦撕毀鴻溝之約，號令各路軍隊乘隙進擊項羽時，韓信、彭越等又到期不至，從而使劉邦又一次被項羽打得慘敗。這實際上是在楚漢最後決戰前他們公開對劉邦進行的一種討價還價。這些地方都表現了韓信那種裂土分封，爲侯爲王的慾望。這種思想在當時很普遍，但是從秦始皇建立統一的中央集權的國家以來，它已經是落後，乃至倒退的了。韓信從主觀動機上講，也許眞是沒有想過要背叛、要推倒劉邦，但是他這種追求割土稱王的思想，事實上一定要成爲劉邦建立統一的中央集權的障礙。因此，韓信被消滅是不可避免的。其次，韓信恃才傲物，目中無人，他不僅瞧不起漢代開國的其他將領，而且連劉邦他也不看在眼下。當他被黜爲淮陰侯後，他「羞與絳、灌等列」。樊噲對他跪起迎送，口自稱臣，他竟然不屑一顧地說：「生乃與噲等爲伍！」當劉邦與他談論起諸將統兵的能力時，他隨口排抑。劉邦問他：「如我能將幾何？」他說：「陛下不過能將十萬。」劉邦問他：「於君何如？」他說：「臣多多而益善耳！」莫說是面對皇帝，卽使是和同僚，這種態度能叫人容忍嗎？司馬遷在最後的論贊中說：「假令韓信學道謙讓，不伐己功，不矜其能，則庶幾哉？」這話一方面是責備，同時又是在批評之中帶着更深沉的惋惜與同情的。對於張良曹參這些當時「學道謙讓」的典型，司馬遷又何曾眞心地讚美過他們呢？明代鍾惺說：「學道一字，似遷而妙，曹參學黃老，飲醇自全，此學道之效也。」話裏帶着一種挖苦嘲弄的意味。也就是說，卽使韓信「學道謙讓，不伐己功」，情況恐怕也好不了多少。

《淮陰侯列傳》在寫人敍事方面有很高的藝術技巧，我們這裏準備談四點：

（一）虛實相間。在《淮陰侯列傳》中從頭到尾貫穿始終的是韓信與劉邦的矛盾。整個矛盾過程可分三個階段：開始是用與不用；其次是一邊使用一邊控制防範；最後是誣陷族滅。作者在表現這組矛盾的時候，對韓信多用實寫，對劉邦多用虛寫。對韓信是實寫他的才幹、戰功和對劉邦的忠心耿耿；對劉邦是虛寫他的猜疑忌恨，直至必欲滅之而後安的殘刻心理。其中寫韓信的筆墨雖多，而矛盾的主導方面則是在劉邦。例如韓信剛到劉邦部下時，雖經蕭何等多次舉薦，劉邦始終不肯重用他。後來韓信一氣東走，蕭何連夜把他追回後，再次向劉邦苦薦，劉邦是看在蕭何的面子上才勉強答應拜他爲大將的。拜將禮畢，劉邦立卽問道：「丞相數言將軍，將軍何以教寡人計策？」看，在這句問話的後面掩蓋着劉邦的多少憂心和懷疑啊！這是一種迫不及待的考問。直到韓信縱談天下形勢，高屋建瓴，瞭如指掌。劉邦這才「大喜，自以爲得信晚。遂聽信計，部署諸將所擊」。這是韓信與劉邦的第一次會面，作者把韓信的謀略與劉邦對韓信由不用到用的心理都表現得異常明晰。而後作者轉入正面表現韓信的將才，寫他破魏、破代、破趙、下燕、破齊、滅楚的累累軍功，這些描寫都是驚心動魄，非常引人入勝的。但是在韓信的每一次重大軍事勝利之後，總是被劉邦「收其精兵」，「奪其印符」，「襲奪齊王軍」。使人感到在韓信頭上總是有一隻無形的黑手在抓着他，在他背後彷彿有一個血盆大口正在張着，在時刻準備着一口吞掉他。正如明代凌稚隆所說：「帝未嘗一日忘信也。」等到天下已定，有人告發韓信「謀反」時，劉邦聽用陳平的計策，毫不遲疑地襲捕了他。這不是積蓄心頭已久的宿謀的突發嗎？後來劉邦往討陳豨時，呂后與蕭何設謀，自作主張地將韓信滅了三族，而劉邦回來後的表現是「且喜且憐」，這不清楚地說明呂后這種做法是她與劉邦預謀已久的嗎？

（二）繁簡得宜。《淮陰侯列傳》中描寫了許多組性質相同而表現形式也大致類似的事件，但由於作者能够注意到有變化，繁簡得宜，因而不僅不使人感到重複累贅，相反能給人一種廻環激盪、淋漓酣暢的感覺。例如向劉邦推薦韓信的人前有滕公，後有蕭何。作者對滕公的推薦採用略寫，對蕭何的推薦採用詳寫。通過這種反覆開說，以見英雄被人知遇之難。但也同時由此越發顯出了韓信才能之不凡，正如和氏寶玉之難知，必待數進而後納。這是一種欲揚先抑的寫法。又如《淮陰侯列傳》寫戰爭，破趙是詳寫，破龍且是略寫，破魏破代只是一帶而過。這種詳略交插，前後對照，恰好給人一種舉一反三的提示，讓人們自己去互相補充，去自由地馳騁個人的想象。勸説韓信背叛劉邦的前有武涉，後有蒯通。作者對武涉用略寫，對蒯通用詳寫。而且在寫蒯通的辭令時又把它分成兩個時間，三個層次。由於這種巧妙變化，使人們讀到這前後長達一千三百多字的辭令時，絲毫不感到凝重，而只感到驚心動魄，氣勢逼人。在這樣強有力的撼動下，韓信對劉邦的忠心堅如磐石，這就充分證明了日後呂氏蕭何誣蔑韓信謀反的虛妄。

（三）細節描寫。《淮陰侯列傳》中有許多細節描寫是異常精彩的，這些細節有力地突出了人物的性格，增強了故事的生動性、趣味性。例如作品開頭寫韓信早年窮困時受胯下之辱的細節，不僅生動地表現了韓信的心理性格，而且這件事對韓信一生中的許多關鍵問題都有重要影響。項羽不用他，劉邦開始也不用他，因而使韓信吃了許多苦頭，與此有關；趙將陳餘瞧不起他，楚將龍且也瞧不起他，結果讓韓信順水推舟，大展奇才，創造了輝煌的戰績，也與此有關。老子云：「大智若愚，大勇若怯。」豈虛也哉！又如作品寫劉邦拗不過蕭何，只好答應拜韓信爲大將的情景時說：「王許之。諸將皆喜，人人各自以爲得大將。至拜大將，乃韓信也，一軍皆驚。」不僅劉邦瞧不起，不信任韓信，劉邦的整個軍隊裏沒有一個人瞧得起、想得到他。這個細節出現在韓信登壇縱論天下形勢之前，眞是一抑再抑，從而爲韓信的出場亮相一鳴驚人，做了有力的反襯。

當韓信平齊，遣人向劉邦請求爲假齊王時，「漢王大怒，罵曰：『吾困於此，旦暮望若來佐我，乃欲自立爲王！』」下面可能就要說「發兵坑豎子」了，這時張良陳平一躡其足，劉邦立刻醒悟，於是「因復罵曰：『大丈夫定諸侯，卽爲眞王耳，何以假爲！』」這是多麼活靈活現的一場戲啊！明代鍾惺說：「復罵得妙，轉變無跡。」清代何焯說：「人見漢王轉換之捷，不知太史公用筆入神也。他人不過曰『漢王怒，良平諫，乃許之』。」（《義門讀書記》）這個細節不僅表現了劉邦腦瓜的絕頂聰明靈活，而且埋下了韓信日後倒霉遭禍的伏筆。

（四）首尾照應。《淮陰侯列傳》的前後照應，針線嚴密，在《史記》中也是比較突出的。例如韓信早年窮困時，曾經在南鄉亭長家中寄食，南鄉亭長的妻子討厭嫌棄韓信，韓信一氣而去。後來韓信在挨餓時，受到了一位漂母的照顧，韓信非常感激地對他說：「吾必有以重報母。」殆至韓信爲楚王後，果然「召所從食漂母，賜千金。及下鄉亭長，賜百錢，曰：『公，小人也，爲德不卒。』」韓信早年曾受淮陰惡少年的胯下之辱，及至爲楚王後，「召辱己之少年令出胯下者以爲楚中尉，告諸將曰：『此壯士也。方辱我時，我寧不能殺之邪？殺之無名，故忍而就於此。』」這就使文章前後緊密呼應起來了。它一方面表現了韓信卽使窘困到了難以爲生的地步，也仍是胸有大志，氣度不凡；另一方面也表現韓信有恩必報，有怨必伸的思想。這種思想在今天看來境界雖然不高，但在當時却被人們看作是一種美德。司馬遷在《史記》的許多篇中都對這種思想進行過讚美歌頌，這是與司馬遷的個人身世有關係的。

蒯通曾一再地勸韓信背叛劉邦，自己獨立，這是被劉邦恨之入骨的。韓信被殺後，劉邦下令通緝蒯通。蒯通被捉來之後，向劉邦說了兩段話，頭一段是埋怨韓信當初不聽自己的話，否則天下決不會像現在這個樣子；另一段是說當時天下逐鹿，人皆各爲其主，不能用現在天下一統的觀點立場去要求當時的人。這段話是《淮陰侯列傳》的尾聲，它的意義一方面是補充交代了蒯通的結局，另一方面是再次申明了韓信的不反，有進一步突出作品主題的作用。

（韓兆琦　呂伯濤）

史記·李將軍列傳（節錄）

司馬遷

李將軍廣者，隴西成紀人也。其先曰李信，秦時爲將，逐得燕太子丹者也。故槐里，徙成紀。廣家世世受射。孝文帝十四年，匈奴大入蕭關，而廣以良家子從軍擊胡，用善騎射，殺首虜多，爲漢中郎。廣從弟李蔡，亦爲郎。皆爲武騎常侍，秩八百石。嘗從行，有所衝陷折關，及格猛獸。而文帝曰：「惜乎，子不遇時！如令子當高帝時，萬戶侯豈足道哉！」

及孝景初立，廣爲隴西都尉，徙爲騎郎將。吳、楚軍時，廣爲驍騎都尉，從太尉亞夫擊吳、楚軍，取旗，顯功名昌邑下。以梁王授廣將軍印，還，賞不行。徙爲上谷太守。匈奴日以合戰。典屬國公孫昆邪爲上泣曰：「李廣才氣，天下無雙，自負其能，數與虜敵戰，恐亡之。」於是乃徙爲上郡太守。後廣轉爲邊郡太守，徙上郡；嘗爲隴西、北地、雁門、代郡、雲中太守，皆以

李將軍列傳（節錄）

力戰爲名。

匈奴大入上郡，天子使中貴人從廣，勒習兵，擊匈奴。中貴人將騎數十，縱，見匈奴三人，與戰；三人還射，傷中貴人，殺其騎且盡。中貴人走廣，廣曰：「是必射雕者也。」廣乃遂從百騎往馳三人。三人亡馬步行。行數十里，廣令其騎張左右翼，而廣身自射彼三人者：殺其二人，生得一人——果匈奴射雕者也。已縛之上馬，望匈奴有數千騎，見廣，以爲誘騎，皆驚，上山陳。廣之百騎皆大恐，欲馳還走。廣曰：「吾去大軍數十里；今如此以百騎走，匈奴追射我立盡。今我留，匈奴必以我爲大軍誘之，必不敢擊我。」廣令諸騎曰：「前！」前，未到匈奴陳二里所，止，令曰：「皆下馬解鞍！」其騎曰：「虜多且近，卽有急，奈何？」廣曰：「彼虜以我爲走；今皆解鞍以示不走，用堅其意。」於是胡騎遂不敢擊。

有白馬將出護其兵，李廣上馬與十餘騎奔射殺胡白馬將，而復還至其騎中。解鞍，令士皆縱馬臥。是時會暮，胡兵終怪之，不敢擊。夜半時，胡兵亦以爲漢有伏軍於旁，欲夜取之，胡皆引兵而去。平旦，李廣乃歸其大軍。——大軍不知廣所之，故弗從。

居久之，孝景崩，武帝立。左右以爲廣名將也，於是廣以上郡太守爲未央衛尉，而程不識亦爲長樂衛尉。

程不識故與李廣俱以邊太守將軍屯。及出擊胡，而廣行無部伍行陣，就善水草屯，舍止人人自便；不擊刁斗以自衛；莫府省約文書籍事——然亦遠斥候，未嘗遇害。程不識正部曲行伍營陣；擊刁斗；士吏治軍籍至明，軍不得休息——然亦未嘗遇害。不識曰：「李廣軍極簡易，然虜卒犯之，無以禁也。而其士卒亦佚樂，咸樂爲之死。我軍雖煩擾，然虜亦不得犯我。」

是時漢邊郡李廣、程不識皆爲名將，然匈奴畏李廣之略，士卒亦多樂從李廣而苦程不識。

程不識孝景時以數直諫爲太中大夫，爲人廉，謹於文法。

後，漢以馬邑城誘單于，使大軍伏馬邑旁谷，而廣爲驍騎將軍，領屬護軍將軍。是時單于覺之，去；漢軍皆無功。

其後四歲，廣以衛尉爲將軍，出雁門擊匈奴。匈奴兵多，破敗廣軍，生得廣。單于素聞廣賢，令曰：「得李廣必生致之。」胡騎得廣，廣時傷病，置廣兩馬間，絡而盛臥廣。行十餘里，廣佯死，睨其旁有一胡兒騎善馬，廣暫騰而上胡兒馬，因推墮兒，取其弓；鞭馬南馳數十里，復得其餘軍，因引而入塞。匈奴捕者騎數百，追之，廣行取胡兒弓射殺追騎，以故得脫。於是至漢。漢下廣吏。吏當廣所失亡多，爲虜所生得，當斬，贖爲庶人。

頃之，家居數歲，廣家於故潁陰侯孫屏野居藍田南山中射獵。嘗夜從一騎出，從人田閒飲。還至霸陵亭，霸陵尉醉，呵止廣。廣騎曰：「故李將軍。」尉曰：「今將軍尚不得夜行，何乃故也！」止廣宿亭下。

居無何，匈奴入殺遼西太守，敗韓將軍，韓將軍徙右北平。於是天子乃召拜廣爲右北平太守。廣即請霸陵尉與俱，至軍而斬之。

廣居右北平，匈奴聞之，號曰「漢之飛將軍」，避之。數歲，不敢入右北平。

李將軍列傳（節錄）

廣出獵，見草中石，以爲虎而射之，中石沒鏃。視之，石也。因復更射之，終不能復入石矣。廣所居郡，聞有虎，嘗自射之。及居右北平，射虎，虎騰傷廣，廣亦竟射殺之。

廣廉，得賞賜輒分其麾下，飲食與士共之。終廣之身，爲二千石四十餘年，家無餘財，終不言家產事。

廣爲人長，猿臂，其善射亦天性也；雖其子孫、他人學者，莫能及廣。

廣訥口少言，與人居則畫地爲軍陳，射闊狹以飲。專以射爲戲，竟死。

廣之將兵，乏絕之處，見水，士卒不盡飲，廣不近水；士卒不盡食，廣不嘗食。寬緩不苛，士以此愛，樂爲用。

其射，見敵急，非在數十步之內，度不中，不發；發即應絃而倒。用此其將兵數困辱，其射猛獸亦爲所傷云。

居頃之，石建卒。於是上召廣代建爲郎中令。

元朔六年，廣復爲後將軍，從大將軍軍出定襄，擊匈奴。諸將多中首虜率，以功爲侯者，而廣軍無功。

後二歲，廣以郎中令將四千騎出右北平，博望侯張騫將萬騎與廣俱，異道。行可數百里，匈奴左賢王將四萬騎圍廣。廣軍士皆恐，廣乃使其子敢往馳之。敢獨與數十騎馳，直貫胡騎，出其左右，而還告廣曰：「胡虜易與耳！」軍士乃安。廣爲圜陳外嚮。胡急擊之，矢下如雨。漢兵死者過半。漢矢且盡，廣乃令士持滿，毋發，而廣身自以大黃射其裨將，殺數人，胡虜益解。會日暮，吏士皆無人色。而廣意氣自如，益

李將軍列傳（節錄）

治軍。軍中自是服其勇也。

明日，復力戰，而博望侯軍亦至，匈奴軍乃解去。漢軍罷，弗能追。是時廣軍幾沒，罷歸。漢法：博望侯留遲後期，當死，贖爲庶人；廣軍功自如，無賞。

初，廣之從弟李蔡與廣俱事孝文帝。景帝時，蔡積功勞至二千石。孝武帝時，至代相。以元朔五年爲輕車將軍，從大將軍，擊右賢王有功，中率，封爲樂安侯。元狩二年中，代公孫弘爲丞相。蔡爲人在下中，名聲出廣下甚遠。然廣不得爵邑，官不過九卿，而蔡爲列侯，位至三公。諸廣之軍吏及士卒，或取封侯。廣嘗與望氣王朔燕語曰：「自漢擊匈奴，而廣未嘗不在其中。而諸部校尉以下，才能不及中人，然以擊胡軍功取侯者數十人；而廣不爲後人，然無尺寸之功以得封邑者，何也？豈吾相不當侯邪？且固命也？」朔曰：「將軍自念，豈嘗有所恨乎？」廣曰：「吾嘗爲隴西守，羌嘗反，吾誘而降，降者八百餘人。吾詐而同日殺之。至今大恨獨此耳。」朔曰：「禍莫大於殺已降，此乃將軍所以不得侯者也。」

後兩歲，大將軍、驃騎將軍大出擊匈奴，廣數自請行。天子以爲老，弗許；良久乃許之，以爲前將軍。——是歲，元狩四年也。

廣既從大將軍青擊匈奴，既出塞，青捕虜，知單于所居，乃自以精兵走之，而令廣并於右將軍軍，出東道。——東道少回遠，而大軍行水草少，其勢不屯行。——廣自請曰：「臣部爲前將軍，今大將軍乃徙令臣出東道；且臣結髮而與匈奴戰，今乃一得當單于。臣願居前，先死單于！」——大將軍青亦陰受上誡：以爲李廣老，數奇，毋令當單于，恐不得所欲。而是時公孫敖新失侯，爲中將軍，從大將軍；大將軍亦欲

李將軍列傳（節錄）

使敖與俱當單于，故徙前將軍廣。——廣時知之，固自辭於大將軍。大將軍不聽，令長史封書與廣之莫府，曰：「急詣部，如書！」廣不謝大將軍而起行，意甚慍怒而就部；引兵與右將軍食其合軍出東道。軍亡導，或失道，後大將軍。大將軍與單于接戰，單于遁走，弗能得而還。南絕幕，遇前將軍、右將軍。廣已見大將軍，還入軍。大將軍使長史持糒醪遺廣，因問廣、食其失道狀——青欲上書報天子軍曲折。廣未對。大將軍使長史急責廣之莫府對簿。廣曰：「諸校尉無罪，乃我自失道。吾今自上簿至莫府。」廣謂其麾下曰：「廣結髮與匈奴大小七十餘戰，今幸從大將軍出接單于兵，而大將軍又徙廣部行回遠，而又迷失道，豈非天哉！且廣年六十餘矣，終不能復對刀筆之吏！」遂引刀自剄。廣軍士大夫一軍皆哭。百姓聞之，知與不知、無老壯皆爲垂涕。

而右將軍獨下吏，當死，贖爲庶人。

……

太史公曰：「傳曰：『其身正，不令而行；其身不正，雖令不從。』其李將軍之謂也！余睹李將軍，悛悛如鄙人，口不能道辭。及死之日，天下知與不知，皆爲盡哀。彼其忠實心誠信於士大夫也！諺曰：『桃李不言，下自成蹊。』此言雖小，可以喻大也。」

《史記》是我國歷史上的第一部紀傳體通史，也是我國古代第一部傳記文學總集。作爲一部史書，它「究天人之際，通古今之變，成一家之言」，是一部體大宏深的史學巨著。而作爲一部史傳體文學，它「述

李將軍列傳（節錄）

往事，思來者」，在衆多的歷史人物身上，寄託了作者的理想，抒發了作者久鬱於心的感情。因此《史記》一書，實具有史學與文學的雙重意義和價值。魯迅先生曾經稱讚《史記》爲「史家之絕唱，無韻之《離騷》」，正是對《史記》最精當的說明和評價。

《史記》是一部以寫人物傳記爲中心的著作，它記述了各種不同身份，不同職業，不同性格的人物，他在寫這些人物的時候，不僅敍史實，記業績，同時還特别着意刻畫了他們一生的遭際、命運，這樣，《史記》就無疑猶如一座生動形象的歷史人物畫廊，既向我們十分具體地展示了歷史人物面貌，也啓發了我們對諸多社會問題的思索。特别是那些被司馬遷着意加以描繪的人物，往往寄慨幽深，值得我們再三玩索。

《李將軍列傳》是寫漢代名將李廣的生平事蹟的。李廣是一位號稱爲「漢之飛將軍」的奇才異能之士，他在漢初抗擊匈奴的戰爭中，「結髮與匈奴大小七十餘戰」，屢建奇功，但却又遭遇不偶，所謂「數奇」，不僅一生不被重用，最後還被迫自剄而死。李廣的一生是帶有傳奇性的一生、悲劇性的一生。司馬遷正是抓住了這樣兩點，來刻畫這一英雄人物的。

作爲一代名將，司馬遷在傳中首先記寫了李廣非凡的軍事才能，着意刻畫了他在戰爭中所表現出來的奇智大勇。作者首先從他年輕時代寫起，傳中記述他乃是秦時名將李信之後，出身將門。早年即「以良家子從軍擊胡，用善騎射。殺首虜多」，嘗從文帝出行，能「衝陷折關」，「及格猛獸」，而受到文帝的讚賞。景帝七國之亂時，「從太尉亞夫擊吳、楚軍，取旗，顯功名昌邑下」。在歷任邊郡太守期間，「皆以力戰爲名」，曾被推許爲「李廣才氣，天下無雙」。

李廣一生歷文、景、武三世，當時「匈奴爲患」，特别是景、武之時，邊境上安危已成爲國家的主要問題。文帝曾慨嘆李廣生不逢時，說：「惜乎，子不遇時！如令子當高帝時，萬戶侯豈足道哉！」但後來的時勢，却給造就他這一代英雄創造了機會。匈奴入侵，使李廣得以效力邊防，傳中記寫了他一生與匈奴奮戰、馳騁疆場的戎馬生涯，并特別刻畫了他的三次非凡經歷。

第一次寫景帝時，匈奴大舉入侵上郡，有三名匈奴射雕者射傷了天子派來李廣軍中監軍的「中貴人」，并將「中貴人」所率隨從斬殺殆盡。於是李廣率輕騎前去追擊，廣親自射殺二人，活捉一人。但正在「縛之上馬」時，突然遇到匈奴勁旅數千騎，他的部下「皆大恐，欲馳還走」，李廣却十分鎮定，他分析了當時的情勢說：「吾去大軍數十里，今如此以百騎走，匈奴追射我立盡。今我留，匈奴必以我爲大軍誘之，必不敢擊我。」李廣用疑兵之計，反而下令靠近敵人，并翻身上馬率少數騎兵，「射殺胡白馬將」，然後令士卒皆解鞍下馬，臥地休息。匈奴兵果疑廣爲誘騎，怕設有伏兵，不敢接戰。廣軍因此脫險，顯示了李廣作爲一位將才的奇智大勇。

第二次寫李廣受傷被俘，因「單于素聞廣賢」，下令「得李廣必生致之」，可見連匈奴也十分欽慕李廣之才。李廣爲能逃歸漢營，在途中，他先「佯死」，麻痹敵人。趁胡兒不備，突然飛身而起，取弓奪馬向南逃去，又取胡兒弓，「射殺追騎」，得以回到漢軍中。李廣又一次以他超人的智勇，擺脫了困境。

第三次寫李廣以四千人遭到匈奴左賢王帶領的四萬騎的圍困，手下的軍士們都很恐懼，李廣爲穩定軍心，先派他兒子李敢率數十騎「直貫胡騎，出其左右而還」，來證明匈奴軍容易對付。又下令漢軍站成圓陣抵住敵人，胡人射過來的箭密集如雨，漢兵死傷過半，弓箭也快用完了，當時「吏士皆無人色」。而李廣却意氣自如，親挽強弓射殺胡兵副將，煞住了敵人的兇焰，振作起漢軍的士氣，直堅持到援軍的到來，解了重圍。通過這場驚險的激戰，再次表現出李廣膽略超羣，臨危不懼，大無畏的英雄本色，是一位不可多得的將帥。

司馬遷正是通過在戰爭中的這些險境奇遇，來表現李廣的奇才、奇智、奇勇，塑造了這一富於傳奇色彩的英雄人物。

不僅如此，司馬遷在傳中還着意寫了李廣在治軍和爲人方面的奇特風範。傳中寫他治軍簡易，在他任邊郡太守時，平日軍中「省約文書籍事」，行軍駐紮，也「不擊刁斗以自衛」，但軍事上却從未因此出過差錯，可見李廣具有治軍簡而有方的奇才。作者司馬遷寫他的爲人雖筆墨不多，但字字句句裏都飽含着對李廣的讚頌和敬意。傳中寫他射技精湛，世所罕見，不僅善射，而且連閒居時，也常與人畫線布陣，計算射程遠近來賭酒喝，或拿射箭做遊戲，一直到死都如此。就是這樣一位立過多少次奇功的戰將李廣，却生來「訥口少言」，從不會誇耀自己。生活上又十分清廉，「家無餘財，終不言家產事」。但他對部下，却是「得賞賜輒分其麾下」，對士兵則是「飲食與士共之」，行軍到了缺水乏糧之處，「見水，士卒不盡飲，廣不近水；士卒不盡食，廣不嘗食」，對這樣一位在戰場上衝鋒在前，生活上先人後己的將帥，部下和士卒對他的信任和愛戴也是可想而知的，所以他們不僅樂以爲李廣所用，而且「咸樂爲之死」，正如司馬遷在傳中指出：「其身正，不令而行，其身不正，雖令不從。」李廣能在衆寡懸殊極險惡的情況下，戰勝敵人，創造出一個又一個奇蹟般的勝利，與他平日爲人不無關係。

這樣一位智勇超羣，戰功赫赫，爲國立下奇功的一代名將，命運遭際却又十分不幸，竟從未得到過進爵封邑，官只做到衛尉、郎中令，以「二千石」終身，最後落到被迫自殺的下場。而和他同時起來的從弟李蔡，爲人只不過「下中」，却得以封侯爲相，李廣的部下，也因「擊胡軍功取侯者數十人」。命運之神爲什麼對李廣如此不公？眞的是如武帝所說，因爲他「數奇（天命不好）」，命中注定該倒霉？不，不是的，李廣一生的悲劇，是黑暗的封建制度、冷酷無情任人唯親的封建統治者一手造成的。傳中寫李廣早年參加平息吳、楚七國之亂，昌邑一戰，攻關取旗，立下顯功，但因梁王曾授予他將軍印，朝廷因此不再封賞他，由於統治集團內部的矛盾，使李廣失去了一次封賞進爵的機會。以後幾次參戰雖都是以少勝多，戰功卓著，却被朝廷根據所謂的「法」，不是處以「當斬，贖爲庶人」，就是「軍功自如，無賞」。特別是最後那次，元狩四年，漢武帝衛后之弟大將軍衛青，從俘虜那裏知匈奴首領單于的所在地，決定率部追擊，此時李廣正在他部下任前將軍，李廣不顧年老，前去請戰，希望能盡到前將軍的職責，先去與單于接戰，以了平生「先死單于」之願。但他不知道此時早已失去武帝的信任，加上衛青一心想讓自己的親信好友公孫敖立功，讓他爲前鋒迎戰單于，於此臨時撤換了李廣前將軍之職，把他歸併到右將軍部中，讓他們繞道東行，由於沒有嚮導，迷了路，延誤了軍期，不僅寸功未得，還要待罪候審，李廣再也不能忍受這恥辱，只好含忿自刎。這樣一位自「結髮與匈奴大小七十餘戰」，威振邊陲幾十年的一代英雄，一生的遭際結局竟如此悲慘！這是誰之過？誰之罪？以上事實已清楚地說明，罪魁禍首就是那罪惡的封建制度，是刻薄寡恩、任人唯親的封建統治者。

司馬遷能這樣生動的、十分成功地向我們再現了漢代名將李廣的英雄形象和他充滿了傳奇色彩的一生，是因爲司馬遷在人物傳紀的寫作方法上，表現出很高的技巧。從本文來看，他善於抓住人物事蹟和性格中的某一特點集中描寫，以使主題突出，形象鮮明。李廣是漢代抗擊匈奴的名將，他的主要事蹟，一是英勇善戰，二是遭遇不幸。全文就以這兩點爲主線，把李廣的性格、遭際突出來，或直敘，或側寫，使李廣這個人物在讀者心中留下了深刻的印象。這是寫人物傳記非常成功的一個方法。

其次，就是司馬遷在這裏運用了故事化的方法。人物傳記是一種敍事散文，它容易陷於一般地梗概地敍述事件。但《史記》却善於對於歷史事件做具體、細緻地描寫，并寫出人物間的矛盾和衝突，構成曲折動人的情節，使之具有強烈的故事性和戲劇性，因而引人入勝。如在本文中，作者并沒有平鋪直敍地對李廣的生平做梗概地介紹，而是就李廣的生平經歷，大小穿插地寫了幾個生動的故事，如寫李廣率百騎追逐匈奴射雕者，突遇匈奴大軍，而設計逃脫的事；李廣受傷被俘，飛身奪馬而走的事；寫李廣以四千人遭到匈奴左賢王四萬騎的圍困，而他意氣自如，親挽強弓射殺匈奴副將的事；另外還穿插地寫了李廣夜間射虎、箭鏃穿石和他被削官後受到霸陵尉窘辱的事。作者對這些事件都做了極爲生動具體的場面描寫，而且把情

李將軍列傳（節錄）

節安置得波瀾起伏，扣人心弦。正是通過這樣一些驚險曲折、有聲有色的故事描寫，極生動地表現了李廣非凡的機智勇敢和超人的膽略，表現了他的富於英雄主義和傳奇色彩的一生。我們知道，史傳本是以歷史事實爲依據的，它不允許隨意的虛構和誇張，從這一點來講，作者採用文學方法的範圍本來是很有限度的。但《史記》作者司馬遷，却能够獨具匠心地發揮創造性，他以豐富的史料爲基礎，有根據地、有標準地選取某些事實、強調某些事實，加以精心地安排和剪裁，并用生動的細節描寫把歷史人物的形象以至性格、個性再現出來，從而創造了藝術性很高的傳記文學作品。

另外，《史記》的文學成就，同它成功地運用語言也有密切關係。從本文來看，《史記》的語言，非但精練流暢，生動活潑，而且接近口語。他的敍述語言極爲洗練而富於表現力，如文中寫李廣的從容善射，「度不中不發，發卽應絃而倒」；形容戰鬥之激烈，「矢下如雨」；形容李廣鎮定勇敢，「吏士皆無人色，而廣意氣自如，益治軍」，都只是用寥寥的幾個字，却描繪得如此形象、傳神。而其在語言上的最大特色，還表現在作者善於用符合人物身份的有特徵性的口語，來表現人物的情態和性格，如文中寫李廣有一次夜飲，經過霸陵亭，霸陵尉酒醉，不放李廣通過，「廣騎曰：『故李將軍。』尉曰：『今將軍尚不得夜行，何乃故也！』」活現出霸陵尉醉後對失勢將軍的傲慢神態。又如文中寫李廣被圍，廣令他的兒子李敢突入敵陣，李敢闖陣回來，「告廣曰：『胡虜易與耳！』」簡短一語，充分表現了李敢年輕膽壯，蔑視敵人的口吻和心理。至於文中對李廣語言的描寫，更處處帶有個性特徵，無時無處不在顯示出他的英雄本色。

當然，談到《史記》的文學性，還不能不談到《史記》文章中的感情色彩。記事寫人時形象鮮明，語言生動，固然是《史記》一書文學上成功的地方，但使《史記》一書側立於文學之林的，更在於幾乎貫穿於全書的感情因素，卽洋溢於許多傳記之中和字裏行間的作者的濃郁感情。《史記》一書，從它的「其文直，其事核，不虛美，不隱惡，故謂之實錄」（班固《司馬遷傳贊》）的角度看，也就是從它如實地反映出歷史原貌的角度看，可以認爲它與文學上的現實主義相通的（現代一般的研究者也是這樣看的），但我們從《史記》一書所透露出來的作者思想感情傾向來看，從書中若干傳記，包括本傳記在內的取材和所表現出來的文字風格特點來看，未嘗不可以說它同樣具有衝決世俗、不拘一格的强烈的浪漫主義色彩。

司馬遷他自許「少負不羈之才」，在遭禍受辱以後，心有所不甘的乃是「鄙陋沒世，而文采不表於後世」；他對歷史的看法是「古者富貴而名磨滅，不可勝記，惟倜儻非常之人稱焉」（《報任安書》）。因此，我們從《史記》一書中，處處可以感受到他對奇才異能之士，「倜儻非常之人」的傾倒。關於這一點，稍後於司馬遷的揚雄已有所發現，他說：「多愛不忍，子長也！仲尼多愛，愛義也；子長多愛，愛奇也。」（《法言・君子》）後來唐代的司馬貞也說「其人好奇而詞省，故事核而文微」（《史記索隱後序》）。「多愛不忍」，是說司馬遷有豐富的感情和廣闊的胸懷，「愛奇」和「好奇」，是說他看不起平庸、凡俗，而其感情多傾注在奇士奇才的歌頌方面。我們縱觀《史記》中的人物傳記，寫得最精彩、最耀人眼目的是李廣、項羽、屈原、韓信、荆軻等人，這些人在人格上、道義上，或在才氣、才幹上，或在處世處人上，都屬奇特之士，而其在生平遭遇上，又往往帶有傳奇性、悲劇性。司馬遷在寫他們的時候，又是着意以傳奇之筆寫傳奇之人，在敍其生平事業、遭際時，極盡洸洋、曲折、頓挫之能事（當然是在原有史料的基礎上），而且在行文中毫不掩飾自己的慷慨激越、讚嘆之情。

本文的最後「太史公曰」一段，是列傳作者司馬遷在寫完這篇傳記以後，寫下的一則短評，過去稱爲「史評」，又稱「史贊」，這種體例也是司馬遷開創的。就是在這則短短不到百字的評論中，司馬遷以飽含感情的語言，盛讚了李廣的爲人，以及李廣在羣衆中的影響，其中還引用了古人的話和民間諺語，寫得言近而旨遠，語淺而義深，既表現了司馬遷對這樣一位樸實的有才能的英雄人物敬仰，也寄寓了很深的政治上的感慨。

（黄　筠）

漢書·蘇武傳

班固

武字子卿，少以父任，兄弟并爲郎，稍遷至栘中廄監。時漢連伐胡，數通使相窺觀。匈奴留漢使郭吉、路充國等，前後十餘輩。匈奴使來，漢亦留之以相當。天漢元年，且鞮侯單于初立，恐漢襲之，乃曰：「漢天子我丈人行也。」盡歸漢使路充國等。武帝嘉其義，乃遣武以中郎將使持節送匈奴使留在漢者，因厚賂單于，答其善意。武與副中郎將張勝及假吏常惠等募士斥候百餘人俱。既至匈奴，置幣遺單于。單于益驕，非漢所望也。

方欲發使送武等，會緱王與長水虞常等謀反匈奴中。緱王者，昆邪王姊子也，與昆邪王俱降漢，後隨浞野侯沒胡中。及衛律所將降者，陰相與謀劫單于母閼氏歸漢。會武等至匈奴，虞常在漢時，素與副張勝相知，私候勝曰：「聞漢天子甚怨衛律，常能爲漢伏弩射殺之。吾母與弟在漢，幸蒙其賞賜。」張勝許之，以貨物與常。後月餘，單于出獵，獨閼氏子弟在。虞常等七十餘人欲發，其一人夜亡，告之。單于子弟發兵與戰。緱王等皆死，虞常生得。

單于使衛律治其事。張勝聞之，恐前語發，以狀語武。武曰：「事如此，此必及我。見犯乃死，重負國。」欲自殺，勝、惠共止之。虞常果引張勝。單于怒，召諸貴人議，欲殺漢使者。左伊秩訾曰：「即謀單于，何以復加？宜皆降之。」單于使衛律召武受辭，武謂惠等：「屈節辱命，雖生，何面目以歸漢！」引佩刀自刺。衛律驚，自抱持武，馳召醫。鑿地爲坎，置温火，覆武其上，蹈其背以出血。武氣絶，半日復息。惠等哭，輿歸營。單于壯其節，朝夕遣人候問武，而收繫張勝。

武益愈。單于使使曉武會論虞常，欲因此時降武。劍斬虞常已，律曰：「漢使張勝謀殺單于近臣，當死，單于募降者赦罪。」舉劍欲擊之，勝請降。律謂武曰：「副有罪，當相坐。」武曰：「本無謀，又非親屬，何謂相坐？」復舉劍擬之，武不動。律曰：「蘇君，律前負漢歸匈奴，幸蒙大恩，賜號稱王，擁衆數萬，馬畜彌山，富貴如此。蘇君今日降，明日復然。空以身膏草野，誰復知之！」武不應。律曰：「君因我降，與君爲兄弟，今不聽吾計，後雖欲復見我，尚可得乎？」武駡律曰：「女爲人臣子，不顧恩義，畔主背親，爲降虜於蠻夷，何以女爲見？且單于信女，使決人死生，不平心持正，反欲鬥兩主，觀禍敗。南越殺漢使者，屠爲九郡；宛王殺漢使者，頭縣北闕；朝鮮殺漢使者，即時誅滅。獨匈奴未耳。若知我不降明，欲令兩國相攻，匈奴之禍從我始矣。」

律知武終不可脅，白單于。單于愈益欲降之，乃幽武置大窖中，絶不飲食。天雨雪，武臥嚙雪與旃毛并咽之，數日不死。匈奴以爲神，乃徙武北海上無人處，使牧羝，羝乳乃得歸。别其官屬常惠等，各置他所。

武既至海上，廩食不至，掘野鼠、去草實而食之。杖漢節牧羊，臥起操持，節旄盡落。積五六年，單于弟於靬王弋射海上。武能網紡繳，檠弓弩，於靬王愛之，給其衣食。三歲餘，王病，賜武馬畜、服匿、穹廬。王死，後人衆徙去。其冬，丁令盜武牛羊，武復窮厄。

初，武與李陵俱爲侍中，武使匈奴明年，陵降，不敢求武。久之，單于使陵至海上，爲武置酒設樂，因謂武曰：「單于聞陵與子卿素厚，故使陵來説足下，虛心欲相待。終不得歸漢，空自苦亡人之地，信義安所見乎？前長君爲奉車，從至雍棫陽宮，扶輦下除，觸柱折轅，劾大不敬，伏劍自刎，賜錢二百萬以葬。孺卿從祠河東後土，宦騎與黄門駙馬爭船，推墮駙馬河中溺死，宦騎亡。詔使孺卿逐捕不得，惶恐飲藥而死。來時，大夫人已不幸，陵送葬至陽陵。子卿婦年少，聞已更嫁矣。獨有女弟二人，兩女一男，今復十餘年，存亡不可知。人生如朝露，何久自苦如此！陵始降時，忽忽如狂，自痛負漢，加以老母繫保宮，子卿不欲降，何以過陵？且陛下春秋高，法令亡常，大臣亡罪夷滅者數十家，安危不可知，子卿尚復誰爲乎？願聽陵計，勿復有云。」武曰：「武父子亡功德，皆爲陛下所成就，位列將，爵通侯，兄弟親近，常願肝腦塗地。今得殺身自效，雖蒙斧鉞湯鑊，誠甘樂之。臣事君，猶子事父也；子爲父死，亡所恨。願勿復再言。」陵與武飲數日，復曰：「子卿一聽陵言。」武曰：「自分已死久矣！王必欲降武，請畢今日之驩，效死於前！」陵見其至誠，喟然歎曰：「嗟乎，義士！陵與衛律之罪，上通於天。」因泣下霑衿，與武決去。

陵惡自賜武，使其妻賜武牛羊數十頭。後陵復至北海上，語武：「區脫捕得雲中生口，言太守以下吏民皆白服，曰上崩。」武聞之，南向號哭，歐血，旦夕臨數月。

昭帝即位數年，匈奴與漢和親。漢求武等，匈奴詭言武死。後漢使復至匈奴，常惠請其守者與俱，得夜見漢使，具自陳道。教使者謂單于，言天子射上林中，得雁，足有繫帛書，言武等在某澤中。使者大喜，如惠語以讓單于。單于視左右而驚，謝漢使曰：「武等實在。」於是李陵置酒賀武曰：「今足下還歸，揚名於匈奴，功顯於漢室，雖古竹帛所載，丹青所畫，何以過子卿！陵雖駑怯，令漢且貰陵罪，全其老母，使得奮大辱之積志，庶幾乎曹柯之盟，此陵宿昔之所不愈也。收族陵家，爲世大戮，陵尚復何顧乎？已矣！令子卿知吾心耳。異域之人，一別長絕！」陵起舞，歌曰：「徑萬里兮度沙幕，爲君將兮奮匈奴。路窮絕兮矢刃摧，士衆滅兮名已隤。老母已死，雖欲報恩將安歸！」陵泣下數行，因與武決。單于召會武官屬，前以降及物故，凡隨武還者九人。

武以始元六年春至京師。詔武奉一太牢，謁武帝園廟。拜爲典屬國，秩中二千石，賜錢二百萬，公田二頃，宅一區。常惠、徐聖、趙終根皆拜爲中郎，賜帛各二百匹。其餘六人老歸家，賜錢人十萬，復終身。常惠後至右將軍，封列侯，自有傳。武留匈奴凡十九歲，始以強壯出，及還，鬚髮盡白。

武來歸明年，上官桀、子安與桑弘羊及燕王、蓋主謀反。武子男元與安有謀，坐死。

初，桀、安與大將軍霍光爭權，數疏光過失予燕王，令上書告之。又言蘇武使匈奴二十年不降，還乃爲典屬國，大將軍長史無功勞，爲搜粟都尉。光顓權自恣。及燕王等反，誅，窮治黨與。武素與桀、弘羊有舊，數爲燕王所訟，子又在謀中，廷尉奏請逮捕武。霍光寢其奏，免武官。

數年，昭帝崩，武以故二千石與計謀，立宣帝，賜爵關内侯，食邑三百户。久之，衛將軍張安世薦武明習故事，奉使不辱命，先帝以爲遺言。宣帝即時召武待詔宦者署，數進見，復爲右曹典屬國。以武著節老臣，令朝朔望，號稱祭酒，甚優寵之。

武所得賞賜，盡以施予昆弟、故人，家不餘財。皇後父平恩侯、帝舅平昌侯、樂昌侯、車騎將軍韓增、丞相魏相、御史大夫丙吉，皆敬重武。武年老，子前坐事死，上閔之，問左右：「武在匈奴久，豈有子乎？」武因平恩侯自白：「前發匈奴時，胡婦適產一子通國，有聲問來。願因使者致金帛贖之。」上許焉。後通國陳使者至，上以爲郎。又以武弟子爲右曹。武年八十餘，神爵二年病卒。

甘露三年，單于始入朝。上思股肱之美，乃圖畫其人於麒麟閣，法其形貌，署其官爵姓名，惟霍光不名，曰大司馬大將軍博陸侯姓霍氏，次曰衛將軍富平侯張安世，次曰車騎將軍龍頟侯韓增，次曰後將軍營平侯趙充國，次曰丞相高平侯魏相，次曰丞相博陽侯丙吉，次曰御史大夫建平侯杜延年，次曰宗正陽城侯劉德，次曰少府梁丘賀，次曰太子太傅蕭望之，次曰典屬國蘇武。皆有功德，知名當世，是以表而揚之，明著中興輔佐，列於方叔、召虎、仲山甫焉。凡十一人，皆有傳。自丞相黃霸、廷尉于定國、大司農朱邑、京兆尹張敞、右扶風尹翁歸及儒者夏侯勝等，皆以善終，著名宣帝之世，然不得列於名臣之圖，以此知其選矣。

在漫長的歷史長河中，能以有限的人生創造彪炳業績或以高風亮節盛名一世，又能經得起歷史長河的沖刷、積澱，其思想光輝毫不稍減，其高尚人格仍然令人感佩而名垂史冊的人物，實在是一種幸運。蘇武或可成爲這些人中的一個吧。

「一入匈奴十九年，節旄盡落猶思漢。」古人的這兩句詩是對蘇武事業及其人格的眞實寫照。他的事跡流傳千古，他的節操有口皆碑，以至他的名字成了愛國主義的代名詞。這首先是由於蘇武其人其事的感人至深和可歌可泣，但也與班固在《漢書》中爲他立傳，成功地寫下他的形象，第一次予以表彰是分不開的。

作爲人物傳記的《蘇武傳》，是我國古代傳記文學中不可多得的佳作。班固以史學家的眼光和辭賦家的文彩描繪了這位生活在兩千多年前的愛國者形象。他壯年出使，身陷絕域，不屈於敵人的威逼利誘，受盡了人生的種種苦難，終於不辱使命，皓首而歸。就個人和家庭而言，蘇武是做出了巨大犧牲的。但他不負君命，維護了個人人格和國家的尊嚴，終於功成名就；後來又擁戴漢宣帝有功，死後被作爲「中興名臣」之一畫上了麒麟閣。可謂優寵有加，哀榮無比。宋人洪邁對此有過評論：「漢世待士大夫少恩而獨於蘇子卿加優寵，蓋以其奉使持節，褒勸忠義也。」（《容齋四筆》卷第十六）那是說得不錯的。班固正是從表彰忠義的立場出發寫作此傳的。他自己說得很清楚：「孔子稱『志士仁人，有殺身以成仁，無求生以害仁』，『使於四方，不辱使命』，蘇武有之矣。」（見《漢書》本傳「贊曰」）范曄曾批評班固《漢書》「議論常排死節，否正直，而不敍殺身成仁之爲美，則輕仁義，賤守節愈矣」（《後漢書·班彪傳》），這僅說到問題的一面。在兩千多年前的我國封建社會初期，一個士大夫在執行君王托付的使命時，有着如此自覺的國家觀念和民族意識，表現出很高的道德操守和人格修養，那是相當了不起的，具有歷史典型性。班固爲這樣的人物立傳，是具備了史學家的慧眼的。

那末班固又是怎樣具體把握并刻畫人物的呢？他是把蘇武一生當作完整的歷史過程來寫的，而出使匈奴則是他一生事業的主要內容，匈奴的招降和蘇武的拒降構成了這一歷史事件的主要矛盾衝突，其焦點是一個「節」字。它是蘇武做人的靈魂，也是他人格的核心。清人李漁強調作文必須先「立主腦」。王夫之也提出「意者，猶帥也」。都在說明明確作文宗旨的重要。班固的用意就在突出一個「節」字，用它統率全文，全文就貫通了。一篇《蘇武傳》從某種意義上說，就是一篇「人格篇」，一篇「氣節篇」。在表彰蘇武忠貞不屈的性格和氣概時，降叛者衛律、李陵等人的思想和個性也得到了表現，由此構成一幅眞實的歷史畫面，作者對人物的是非褒貶也在其中了。

要寫好一篇人物傳記，知人論世，交待人物賴以活動的歷史背景是必不可少的。《蘇武傳》就是首先交代他出使的背景：「時漢連伐胡，數通使相窺觀。」同時，雙方截留對方使者。當時，漢武帝對匈奴進行了長期討伐，已經大大削弱了匈奴的軍事力量，減少了北部邊疆的威脅。但雙方還是處在時戰時和的狀態之中。匈奴因着內外局勢的變化而改變着對漢朝的策略，正是這種不穩定因素給漢使者的安全帶來威脅，從而給蘇武的出使籠罩上濃重陰影，也爲歷史事件的敍述作了很好的鋪墊。

但是這種背景畢竟只爲人物活動提供了總的前提。只有當緱王和虞常等人謀反陰謀敗露、蘇武的副使張勝介入而將蘇武捲進去之後，才足以說明這種歷史背景對蘇武命運逆轉所產生的巨大影響。交代這一事件至少有兩方面意義：一是說明匈奴內部的不穩定，這種不穩定經常關係到對漢皇朝採取的策略，也就影響、左右有關人物的命運。二是說明在當時，漢與匈奴的互相降叛也不是個別現象，正是這點，顯出了蘇武行爲的典型意義。他有崇高的使命感，對做人的節操看得很貴重。所以，當他身入敵國後，對所處環境的危險有着高度的警惕性和應變能力。他因張勝的參予叛亂而涉嫌時，最先想到的就是如何維護人格和國格：「事如此，此必及我，見犯乃死，重負國。」「屈節辱命，雖生，何面目以歸漢！」這些話反映了蘇武頭腦中國家觀念的確立和民族意識的覺醒。從政治意義上說，就是個人與國家的利益孰先孰後；從道德原則上說，就是舍生取義，還是全身遠禍。他兩次要自殺，表示了決死的意願，說明他作了正確的選擇。他的這種行爲想必同當時其他一些漢使是大異其趣的，所以連匈奴人也不能不另眼相看：「單于壯其節，朝夕遣人候問武，而收繫張勝。」但是形勢是急轉直下而變得相當嚴峻了，他從一國使者變爲階下囚，他的命運面臨着嚴重挑戰。應該看到的是，當危機第一次襲來時，他就以強者的姿態出現在匈奴人面前，這是一個好機兆。由此而下，作者按照歷史事件發展線索，敍述了匈奴招降和蘇武拒降的全過程。作品層次清楚而高潮疊起地寫了匈奴使出脅降、誘降、迫降和勸降等手段和蘇武的矢志不渝，把他寧折不彎、堅貞不屈的氣概逐一寫出。

對蘇武的脅降、誘降是在會審虞常、張勝等人的場合下進行的。衛律恃勢欺人，驕慢兇狠。一開始便虛張聲勢，以「副有罪，當相坐」攀引、恫嚇蘇武，遭到了後者的駁斥。他以劍斬虞常的血腥行動製造恐怖氣氛，又以「舉劍欲擊之」的動作對蘇武施加心理壓力。挑起禍端的張勝怕死投降了；衛律故伎重演，「復舉劍擬之」，可是得到的反應是「武不動」。衛律見脅降不成，便以高官厚祿、富貴榮華爲誘餌。面對衛律的誘降，「武不應」，表示了不屑一顧的極大輕蔑。「武不動」，「武不應」兩句，寫出蘇武置生死於度外，視富貴高位如草芥的品格，也刻畫出他同敵人周旋的沉着和冷靜。可謂是以少勝多的傳神之筆。衛律黔驢技窮，蘇武乘勝反擊。他以凜然大義斥責了衛律「不顧思義，畔主背親」的無恥行徑，揭露他「鬥兩主，觀禍敗」的叵測居心，警告他胡作非爲可能導致的嚴重後果。這番堂堂正正的言辭，表現出蘇武不以個人私利爲計和深明大義，也刻畫出他那泱泱大國的使者風範和凜凜正氣。

衛律的碰壁，使單于產生了逆向心理：「單于愈益欲降之」。於是將蘇武置於荒漠絕域的冰天雪地之中，企圖以苦寒孤寂的環境摧毀他內心的守則，用生活資料的乏絕消蝕他的生活意志，迫使他就範降叛。如果說憑一時的血氣之剛、丈夫之勇可以抵制敵人的脅降、誘降的話，那末要克服以至戰勝長年累月的自然環境的困迫，防止心旌的動搖，那就難得多。作者對蘇武在北國的艱難歲月作了詳盡精絕的細節描寫，栩栩如生地傳寫出這位富有殉道精神的愛國者苦行僧式的生活：「乃幽武置大窖中，絕不飲食。天雨雪，武臥嚙雪與旃毛并咽之，數日不死。匈奴以爲神。乃徙武北海上無人處，使牧羝，羝乳乃得歸。……武既至海上，廩食不至，掘野鼠去草實而食之。杖漢節牧羊，臥起操持，節旄盡落。」這簡直是原始人的生活；這又是何等動人心魄的景象；我們彷彿看到蘇武在飢寒交迫下所過的趴冰臥雪，飲毛茹血的生活情景。一個封建士大夫過着如此非人的生活，不是幾天，幾個月，而是數年，十數年，表現出如此非凡的生活勇氣和頑強意志，確實是難能可貴，驚天地而泣鬼神。孟子說：「故天將降大任於是人也，必先苦其心志，勞其筋骨，餓其體膚，空乏其身，行拂亂其所爲，所以動心忍性，曾益其所不能」（《孟子·告子下》）蘇武是當之無愧的。他正是在這種艱苦卓絕的環境中，獲得意志的鍛煉和人格的砥礪。從中我們多少可以發現中華民族吃苦耐勞，堅忍不拔的品質和不屈不撓的民族精神。

蘇武如此執著地做人，全憑着一種精神支柱，卽忠君思想。不過它不表現爲對君王個人的愚忠，而是對君王託付使命的忠耿，對以君王爲象徵的國家——漢皇朝的赤胆忠心。在他身上，忠君愛國又集中反映在維護民族利益方面，三者是一致的。爲了這些，他可以殺身成仁，表現出人格的高尚。文中的「杖節」，正是上述思想的表徵。據《漢書·匈奴傳》載，漢使者入見匈奴單于，必須「去節，黥面」。這種禮節顯然具有侮辱性質。蘇武進見單于時是否按此禮節不得而知。但他杖節牧羊、節旄盡脫也未曾釋手，這就生動地傳寫出蘇武懷有強烈的使命感和愛國心，他時時以忠君愛國和保持民族氣節自勉。班固的這些細節描寫，形象鮮明，寓意深遠，含蓄而帶啓示性。

艱苦生活的磨難倒使蘇武的意志彌堅彌篤。單于仍抱有幻想，便把招降蘇武的希望寄託在李陵身上。所以派李陵前去勸降的原因有三：一者蘇、李原爲同僚，關係尙好；二者李陵比蘇武晚入匈奴，給蘇武帶來了新的信息；三是李陵現在的身份和地位對蘇武具有暗示性。且看李陵如何扮演勸降的角色。第一，「終不得歸漢，空自苦傷人之地，信義安所見乎？」——意爲識時務者爲俊傑，不要空爲名節而自討苦吃。衛律也曾經這樣說過。這實在是勸降的典型語言。第二，「人生如朝露，何久自苦如此？」——以兄亡母死、妻離子散的變故和實禍告訴蘇武，打消對方的後顧之憂，及時行樂要緊。第三，「子卿不欲降，何以過陵？」——現身說法，訴述自己初降時的痛苦和矛盾心情，以打動對方。第四，「陛下春秋高，法令亡常，大臣無罪夷滅者數十家，安危不可知，子卿尚復誰爲乎？」——說明武帝晚年庸聵，回去危險，不必爲武帝效命。總上四端，可見出李陵是推心置腹、設身處地地爲蘇武考慮了進退之計，結論是投降爲好。應該說，李陵的話大多是事實，口氣眞摯委婉，充滿了昔日同事的情誼和關切之情，有着極大的煽動性和誘惑力。而骨子裏却是企圖用人情感化，使蘇武落下預設的陷阱。面對李陵的絮絮叨叨、哭哭啼啼，蘇武只是追述漢皇的恩德，進而以死明志，婉轉而堅決地拒絕了勸降。作者用細節描寫和人物對話，向讀者揭示：因着蘇、李倆人立場和人生態度的不同，注定了李陵勸降的必然失敗，也決定了倆人最後的分道揚鑣。尤其是借李陵之口發出「嗟乎，義士！陵與衛律之罪上通於天」的感嘆，對蘇武「以身守義」的人格和「一心報國」的民族氣節作了高度褒揚，同時也是對衛律、李陵變節行爲的否定。至此，作品的矛盾衝突達到最高潮。

在表現蘇武的人格和氣節時，作者有意以衛律、李陵作爲陪襯，將兩類人物交織一起作對比描寫，通過雙方思想性格的衝突，使人物的精神狀貌和靈魂深處的奧秘紛呈畢現。蘇武的個性和形象因此更加鮮明，而衛律、李陵的思想品性也獲得較充分的表現。必須指出，同是降叛者，作者所持的態度和筆法是不同的。對衛律是極力寫出他的得志猖狂，恃勢驕橫的丑惡面目，他濫施威福而窮兇極惡。但他在蘇武威武不屈、大義凜然的人格面前，愈加顯出色厲內荏，內心虛弱的本質。李陵則不同，作者固然寫了他的降叛，但絕少斥責貶黜之辭，倒是流露了惋惜、同情之意。寫他「不敢求武」，是表現他的自慚形穢和羞惡之心；寫他滿懷身世之感，是同情他的不幸遭遇；寫他的自怨自艾，是抒發他的憂傷情緒。特別是他同蘇武的訣別之辭，哀怨憂忿之情溢於言表，使人禁不住流下同情之淚。這同他寫的《李陵傳》的基調完全一脈相通。其實，持這種態度的也不僅僅是班固。《文選》中《李陵答蘇武書》及所謂的「蘇、李詩」，雖早已辨明爲後人僞托，但從中透露出對李陵命運的同情却是毫無異議的。直到清人朱彝尊還寫了《吊李陵文》，爲之灑下同情之淚。出現這種現象，除了反映封建士大夫的思想局限性之外，恐怕同他們政治命運的蹇乖莫測不無關係。李陵當然自有他爲人的好處，釀成他的降叛也有諸多原因。但他兵敗降敵無疑是一種變節行爲，應予以否定。不然，蘇、李在人格上哪裏還有高低優劣之分？蘇武的行爲還有什麼道德價值和歷史意義可言！

班固的高明處不在於寫出對李陵的同情，而是在同情之餘，比較客觀眞實地刻畫了李陵的思想性格和複雜的內心世界。他對武帝的認識或許比蘇武清醒些。但他太計較家族和個人私利，太看重個人恩怨；面對敵人的壓力，怯於抗爭而苟於偷生。在大節上，他的骨頭軟了些。我們還應看到，武帝死後，他的朋友、主持朝政的霍光、上官桀派了專使前往匈奴勸李陵歸漢，但他以「不願再受辱」爲口實予以拒絕。要說「受辱」，最大的恥辱就是他居留匈奴、認敵爲友而對故國的絕情！這正好同蘇武寧爲玉碎，不求瓦全的品格形成鮮明對照。當那凱旋的號角吹響，蘇武一行踏上歸國的路途時，人們自然會對蘇武卓著的功勳、高尚的人格、堅貞的氣節產生欽佩之情，而此時此地的李陵却只能在長河落日、荒漠孤煙的背景下，同故人揮淚永訣。他隻身異國，鬱鬱寡歡；有的只是悵然若失的懊喪和悲痛欲絕的哀傷，因爲他已經自絕於祖國！蘇、李不同的歷史命運自然會激起讀者感情上的漣漪；一是悲壯高亢，一是哀傷低徊；一是使人感奮，一是令人氣短。其教育意義和審美價值是截然不同的。

由此可見，班固的這篇傳記是獲得成功了的。難怪清人趙翼推崇《蘇武傳》：「敘次精彩，千載之下猶有生氣。合之《李陵傳》慷慨悲涼，使遷爲之，恐亦不能過也。」（《廿二史札記》卷二）這可謂確評，而非溢美之言。

（奚錦順）

漢樂府·有所思

有所思，乃在大海南。何用問遺君？雙珠玳瑁簪，用玉紹繚之。聞君有他心，拉雜摧燒之。摧燒之，當風揚其灰。從今以往，勿復相思！相思與君絕！雞鳴狗吠，兄嫂當知之。妃呼豨！秋風肅肅晨風颸，東方須臾高知之。

《有所思》屬漢樂府鼓吹曲辭，爲《漢鐃歌十八曲》之一。宋郭茂倩編《樂府詩集》收漢代古辭一首，齊梁至唐文人倣作二十四首，內容都是寫男女思念之情。這首漢代古辭最富生活氣息，思想和藝術成就都高於文人倣作。

此詩通篇都用女子自訴口吻，寫她聽到情人有了「他心」之後的複雜心情，有對過去的回憶，有眼前的恨怒，還有對將來的擔心和期待，把她的堅貞倔強、愛憎強烈的性格，刻畫得非常鮮明。

本篇題作《有所思》，通篇都在寫一個「思」字：開頭五句從正面寫，中間六句從反面寫，末尾五句是用曲筆寫。

開頭從追敘平日相思寫起，詩中的主人公，是個非常鍾情的女子，對情人懷有非常濃厚的感情。「有所思，乃在大海南」，點出同情人相距甚遠，爲下文「聞」字伏根。相距甚遠，會面愈難，思念之苦卽愈重。「問遺」是贈與之意。贈物是情意的表露。千里迢迢，山水阻隔，贈物非常不易；唯其如此，贈簪這個舉動，就最能表現她對情人的情意之深。「玳瑁」是龜類，甲甚光亮，可作裝飾品。「簪」是古代插在髮髻上的一種長針，女子用來插定髮髻使不散亂，男子用來橫穿冠和髮髻，其兩端露出冠外。《後漢書・輿服志》：「簪以玳瑁爲擿，長一尺，端爲華勝……下有白珠。」「雙珠玳瑁簪」本來已極精美，又「用玉紹繚（意爲纏繞，謂以玉爲飾）之」，精心修飾。因爲這是她的愛情的象徵，它凝聚着她的無限深情，所以這樣寶之愛之，珍重相贈。這個情節，表明她時時刻刻都在思念着他，時時刻刻都在期待着美好的消息。

然而，等待她的，却是天大的不幸。情人有「他心」的消息，對她說來，無異於晴天的霹靂。如果是個性格軟弱的女子，可能她會默默地忍受。但詩中的主人公，却并不如此，中間六句，我們又看到她性格的另外一面：倔強和剛烈。她不能容忍情人的背信棄義行爲，作爲愛情象徵的玳瑁簪，此刻已成了她發泄怨憤之具。「拉雜（折斷）」之不足，又把它燒成灰燼；這樣還不能解恨，還要把燒成的灰當風揚起，讓它飄飛得無影無蹤，——她恨它（亦卽恨情人），連它的灰也討厭看見。她一邊拉雜、摧燒、揚灰，一邊還恨恨地說：「從今已往，勿復相思！」這六句，節奏急促，感情激憤，把姑娘的怨恨憤怒像暴雨般傾瀉出來，活畫出一個感情外露、愛憎分明的血性女子的形象。清陳本禮稱「摧燒之」兩句「不如此描寫，不足以見兒女子一時憨恨之態」（《漢詩統箋》），其實，「拉雜」以下五句，都是繪聲繪影的絕妙傳神之筆。讀此段，使我們感到這個姑娘的性格，很有些像《詩經・鄘風・柏舟》那位呼喊着「母也天只，不諒人只」的姑娘，唐傳奇中的霍小玉，明代擬話本中的杜十娘，《紅樓夢》中的晴雯。這裏寫的是怨恨，而在這怨恨的背後，却隱藏着深沉的愛；正因爲愛得深，所以才恨得烈；恨得越烈，正表明愛得極深。這正表現了姑娘的感情無限深摯，對愛情無比堅貞。

正因爲對情人感情極深，因而并不容易眞的同他一刀兩斷。所以在激烈發泄之後，又慢慢冷靜下來，細想此事。「相思與君絶」是説因爲你（情人）變心，一想起你，就想同你決絶，我對你的相思是永遠斷絶了。「鷄鳴」兩句是寫女子猶豫不決的思想活動，具體解釋，有種種不同説法。清陳沆謂「鷄鳴犬吠」猶言「驚鷄動狗」，以喻透露風聲，言女子擔心這樣一鬧，自己的私事就會被兄嫂知道。（見《詩比興箋》）有的認爲「鷄鳴」句指天色將明，如果自己不早早作出決定，天一亮，兄嫂就會知道這事了。沈德潛謂「即《野有死麇》章意」（見《古詩源》）。按《詩經・召南・野有死麇》第三章云：「舒而脱脱兮，無感（撼）我帨兮，無使尨（長毛狗）也吠！」寫女子要求情人來與她相會時，悄悄地來，不要動她的圍裙，不要惹得狗叫。將「鷄鳴」兩句解爲與情人相會，這是不錯的，但這裏是指同誰相會，沈氏没有詳説。如果認爲是指「在海之南」的情人，同上下文合看，似顯得有些突兀。張玉谷認爲這是女子揣測對方心理、表白自己忠貞的話，「言我（女子）實思君，而今與君絶者，以君有他心故；君亦嘗思我，而今與我絶者，豈亦疑我之有他心乎？」因而説我若與他人往來，定當驚動鷄狗，兄嫂必知，意謂自己是忠貞的（見《古詩賞析》）。此説似較爲合乎情理和上下文氣。應當指出的是，這不僅僅是女子表白自己的絶無「他心」，還含有另外兩層意思。一層是説，我對你這樣忠貞，你却生了「他心」，是對情人的怨恨；一層是説，如果對方之生「他心」是因爲對我的忠貞有懷疑，那末只要他了解了眞實情況，就能消除誤會，他們還可以恢復舊好。怨恨之中，又存着眷戀，使她不能斷然同對方決裂。

結尾兩句緊承上文，仍寫女子的猶豫不決心理。「妃呼豨」是表聲詞，無義，這裏是歎息聲。「肅肅」是風聲。「晨風」是鳥名，即鸇，善迅疾高飛。「颸」是疾速的意思，颯颯秋風，是那樣悽涼，似乎也在爲姑娘而憂傷。她抬頭看看天空，鸇鳥已在飛翔，天即將破曉，因此在心裏說：再過一會兒，太陽就會在東方升起，我的忠貞清白之心，高天白日，均可鑒知！這是自誓之辭，是向天表白，也是在向情人表白。而這自誓的本身，就表明她還沒有拿定主意，下不了決心。特舉鸇鳥，也有希望它將自己的心跡轉告情人之意。說「與君絕」，其實不能絕。她恨情人有「他心」，又不能和不願完全消除對過去的美好回憶；她希望情人能回心轉意，更幻想着這傳聞本來就不是事實；她既擔心着那可怕的結局終於降臨，同時又還閃爍着點點希望的火花。怨恨，猜測，憂慮，種種感情，交織一身。從末兩句，可知她已整整一夜沒有合眼。從今以後，不知她還將度過多少個不眠之夜。很難設想，這巨大的精神上的打擊，體質上的折磨，叫她如何承受！沈德潛說：「怨而怒矣，然怒之切，正望之深。末段餘意不盡。」（《古詩源》）所論極爲精當。

在一首短詩中，把相思變態刻畫得如此細膩逼真，這在古代詩歌中是并不多見的。用富有典型意義的細節揭示人物的性格，是它在藝術表現上的突出成就。「『用玉』句意足上而韻却領下，亦是一奇。」（張玉穀《古詩賞析》）

（王思宇）

漢樂府·上邪

上邪！我欲與君相知，長命無絕衰。山無陵，江水爲竭；冬雷震震，夏雨雪；天地合，乃敢與君絕！

一般說來，在愛情領域中，盟誓這種古老的行爲方式，常出現在感情最深摯、最熾烈的時刻。從戀人口中發出的誓言，比我們在其他場合聽到的更富有交流感情的性質，所以，它總是抒情的。漢樂府中的《上邪》，就是一首這樣的優秀抒情詩。一位求愛的女性，在熱切地表示愛的決心：她的愛情誓言，就是《上邪》這首詩。作爲「飢者歌其食，勞者歌其事」的民歌，它的抒情主人公，大約也就是它的作者。

如果籠統地問《上邪》的基本思想是什麼，而回答也是簡單的，那麼，這首詩的開頭三句「上邪！我欲與君相知，長命無絕衰」便可作爲答案；把它們翻成現代漢語，只需一句就够了：「我要永遠愛你。」這樣的答案，明確固然是够明確的，然而算不得文學的批評，因爲它遠遠沒有揭示這首詩的感情的特異之點，亦卽通常所說的詩中的個性、自我。在這開頭三句中，抒情主人公呼蒼天而表示永恆相愛的決心，其實在詩歌創作中是相當古老的聲音。我們在它以前卽已從《詩經》中聽到過相似的強烈呼聲。如：

泛彼柏舟，在彼中河。髧彼兩髦，實維我儀。之死矢靡他。母也天只，不諒人只。（《鄘風·柏舟》）

穀則異室，死則同穴。謂予不信，有如皦日。（《王風·大車》）

前者表示誓死無他心，希望母親、上天諒察；後者指着太陽發誓：生不得結合，死也要同穴。感情是那麼潑辣、深摯，確實感人。《上邪》的開頭，不但與中國詩歌中這些最早的愛情誓言取徑相似，而且語意也相近。如果因此便說它是襲常蹈故，不能感人，當然過分。可是，假若《上邪》的內容僅此而已，那麼這首詩的感染力確實也會是十分微弱的。南朝民歌中有這樣一支戀曲：「鍥臂飲清血，牛羊持祭天。沒命成灰土，終不罷相憐。」（《歡聞變歌》）讀過《柏舟》《大車》以後再讀這首民歌，就會覺得它的情味不及前者那麼濃烈，原因卽在於它的作者仍然循着故轍，重複着前人表達過的感情，而沒有尋求新的方式去開掘更新鮮的感情內容。在生活中，每一個人的感情體驗都是具體的、獨特的，卽使性質相同的感情，也在各個人的身上呈現出不同的色彩。如果是一首優秀的抒情詩，就應該爲傳達獨特的感情體驗而開闢新的表現天地。《上邪》不是因爲採用現成的抒情方式，只停留於「我欲與君相知，長命無絕衰」的直白，而成爲名篇的。它之所以膾炙人口，乃在於它的作者在開頭三句之後，緊接着便以人們意想不到的異常想象寫出了「山無陵」等六句，體現了新穎的構思。

就語言的表面意義而言，《上邪》的結尾同開頭是不一樣的。開頭抒發的是「我欲與君相知，長命無絕衰」，篇末說的却是「乃敢與君絕」。一首一尾，意思好像全然相反。但是，這結尾的「絕」，是有條件的，恰好是這些條件，又使她說的「乃敢與君絕」實際上依然是「長命無絕衰」的意思，并且使這種感情得到了強化。這些的構思，有別於平白直敍，相當新穎巧妙。作者假設的「與君絕」的條件，是三組難以想象的自然界的變異：「山無陵，江水爲竭」——山河化爲烏有；「冬雷震震，夏雨雪」——季節混亂顛倒；「天地合」——天地再度成爲混沌一片（假若相信盤古開天地的神話是眞的）。這三組變異，都是一般人無法想象的事類組合。作者好像是層層遞進地發揮着她的想象力，一件比一件想得出奇，一件比一件令人難以思議，直寫到「天地合」，她的想象似乎失去控制，漫無涯際地想出人類的生存環境都不存在了。依照常識判斷，這種自然界正常秩序的顛倒，是根本不可能的；這種無法想象的事類組合，純屬荒謬的幻想。但是，這些不可能的、不可思議的事情，竟被抒情主人公當作「與君絕」的條件。這就無異於說，「與君絕」不僅是不可能的，而且就像這些純屬幻想的變異一樣，荒謬得無從想象和不可思議。所以，「山無陵」等意象的組合，雖是假設的條件，同時却也不着痕跡地起着比擬的作用。它們不僅使「我欲與君相知，長命無絕衰」這一強烈的感情脫離質樸的直白而表現得非常鮮明、生動，而且把它強調得無以復加，甚至於把「與君絕」從正常的思維活動中排除了。這裏表現的思想，是極端絕對的，而這種絕對化的心理，也正是處於熱戀中的青年自然而然的心態，因爲它是熾熱的情愛之昇華。

同前面提到的《柏舟》《大車》相比，這首詩的構思，既沒有「穀則異室，死則同穴」那樣的幻想，也沒有用「有如皦日」表明心跡，或像「母也天只，不諒人只」那樣發出怨嘆。愛是永遠的，而「不愛」則是不可思議的，作者正是循着這條心理活動的軌跡去展開想象的。《柏舟》《大車》的抒情主人公，處於雖然相愛却不能結合的境遇中，因此她們的感情在勇敢、堅定之中還寓有悲愴與無奈。《上邪》則不然，一開頭卽已表明「我欲與君相知」，它的抒情主人公正在開始追求對方；她的誓言不是困境中的呼號，而是濃烈愛情的傾注，或者說是一封熱烈求愛的情書。因此，《上邪》給人的感受是，態度堅決、感情熱烈，通篇沒有悲愴之音，也沒有對於死後抱任何幻想；她的愛，只在現世。因爲她還沒有從現實中感受到有什麼力量在威脅着她的追求，所以，打消愛的慾望，對她說來，是根本無法想象的。她的迫切願望是，如何把自己的這種豐富的感情毫髮無遺地傳達給對方。要表達這樣的感情，光用「之死矢靡它」「長命無絕衰」之類的直白，未免太簡單、太平淡，難以把衷曲表現得淋漓盡致。爲了突破表達上的這種障礙，作者以聰明的構思創造了「山無陵」等獨特的意象組合，終於覓得了一個與自己的感情體驗相宜的方式。

在漢樂府中，《上邪》是《漢鐃歌十八曲》中的一篇。短簫鐃歌本爲軍樂。戀歌而配以軍樂，《上邪》的語言更排除了一般情歌常有的柔曼之音，節奏是剛健的。詩的後半部以短促的入聲爲韻脚，除「我欲與君相知」一句爲六字外，其餘各句以三字爲主，二、三、四、五字錯落相間，急促奔跳而又一氣貫注，到「乃敢與君絶」戛然而止。這樣的語音節奏，與抒情主人公激動而堅決的感情恰相適應，實際上也就是她內心情感的律動。這樣，《上邪》的作者就爲表現獨特的感情體驗而從意象組合、語音節奏內外兩個方面創造了適宜的形式，成爲一篇完美的作品。

在詩歌創作的發展中，每一新穎抒情方式的出現，都標誌着對感情世界的豐富性、複雜性的更爲深刻的揭示。就此而言，《上邪》的創作，在古代抒情詩的領域中是頗有意義的。

（郝世峰）

漢樂府·江南

江南可採蓮，蓮葉何田田。魚戲蓮葉間。魚戲蓮葉東，魚戲蓮葉西，魚戲蓮葉南，魚戲蓮葉北。

《江南》屬漢樂府相和歌辭，此題現僅存上面所錄的古辭一首，載《宋書·樂志》和《樂府詩集》，是道地的漢代民歌。

這是一首優美的江南採蓮曲。

江南水鄉，蓮的生長極普遍。一到夏秋間，蓮子成熟，年輕姑娘們（採蓮一般由年輕婦女承擔）划着小船，穿行於碧荷間，一邊歌唱，一邊採蓮，最富有水鄉的特色。《江南》這首採蓮歌，就描繪出這種勞動生活的動人情景。

開頭兩句是寫採蓮的人們望着露出水面的又大又圓的荷葉，心裏無限喜悅，因而禁不住發出熱烈的讚美。「可」這裏有適宜、正好的意思。「江南可採蓮」是說江南到處都生長着蓮，眞是採蓮的好地方。「田田」，是形容蓮葉圓潤鮮碧的樣子，一說是形容蓮葉飽滿勁秀、挺立水面。「何田田」就是「何其田田」，是極度讚美的語氣。這裏只寫葉，我們却可以聯想到花。蓮的花期爲夏曆五至七月，每朵花可開二至三天，每日清晨開放，下午三、四點又逐漸閉合，翌晨再度開放，花開過二十天，可採收蓮蓬生食，果實（蓮子）的成熟期在七、八月間。清人張玉穀說：「不說花，偏說葉；葉尚可愛，花不待言矣。」（《古詩賞析》）蓮葉茂密，蓮花繁盛，不僅景色無比秀麗，還表明蓮子必然豐收，採蓮人自然心裏非常高興。

人們在採摘水上的蓮蓬的時候，必然會看到水中的情景。「魚戲蓮葉間」寫魚在蓮葉中間游來游去，宛如在遊戲一般。「戲」字寫魚在水中的迅捷歡樂神態，非常形象。這裏既在寫魚，也有以魚比人意，採蓮人划着小船在蓮葉間穿行，互相追逐嬉戲，宛如魚兒在水中游動，其划船動作之嫻熟，船行之輕快，採蓮人身姿之輕盈，心情之歡快，自然浮現在我們眼前。下面四句又用東西南北這四個方位字，反覆詠唱，描繪出魚兒久久不去，圍繞蓮葉四面游動的動人畫面。這首詩是漢樂府相和歌辭，是由一人唱、衆人和的，這四句當是衆人和唱的歌辭。而對魚兒歡樂嬉戲的反覆歌詠，正表達出採蓮人的愉快心情。清人陳祚明《采菽堂古詩選》云：「排演（鋪排敷衍）四句，文情恣肆，寫魚飄忽，較《詩》『在藻』、『依蒲』尤活。（按，《詩經・小雅・魚藻》：『魚在在藻，依於其蒲。』謂魚隱在藻、蒲間，是寫魚的靜態。）」讚譽并不爲過。

魚兒清晰可見，不僅表明池水很清，還表明天氣晴朗。在夏秋間晴朗的一天，清澈的池水，映着碧綠的蓮葉、晚開的蓮花，姑娘們美麗的衣服，和她們那花朵般的笑臉，空氣中洋溢着蓮蓬的清香；她們歡笑着，嬉戲着，一邊採摘蓮蓬，一邊唱着採蓮歌，最後採滿船艙，唱着歡樂的歌，滿載而歸——這是一幅多麼動人的圖景！

此詩只用了一句寫採蓮，主要通過對蓮葉和魚兒的描繪，來表達人們採蓮時的愉快心情。末尾連用四個疊句，不但不使人感到重複，還使全詩的節奏顯得更輕快，更能表現採蓮人的興高采烈。清沈德潛稱它爲「奇格」（《古詩源》），藝術表現手法確實非常獨特。唐陸龜蒙曾用它的末五句作爲首句，寫成五首《江南曲》，可見它的影響和人們對它的喜愛。

（王思宇）

漢樂府·陌上桑

日出東南隅，照我秦氏樓。秦氏有好女，自名爲羅敷。羅敷喜蠶桑，採桑城南隅。青絲爲籠系，桂枝爲籠鉤。頭上倭墮髻，耳中明月珠。緗綺爲下裙，紫綺爲上襦。行者見羅敷，下擔捋髭鬚。少年見羅敷，脱帽著帩頭。耕者忘其犂，鋤者忘其鋤。來歸相怨怒，但坐觀羅敷。使君從南來，五馬立踟蹰。使君遣吏往，問是誰家姝？「秦氏有好女，自名爲羅敷。」「羅敷年幾何？」「二十尚不足，十五頗有餘。」使君謝羅敷：「寧可共載不？」羅敷前置辭：「使君一何愚！使君自有婦，羅敷自有夫。東方千餘騎，夫壻居上頭。何用識夫壻？白馬從驪駒；青絲繫馬尾，黄金絡馬頭，腰中鹿盧劍，可值千萬餘。十五府小史，二十朝大夫，三十侍中郎，四十專城居。爲人潔白晳，鬑鬑頗有鬚。盈盈公府步，冉冉府中趨。坐中數千人，皆言夫壻殊。」

《陌上桑》描寫的是一個使君調戲採桑女子羅敷遭到嚴詞拒絕的故事。它揭露了封建官僚的醜惡，表現了勞動婦女堅貞不阿的品質和勇敢機智的性格。全詩可分三段。

第一段「日出東南隅」至「但坐觀羅敷」描繪羅敷的美貌。開頭兩句「日出東南隅，照我秦氏樓」中的「我」，是個複數代詞，即作者和歌人的代稱，意思是「我們」，「我們的」。這兩句的意思：是紅豔豔的太陽從天幕的東南方冉冉升起，金燦燦的光芒照進了我們秦家的樓閣。作品抓住太陽這個美好事物，依循着陽光的蹤跡，自然地把讀者的視線引進了女主人公的樓閣；同時又借助第一人稱的表現手法，流露了對她熱愛和讚賞的強烈感情。儘管這時候女主人公還沒有出場，却已經使我們得到了美的感受，彷彿看到了她正在對鏡凝妝的姿影。從第三句開始，作品就改用了第三人稱的表現手法，正式敍述故事情節。「秦氏有好女，自名爲羅敷。羅敷喜蠶桑，採桑城南隅。」這幾句對女主人公的姓名、身份和熱愛勞動的情況作了概括介紹。「秦」是古代詩歌中美貌女子常用的姓。「好女」就是「美女」。「羅敷」是古代美女常用的名字。這裏，作者採用繪畫上的皴染筆法，圍繞羅敷的姓和名，反覆強調了一個「美」字。爲了使這種集衆美於一身的描寫不露虛假的痕跡，作者故意說：「羅敷」是她的「自名」，不是別的什麼人給她生加硬造的。可見作者構思之細密。羅敷不僅有着美好的姓和名，還有着熱愛勞動的美德。作爲農家的婦女，她喜愛養蠶和採桑，你看她提着籃子，到城南的桑田裏採桑去了。

在介紹了羅敷的姓名、身份和熱愛勞動的情況以後，作者就用較長的篇幅對她進行細緻的描繪。這裏，作者使用了兩副筆墨。第一，着眼於羅敷採桑的用具和她的妝飾：「青絲爲籠系，桂枝爲籠鈎。頭上倭墮髻，耳中明月珠。緗綺爲下裙，紫綺爲上襦。」「倭墮髻」就是歪倒在頭的一側、似墮非墮的髮髻，又叫「墮馬髻」；這是當時洛陽一帶婦女的時髦髮式。「明月珠」相傳是出於西域大秦國的一種寶珠。「綺」指有花紋的綢緞。這幾句的意思是說：羅敷用青色的絲繩作爲桑籃上的絡繩，把桂樹的枝條充當桑籃上的提把

（多麼精緻，多麼香潔！）；頭髮梳成「倭墮髻」，耳朵上掛着「明月珠」；下身圍着淺黃色裙子，上身穿着紫色的短襖（多麼素雅，多麼妍麗！）。在這裏，作者本來是要描繪羅敷的容貌，可是又偏偏不寫容貌，一味在用具和衣飾上着墨。打個比方說，要寫紅花又不講紅花，只說綠葉。表面看好像是隔靴搔癢，其實不然，因爲紅花需要綠葉扶持，寫出了作爲陪襯的綠葉如何如何青翠，那麼紅花鮮豔美麗的程度也就可想而知了。當然，青枝綠葉并不等於紅花，也未必都是紅花的陪襯，所以作者進而使用了第二副筆墨，淋漓盡致地描寫了旁觀者對羅敷的種種反應：「行者見羅敷，下擔捋髭鬚。少年見羅敷，脱帽著帩頭。耕者忘其犂，鋤者忘其鋤。來歸相怨怒，但坐觀羅敷。」過路人看到了羅敷，不由自主地放下擔子，撫摸着嘴角的胡子。年輕人看到了羅敷，下意識地脱下了帽子，整理着包頭髮的紗巾。耕地的人看見她，忘記了犂田。鋤地的人看見她，忘記了鋤地。他們回家以後，有的因見了羅敷的美麗而抱怨妻子的醜陋，有的因觀看羅敷而引起妻子的忌妒。直到這裏，作者對羅敷的美貌還是不作正面的描摹，只是從側面描繪行者、少年、耕者和鋤者對她的驚慕與傾倒，以及由此產生的微妙的家庭糾紛，藉以引起讀者和聽衆的豐富想象，讓他們從旁觀者反應的折光中似見非見地看到女主人公的美麗姿容。從藝術效果看，這種俏皮誇張的側面虛寫比那些平庸呆板的正面實寫，諸如「蛾眉」、「杏眼」、「皓齒」、「丹唇」之類，實在要高明得多。當然，從思想內容看，這一段描寫也有美中不足之處。雖然，對勞動人民情態的描寫被約束在善意觀賞的界線以內，俏皮而不輕佻，詼諧而不油滑。但是，「來歸相怨怒」，因此產生了家庭矛盾，畢竟不是普遍現象，缺乏深刻的典型意義。

描寫羅敷的美貌并不是根本目的。在封建社會裏，勞動婦女的美貌，往往會招致無端的汚辱和迫害。正因爲如此，《陌上桑》在描寫羅敷的美貌以後，緊接着就轉入第二段（「使君從南來」至「羅敷自有夫」），展開了使君和羅敷之間汚辱和反汚辱的鬥爭。

「使君從南來，五馬立踟蹰」中的「使君」，就是漢代郡的長官、太守或刺史，地位很高，相當於古代的諸侯，出門通常要坐五匹馬拉的車子；「立」就是停下；「踟蹰」是徘徊的意思。這兩句是說：有個使君從南邊駕車而來，他一見羅敷，便控馬不前。這裏，作者不講使君停車，而説「五馬立踟蹰」。這種借代和含蓄的手法，既寫出了使君的權勢，又揭示了他一見羅敷就垂涎三尺的醜態。果然，他不懷好意，停車以後，就急於了解羅敷的情況：「使君遣吏往，問是誰家姝。」他先派僕從前去，打聽這是誰家的美女。僕從回來告訴他：「秦氏有好女，自名爲羅敷。」這個美女是秦家的，名字叫羅敷。接着，他又進一步要求了解：「羅敷年幾何？」羅敷多大年齡了？僕從打聽回來再次向他稟告：「二十尚不足，十五頗有餘。」二十歲還不到，十五歲已出頭。言下之意，正當青春妙齡。使君聽了，正中下懷。他滿以爲憑着自己的威勢，足以使這個農家婦女豔羡和折服，於是就撇開僕從，走到羅敷跟前，赤裸裸地提出了無耻要求：「使君謝羅敷：『寧可共載不？』」他親自詢問羅敷，可不可以同他一起乘車？意思是願不願意跟他回家，做他的小老婆？到這裏，使君的醜惡面目和骯髒靈魂已經暴露無遺了，作品對他的勾畫也告一段落了。這一節文字，除了從正面勾畫了使君的形象，還從背面映現了羅敷的身影。從僕從對使君所提問題的兩次回答中，我們完全可以想見，在這個好色之徒的眞面目尚未充分暴露的時候，羅敷的舉止是不卑不亢、落落大方。她既不魯莽陳詞，又不吞吞吐吐、扭扭捏捏。正因爲如此，後來使君親問羅敷的情節才能出現。其實，聰敏過人的羅敷對陌路相逢、素不相識的使君立馬問名所懷的鬼胎，是早有警惕的。所以，當使君提出「共載」要求的時候，她毫不驚慌失措：「羅敷前置詞：『使君一何愚！使君自有婦，羅敷自有夫。』」她勇敢地走到使君面前，挑開所謂「共載」的帷幕，義正詞嚴地說道：「您怎麼這樣愚蠢！您有您的妻子，我有我的丈夫。」這個回答，既是責斥，又是嘲諷。它表現了羅敷不事權貴、不甘受辱的高貴品質，展示了羅敷大膽、潑辣的性格光輝，眞是鏗鏘有力、擲地有聲。

然而羅敷這個人物最爲動人的地方，既不在於她的美貌，也不在於她的勇敢和鬥爭精神，而是在於她的機智、慧敏和高度的鬥爭藝術。詩篇的第三段（「東方千餘騎」至「皆言夫婿殊」）就集中地表現了這一點，并把羅敷反污辱的鬥爭推向了最高潮。

這一段中提到的「驪駒」，就是純黑色的小馬；「鹿盧劍」，是一種長形的劍，劍把用玉石雕成水井上打水用的鹿盧形狀；「小史」，卽小吏；「專城居」就是一城之主，所以古代也有人稱太守爲「專城」的。

這一段寫羅敷故意在使君面前用虛構的方式誇耀自己的丈夫。因爲羅敷懂得，封建官僚們一般都有着小官怕大官、遠臣怕近臣的病態心理，所以，她就採用誇夫的妙計，來壓倒對方。這段文字儘管出於虛構，但絕不是隨心所欲，而是有強烈的針對性。那個使君，駕着「五馬」，好不威風，羅敷就首先從馬說起：「東方千餘騎，夫壻居上頭。何用識夫壻？白馬從驪駒。」說她丈夫乘馬出門，必定有千餘個僚屬和差役簇擁跟隨。在浩浩蕩蕩的隊伍中，她丈夫彷彿是鶴立鷄羣：別人都跨着小黑馬，只有他騎着高大的白馬，走在最前列。這樣的場面和氣派，當然不是駕「五馬」的使君所能比擬的。以上是從威勢方面誇夫的，緊接着羅敷又從富貴方面誇夫：「青絲繫馬尾，黃金絡馬頭；腰中鹿盧劍，可值千萬餘。」他的馬尾巴上繫着青絲，頭上戴着黃金的絡頭。他攜帶的寶劍，更是珍奇無比，價值連城。這樣的豪華和富貴，分明又比使君高出一籌。羅敷還懂得，駕「五馬」的人，大概是個太守之類，爲了使他相形見絀，羅敷就歷數自己丈夫官職的頻頻升遷：「十五府小史，二十朝大夫，三十侍中郎，四十專城居。」說她丈夫十五歲那年，還只是個職位卑下的小吏；僅僅隔了五年，就當上了朝廷裏的大夫；到了三十歲便更加飛黃騰達，升任爲侍中郎；如今，年齡不過四十上下，却已經「專城而居」，據有一個郡城，被任命爲掌管一方的太守了。羅敷的這段話，雖屬虛構，但很有分寸，同時又耐人尋味。她誇耀丈夫，年齡以四十爲限，官職只講到太守；既歷數丈夫的連連擢升，又適可而止，讓使君深信不疑。更重要的是，它讓使君從其丈夫春風得意、官運亨通的情況中，足以想見其不可估量的前程。這樣，就從現在和未來兩個角度有力地打擊了使君。

誇夫到這裏，羅敷已經從丈夫的威勢、富貴和官職的晉升方面壓倒了對方，一掃了使君剛來時的不可一世的得意神態。也許，站在羅敷面前的好色之徒是一個面皮蠟黄、掛滿絡腮胡子、傴僂曲背、長相十分猥瑣的家伙。爲了使他自慚形穢，羅敷又故意誇耀自己丈夫的俊美和風度：「爲人潔白皙，鬑鬑頗有鬚。盈盈公府步，冉冉府中趨。坐中數千人，皆言夫婿殊。」意思説，她丈夫的品貌也是一表堂堂：臉龐白淨，少許胡鬚；他在官府裏踱着方步，舒泰自如，一副官派；當官僚們濟濟一堂的時候，數千官員，誰不讚嘆他的人才出衆！

到這裏，詩篇便在高潮中結束了，這齣喜劇也在勝利的歡樂中閉幕了，可是故事并沒有結束。從情節看，後面還應有一個尾聲，但作者惜墨如金，就此擱筆了。然而讀者對尾聲又完全可以想象，比如使君和僕從聽了羅敷的話語以後，如何張口結舌、不知所對，如何尷尬狼狽、無地自容，如何戰戰兢兢、灰溜溜逃之夭夭，等等。從這裏，可見作者剪裁之精當。含不盡之意見於言外，這首詩是達到了這種境地的。

《陌上桑》所描寫的内容，有着深刻的典型意義。這首民歌產生的東漢時代，豪門貴族憑藉權勢搶劫民間婦女的事例是屢見不鮮的。這一點，就連封建統治階級的正史《後漢書》也無法加以掩飾。在這部史書的《梁節王暢傳》中，就記載了梁節王劉暢掠取小妻三十七人的醜行。在《樂成靖王黨傳》中，又敍述了樂成靖王劉黨霸占民婦並暗殺其丈夫的罪狀。《陌上桑》正是形象地反映了這一黑暗現實。更加難能可貴的是，《陌上桑》除揭露了封建統治階級的卑鄙無耻，還歌頌了勞動人民的鬥爭精神；不僅表現了勞動人民敢於鬥爭的膽識，而且描寫了勞動人民善於鬥爭的智慧。這就使《陌上桑》充滿了勝利的喜悦，洋溢着樂觀主義的氣息。

作爲東漢時期的敍事詩，《陌上桑》取得了驚人的藝術成就。它以敍事爲主，把抒情和描寫等表達方式有機地融合在一起，它構思了便於抒情的故事和畫面。在敍述故事的過程中，又運用多種修辭手法，表現了作者對於人物的強烈愛憎感情。它抓住刻畫人物和表現主題的緊要之處，從正面或者側面着力進行鋪陳和描寫，不僅充滿了詩情畫意，而且拓開了故事情節。像有關羅敷打扮的那些詩行，既屬於情節因素，又浸透了作者的讚賞之情，更是地道的肖像描寫。在這裏，敍事、抒情和描寫三種表達方式的綜合運用竟到了密不可分的程度。毫無疑問，《陌上桑》是我國古代敍事詩中的一朵奇葩。

（談鳳樑）

漢樂府·長歌行

青青園中葵，朝露待日晞。陽春布德澤，萬物生光輝。常恐秋節至，焜黄華葉衰。百川東到海，何時復西歸！少壯不努力，老大徒傷悲。

漢代《長歌行》古辭共三首，在宋人郭茂倩的《樂府詩集》中列入「相和歌辭」平調曲，并把後二首合成一篇（其實它們是完全不相干的兩首詩，宋人嚴羽的《滄浪詩話》已指出後者應是兩首）。這裏要講的是三首中的第一首，它最早見於梁蕭統的《文選》。這首詩的主要思想很明確，就是篇末兩句：「少壯不努力，老大徒傷悲。」由於唐吳兢《樂府古題要解》釋此詩說：「言榮華不久，當努力爲樂，無至老大乃傷悲也。」後世便把這樣一首勸人珍惜青春，應當及時努力的具有積極意義的詩，說成了勸人及時行樂的作品。這顯然是謬說曲解。因爲詩中只說到應當及時「努力」，并沒有像《古詩十九首》（之十五）中所說的「爲樂當及時，何能待來茲」那樣帶有明顯的消沉頹廢的思想。我們完全應該恢復它積極健康的本來面目。

關於《長歌行》詩題命義，也是其說不一。我以爲郭茂倩根據《文選》李善注所採用的說法還是比較確切平實的。他說：

> 崔豹《古今注》曰：「長歌、短歌，言人壽命長短，各有定分，不可妄求。」按，《古詩》云：「長歌正激烈。」魏武帝（小如按：當作「魏文帝」）《燕歌行》云：「短歌微吟不能長。」晉傅玄《豔歌行》云：「咄來長歌續短歌。」然則歌聲有長短，非言壽命也。唐李賀有《長歌續短歌》，蓋出於此。

看來所謂「長」或「短」都是指歌聲和曲調，與內容是無關的。「壽命長短」云云，更屬臆說不可信。

這首詩中有兩個詞需要特別講解一下，即首句的「青青」和第六句的「焜黃」。其它詞句，大抵淺顯易知，可請讀者參閱黃節《漢魏樂府風箋》、余冠英《樂府詩選》和我本人爲北大中文系編注的《兩漢文學史參考資料》等書，無煩在此逐一詮釋了。

首先，「青青」一詞，當然指顏色。如《詩經·鄭風·子衿》所謂的「青青子衿」，即指青色衣服。但從《詩經》、《楚辭》直到漢代的樂府、民謠和古詩，「青青」這個詞兒經常出現，在指顏色的同時，更主要的是形容植物少壯時茂盛的樣子。這在東漢鄭玄的《毛詩箋》、唐陸德明的《經典釋文》、清人段玉裁的

《詩經小學》和陳奐的《詩毛氏傳疏》裏都有具體的解釋，而段、陳兩家更進一步說明「青青」和《詩經》裏的「菁菁」就是同一個詞，都是形容植物枝葉茂盛，所謂「茂盛卽美盛也」（見陳奐《詩毛氏傳疏》）。現在我們常說的「青年」、「青春」，就是從「青青」這個詞最早的涵義引申發展而來的。這就同篇末的「少壯」二字相呼應，而不僅是指「園中葵」的顏色了。

其次，對「焜黄」這個詞應當怎樣理解。《文選》李善注：「焜黄，色衰貌也。」五臣注：「焜黄，華（花）色壞。」後來余冠英先生注《樂府詩選》，更進一步認爲「焜」是「熉」的假借字，釋「焜黄」爲「色衰枯黄貌」。二十餘年前我注釋《兩漢文學史參考資料》，也是這樣理解的。後來遍檢漢晉古書，却發現除此詩外再沒有見到用「焜黄」一詞的。常見的則爲「焜煌」一詞（如漢人雜書《急就篇》，揚雄《甘泉賦》曹操詩《氣出唱》以及唐釋慧琳《一切經音義》引《方言》郭璞注等），稱得起屢見不鮮。按「焜」之本義爲形容火光燦爛，與「輝」（卽「煇」）原係一字孳乳而成，并無枯黄之意。只因此詩與「黄」字連用，才把它說成「熉」的假借字。但「黄」字在秦、漢古書中，却與「皇」字通用。最明顯的是東漢應劭的《風俗通義·聲音篇》中把「黄帝」就寫成「皇帝」。而「皇」字的本義卽指太陽煌煌發光。後來由於「皇」已變爲對帝王的專稱，才出現了從「火」的「煌」這個後起字。因此我認爲，此詩的「焜黄」實卽當時通用的詞「焜煌」，不過把「煌」字寫成「黄」字罷了。況且這句詩最末一字是「衰」字，已具枯萎凋謝之義，如把上面的「焜黄」講成「色衰枯黄貌」，於詩意也不免重複。如果講成植物的「華（花）葉」在春夏之時原是繽紛燦爛的，一到秋季便開始衰謝凋殘，似更爲順理成章。這個講法爲前人所未及，能否成立，還請讀者斟酌。

下面簡單分析一下這首詩的藝術特色。我以爲，這首詩有着一個嚴肅而健康的主題，却無冬烘的說教氣和空洞的概念化的毛病。它的思想內容是對不知珍惜青春韶光的人進行一次嚴厲的當頭棒喝，其發人深省的程度是驚心動魄的。但就全詩而論，讀起來却給人以一種循循善誘、渾樸天成的感受，絲毫不覺得生硬牽強。這正由於原詩作者是以形象思維爲比喻來打動人，而不是用抽象概念當教條來教訓人的緣故。全詩共十句，前八句完全讓形象和比喻來說話，只有最後點明主題所在的兩句，才是通過形象思維提高到邏輯思維自然而然得出的結論。這正是初期樂府民歌異於文人的以說教爲主的作品之處。

首二句極寫一年之計在於春，在植物羣生的園圃裏充滿了生機。第一句用「青青」形容「園中葵」，顯得色彩鮮明，活力旺盛。尤其在春天，植物的花葉上映帶着黎明時鮮潔的露珠，該是一幅多麽清新蓬勃的畫面！這就是第二句所給予讀者的具體形象。但這一句的着重點雖在「朝露待日」四字（注意這個「待」字，意味着清晨日未出時園中充滿一派新鮮爽潔的朝氣），但末尾却用了個「晞」字（「晞」是被太陽曬乾的意思），這就說明只要日光高射，露水就會很快地被曬乾，因而於精神飽滿之中已隱寓着時光一去不返、人生壽命有限等向消極方面逐漸轉化的因素。不過這種地方讀者倘不細心，是容易忽略的。三、四兩句專就首句形象加以發揮，寫溫煦的春曦傳播着光和熱，宛如施予萬物以德惠恩澤。所謂「光輝」，不僅指陽光照耀在萬物上所反射出的光芒，也同時反映出在春日照臨下萬物本身所具有的生命力。因爲光輝本屬陽春所有，現在却已施給萬物，連萬物也各自欣欣向榮，發出了光彩。五、六兩句則就第二句進一步往相反一面發揮，寫出大自然的另一面，卽由盛而衰，由生長而消亡，由少壯而老大。秋天一到，植物的華葉生長得再茂盛秀美，也終於逃不脫衰謝凋殘的命運。然而正如早於此詩的一首民間挽歌所說：「薤上露，何易晞！露晞明朝更復落，人死一去何時歸！」植物雖由盛而衰，却仍周而復始，第二年春天一到，它們又會蓬勃地生長。人却不能這樣，年光不能倒流，青春是一去不復返的。但詩人在這裏并未直說，却插入七、八兩句，用百川東流入海再不西歸爲喻，把要從正面講的道理，委婉曲折地從側面表達給讀者了。這既把要講的道理加深，也把要說服人的力量加強，從手法上講是「蓄勢」，從構思上講是以「淺出」來體現「深入」。

最後歸結到九、十兩句，有水到渠成之妙，不僅通過形象的感染力使道理憬然醒豁，而且詩人的態度更顯得誠懇純摯，給人以誨人不倦的諄諄之感。

清人吳淇於其所著的《選詩定論》中評此詩說：「全於時光短處寫長。」其實這首詩的特點恰好相反，作者正是通過以自然現象爲比喻，於久處見暫，於長處見短，於永恆處見事物變化之迫促和急劇。關鍵在於詩中所用的形象都是又大又長，帶有永恆性的大自然，如寫植物的春生秋謝，陽光之普照大地，光陰之長河，百川之歸海等等，無一不是如此。比起《莊子・逍遙遊》中所謂的「朝菌不知晦朔，蟪蛄不知春秋」來，立卽感到兩者比興手法的異樣。而人生積時爲日，積日爲月，積月爲年，看似長久，其實一瞥卽逝。如任其蹉跎，則日復一日，年復一年，自甘暴棄，終於要後悔無及的。如果把最末兩句直截了當地和盤托出，則三言兩語可畢；然而那却是標語口號，而非一首感人深摯的好詩了。

（吳小如）

漢樂府・東門行

出東門，不顧歸；來入門，悵欲悲。盎中無斗米儲，還視架上無懸衣。拔劍東門去，舍中兒母牽衣啼：「他家但願富貴，賤妾與君共餔糜。上用倉浪天故，下當用此黄口兒。今非！」「咄！行！吾去爲遲，白髮時下難久居。」

兩漢樂府民歌繼承了《詩經》「飢者歌其食，勞者歌其事」的現實主義精神，從社會生活的更多的側面反映了當時勞動人民的悲慘境遇和他們的強烈愛憎。班固在《漢書・藝文志》中説：「自孝武立樂府，而采歌謠，於是有趙代之謳、秦楚之風，皆感於哀樂，緣事而發，亦可以觀風俗，知厚薄云。」如果我們濾去班固美化封建統治階級的思想，他的話却道出了一個事實，即兩漢樂府民歌的作者是把他們的喜怒哀樂通過對自己生活遭遇的具體描寫表現出來的。這較之《詩經・國風》多數詩篇有了更爲豐富、更爲廣闊的內容，可以使讀者對當時的社會現實產生更爲實在的認識，這也是兩漢樂府民歌對《詩經》現實主義的發展。我們讀兩漢樂府民歌，彷彿置身於當時社會現實生活中，聽到了病婦的呻吟，孤兒的哭訴，老兵的悲泣，官府爪牙對農民的斥罵，而在《東門行》中，我們則看到了在封建統治者沉重壓迫下，人民走投無路而欲鋌而走險的情景。

這首詩的主人公是一個被貧困所迫而欲鋌而走險的男子。開頭四句寫這一男子本來已不考慮後果，憤而出走，欲作爲當時社會所不容的事，以尋求一家人的活路。但又放心不下，再回轉家中，心情更加悲傷。接下去的兩句是通過男主人公環顧斗室，描寫了他家的具體處境：盎（儲米的瓦罐）中無米，架上無衣。這就使他再下決心拔劍出走。善良的妻子不忍心自己的丈夫去冒險，牽衣啼哭，動之以情，曉之以利害。「糜，煮米使糜爛也。」（《釋名》），「共餔糜」，同吃稀粥，言她願與丈夫過最清苦的生活。「用」字作「爲」講，「倉浪天」即蒼天，「黄口兒」即幼兒。這兩句是妻子用天道人情來打動自己的丈夫，以勸阻他不要去冒險。「今非」二字，黄節在《漢魏樂府風箋》中與「咄！行！」連讀，以爲是「夫答婦之詞，謂今非咄嗟之間行，則吾去爲已遲矣」。有的則據《樂府古題要解》所記：「妻子牽衣留之，願共餔糜，不求富貴，且曰『今日清，不可爲非。』」認爲「今非」中間脱五字，是妻子勸丈夫的話。（見中華書局版《兩漢文學史參考資料》）。前者，增字作釋，頗費解，不可從。後者，從上下文來看，較爲符合詩意，但疑其有脱誤，其實質也是增字作釋。段熙仲先生認爲「今非」爲句，「并不突兀，而是心情急切的表現」，并解釋説：「女主人公體會到了一家的命運，丈夫是爲着她，爲着此黄口兒。她想，她不願看着他走上這條她估計的險路，選擇了寧共餔糜的并無把握的生路。她牽衣，她啼哭，她盡力勸説，她的内心深處同樣在激烈地鬥爭，終於迸發出片斷的却是判斷性的兩個字，今非——這不行呀。」（見《光明日報》一九八〇年十月十五日第四版）這是女主人公當時説話神情的很精當的分析。「咄！行！」都是單字爲句，表現了男主人公憤然決絶之情，「咄」作「叱」解呵叱責駡的聲音，「行」，我要走了，是斷然的語氣。「吾去爲遲」，緊承上句，表明卽使現在走也已遲了。「下」，落也，全句大意是：我頭上白髮已漸脱落，再不能苦捱下去了。

《東門行》是一首不足八十字的短詩，但它描寫男女主人公的生活處境，他們的心情神態，他們的令人揪心的對話，却像一出短劇。作者不着一字説明，人物形象畢現，使人同情，發人深省，這正是兩漢樂府「感於哀樂，緣事而發」現實主義藝術特色的突出表現。作爲詩歌的語言，《東門行》好像不如魏晉以後的古詩、律詩那樣和諧流暢，但它同《國風》一樣，參差錯落，揮灑白如，行所當行，止所當止，在頓挫之間，以韻字調節，朗朗上口，疾徐相繼，另有一番韻致。它的好處還在於和《東門行》的情調和詩中主人公激烈的内心衝突完全一致，特别是「今非」、「咄！行！」如口頭語，却活靈活現地表現了人物當時急切悲憤的神態。全詩在男女主人公對話中結束，也如一出戲的結束，靜場，大幕急落，一片黑暗，它沒有告訴讀者詩中的主人公的命運如何，但却給讀者留下深刻的印象和充分回味的餘地。

詩歌作爲語言的藝術，本有着不同的風格，有的樸素，有的濃豔，有的古拙，有的精巧，它們之間也是相比較而存在，互相輝映，并無高低之分。兩漢樂府作爲中國古代詩歌百花園中的一種，它在藝術風格上也繼承了《國風》的傳統，以樸素古拙爲特色，不假雕琢，不尚鋪張，自然蘊藉，氣韻天成，自有它的藝術生命在。譬如食物，它不是豪門作工精細的佳肴美酒，而是農家土法泡製的青茶，雖然不脫苦澀之味，但我們更可以在苦澀之中體味到其中的沁人心肺的清香。藝術的創造，藝術的鑒賞，我以爲都存在着這樣的相反相成的辯證法。

（費振剛）

漢樂府·孤兒行

孤兒生，孤子遇生，命獨當苦。父母在時，乘堅車，駕駟馬。父母已去，兄嫂令我行賈。南到九江，東到齊與魯。臘月來歸，不敢自言苦。頭多蟣蝨，面目多塵。大兄言「辦飯」！大嫂言「視馬」！上高堂，行取殿下堂，孤兒淚下如雨。使我朝行汲，暮得水來歸。手爲錯，足下無菲。愴愴履霜，中多蒺藜。拔斷蒺藜腸肉中，愴欲悲。淚下渫渫，清涕纍纍。冬無複襦，夏無單衣。居生不樂，不如早去，下從地下黄泉！

春氣動，草萌芽。三月蠶桑，六月收瓜。將是瓜車，來到還家。瓜車反覆，助我者少，啗瓜者多。「願還我蒂，兄與嫂嚴，獨且急歸，當興校計。」

亂曰：里中一何譊譊！願欲寄尺書，將與地下父母：兄嫂難與久居！

這篇《孤兒行》見《樂府詩集·相和歌辭·瑟調曲》，是漢代的一首民歌，或者說一首樂府民歌。因爲它經過樂工的配樂，受過音樂洗禮，已和音樂結合成爲一種樂曲歌辭。「行」便是它作爲樂曲的標誌。班固《漢書·藝文志》在敍述漢武帝立樂府而採歌謠之後，指出這些歌謠的特點是「皆感於哀樂，緣事而發」，在這方面，《孤兒行》要算是最爲傑出的代表作。它通過孤兒悲慘遭遇的描繪，對兄嫂虐待孤兒的暴行，作了血淚的控訴，感人至深。在客觀上，也透露了階級社會私有制的罪惡，能發人深省。

關於《孤兒行》欣賞，我不擬作縱的復述式的剖析，只就個人的體會，提出《孤兒行》在表現手法方面的某些特點來加以說明。

作爲一首傑出的敍事詩，《孤兒行》約有以下幾個值得我們注意和借鑒的特點：

第一是在結構上突出主題，如詩的開頭三句：「孤兒生，孤子遇生，命獨當苦。」二話不說，一上來就把主題亮了出來，非常鮮明，非常有力，一下子就吸引住讀者的注意，喚起讀者急於要了解後事如何的迫切感。這個「苦」字像一條線索貫穿着全篇，成爲全詩的主帥，下文寫孤兒的「行賈」、「行汲」、「收瓜」等一系列情況，都是圍繞這個「苦」字來的，爲這個「苦」字服務的。嚴羽《滄浪詩話》評李白詩說，「太白發句，謂之開門見山。」這比喻很好，也符合李白詩的實際。如他的著名的《蜀道難》的開篇：「噫吁嚱，危乎高哉，蜀道之難，難於上青天！」眞是開門見山。下文便專在「難」字上作文章。和《孤兒行》比較，雖有寫人和寫物之不同，但在寫法上却沒有什麼不同。他很可能從《孤兒行》得到某些啓發。

第二是採用第一人稱的直接敍述。《孤兒行》全篇基本上都是主人翁——孤兒的自述。如「兄嫂令我行賈」「使我朝行汲」「願還我蒂」諸句中的「我」，固然是孤兒的自稱，就是那些直呼「孤兒」的地方，也未嘗不可以理解爲孤兒的自謂。比如詩的頭三句，連呼「孤兒」，一般理解爲是詩人的話，這雖無不可，但看作孤兒的自悲自嘆，自報家門，自我介紹，似更合乎文情事理。由於詩人採取讓孤兒直接向讀者傾訴的方式，這就使讀者特別感到親切，感到眞實，從而加强了詩的感染力。看來，在人稱問題上，大詩人杜甫是非常注意的。這只要回憶一下他的《三吏》《三别》尤其是《三别》這些作品，就不難得到證明。《三吏》還有對話，《三别》便全是人物自敍。杜甫是主張「轉益多師」的詩人，我們無妨説，他這一寫法是從漢樂府民歌《孤兒行》一類作品學來的。應當指出，用不用第一人稱，不只是一個表現手法問題，同時也是一個生活實踐和思想感情問題。

第三是描寫具體細緻、入情入理。《莊子》説得好：「不眞不誠，不能動人。」但眞誠也不能流於空洞。宋徐積有首《哀哀詞》，首四句是：「哀哀復哀哀，哀哀至此極。孤兒與慈母，中路忽相失。」下文還有「哀復哀哀，此去無盡時」的話，像這樣的空喊，即使作者是眞心實意，也不能引起讀者的共鳴。《孤兒行》的妙處就在於把孤兒的「苦」具體化、形象化，寓「哀哀復哀哀」的同情於事實之中。《孤兒行》的這一特點是顯而易見的，如寫孤兒的行販、汲水、推瓜車等，原原本本，一幕幕，一樁樁，有人物，有故事情節，有孤兒悲慘的肖像，也有阿兄阿嫂陰森的面影，有幫着孤兒扶起瓜車的好心腸人，也有趁火打劫的啗瓜者，簡直可以改編成一部電視連續劇。值得我們玩味的，是詩中對孤兒畏懼兄嫂的那種「不敢自言苦」的心理刻畫。這表現在兩處：一處是把「孤兒淚下如雨」這句話安頓在「上高堂，行取殿下堂」之後。這樣的處理是合情合理，符合孤兒的處境的。要知道，孤兒這泡眼淚早就有了，但他不敢當着兄嫂的面流淚，只有當他上堂下堂、背着兄嫂的時候，才敢讓眼淚流個痛快。不言而喻，這是無聲的垂泣。假如沒有「上高堂」二句，緊接着就寫「孤兒淚下如雨」，那就破壞了人物形象的完整性。不敢自言苦，那敢當面哭？另一處是孤兒對啗瓜者説的那番話。他不説兄與嫂「惡」，而説兄與嫂「嚴」，不説當遭受兄嫂的打罵，而只含胡地說兄嫂「當興校計」，爲什麼不讓孤兒說眞心話呢？因爲他畏懼兄嫂，本來就不敢在人們面前說兄嫂的壞話。如果讓他照實說了，那就反而顯得不眞實了，因爲不合孤兒當時的心理狀態。清人沈德潛評《孤兒行》是「淚痕血點，凝綴而成」，宋長白也說，當他「每讀一過，覺有悲風刺人毛骨」，《孤兒行》爲什麼能達到這樣高的藝術水平，收到這樣感人至深的藝術效果，是和它在表現手法上的這一特點分不開的。它把孤兒寫活了，寫得有血有肉、有聲有色。

第四是文句的長短錯綜、活潑自然。一篇之中，三言、四言、五言、六言諸句式全都有。當長則長，當短則短，當散則散，當駢則駢。蘇軾曾自評其文：「如行雲流水，初無定質，但常行於所當行，止於所不可不止。」他這番自我欣賞的話，也正可以拿來評價《孤兒行》的語言風格。關於詩中「面目多塵」一句的句尾是否要添一「土」字的問題，歷來頗多爭議。這裏我想再就逯欽立的說法再補說幾句。他說：「逯按，詩中大兄之大，爲土之訛，當屬上句，作面目多塵土。土與前後韻賈、魯、馬、雨皆葉，今土訛大，則斷塵爲句，失其韻。又土訛大，連下讀爲大兄，後人遂不得不於嫂字上亦添大字，使篇中兄嫂辭例亦亂。應添土字，去兩大字。」（《先秦漢魏晉南北朝詩》漢詩卷九）我認爲，此處正以不押韻爲是，因爲下文只言「兄嫂」，遂懷疑此處稱大兄大嫂是自亂其例，未免拘泥。謂「大」爲「土」之訛，後人於是又在嫂字上添一大字以配大兄，尤爲主觀臆斷。《孤兒行》不是什麼歷史文獻，孤兒也不是什麼歷史人物，他也許有二哥，也許沒有，這都無關緊要，無須追究。僅從形容、渲染當時兄嫂那股「頤指氣使」的兇焰來看，這兩個大字就必不可少。從行文方面來說，這裏也正需要兩個五言句，讀起來才覺得更帶勁。我國詩歌的句式以整齊爲主，長短其句的雜言體并不發達。從現存文獻來看，《孤兒行》要算是第一篇最長的雜言體了。這對後來的詩人有很大影響。由於它接近散文，有更大的表現力。目前，國內成立了不少專門寫作古典詩歌的詩社，百花齊放，自是好事，但寫律詩的多，寫古體的少，寫雜言體的似乎更少，這是一個缺陷。

除上述四個特點外，《孤兒行》在押韻方面也很值得我們探討和借鑒，盡管用韻很自由，疏密相間，轉換隨便，連上下句重韻也不避，但也并非雜亂無章，如寫行賈、行汲和收瓜，便是各押一韻。「黄泉」的「泉」，古時和「歸」「衣」等字通押，也不是不押韻。關於這方面，就不多説了。

孤兒的問題，是個社會問題，一個社會制度問題。在舊社會，孤兒所受的虐待、迫害，不只是來自兄嫂，也有來自叔叔嬸嬸，來自伯父伯母，他（她）們千方百計，謀財害命。這種反常的令人髮指的情況，一直到清人鄭板橋寫的《孤兒行》和《後孤兒行》都仍有反映，大抵家財愈豐，孤兒的生命就愈危險。

（蕭滌非　蕭光乾）

漢樂府·飲馬長城窟行

青青河畔草，緜緜思遠道。遠道不可思，宿昔夢見之。夢見在我傍，忽覺在他鄉。他鄉各異縣，展轉不相見。枯桑知天風，海水知天寒。入門各自媚，誰肯相爲言。客從遠方來，遺我雙鯉魚。呼兒烹鯉魚，中有尺素書。長跪讀素書，書中竟何如？上言加餐食，下言長相憶。

這首漢樂府詩《飲馬長城窟行》，南朝梁蕭統編的《文選》，題爲「古辭」（無名氏之作）。與《文選》差不多同時的《玉臺新詠》也收了這首詩，却題爲蔡邕作。成書於趙宋的《樂府詩集》從《文選》，後人纂輯的《蔡中郎集》却從《玉臺新詠》。詩的內容沒有提供作者是誰的端緒；蔡邕傳留下來的五言詩絕少，又難以從比較中判斷是否出於蔡邕之手。關於這個問題，過去的人作過許多考證。《中國詩史》（陸侃如、馮沅君著）不同意定爲蔡作，我以爲近是。這首詩有濃厚的民歌味道，不像是文人筆下的產物，特別是同蔡邕的文風很不相同，所以本文從《文選》和《樂府詩集》的說法，認爲應該是一首民歌。

《飲馬長城窟行》這個題目也要解釋一下。《樂府詩集》解釋說：「長城，秦所築以備胡者，其下有泉窟可以飲馬。古辭云『青青河畔草，緜緜思遠道』，言征戍之客至於長城而飲其馬，婦人思念其勤勞，故作是曲也。」這個解釋有些道理。《飲馬長城窟行》是樂府的一個曲調名，最初的歌詞，內容應是同曲調名相適應的；後來另塡的歌詞，內容往往同曲調名的含義脫離了。這首詩雖說是「古辭」，却只是抒寫一般的離情，同「飲馬長城窟」不相干，我懷疑仍未必是最初的歌詞。余冠英先生解釋說：「這詩寫女子懷念遠方做客的丈夫。」說得簡單明瞭。我們不妨從煩瑣的考證中跳出來，拿這句話當做欣賞這首詩的引導。

這首民歌產生於五言詩濫觴的時代，還帶着童稚的天眞。不拘守任何框框，不借助任何雕飾，一任眞情的自然流露。彷彿山泉剛剛湧出，還沒有固定的河道，它跳着浪花，閃着光亮，隨着曲折的石澗自在地奔流。讀者感到的只有那感情的活力，至於文字技巧，則彷彿天馬行空，欲尋無跡。

「青青河畔草，緜緜思遠道。」開頭從「河畔草」起興。丈夫很久沒回家，「我」這個滿懷離緒的妻子，看到河邊的草發青了，節序推移，更觸愁思。青草沿着河堤延伸得很遠很遠。「緜緜思遠道」，由草色的緜緜，想起河堤上那條通向天涯的道路，想起那個踏着這道路遠去的心上人。詩以這麼一個富有特色的鏡頭揭開主題，接下去，照一般的寫法，該說「我」思些什麼了：也許是惜別時的悲啼昵語，也許是送別時的鞭影車塵，也許是懸想中的丈夫別後的悲涼境況。然而都不是，詩才開頭，就來了一個轉折。

「遠道不可思，宿昔夢見之。」才說「思遠道」，緊接着却說「不可思」，筆法變化，令人莫測。遠在天涯的丈夫的境況，無法懸擬，但是在清醒時想不眞切的，却可以得諸夢寐。「昔」通「夕」，「宿昔」就是「昨夜」，昨夜眞的夢見他了。接下去，照一般的寫法，該說「我」的夢境了：也許是夢見聽到丈夫的馬鈴聲，也許是夢見自己長出翅膀飛到丈夫的身邊，也許是夢見抱着丈夫瘦削的肩頭痛哭。然而都不是。夢才說開頭，又來了個轉折。

「夢見在身旁，忽覺在他鄉。」才夢見他在身旁，又忽然感到夢境非眞，他仍是遠在他鄉。迷離恍惚，以喜以悲。「他鄉備異縣，展轉不相見。」夢思漸趨清醒，嚴酷的現實是：彼此身居異地，丈夫行跡無定，難以相見。幾個轉折，仍歸到難以相見上。

上面是詩的前一部分。只有八句，却轉折很多。如同走在曲折的山徑上，忽而幽深，忽而清遠，短短一段路，就有許多意想不到的變化。詩的轉折變化，恰好表現了「我」的思念之情的忽此忽彼，飄忽不定，強烈、殷切達到了極點。

前一部分是直接寫「我」的離情。後一部分又忽然來了一個大轉折。「我」的離情要是繼續直接寫下去，自然有好多話要說，也是順理成章的。但詩沒有遵循這條大家習慣了的思路發展下去，不顧給讀者以話沒有說完的感覺，截然斬斷這條思路，抓來如同天外飛來的兩個情節——他家有人歸來和自家接到來信——從側面寫「我」的離情。但是外表斷了，骨子裏却沒有斷。這兩個情節，夢耶醒耶？眞耶幻耶？仍然是迷離恍惚，同上文的夢思連通一氣。常見畫龍，龍身被雲遮掩，忽然斷開，橫出一支脚爪。但仔細推導，斷處的筋骨可以憑想象續出，自有一個全龍在。這裏使用的就是這種畫龍的手法。

「枯桑知天風，海水知天寒。入門各自媚，誰肯相爲言！」以比喻突接上文，出奇制勝，完全出乎讀者的意想之外。枯萎的桑樹仍然可以感到天風的吹拂，從不結冰的海水仍然可以察覺天氣的寒冷。遠方歸來的人縱然同我陌生，也該想到我的悽涼。可是他們各自走進自己的家門，只顧憐愛自己的親人，誰肯向我報告丈夫的一點信息呢！「媚」，這裏是「愛」的意思。左右鄰居眞有人歸來嗎？未必有，這仍是「我」的有因無因的臆想。畫家運用濃與淡、明與暗的反襯，可以強烈地表現所描繪的事物。作家運用悲與歡、憂與樂的反襯，可以強烈地表現所抒寫的感情。唐薛逢的《貧女吟》寫道「南鄰送女初鳴珮，北里迎妻已夢蘭。惟有深閨憔悴質，年年長憑繡床看。」悲貧女的難嫁，却寫富女的易嫁，從反襯中更可見出貧女的悲苦。《紅樓夢》中黛玉在寶玉結婚的鼓樂聲中死去，是一個震人神魂的反襯，成功地完成了這個大悲劇。這幾句詩使用的也是反襯，把「我」的思情更加強烈地表現出來。

「客從遠方來，遺我雙鯉魚。呼兒烹鯉魚，中有尺素書。長跪讀素書，書中竟何如？上言加餐食，下言長相憶。」又是異想天開，似眞似夢。素，是生絹。尺素，是一尺左右的生絹，古代常用這樣大小的素寫信。長跪，一種跪的姿勢。古人席地而坐，坐，採取跪勢。長跪，臀部不壓在脚跟上，膝以上直立起來跪着，是一種同人應對、表示禮貌的姿勢。「鯉魚」云云，是千古傳誦的名句，後來的許多詩文用「魚」或「鯉」作書信的代稱，就是從這首詩來的。這「鯉魚」該怎樣解釋呢？有的人解釋爲制成魚形的盛書信的木函，有的人解釋爲把書信叠爲魚形，都解得過於沾滯，未免牽強。這樣解釋，都是因爲把詩的這個情節看成記實了。如果不看成記實，仍然看成一種極度思念時產生的幻象，那就用不着另作解釋。就是在恍惚中看見有人送來一對鯉魚，就是剖開魚腹發現書信，不合事理，却合情理，有濃厚的神話色彩，比解實了更富神味。自然，描寫這個幻象也是有所憑藉的：魚腹中藏劍，魚腹中藏帛，是由來已久的傳說。另一首民歌唱道：「客從遠方來，遺我一書札。置之懷袖中，三歲字不滅。」極言相思的深摯持久，表現手法與此相似。

最要仔細玩味的是最後兩句：「上言加餐食，下言長相憶。」得到丈夫的來信，應該是一件喜事，但書信的內容却帶來更大的悲痛。看那信上，上頭寫的是「勸你不要因思念損害健康，不想吃也要多吃一些飯」，下頭寫的是「我永遠永遠想念你」。用的是近乎永遠訣別的語句。不言歸期，明明暗示着歸家無期。這倒不是作者故意耍筆花，留下這句要緊的話讓讀者去想，而是寫信人不忍說，看信人也不敢想的。讀到這裏，眞讓人黯然魂銷，肝腸寸斷！

全詩寫的都是思婦的種種意想。詩情千回百轉，似斷似續，分節和用韻也無拘無束，隨着思緒的變化自由發展。不用典故，不假雕琢，語言清新活潑，好像才摘下來的熟透了的鮮桃，一咬一兜兒水。這些，充分顯示了民歌的特點，也充分顯示了五言詩初起階段的活力。一個文，一個情，情以馭文，文以表情。以一分文表達十分情，好比一個小杯子盛滿了酒，滿得都要溢出來，必是好詩。以十分文表達一分情，好比一個大杯子只盛着幾滴酒，仰起杯子也難聞到一點酒香，這樣的詩必是味如嚼蠟。這首詩的動人，根本點就在於，那含蘊在裏面的情滿得都要溢出來了。

前面說過，《飲馬長城窟行》是曲調名。古樂府的各種曲調，在當時是可以配樂歌唱的。但後來唱法失傳了，只剩下曲調名。後人採用樂府古題作詩，往往在一個題目下寫許多首。就《飲馬長城窟行》來說，光是收在《文苑英華》和《樂府詩集》裏的就有近三十首，除古辭以外都是擬作。這些擬作，好的不多，傅玄寫的一首，是完全摹倣古辭的。將倣制品同原作比較不難看出：原作純任自然，倣作有意作態；原作簡潔明快，倣作繁複拖沓；原作情深詞切，倣作近於無病呻吟，是杯大酒少的一類。如果有興趣，把這首古辭和傅詩對比着讀一讀，會得到一些啓示。

（劉　征）

漢樂府·羽林郎

昔有霍家奴，姓馮名子都。依倚將軍勢，調笑酒家胡。胡姬年十五，春日獨當壚。長裾連理帶，廣袖合歡襦。頭上藍田玉，耳後大秦珠。兩鬟何窈窕，一世良所無。一鬟五百萬，兩鬟千萬餘。不意金吾子，娉婷過我廬。銀鞍何煜爚，翠蓋空踟躕。就我求清酒，絲繩提玉壺。就我求珍肴，金盤膾鯉魚。貽我青銅鏡，結我紅羅裾。不惜紅羅裂，何論輕賤軀！男兒愛後婦，女子重前夫。人生有新故，貴賤不相踰。多謝金吾子，私愛徒區區。

在漢樂府詩歌的百花園中，辛延年所作《羽林郎》，是一朵豔麗奪目的鮮花。它所塑造的胡姬這一純潔、美麗、不畏強豪淩逼的勞動婦女形象，贏得了廣大讀者的喜愛和敬佩。它雖是文人所作的「擬樂府」，却不失爲一首學習民歌的成功之作。

「羽林郎」是漢代統率皇家禁衛軍「羽林軍」的軍官。《羽林郎》詩與「羽林郎」無關，它寫的是西漢時期大司馬大將軍霍光的家奴馮子都調戲民女的故事，借以影射東漢王朝皇室禁軍竇景之流橫行市廛、侮辱婦女的卑劣行徑。這也就是詩中以「金吾子」來稱呼并未任過「執金吾」官職的馮子都的原因。

《羽林郎》是一首敘事詩。敘事，就要求把故事敘述得完整而生動；詩，就要求寫得凝煉、集中、有味、耐讀。《羽林郎》一詩的主題、思想傾向主要是通過女主人公胡姬的形象來體現的。因此，能否有效地調動一切藝術手段刻畫出鮮明的人物形象，就成爲這首詩藝術上成功與否的關鍵。在這點上，《羽林郎》是成功的。它具有以下幾個特點：

一、**完整跌宕的情節安排**

敘事詩的情節應當盡量要求完整。這樣，才便於製造波瀾起伏、跌宕有致的戲劇衝突，塑造出生動飽滿的人物形象。

《羽林郎》的第一段，先從馮子都的身份（「霍家奴」）、地位（「監奴」），從「馮子都」三字暗示出來）、後臺（「將軍」）以及這件事的嚴重性質（「調笑」）這幾個方面，一步緊似一步地逼出「酒家胡」所面臨的險惡情勢。第二段，作者卻又有意蕩開一筆，不急於敘寫「調笑」，而以抒情式的筆調來描寫胡姬的美貌俏麗。作者愈是把胡姬描繪得楚楚動人，愈是能勾起人們對她命運的深重關切。貌似閑筆，實有深意在焉。欲張先弛，以爲後文蓄勢。繼此之後，第三段突然以「不意」來承接，使得氣氛驟然緊張起來。而「調笑」的過程又寫得極有層次：馮子都以「就我」相戲，以「貽鏡」相戲，以「結裾」相戲，步步進逼；胡姬則由驚而懼，由克制、忍讓到奮起反擊，情緒愈益激昂，直至忍無可忍，爆發出下面一大段義正辭嚴的痛斥。

《羽林郎》像是一齣精彩的獨幕劇，劇情完整、緊湊、充實、集中。而情節的安排則又是波瀾起伏、有張有弛的。這「弛」不是游離、不是脫節，而是爲「張」而做的必要準備。而這種情節安排又正是爲着更強烈地突出人物的反抗性格服務的。所以，人物的命運始終能緊緊地扣住讀者的心弦，人物的性格也在一系列環環連鎖、複雜變幻的矛盾衝突中得到了完整而集中的展現。

二、對比鮮明的人物性格

恩格斯在《給拉薩爾的信》中說：「我相信如果把各個人物用更加對立的方式彼此區別得更加鮮明些，劇本的內容是不會受到損害的。」這裏所說的「鮮明」，應該是指人物內在性格的鮮明，而不是那種表面化的、臉譜化的鮮明。《羽林郎》中的兩個人物胡姬和馮子都，無疑地帶有這種美醜昭然、互相「對立」的鮮明性。

《羽林郎》首先用側面烘托和象徵的手法描繪了胡姬的俏麗可愛：

> 長裾連理帶，廣袖合歡襦。頭上藍田玉，耳後大秦珠。兩鬟何窈窕，一世良所無。一鬟五百萬，兩鬟千萬餘。

這裏雖只寫了胡姬的服飾、髮髻等幾個側面，却爲讀者留下了發揮想象的廣闊空間。它使人覺得，這樣的服飾、髮髻，只有胡姬才配得上；至於胡姬究竟有多美，則請讀者去馳騁想象了。

而且，這裏所作的側面描寫還具有一種象徵的意味。「連理」、「合歡」，象徵着胡姬熱愛生活的美好感情；晶瑩無瑕的「藍田玉」象徵着胡姬感情的純潔和堅貞；而不同凡俗的髮髻則象徵着少女所特有的高傲。這種寫法在樂府詩中運用得很普遍。如《陌上桑》之寫羅敷，《孔雀東南飛》之寫蘭芝，用意都與《羽林郎》相彷彿，乃是以人物的外在美來體現人物的內在美，使二者達到了水乳交融般的境界。

其次，作者還寫出了胡姬的孤弱無依：「胡姬年十五，春日獨當壚」，她是幼不經事，無依無靠的；「不意金吾子，娉婷過我廬」，她初見豪奴，心中是驚懼不安的；「絲繩提玉壺」、「金盤膾鯉魚」，表面的殷勤難以掩飾她希望僥幸免遭凌辱的惶恐心情……

與權勢赫赫、鷹犬成羣的權門豪奴相比，胡姬是羸弱、孤單、甚至是可憐的。這一對比雖然鮮明，但仍顯不够。它只能喚起我們的同情，而不足以喚起我們的敬重。詩人的可貴之處在於，他不僅寫出了胡姬的孤弱，更寫出了蘊藏在她柔弱軀體中的凛然不可侵犯的氣概，她靈魂中的高傲的美。這正是卑者之尊。而作爲胡姬對立面并爲之陪襯的馮子都，盡管車馬華貴，勢派壓人，但是，他闖店、挑逗、利誘、威逼的一系列醜惡表演，却正暴露出包藏在他那華麗服飾中卑劣委瑣的靈魂。這是尊者之卑。特別是隨着情節的步步推進，人物形象也得以由外而内地展示出來。胡姬的形象由俏麗可愛而至凛然可敬，馮子都的形象則由飛揚跋扈而至污穢不堪。在對比、映襯、發展之中，人物形象顯現出格外飽滿而鮮明的色彩。

三、凝煉含蓄的語言風格

《羽林郎》的語言是凝煉而準確的。如寫馮子都「依倚將軍勢，調笑酒家胡」，這「依倚」二字，就下得確切不易。「依」是「靠近」，「倚」是「斜靠在……上」。二字連用，不僅指出馮子都歸附霍氏的奴才身份，而且揭露了他倚仗豪門、欺侮良善的惡奴本色。二字之中，蘊含着強烈的感情色彩。

更爲難得的是，《羽林郎》一詩的語言做到了含不盡之意於言外，能引起人們豐富的聯想。比如，詩的第二段前面四句：

不意金吾子，娉婷過我廬。銀鞍何煜爚，翠蓋空踟躕。

首先，這「不意」二字就很值得玩味。其一，它給人一種陡起風波的不祥預感；其二，語氣的懊喪，確切地表現了胡姬此時的心情；其三，金吾子居然滿臉堆笑，「娉婷」而入，更屬「不意」之事。言外之意，金吾子對百姓的常態和本色，應該是兇相畢露的，今天，他的反常表現，倒要格外認眞提防才是！

其次，這「踟躕」二字，也用得大有講究。「踟躕」是指駕車的馬不停地踏着步子，這是馬在狂奔途中突然止步時所出現的一種慣性動作。可見，「踟躕」二字，巧妙地爲我們描繪出這樣一幅圖景：

在鬧市之上，馮子都縱馬狂奔。所到之處，行人避匿，如畏寇仇……馮子都得意洋洋，左顧右盼……偶見酒肆之中有位美貌少女，於是邪念頓起，勒馬闖入店中……車停住了，馬一時還收脚不住，原地「踟躕」不已……這裏寫的是馬，却連帶地表現出人的狂傲、驕横和淫邪。寥寥二字之外，還有一大段無字妙文呢！

再次，從由遠而近的觀察順序來看，本應是「銀鞍何煜爚，翠蓋空踟躕」在前，「不意金吾子，娉婷過我廬」在後。然而，詩中的次第却是顛倒過來的。這樣的有意顛倒暗示我們：胡姬本正在店中埋頭操勞，無暇他顧；直到馮子都站在面前，這才嚇了一跳；定睛一望，門前車馬雲屯，方知道來人勢頭不小！詩句一經顛倒，就大大增强了事變的突然性，也更加準確、更加真實地反映出胡姬由驚而懼的細微的心情變化。

再如寫馮子都挑逗胡姬的幾句：

就我求清酒，絲繩提玉壺。就我求珍肴，金盤膾鯉魚。

照常理而論，馮子都既然身爲「監奴」，自會有一羣「奴才的奴才」趨奉左右，無須他自己去要酒菜。然而，馮子都本是「醉翁之意不在酒」，所以，他要親自去同胡姬搭訕、糾纏。而且，一「就」再「就」，先要一壺酒，再要一盤菜……他究竟凑上去幾次呢？恐怕還不只再次罷。

可見，一首好詩的每一句、每一字，都是值得我們認眞加以推敲的。輕易讀過，就難免要辜負作者的一番良苦用心了。

弱女傲骨在，卓然映華章。《羽林郎》一詩，無疑應該受到人們的格外珍視。

（徐克强）

漢樂府·團扇詩

新裂齊紈素，鮮潔如霜雪。裁爲合歡扇，團團如明月。出入君懷袖，動搖微風發。常恐秋節至，涼飆奪炎熱。棄置筴笥中，恩情中道絕。

這首詩在《昭明文選》、《玉臺新詠》及宋人郭茂倩的《樂府詩集》中均有收錄，題爲漢班婕妤所作，亦稱作《怨歌行》。班婕妤是漢成帝時的女官，被選入宮後，先爲少使，很快得寵，爲婕妤，她的眞實名字已不可考，只能以姓氏、官名流傳於世了。

關於班婕妤的身世，《漢書·班婕妤傳》曾記載「班爲趙飛燕所譖，失寵居長信宮」，卽所謂「班退趙姬升」（鮑照語）。《團扇詩》似爲她在長信宮中所作。

這是一首詠物詩，如同它的題目，是詠扇子的。詩不長，五言十句，乍看全詩字字言扇，句句不離扇，然而聯繫到班婕妤的身世、經歷，以及她的遭遇，再細讀此詩，就覺得字字含憂、句句皆怨了。此爲「怨深」。關於詠物詩，古人有「體物之妙」說：「所謂體物之妙，就是詠物詩要不卽不離，不離於物，又不要太黏着物上……」（周振甫《詩詞例話・詠物》）從這個角度上看，《團扇詩》是一首很不錯的詠物詩。

先看前四句。「新裂齊紈素，鮮潔如霜雪。裁爲合歡扇，團團似明月。」這裏的裂字，作裁講；紈、素，都是絹，只不過紈比素更精細。齊紈素，指齊國產的絲絹。合歡扇，是指繪有合歡圖案的雙面圓扇。一塊紈素，本已潔白無瑕，如霜如雪，又是齊國產的，就更加精美。它雖被裁製成了合歡扇，但仍然鮮亮潔白，如團團的明月。班姬本是一民間女兒，一如那精美的齊紈素，品質純潔，姿質美麗。不幸的是，她身不由己，被送進宮裏，作了女官，當了嬪妃，結束了天眞爛漫、無憂無慮的少女生活。這四句，或褒紈素，或讚團扇，其實都是作者的表面文字，眞正的意思是借物抒寫自己美好的青春、高潔的品質以及命運的不幸。

「出入君懷袖，動搖微風發。」扇子終於成爲他手中的愛物，不斷搖動，送來陣陣的涼風，那滋味妙不可言！班姬的得寵，正如那團扇的迎時，但班姬以她的天生麗質，取得了君王的愛悅，這是一時的呢，還是永久的呢？對班姬來講，這又無從說起，她有的，只是無盡的幽怨。要是日月不動，夏日常在，那該是多麼好呀！

「常恐秋節至，涼飆奪炎熱。」扇子最最害怕的是秋天的到來，那時它自然而然地就成了棄物。得寵中的班姬似乎也沒有片刻的歡樂，她的擔心倒是與日俱增。和扇子一樣，在君王的眼裏，她也只是個隨時可棄的物件。她以她的美貌贏得了他瞬間的青睞，而她的才藝，她的多情以及她轉眼卽逝的青春，又有誰去理會呢？而那個君王，是至高無上、可以爲所欲爲的皇帝，她，一個宮中的弱女子，又能怎樣呢？至於她害怕的那個「秋風」，不也和她一樣，是個任人玩弄的薄命女子嗎？「棄置篋笥中，恩情中道絕。」班姬恐懼、擔心的就是被遺棄。與其說她的擔心，不如說這是她預料之中，但又不能逃避的宿命。夏天一過，那把扇子被擱置在箱匣中，不屑一顧了；班姬則由於新的女子的到來，被疏遠、貶入冷宮了。

嬪妃制、多妻制是封建制度的產物，尤其嬪妃制，是皇權的一部分，雷打不動。所以在漫長的封建社會中，不知有多少婦女被強迫入宮，禁錮在「篋笥」般的宮牆裏苦度年月。這些，在古典文學、特別是詩歌中，都有所表現，「宮詞」在詩歌中占有一定的比例就說明了這點。而抒發宮女抑鬱愁懷的「怨詩」又在「宮詞」中很引人注目。唐代的著名詩人王昌齡、王建、白居易等都有很著名的「宮怨」詩傳世。如白居易的「淚滿羅巾夢不成，夜深前殿按歌聲。紅顏未老恩先斷，斜倚薰籠坐到明」。詩中形象地描畫了一個失寵妃子淚洗面、怨滿懷的孤悽生活，很能激起人們的同情。班婕妤的《團扇詩》則是出自一個有着親身經歷、帶着強烈悲劇色彩的年輕女子之手，它是發自肺腑的心聲，因而更爲情眞意切。

《團扇詩》除了以扇喻人，突出了一個怨字外，另一個特點就是文如其人，清捷綺麗。讀後，如同班姬立在面前，楚楚動人，難以忘懷。

這首詩相傳是班婕妤作於西漢成帝時，雖被收入《樂府詩集・相和歌・楚調曲》中，却已是一首成熟的五言詩了。因爲五言詩就是文人們在產生於民間的樂府歌辭的基礎上發展起來的。《團扇詩》正是作於五言詩開始和正在形成的時代。

縱觀全詩，沒有任何新巧奇險之句。作者用極平淡、極自然的語言道出，却無不委婉含蓄。句句讀來，言近意遠，煞是動人。比如起始四句，寫到紈素的潔白，團扇的精美，言在褒，意在怨，細細品味，自怨、自哀、自憐，皆在其中，含意不盡。又如，「出入君懷袖，動搖微風發」，仔細想來，以婕妤的美麗、聰慧，此語非班婕妤不能言。「常恐秋節至」的「常」字，不奇，不險，却把那種時刻擔心失寵的忐忑心情形容得淋漓盡致，甚至讓讀者懷疑她是否有過片時的歡樂，即使是在得寵中……一個「寄情在玉階，託意惟紈扇」（陸機《婕妤怨》）的幽怨少婦形象全是由極淺近、自然的語言塑造出來的。

關於這首詩的作者，古有爭論。還有一種說法是後人托名班婕妤所作，眞實作者不可考。在這一點上，我倒認爲蕭滌非先生在《漢魏六朝樂府文學史》中對此詩作者的論述頗爲有理。班婕妤作《團扇詩》，蕭先生說：「余則深信不疑：第一，以時代論，有產生此種作品之可能。第二，文如其人。『出入君懷袖，動搖微風發』，不管六朝，無論晉魏，總之非班姬不能道。第三，有歷史之根據。按曹植《班婕妤贊》云：『有德有言，實爲班婕。』傅玄《班婕妤畫贊》亦云：『斌斌婕妤，履正修文。』至陸機《婕妤怨》：『寄情在玉階，託意惟團扇。』則明指此詩矣。可見自魏晉以來，代有識者，固不自昭明入選始也。」不論此詩是班婕妤之作還是後人僞託，在以秋扇見捐喻封建社會中被人凌辱、玩弄，終遭遺棄的婦女這一點上，人們的認識是一致的。

（張　敏）

漢樂府·孔雀東南飛

漢末建安中，廬江府小吏焦仲卿妻劉氏，爲仲卿母所遣，自誓不嫁。其家逼之，乃投水而死。仲卿聞之，亦自縊於庭樹。時人傷之，爲詩云爾。

孔雀東南飛，五里一徘徊。「十三能織素，十四學裁衣，十五彈箜篌，十六誦詩書。十七爲君婦，心中常苦悲。君既爲府吏，守節情不移。賤妾留空房，相見日常稀。雞鳴入機織，夜夜不得息。三日斷五疋，大人故嫌遲。非爲織作遲，君家婦難爲。妾不堪驅使，徒留無所施。便可白公姥，及時相遣歸。」

府吏得聞之，堂上啓阿母：「兒已薄祿相，幸復得此婦。結髮同枕席，黃泉共爲友。共事二三年，始爾未爲久。女行無偏斜，何意致不厚？」阿母謂府吏：「何乃太區區！此婦無禮節，舉動自專由。吾意久懷忿，汝豈得自由！東家有賢女，自名秦羅敷。可憐體無比，阿母爲汝求。便可速遣之，遣去慎莫留！」府吏長跪告，伏惟啓阿母：「今若遣此婦，終老不復取！」阿母得聞之，搥牀便大怒：「小子無所畏，何敢助婦語！吾已失恩義，會不相從許！」

府吏默無聲，再拜還入戶。舉言謂新婦，哽咽不能語：「我自不驅卿，逼迫有阿母。卿但暫還家，吾今且報府，不久當歸還，還必相迎取。以此下心意，慎勿違吾語。」新婦謂府吏：「勿復重紛紜！往昔初陽歲，謝家來貴門。奉事循公姥，進止敢自專？晝夜勤作息，伶俜縈苦辛。謂言無罪過，供養卒大恩。仍更被驅遣，何言復來還？妾有繡腰襦，葳蕤自生光。紅羅複斗帳，四角垂香囊。箱簾六七十，綠碧青絲繩。物物各自異，種種在其中。人賤物亦鄙，不足迎後人，留待作遺施，於今無會因，時時爲安慰，久久莫相忘。」

鷄鳴外欲曙，新婦起嚴妝。著我繡裌裙，事事四五通：足下躡絲履，頭上玳瑁光，腰若流紈素，耳著明月璫。指如削葱根，口如含朱丹。纖纖作細步，精妙世無雙。上堂謝阿母，母聽去不止。「昔作女兒時，生小出野里。本自無教訓，兼愧貴家子。受母錢帛多，不堪母驅使。今日還家去，念母勞家裏。」却與小姑別，淚落連珠子：「新婦初來時，小姑始扶牀；今日被驅遣，小姑如我長。勤心養公姥，好自相扶將。初七及下九，嬉戲莫相忘。」出門登車去，涕落百餘行。

府吏馬在前，新婦車在後，隱隱何甸甸，俱會大道口。下馬入車中，低頭共耳語：「誓不相隔卿，且暫還家去，吾今且赴府。不久當還歸，誓天不相負。」新婦謂府吏：「感君區區懷。君既若見錄，不久望君來。君當作磐石，妾當作蒲葦。蒲葦紉如絲，磐石無轉移。我有親父兄，性行暴如雷，恐不任我意，逆以煎我懷。」舉手長勞勞，二情同依依。

入門上家堂，進退無顏儀。阿母大拊掌：「不圖子自歸！十三教汝織，十四能裁衣，十五彈箜篌，十六知禮儀，十七遣汝嫁，謂言無誓違。汝今無罪過，不迎而自歸？」蘭芝慚阿母：「兒實無罪過。」阿母大悲摧。還家十餘日，縣令遣媒來。云「有第三郎，窈窕世無雙，年始十八九，便言多令才。」阿母謂阿女：「汝可去應之。」阿女銜淚答：「蘭芝初還時，府吏見丁寧，結誓不別離。今日違情義，恐此事非奇。自可斷來信，徐徐更謂之。」阿母白媒人：「貧賤有此女，始適還家門；不堪吏人婦，豈合令郎君？幸可廣問訊，不得便相許。」媒人去數日，尋遣丞請還，說「有蘭家女，承藉有宦官」。云「有第五郎，嬌逸未有婚，遣丞爲媒人，主簿通語言」。直說「太守家，有此令郎君，既欲結大義，故遣來貴門」。阿母謝媒人：「女子先有誓，老姥豈敢言？」阿兄得聞之，悵然心中煩，舉言謂阿妹：「作計何不量！先嫁得府吏，后嫁得郎君，否泰如天地，足以榮汝身。不嫁義郎體，其往欲何云？」蘭芝仰頭答：「理實如兄言。謝家事夫婿，中道還兄門，處分適兄意，那得自任專？雖與府吏要，渠會永無緣！登卽相許和，便可作婚姻。」

媒人下牀去，諾諾復爾爾。還部白府君：「下官奉使命，言談大有緣。」府君得聞之，心中大歡喜。視曆復開書，便利此月內，六合正相應。「良吉三十日，今已二十七，卿可去成婚。」交語速裝束，駱驛如浮雲。青雀白鵠舫，四角龍子幡，婀娜隨風轉；金車玉作輪，躑躅青驄馬，流蘇金鏤鞍。齎錢三百萬，皆用青絲穿。雜綵三百疋，交、廣市鮭珍。從人四五百，鬱鬱登郡門。阿母謂阿女：「適得府君書，明日來迎汝。何不作衣裳？莫令事不舉！」阿女默無聲，手巾掩口啼，淚落便如瀉。移我琉璃榻，出置前窗下。左手持刀尺，右手執綾羅，朝成繡袂裙，晚成單羅衫。晻晻日欲暝，愁思出門啼。府吏聞此變，因求假暫歸。未至二三里，摧藏馬悲哀。新婦識馬聲，躡履相逢迎，悵然遙相望，知是故人來。舉手拍馬鞍，嗟歎使心傷：「自君別我後，人事不可量，果不如先願，又非君所詳。我有親父母，逼迫兼弟兄；以我應他人，君還何所望！」府吏謂新婦：「賀卿得高遷！磐石方且厚，可以卒千年；蒲葦一時紉，便作旦夕間。卿當日勝貴，吾獨向黃泉。」新婦謂府吏：「何意出此言！同是被逼迫，君爾妾亦然。黃泉下相見，勿違今日言！」執手分道去，各各還家門。生人作死別，恨恨那可論！念與世間辭，千萬不復全。

府吏還家去，上堂拜阿母：「今日大風寒，寒風摧樹木，嚴霜結庭蘭。兒今日冥冥，令母在後單。故作不良計，勿復怨鬼神！命如南山石，四體康且直。」阿母得聞之，零淚應聲落：「汝是大家子，仕宦於臺閣。愼勿爲婦死，貴賤情何薄？東家有賢女，窈窕豔城郭。阿母爲汝求，便復在旦夕。」府吏再拜還，長嘆空房中，作計乃爾立。轉頭向戶裏，漸見愁煎迫。

其日牛馬嘶，新婦入青廬。菴菴黃昏後，寂寂人定初。「我命絕今日，魂去尸長留。」攬裙脫絲履，舉身赴清池。府吏聞此事，心知長別離。徘徊庭樹下，自掛東南枝。

兩家求合葬，合葬華山傍。東西植松柏，左右種梧桐。枝枝相覆蓋，葉葉相交通。中有雙飛鳥，自名爲鴛鴦；仰頭相向鳴，夜夜達五更。行人駐足聽，寡婦起彷徨。多謝後世人，戒之慎勿忘！

一

《孔雀東南飛》是一篇民間詩歌，作者的姓名已經無從查考。在現存書籍中，這首詩最早見於南朝徐陵編的《玉臺新詠》，題目是《古詩爲焦仲卿妻作》，後來宋朝郭茂倩輯《樂府詩集》、元朝左克明輯《古樂府》、明朝馮惟訥輯《古詩記》，以及其他由明清人編纂的許多古代詩集裏，也多予以收錄。各本文字稍有出入，最常見的爲三百五十三句，計一千七百六十五字。所以王世貞《藝苑卮言》稱它爲「長詩之聖」，清朝沈德潛也說是「古今第一首長詩」。它確是古代敍事詩裏最長的一首。

《玉臺新詠》編者在詩前加上一段這樣的小序：

漢末建安中，廬江府小吏焦仲卿妻劉氏，爲仲卿母所遣，自誓不嫁。其家逼之，乃投水而死。仲卿聞之，亦自縊於庭樹。時人傷之，爲詩云爾。

這段小序很是重要。它不但告訴我們故事的梗概，發生的年代、地點，主角的姓名、身份，并且也記錄了這首詩的來源，說明是仲卿夫婦死後，當時人爲了哀悼他們而作的。歷來文人都依據這個說法，肯定《孔雀東南飛》是建安時代的作品。祇有宋朝劉克莊的《後村詩話》指爲六朝人所作，但他沒有舉出任何具體的理由來。

一九二四年，梁啓超爲了歡迎印度詩人泰戈爾，在北京作了一次演講，又提起《孔雀東南飛》的寫作年代問題，他說：「像《孔雀東南飛》和《木蘭詩》一類的作品，都起於六朝，前此却無有。（《孔雀東南飛》向來都認爲漢詩，但我疑心是六朝的，我別有考證。）《佛本行贊》現在譯成四本，原來只是一首詩。……六朝人幾於人人共讀。那種熱烈的情感和豐富的想象，輸入我們詩人的心靈中當然不少，只恐《孔雀東南飛》一路的長篇敍事抒情詩，也間接受着影響吧？」（《印度與中國文化之親屬的關係》講稿，發表於北京《晨報》）他的口氣并不十分肯定，所謂「別有考證」後來也未見發表。可是這幾句話却在文學界產生了很大的影響。有人據此進一步考證鑽研，肯定《孔雀東南飛》是六朝的作品；附和這一主張的人也不少。主要理由有三點：一、根據《酉陽雜俎》和《北史·齊本紀》，指出詩裏「新婦入青廬」的「青廬」，是北朝新婚時的習俗；二、根據《宋書·臧質傳》和《樂府詩集》，證明詩裏「四角龍子幡」是南朝的風尚；三、詩裏的「兩家求合葬，合葬華山旁」，以廬江人決不會葬到陝西華山去，華山在這裏只是一個借喻——襲用了宋少帝時「華山畿」的故事。漢朝的詩裏是不可能出現六朝的學俗、風尚和事跡的，他們認爲《孔雀東南飛》的這些內證，就透露了自己問世的年代。

以上是這一派的重要的論證。

但這些論證畢竟還很牽強，不足以構成完整的理由。先說第一點，段成式《酉陽雜俎·進異篇》所謂：「北朝婚禮，青布幔爲屋，在門內外，謂之『青廬』。」這段話只能證明北朝有這種婚禮，却不能證明北朝以前沒有這種婚禮。「青廬」是用青布幔搭成的幕幄，恰像現代的帳篷一樣。中國古代有「帷宮」，婚喪的時候用幕幄，史書記載，漢朝也并不例外。《世說新語·假譎篇》記曹操的故事說：「魏武少時，嘗與袁紹好爲遊俠，觀人婚禮，因潛入主人園中，夜，叫呼云：有偷兒賊！青廬中人皆出觀。魏武乃入，抽刃劫新婦，與紹還出。」這裏有兩點值得注意：一，如果說「青廬」始於北朝，爲什麽北朝以前的劉義慶已用這個名稱；二，他明明說的是漢朝的事情，可見漢末婚禮，已用「青廬」。再說第二點，《宋書·臧質傳》、《樂府詩集》引《古今樂錄》，固然有「龍子幡」的記載，但幡在漢末很是流行，傳喻信命，表題官號，用的就是這類四角旗。龍幡曾見於《吳志》。《孔雀東南飛》裏出現「四角龍子幡」是很自然的事，不能說是南朝獨有的風尚。至於第三點，廬江府治在今安徽潛山縣，潛山縣離西岳華山的確太遠，但也不能就此斷定是借用「華山畿」的故事。「華山畿」故事見於《古今樂錄》、《太平廣記》、《浣水續談》等書，故事記南徐一個讀書人，病歿以後，柩車從所愛女子的門前經過，車停不前，女子出門對死者念道：「華山畿，君既爲儂死，獨活爲誰施？君若見憐時，棺木爲儂開。」棺開，女子透棺而入，合葬在華山的旁邊。情節和傳說中的梁山伯祝英台差不多。南徐是現在的鎮江，如果說潛山的焦仲卿不可能葬到華山，鎮江的讀書人也同樣的不可能葬到華山，可見「華山畿」和《孔雀東南飛》裏所說的華山，都不是西岳華山。中國各地小山同名的很多。潛山的鄰邑懷寧有花山，宋朝王安石爲舒州通判時，做過一篇《遊褒禪山記》，文章一開頭就說：「褒禪山亦謂之華山。唐浮圖慧褒始舍於其址而卒，葬之，以故其後名之曰『褒禪』。今所謂『慧空禪院』者，褒之廬冢也。距其院東五里，所謂『華山洞』者，以其乃華山之陽，名之也。距洞百餘步，有碑僕道，其文漫滅，獨其爲文猶可識，曰『花山』，今言華如華實之華者，蓋音謬也。」（《臨川集》第八十三卷）宋朝的舒州在今潛山、懷寧一帶，漢末屬廬江府治，現在懷寧的花山，可能就是褒禪山卽華山。借喻云云，在這裏是難以成立的。

《孔雀東南飛》用韻雜亂，這和已有韻書、進一步講究聲律的六朝風氣不合；其間「尤」、「侯」雜協，

「魚」、「模」互通，却跟漢朝其他幾首民間詩歌的用韻相似，如果這首詩是六朝的作品，目的不在僞託，爲什麽要在這點上去模擬前朝呢？

根據上面所說，我們還缺少充分理由，足以推翻自《玉臺新詠》以下認《孔雀東南飛》爲漢末作品的舊說。既然這樣，也就沒有必要去改動它所產生的年代。

《藝苑卮言》稱「《孔雀東南飛》質而不俚，亂而能整，敍事如畫，敍情若訴」，很足以代表歷來文人的意見。以這首詩主題思想的富於積極意義，藝術表現方法的樸茂生動，作爲五言詩來說，篇什又如此之長，居然出現於第三世紀的初期，確乎要使許多人感到驚異。由驚異而懷疑，由懷疑而爭論，這是勢所必然的。在留傳下來的同一時期的作品中，還沒有第二首詩可以和《孔雀東南飛》相比。但是，漢末終究是長篇故事詩興起的時候，比這略早，我們就有蔡琰的《悲憤》、左延年的《秦女休行》，雖然篇什稍短，却也已經有完整的故事，有歷歷如繪的描寫，在以抒情詩爲中心的中國詩歌傳統中，這就開拓了一個新的、使人覺得是豁然開朗的境界。

就文學發展的規律而言，民間文學在我們文學傳統中往往起着先導的作用，灌溉着整個文苑，影響了同時代的一些文學家。屈原、杜甫、白居易的詩裏都有謠歌的影子。蔡、左是當時有名的文人，和他們的作品同時，民間一定還有别的長篇故事詩存在着，士大夫階級文學家在不知不覺中受其影響，偶爾引爲己用，但他們是未必肯將原詩珍重收錄，予以保存的。年代久遠，這些詩歌便逐漸湮沒了。徐陵當然是《孔雀東南飛》的功臣，我們不能因爲見到的只有一篇，便對他在小序裏指出的年代也表示懷疑。倘以爲《孔雀東南飛》在當時出現顯得突兀，那末，按照上面所說的規律，較早的《悲憤》、《秦女休行》的出現，豈不是更爲突兀了嗎？

根據這些理由，我認爲《孔雀東南飛》是焦仲卿夫婦死後不久寫成的，可能經過後代文人的删改和修潤，但那是另一個問題，它應該被當作建安時代的作品來看待。

二

中國詩有六義：風、雅、頌、賦、比、興，代代相因，歷來談詩的都以此爲根據。《孔雀東南飛》起句云：「孔雀東南飛，五里一徘徊。」這就叫「興」。意思是看到相似的事物，引起感慨，從這點入手，來歌唱自己所要歌唱的對象。古人用雙鳥起興以喻夫婦的詩歌很多，只是這兩句涉及孔雀的含義過於簡單，遂使許多人覺得似乎與本文無關，不大容易解釋。其實還是以雙鳥起興的一個用得習慣了的例子。

《玉臺新詠》裏還有一首《雙白鵠》，其詞如下：

飛來雙白鵠，乃從西北來，十十將五五，羅列行不齊。忽然卒疲病，不能飛相隨。五里一反顧，六里一徘徊。「吾欲銜汝去，口噤不能開；吾欲負汝去，羽毛日摧頹。」「樂哉新相知，憂來生別離！峙躕顧羣侶，淚落縱横垂。」今日樂相樂，延年萬歲期。

詩裏說的是一對雙飛的白鶴，雌的突然得病，不能繼續前飛，雄的想銜它，口噤不開；想背它，羽毛日摧，所以只好「五里一反顧，六里一徘徊」，戀戀的不忍獨去。這篇詩收在《樂府詩集》裏題作《豔歌何嘗行》，詞句略有出入。曹丕取其大意，作爲新樂府《臨高臺》裏的最後一段，但「白鵠」却已經改作「黃鵠」。古詩裏提到這個故事的很多，如吳邁遠《飛來雙白鵠》的「可憐雙白鵠，雙雙絕塵氛」，《襄陽樂》的「黃鵠參天飛，中道鬱徘徊」等。孔雀雙飛的含義正復相似。詩裏的「東南飛」與「西北來」、「五里一徘徊」與「六里一徘徊」，說明藉以起興的對象并沒有多大差別，只是所用的鳥名不同而已。

《孔雀東南飛》的作者爲什麼要用這個起興呢？我們從焦仲卿本事裏可以得到解答。漢獻帝建安中葉，廬江府小吏焦仲卿，和他的妻子劉蘭芝感情很好。蘭芝是一個美麗聰敏的女子，從小學習女紅，既懂詩書，又善吹彈。嫁到焦家以後，仲卿出門作吏，她在家天天織布，三天織成五疋。可是仲卿的母親十分頑固，門閥觀念很重，故意嫌她工作慢，說她自作主張，沒有禮節，要仲卿休掉她，另謀婚娶。仲卿苦苦哀求，他的母親便拍桌打凳，厲聲斥罵。當時仲卿正急於返任，勸妻子暫回娘家，再圖後會。蘭芝知道事情已無法挽回，留下繡花短襖、紅羅複斗帳和一些梳妝用具，別了婆婆和小姑，在丈夫出門後不久，也登車回寧。仲卿在大道口等着她，下馬向妻子告別，自誓決不相負。蘭芝以磐石和蒲葦作比喻，說他們的愛情要像磐石一樣堅，蒲葦一樣韌！夫妻倆就這樣依依不舍的分別了。

古時女子回寧，一定要由娘家派人相接，倘使不迎而回，這就是已被驅逐、不再要了的意思。蘭芝回到家裏，雖然得到母親的諒解，但她的哥哥性情暴躁，大不爲然。過了十幾天，回家的消息傳開了，縣令派人爲他第三個兒子來做媒，蘭芝通過母親的口婉言拒絕了。幾天以後，太守又遣丞爲第五個兒子說婚，母親還想推却，她的哥哥貪圖榮華，便對蘭芝發話道：「眞是不識抬舉！現在這個比過去那個地位高得多，應該說求之不得，你不嫁，往後的日子怎麼辦？」蘭芝沒有父親，回家後依靠哥哥度日，一聽這話，便在口頭上應允。媒人回去後，太守擇日迎娶，劉家也逼着蘭芝準備嫁妝。

仲卿得知這個變故，趕回來看蘭芝，當時蘭芝做完一天嫁衣，抑不住心頭哀怨，獨自到門外啼哭。她一聽見熟悉的馬叫聲，便迎上前去相見。仲卿對蘭芝說：「我特地來向你道喜，從今後你高升富貴，我獨向黃泉。磐石千年猶堅，想不到蒲葦只是一時之韌！」蘭芝叫仲卿不要說這種話，同是受壓迫的人，事實將證明彼此的命運是一致的。仲卿回到家裏，他的母親雖百般勸說，他還是坐在空房中歎息，打定了以身殉情的主意。

嫁期到了，蘭芝等到黄昏人静之後，投入清池自盡。仲卿聽到這個消息，在庭樹下徘徊了一些時候，也弔死在靠東南的樹枝上。兩家便把他們合葬在華山的旁邊。墓地上雜植松、柏、梧桐，枝葉交叉，夜夜有兩只飛鳥在密葉叢裏鳴叫，這就是他們精靈所化的「鴛鴦」鳥。

作者由孔雀而想起焦仲卿夫婦，從焦仲卿夫婦又回到雙雙鳴叫的「鴛鴦」鳥，人禽之辨，在這種場合并不十分嚴格。中國人民對自己熱愛的故事往往喜歡加上一些想象，他們嚮往於自由幸福的生活，抱着崇敬的心情讚揚了爲獲致這種生活而作的種種努力，「鴛鴦」鳥便是他們壓倒封建勢力的樂觀主義的結論。在他們的心目中，生和死從來就不是一個可怕的界限，死，并不意味失敗，它標誌着最初的犧牲和最後的勝利。

每一個民族文化中，都有兩種民族文化。即統治階級的文化以及和統治階級的文化相對立的文化。每個民族的文化裏面，都有一些哪怕是還不大發達的民主主義和社會主義的文化成分，因爲每個民族裏面都有勞動羣衆和被剝削羣衆，他們的生活條件必然會產生民主主義的和社會主義的思想體系。正如資本主義社會裏存在着社會主義思想成分一樣，在封建社會裏，每個民族除了封建統治階級的思想體系外，也還存在着民主主義的思想成分，因而必然要孕育屬於這個體系的文化——包括民間文學作品在内。人民羣衆以喜聞樂見的形式歌頌了勞動，歌頌了創造，歌頌了鬥爭。不僅有勞動人民自己的鬥爭，也有雖然不是勞動人民，却因受統治階級排擠、遭統治思想壓迫的人物，回過頭去向統治階級或者統治思想所作的鬥爭。勞動人民把這種鬥爭和自己的鬥爭聯繫起來，賦予這些人物以卓絶的感情和性格。漢末天下大亂，農民紛紛起義，階級鬥爭日趨激烈，世家大族爲了把持政權，防止異己，用人的圈子越縮越小，非同一階層同一集團的人不予敍錄，門閥制度就這樣逐漸形成。曹丕篡漢之前，建立「九品中正」（是一種品第人物，以備敍用的制度，一説在曹操時就建立）制度，更加鞏固了門閥的統治，所謂「上品無寒門，下品無世族」（此處借用《晉書·劉毅傳》裏的話），其實在這個時候便已經開始了。門閥制度促進了統治階級內部的分化。雖然分化本身只是等級之間的鬥爭，并非這個階級和那個階級的對立，然而這種分化的加劇，却又不能不是當時整個階級鬥爭不斷尖銳化的一個曲折的反映。《孔雀東南飛》表現的正是一個受統治思想毒害、與門閥觀念鬥爭的英勇的故事。由於鬥爭存在着複雜的聯繫，人民羣衆才熱烈地歌頌這種鬥爭，引爲同調，通過羣衆思想的鑄冶，使劉蘭芝這個藝術形象具備了一般詩歌裏少有的、光彩熠熠的動人的性格。

三

《孔雀東南飛》出現於一千七百年前，直到被收入《玉臺新詠》爲止，可能經過這一時期文人的刪改和修潤，但是，作爲一篇故事詩，它還相當豐厚地保留着民間文學優良的特徵。這不是說，它所歌詠的故事完全來源於民間，而是因爲，作者通過平易近人的文學語言，採取白描的手法，根據人民羣衆的理解和判斷，以明確的思想立場對待自己提出的問題，表現了深刻的人民性與現實主義的精神。

這種思想立場之所以顯得非常突出，首先是由於對封建門閥制度表示反抗的主題思想的正確和鮮明。作者通過焦仲卿劉蘭芝夫婦的婚變，深刻而又細緻地描寫了蘭芝和焦母之間的矛盾，描寫了蘭芝和她哥哥之間的矛盾，從而揭示出封建禮教和門閥觀念壓迫下一個普通女子的地位，進一步對宗法社會傳統倫理展開了有力的攻擊。在詩篇裏，焦母和劉兄是雙方家庭的統治者，掌握着整個家庭的經濟權，她和他都是封建制度的物質力量與精神力量的不同的化身，是作者憎惡并且攻擊的傳統倫理觀念的不同的化身。

焦母是整個悲劇的直接製造者。她不喜歡蘭芝，因爲蘭芝不能滿足她專横的統治慾：「此婦無禮節，舉動自專由。」因爲蘭芝出身微薄，不足以和她的門閥匹對：「汝是大家子，……貴賤情何薄？」她時時流露出由宗法社會獨夫政治培育而成的那種横蠻褊狹的面目，她的無理取鬧更具體地表現在不顧是非：「三日斷五疋，大人故嫌遲。」表現在有己無人：「吾意久懷忿，汝豈得自由！」表現在老羞成怒後的一意孤行：「小子無所畏，何敢助婦語！吾已失恩義，會不相從許！」她又時刻不忘地賣弄自己的世家地位，一再提起「東家有賢女，阿母爲汝求」，表示像她那樣人家娶個媳婦就像買頭牲口一樣容易。作者以神化了的白描手法，不事華飾地加以勾勒，畫出了這個一舉一動、一言一語都符合於自己身分的惡姑的形象。

針對焦母指責蘭芝的「無禮節」、「自專由」，以及後者自述的出生「野裏」，詩篇通過對具體行動的描寫，渲染了蘭芝的聰敏、能幹、美麗、善良、愛勞動、進退有節等等美好的品德，給予這個普通女子以最高的歌頌，使所有加於蘭芝的責備在讀者的眼前落了空，從而襯托焦母的頑固、專斷和虛僞。同時，作者又以生動的對話，刻畫了蘭芝和仲卿之間堅貞不渝的愛情，說明悲劇的關鍵究竟在哪裏，從而坐實通過焦母所釀成的封建禮教和門閥制度的吃人的罪惡。

劉兄，作爲傳統倫理觀念的又一化身，由於等級身分的不同，他和焦母是有區別的。他是一個熱中富貴、時刻希望往上爬的自私自利的人物。蘭芝和她哥哥中間的矛盾，還包含着封建宗法制度下另一個社會問題——女子的經濟地位問題。蘭芝和仲卿分別的時候說：「我有親父兄，性行暴如雷，恐不任我意，逆以煎我懷。」「父兄」在這裏是偏義複詞，蘭芝實際上有兄無父，她回家後依靠哥哥度日。縣令遣媒被拒絕了，太守又差人說婚，這位哥哥便顯出了庸俗的攀高迎上的心理，他說：「作計何不量！先嫁得府吏，後嫁得郎君，否泰如天地，足以榮汝身。不嫁義郎體，其往欲何云？」蘭芝便口頭上應允。明朝陸時雍在《詩境總論》裏對這點大肆攻擊，認爲蘭芝既然誓死不嫁，爲什麼對她哥哥不據理力爭？這位陸先生不知道，蘭芝和她哥哥之間的矛盾主要是因爲前者沒有獨立的經濟地位，只能依靠後者生活，「不嫁義郎體，其往欲何云？」他問到往後的日子怎麼辦，明明帶着逐客的口吻，這是很傷了蘭芝的心的。所以她才「仰頭」回答：「謝家事夫婿，中道還兄門，處分適兄意，那得自任專？」聽任擺布，正是痛心無地的表示。蘭芝有能力自謀生活，然而社會剝奪了她的經濟地位，使她失去獨立生存的可能。在夫家是棄婦，在娘家是寄生蟲，她被安放在這樣的位置上，終於不得不以生命來實踐自己的誓言。明知無益，便不爭，不爭正是最高的爭。她對封建宗法制度所加於她身上的命運提出最後的抗議。

門閥制度并不是一個孤立的問題，它是當時階級矛盾日益尖銳化的結果。《孔雀東南飛》的主題思想之所以如此鮮明，還因爲詩篇通過焦仲卿劉蘭芝夫婦的婚姻問題，進一步啓示了由門閥制度而體現出來的當時社會的更爲廣泛、更爲深刻的矛盾。

矛盾的突出還由於作者同時又使它體現在人物的性格上。

因爲是故事詩，不但有人物，《孔雀東南飛》的作者還以白描的手法極其生動地刻畫了人物的性格。從現有的內容看來，這首長詩在它出世以後似乎經過一個時期的傳唱，人物的性格正是在傳唱過程中逐漸地豐富起來的，因而每一個人物身上都滲透着勞動人民的感情。這種感情不僅表現爲愛憎分明，而且顯示了銖錙式稱。作者否定了一切應該否定的東西，也肯定了一切應該肯定的東西，然而無論是否定或者肯定，都不是遵循一個簡單的公式，而是通過複雜而具體的描寫，暗示人物的社會地位和個性特點，給予他（她）們以恰如其分的評價。從作者所把握的生活深度而論，不能不說，這是現實主義藝術創造在我國古典文學中一個傑出的範例。

試以焦仲卿劉蘭芝兩人爲例。仲卿出身於官宦人家，自己又在太守府裏作吏，雖然職階卑微，但在嚴格的門閥社會裏已經具有被「品」的資格，所以他母親說：「汝是大家子，仕宦於臺閣」，將來還要憑藉靠山飛黃騰達。很顯然，他是籠子裏長大的金絲鳥，養成了拘謹懦弱的個性，一個比較善良的白面書生。作者基本上肯定他的鬥爭，但描寫時却又緊緊地扣住了他的特點——人物經歷和性格上的特點。仲卿是深愛妻子的，當他知道母親要驅逐蘭芝的時候，先是婉「啓」，繼是「跪告」，等到母親「搥牀便大怒」，他就

「默無聲」的退了出來，回到自己房裏，對着蘭芝「哽咽不能語」，說什麼「我自不驅卿，逼迫有阿母」。一面勸蘭芝低聲下氣，暫回娘家，約定將來再去接她，但他其實只有一點幻想的期待，并無什麼實際的辦法。蘭芝被逼將嫁，他聲言要獨個兒自殺，甚至還把這個計劃去告訴自己的母親；蘭芝死後，以他愛蘭芝之深，終於以身殉情，作者寫他在「庭樹下」「徘徊」了一陣，然後上弔，活活地畫出了這個怯弱的書生的面貌。

蘭芝便和他不同。儘管詩篇以古典作品——特別是民間文學裏慣用的誇張的筆法，描寫了她的知詩識禮，描寫了她的妝奩和打扮，但在門閥社會裏，「生小出野裏」就說明她的家世還不入「九品中正」之眼。她是一個在小康人家生長起來的有主見的女子，美麗、聰敏、能幹，雖然作者也極力寫她的善良和溫順，但在善良和溫順中別有一種掩蓋不住的具有反抗意味的剛性——人民想象中的被壓迫者自覺意識的一種原始形態。這種剛性不一定要從焦母所說的「此婦無禮節，舉動自專由」上去理解，而是更廣泛地散布在蘭芝的全部行動細節裏。當她明白了焦母的意圖以後，不等對方開口，便自請：「妾不堪驅使，徒留無所施。便可白公姥，及時相遣歸。」仲卿對着她哭不成聲，一籌莫展，她便說：「勿復重紛紜！」勸她暫回娘家，再圖後會，她便說：「何言復來還？」她看清問題，明白自己的環境，表現了一個普涌人的人格的尊嚴。不過作者也不是簡單地片面地處理這一點。蘭芝了解仲卿的性格，然而她愛仲卿，也知道仲卿愛她。兒女深情使她對冷酷的現實仍然不得不抱着一點幻想，仲卿和她告別，她這樣叮嚀：「君既若見錄，不久望君來。」這是在具體條件下必然會產生的她的惟一的希望。縣令差人做媒，她這樣婉拒：「自可斷來信，徐徐更謂之。」最後她哥哥說出了「不嫁義郎體，其往欲何云？」剛性又立刻佔據了蘭芝的靈魂，被壓迫者凛不可犯的尊嚴在她心底昇華，她決定以生命來表示最後的抗議，所以很快就應允了。

離開焦家的時候，拜母別姑，她的態度是十分從容的；再嫁期定的時候，裁衣作裳，她的態度是十分從容的；乃至最後「攬裙脫絲履，舉身赴清池」，也不表示一點遲疑和猶豫。她從來沒有向環境低頭。很難考查有多少人在傳唱過程中豐富了劉蘭芝的性格，然而這的確是被壓迫者光輝人格在當時歷史條件下最美的表現。環境的殘酷和轉變提高了人物的精神。作者以樸素的描寫，將細節一絲一縷地扣入行動，使作品在眞實的基礎上產生了追魂攝魄的感染力——詩的感染力。

《孔雀東南飛》是古代民間文學偉大的詩篇之一，它以現實主義的表現方法，不僅暴露了封建門閥統治的罪惡，而且遠爲深廣地紀錄了一千七百年前人民的眞實的感情。——它是藝苑的奇花，也是歷史的鏡子。

（唐　弢）

古詩十九首・行行重行行

行行重行行，與君生別離。相去萬餘里，各在天一涯。道路阻且長，會面安可知？胡馬依北風，越鳥巢南枝。相去日已遠，衣帶日已緩。浮雲蔽白日，游子不顧反。思君令人老，歲月忽已晚。棄捐勿復道，努力加餐飯。

這首詩可分兩個部分，前面六句寫離別的狀況，後面十句寫相思的心情。辭句明白淺顯，可是它的內涵異常深厚。

首句叠用「行行」，當中加上一個「重」字。張玉穀說：「『重行行』，言行之不止也。」這樣一個非常簡單的句子，表現了離鄉背井的「遊子」在漫長的歲月中已經不知飄蕩到什麼地方。下面「萬餘里」、「天涯」都是申足這個意思，表現最遙遠的概念。

「生別離」是古代流行的成語，猶如說「永別離」。《九歌·少司命》：「悲莫悲兮生別離，樂莫樂兮新相知。」《水經注》卷二十六引《琴操》說，齊杞梁殖死，他妻子悲哀極了，援琴作歌，歌辭也是這兩句。可見「生別離」不是指人生一般的別離，而是有別後難以再聚的涵義，因而是最可悲的。

《詩經·秦風·蒹葭》已經有「道阻且長」的話。這裏「道路阻且長」，「長」是承上文「萬里」、「天涯」說，「阻」指關河間隔，也可包括那些足以造成旅行障礙的社會人事因素。因此，才說會面難期，雖是生離，也幾乎是死別了。

生離死別的悲哀是動亂社會裏特有的一種普遍現象。上面六句寫的只是別離，但在別離的背後有一個隱約的時代影子。下面刻畫的纏綿悱惻的相思之情，正是這一客觀現實的反映。

「胡馬依北風，越鳥巢南枝」這樣的比喻，是古代歌謠中習用的。胡馬產於北地，越鳥來自南方，依北風和巢南枝是動物自發的依戀故土之情。古詩中「黃鵠一遠別，千里顧徘徊；胡馬失其羣，思心常依依」，也是用這個比喻。這首「胡馬」兩句同樣是這個意思。儘管「會面安可知」，但自己對於對方是不能忘懷的。對方的心情又是怎樣呢？照說，不應該忘記家鄉，忘記親愛的人。這樣設想，以比喻代替抒情，生動有力，而且爲下文的思潮起伏掀起無限波瀾。

「相去日已遠，衣帶日已緩」，是說別久思深。別久而思深，人一天天地消瘦下去，自然衣帶就一天天地鬆弛了。古樂府歌也有「離家日趨遠，衣帶日趨緩」的話，那是旅人之詞。

在別久思深的心情中，「浮雲蔽白日」的想法是自然的。這個比喻，在古書中時常用着。一般地用來比邪佞讒毀忠良。這裏則用來隱喻她遠遊的丈夫。「浮雲」是設想他另有新歡。陳祚明說：「人情於所愛，莫不欲終身相守。然誰不有別離？以我之情思，猜彼之見棄，亦其情也。」（見《采菽堂古詩選》）這種想象之所以產生，是在刻骨相思中迷離恍惚的心情的反映，并沒有事實根據。所以接着又把話說回來，重新申訴自己的相思。

「思君令人老」是說相思之極，形體因而消瘦。這猶如說「維憂用老」（《詩經·小雅·小弁》）。「胡馬」、「越鳥」、「浮雲」、「遊子」四句從對方着筆，「相去」、「衣帶」、「思君」、「歲月」四句從自己着筆，參錯對照，層層轉折，愈轉而意愈深。詩人是從回環往復的表現形式中擴張思想情感的容量的。

「棄捐勿復道」是說丟掉它不再說了。「努力加餐飯」是對遊子的希望。這首詩所反映的離愁別恨，是時代給人們帶來的無可奈何的悲哀，所以在最後兩句裏，詩人擱下這「剪不斷，理還亂」的離愁，轉而向對方致以親切的安慰，寄以深長的希望。就這樣歸結全篇。在亂世人生裏，這種相親相愛終始不渝的堅貞情感的流露是怎樣地眞摯動人啊！

我國古代民歌多寫男女愛戀和相思離別之情，《詩經·國風》中，這類詩篇就占有相當數量。《古詩十九首》是文人的創作，却也保持着民間歌謡的風格，這一首就是表現得非常突出的。

運用優美的而又單純的語言，通過回環反覆的表現手法來製造氣氛，使讀者的體會逐步加深，而不局限在文字的表象上。這是民歌抒情的基本特色。這首詩就具有這一特色。「相去萬餘里」、「道路阻且長」、「相去日已遠」，反覆說一個相近的意思，逐層加深所表現的情感，就是從一唱三嘆、疊章疊句的形式變化出來的。

民歌中通常見到的是，用習見的事物來表現深刻而曲折的心情，這就是《詩經》裏的比、興的表現手法。這種手法，《古詩十九首》裏普遍地純熟地運用着。像這首胡馬、越鳥、白日、浮雲的比喻，都顯得精當無比。

這首詩有些對偶的句子，是就民間歌謠加以藝術加工，表現得異常工切，但它的風格仍然是樸素的。謝榛說：「《詩》曰：『覯閔既多，受侮不少』，（《邶風·柏舟》）初無意於對也。《十九首》云：『胡馬依北風，越鳥巢南枝』，屬對雖切，亦自古老。六朝惟淵明得之，若『芳草何茫茫，白楊亦蕭蕭』（《擬挽歌辭》）是也。」（《四溟詩話》卷一）是的，這和後來的文人作品確實有顯著的不同。例如蕭繹《蕩婦秋思賦》之「坐視帶長，轉看腰細」，鮑照詩之「宿昔改衣帶，旦暮異容色」，謝朓詩之「徒使春帶賒，坐惜紅妝變」，劉邈詩之「年年阻音信，歲歲減容儀」，可以說是從「衣帶日已緩」和「思君令人老」兩句脫化而出。雖然刻畫得更加精緻，但總不像這首詩這樣的簡括而自然。

（馬茂元）

古詩十九首·青青河畔草

青青河畔草，鬱鬱園中柳。盈盈樓上女，皎皎當窗牖。娥娥紅粉妝，纖纖出素手。昔爲倡家女，今爲蕩子婦。蕩子行不歸，空牀難獨守。

「十九首」是古詩的代表作品，而這首詩的前六句更成爲十九首的代表，我們在其間認識了美與諧和、生活與情致。古詩的不可及處正在這些尋常而又美好的句子上。這首詩全篇都很平淡，而麗質天成，所謂天衣無縫，我們乃驚訝於那語言的神奇了。

「青青」兩字用不着解釋，「河畔草」是草生在河畔，古辭「青青河邊草，緜緜思遠道」，孔夫子又說：「逝者如斯夫，不舍晝夜。」青草而在河畔，便隨着河水帶到了遙遠的去處，這遙遠之思卻被那「鬱鬱園中柳」的柳色又深鎖在園中。青草的寂寞，白居易詩「遠芳侵古道，晴翠接荒城」，它遙遠而寂寞，那正是一個深思隱藏在鬱鬱園中的熱鬧之下。鬱鬱中包含着一個寂寞，寂寞中又化爲一個從容的世界，這是一個矛盾，又是一個諧和，於是我們才看見「盈盈樓上女，皎皎當窗牖」，在這一個小園中，經這樓上的主人一出現，便點綴得更爲熱鬧了，至於那寂寞的是什麼，你於此應也可以知道。青是冷意，紅是溫暖，所謂「紅杏枝頭春意鬧」，豈不是熱鬧的解釋嗎？於是這時「娥娥紅粉妝」便彷彿這人眞穿着一件紅衣吧。這一點暖情是一步步暖上來的，這時園裏的顏色更多了，園裏的空氣更濃厚了，忽然來了這麼一句，「纖纖出素手」，出現得那麼自然，把一切顏色都變爲陪襯。東坡詞「手弄生綃白紈扇，扇手一時似玉」，那麼白淨，那麼柔和，在一切喧鬧中變爲一個停留的色相，在一切不同的顏色中變爲一個集中的焦點，因爲它沒有顏色，便成爲一切顏色的歸宿。而這裏一雙白手的主人正是那諧和寂寞的中心，寂寞是她的心，諧和是她的性格，於是園裏有了小草的深思，有了垂柳的風流，這才成爲一個大的諧和。白的純淨它似乎將爲一切的顏色所染上，所以那素手便纖纖得如此脆弱，但又沒有眞的被染上，這便是那素質的美德。詩中找這樣六個連綿形容詞似乎從來沒有過，它的難不難於形容詞的難得，而難於如此的渾然天成，從草寫到柳，從柳寫到樓，從樓寫到人，從人寫到衣袖，從衣袖寫到素手，再呆板也沒有，卻是沒有人覺得，因爲那顏色是一步步的由青草到綠柳，到了樓頭的紅顏，到了紅妝的衣袖，由青而綠，而粉，而紅，由冷落漸而如火地燃燒起來，而終於又都停止在一點素淨之上，你才覺得這變化眞是神奇。雙，是諧和的象徵，中國人早已知道，所以《易・爻辭》以單爲剛，以雙爲柔，雙字句連綿而下，與寫景之間乃成爲一個自然的諧和。我們常說：「一個家裏有十個男人還是不像一個家。」換句話說，家的美德是屬於女性的，那麽無怪乎這一個家園内，萬有各得其所，只等待那女主人的出來。而她却有着深藏在諧和中的寂寞。「紅了櫻桃，綠了芭蕉」，寂寞永遠是深藏在熱鬧之中，才更成爲無憑的寂寞。「秋聲多，雨相和，簾外芭蕉三兩棵」，芭蕉之與櫻桃，冷色之與暖色，這之間若有一點的關聯，那便是諧和中的寂寞，寂寞中的諧和，也便是在象徵着那女性的青春的美德。

（林　庚）

古詩十九首・涉江採芙蓉

涉江採芙蓉，蘭澤多芳草。採之欲遺誰？所思在遠道！還顧望舊鄉，長路漫浩浩。同心而離居，憂傷以終老！

據徐陵的《玉臺新詠》，這首詩是西漢詩人枚乘的作品。

這是一首惜別的情詩。在古代農業社會裏，生活是很簡單的，最密切的人與人的關係是夫妻朋友的關係，由於戰爭、徭役或仕宦，這種親密的關係往往長期地被截斷。這就成爲許多人私生活中最傷心的事。因此，中國詩詞有很大一部分都是表達別離情緒的。就主題說，這首詩是很典型的。

詩大半是「觸物生情」，這首詩是在盛夏時節，看見荷花芳草，而想到遠在他方的心愛的人。中國人民很早對於自然就有很深的愛好，對自然的愛與對人的愛往往緊密地連在一起。古代人送給最親愛的人的禮物往往不是什麼財寶，而是一支花或是一棵芳草，送別時總是折一枝柳條送給遠行的人，遠行的人爲着向好朋友表示想念，逢到驛使就托帶一枝梅花給他。這種生活情調是簡樸的，也是美好的。這首詩的作者也是在自然中看見最心愛的荷花芳草，就想到把它寄給最心愛的人。頭兩句寫夏天江邊花香日暖的情況，氣氛是愉快的；作者爲着要採荷花，不惜「涉江」之勞，是抱着滿腔熱忱的。採到了，心想這麼美好的東西只自己獨自欣賞，還是美中不足，要有個知心人共賞才好。可是四面一望，知心人在哪裏？四面都是陌生的人，不關痛癢的人，知心人却遠在他方，這麼美好的東西是不能得到他共賞的，我這點情意是不能傳到他那裏去的！我們讀這首詩，要深刻體會「采之欲遺誰」這句問話的意味。承上兩句而來，它是突然的轉折，一腔熱忱遭到一盆涼水潑來，一霎時天地爲之變色，此中有無限的悽涼寂寞，傷心失望。它是一句疑問，也是一聲嘆息。

還有一點值得注意的是「所思在遠道」這句話的位置。難道詩人「涉江採芙蓉」時原來就沒有想到這一點嗎？眞是看到芙蓉芳草，才想到這位「所思」嗎？「所思」是時時刻刻在他心頭的。「涉江採芙蓉」也還是爲了他。如果入首就開門見山，把他表出，文章就平板無味了。在頭兩句中他是藏鋒不露，第三句一轉，就趁勢把他突然托出，才見出這句話有雷霆萬鈞之力。這句話是全詩發展的頂點，頂點同時是個轉折點，一方面替上文的發展暫時作一結束，一方面爲下文的發展作一伏線，所以照例是要擺在中間的。

古詩有時看來很直率，實際上很曲折。「還顧望舊鄉，長路漫浩浩」兩句就是如此。講究語法的人們在這首詩裏會碰着一個難題，就是許多句子都沒有主詞，究竟是誰在「涉江」、「採芙蓉」？誰在「還顧」？誰在「憂傷」？說話的人是個男子還是個女子？是男子「在遠道」還是女子「在遠道」？對於這些問題如何解答，就要看對「還顧」兩句如何解釋。解釋可能有兩種。一種是「還顧」者就是「涉江」者，古代離鄉遠行的照例是男子，照這樣看，便是男子在說話，是他在「還顧望舊鄉」，想念他的心愛的女子，「涉江採芙蓉」的是他，「憂傷」的也只是他。另一種可能的解釋是，「還顧」者就是「所思」，不是「涉江」者，却還是「舊鄉」的男子。照這樣看，說話的人是留在「舊鄉」的女子，是她在「涉江采芙蓉」，心想自己在採芳草寄給「所思」的男子；同時那位「所思」的男子也在「還顧望舊鄉」，起「長路漫浩浩」欲歸不得之嘆。碰到這樣模棱兩可的難關，讀者就要體會全詩的意味而加以抉擇。就我個人的體會來說，我抉擇了第二個解釋。這有兩點理由。頭一點：「遠道」與「舊鄉」是對立的，離「舊鄉」而走「遠道」的人在古代大半是男子，說話的人應該是女子，而全詩的情調也是「閨怨」的情調。其次，把「還顧」接「所思」，作爲女子推己及人的一種想象，見出女子對於男子的愛情有極深的信任，這樣就襯出下文「同心」兩個字不是空話，而「憂傷」的也就不僅是女子一個人。照這樣解釋，詩的意味就比較深刻些。「同心而離居」兩句是在就男女雙方的心境作對比之後所作的總結。在上文微噓短嘆之後，把心裏的「憂傷」痛快地發泄出來，便陡然煞住。表現得愈直率，情致就愈顯得沉痛深摯。

（朱光潛）

古詩十九首・迢迢牽牛星

迢迢牽牛星，皎皎河漢女，纖纖擢素手，札札弄機杼；終日不成章，泣涕零如雨。河漢清且淺，相去復幾許？盈盈一水間，脈脈不得語！

據徐陵的《玉臺新詠》，這首詩也是西漢詩人枚乘作的。

這首詩藉牛郎織女遭天河隔絕的故事，寫出一個年輕女子思念她的愛人而不能相會的怨情。牛郎織女這個美妙的神話，是中國古代農業社會的產品。從《詩經》起，它就一直是詩人們愛用的一個典故；直到今天，它在民間還是流傳很廣的。看過《天河配》那出戲的人們，對它都會有很深的印象。凡是神話都是原始的民間詩，體現着一個民族中廣大人民羣衆的共同的深切的情感、願望和理想。人有了情感、願望和理想，就會起藝術的衝動，想把它表現出來，和旁人一起歌詠讚嘆，反覆回味體驗，作爲生活中一種感發興起的力量。但是情感這一類的內心世界的變動往往是游離不易捉摸的，要把它表現出來，必須借助於客觀世界中目可見耳可聞的具體形象。所以詩總是「情景交融」的整體，「情」就是內心生活的核心，「景」

就是把「情」表現出來的具體形象。姑拿牛郎織女的神話來說，它就很可以說明神話創作也就是詩創作的過程。青年男女在互相愛慕的時候，總希望朝朝暮暮都能相聚，但是好事多磨，外來的阻力有時叫他們完不成心願，雖是兩人近在咫尺，也會彷彿遠隔天淵。這時他們心裏當然有無限的苦楚，有苦楚當然也就要申訴。怎樣申訴呢？只說：「我眞苦痛啊！」行嗎？那是抽象的，沒有眞正表達出情感，當然也就不能感動別人。他們抬頭一看，就恍然大悟。瞧！天上銀河東西那兩個星座，不也正像我們這樣一對俊俏的人横遭隔絶嗎？於是天上的兩個星座就變成人間牛郎織女的化身，阻撓他們心願的人便成了王母，他們所遭到的困難和阻礙便成了天河，替他們牽針引線的人便成了烏鵲。這樣一來，一個神話或是一首詩就形成了，横遭隔絶的幽怨就借牛郎織女那套故事的具體形象表現出來了。像這樣一段神話，表達出了廣大人民羣衆的一種共同的深切的情感、願望和理想，在衆口流傳之中又不斷地得到了修改潤色，所以具有高度的人民性，成爲廣大人民羣衆所共同喜愛和珍護的文化財寶。在詩歌方面，它就成爲一種共同語言，成爲詩的傳統中一個重要的項目。它之所以重要，就因爲它是家喻戶曉的，一提到它，就會引起在無數歷史年代裏逐漸積累起來的豐富的聯想和感情。

《迢迢牽牛星》這首詩就是從這樣富有人民性的神話傳統中吸取了源泉。吸收傳統并不等於把舊的東西復述一遍，它只是利用人民中間的這種共同的語言，適應新的情境的需要，來創造出一種新的具體形象。《迢迢牽牛星》就是這樣推陳出新的範例。這首詩着重渲染相思而又不能相會的幽怨，所以七夕烏鵲填橋，牛郎織女歡會之類情節就沒有採用。其次，這首詩還是屬於「閨怨」一類，所以專從織女一方面着想，造成的印象好像只是「單相思」。這樣寫，詩就有了重點，就成爲一個不同於過去一般牛郎織女故事的具體形象。

但是重點却映射出全面，這首詩的妙處就在此。開頭兩句將「迢迢牽牛星」和「皎皎河漢女」對舉，好像是雙管齊下，但是接着八句都只寫織女，牛郎好像完全丢到腦後，而首句也好像是牛頭不對馬嘴，大可一筆勾銷。但是細看全詩，就可以看出每句話裏都有牛郎在背後，「迢迢」兩字實在是全篇的脈絡。照表面看，「河漢清且淺，相去復幾許」就明明說牛郎并非「迢迢」，說他「迢迢」好像是自相矛盾。但是相隔雖只「盈盈一水」而却「脈脈不得語」，在織女的情感上牛郎便顯得「迢迢」，後來詩人說的「隔花人遠天涯近」，也就是這個意思。「迢迢」兩字總括織女想望牛郎的心境，她之所以「終日不成章，泣涕零如雨」者以此，她之所以隔河脈脈凝望，嘆息「相去復幾許」者也以此。織女如此，牛郎如何？從「脈脈不得語」一句看，可以想見牛郎也在隔河相望。「單」相思究竟還是「雙」相思。「不得語」三字含蓄最深，說「不得語」當然原來「欲語」，其所以欲語而不得語者，這幕戲還有一個沒有出臺的角色在臺後横加阻撓。在這阻撓者的壓力之下，牛郎和織女同是受壓迫者，有同樣說不出的苦衷，然而畢竟是說出了。「河漢清且淺」四句在從前說是「怨」，在現在說就是反抗的呼聲。

這首詩和《涉江採芙蓉》在寫法上有許多足資比較之點，讀者可以自己去細心比較一下。這裏姑且提出一點：就是那首詩是站在涉江的當事人的地位寫的，是涉江人在自訴衷情，這首詩却是詩人站在旁觀者的地位在敍述。這就是所謂「直接敍述」與「間接敍述」的分別。就布局說，這首詩是從外面的活動（織錦織不成，哭泣）寫到內心的活動（心想一水之隔竟「脈脈不得語」）。「泣涕零如雨」一句在故事發展中已達到了頂點，下面「河漢清且淺」四句只是說明這泣涕的原因。全詩中最哀婉動人的是這最後四句。它好像是詩人說的，又好像是織女自己說的。究竟是誰說的呢？是詩人也是織女。就全詩結構說，是詩人在間接敍述；就情致說，是織女自己在說心事。讀者須體會到這兩個觀點的分別和統一，才能見出這四句的妙處。詩人做到了「設身處境」、「體物入微」，所以我們讀起來，「如聞其語，如見其人」。

讀者如果要問：歷史上是否確曾有過這樣一個織女，做過這樣的事，說過這樣的話呢？我們可以回答說，這是神話，全是虛構的。但是就情理說，這首詩却是十分眞實的。假如有這樣的牛郎織女，處在這樣的情境，他們於情於理，就必得做這樣的事，說這樣的話。這說明了詩的眞實不同於歷史的眞實，同時也說明了典型性格的本質。典型性格不一定是於事已然的，而是於理當然的。一個性格如果是典型的話，遇到某種典型的環境，就必然有某種典型的表現。就這個意義說，我們可以說這首詩寫出了典型的性格。

（朱光潛）

古詩十九首·明月何皎皎

明月何皎皎，照我羅牀幃。憂愁不能寐，攬衣起徘徊。客行雖云樂，不如早旋歸。出戶獨彷徨，愁思當告誰。引領還入房，淚下沾裳衣。

靜夜的明月，彷彿是大自然對人的豐富心靈的一種饋贈。它出現在白晝的塵囂消散之後，却自能蕩漾起人們心頭最輕微最纖柔的漣漪，引發出人們最隱秘最親暱的心聲。自古以來，把明月視作美的化身而盡情謳歌者有之，請明月作爲傳情的使者而對之吐露衷懷者亦有之。而在這首詩裏，明月却更像是人生小舞臺上的一具燈光，它把光照凝聚在一個小小的場景裏，照射在一個內心充滿騷動而又極富動作性的主角身上。在古詩十九首裏，這首詩也許是最短的篇章之一，可是它却帶有較多的情節意味，以其戲劇性而見長。這是一齣無聲的、寓潛臺詞於人物行動之中的活劇。

在一個宜於靜思默想的月夜，這位主人公爲自己的相思之情所苦，却無法止於「靜」，也無法止於「想」。投射在牀帳上的清冷的月光，彷彿昭示了自己寂寞的現實處境，點醒了人物內心的那一份孤獨感。詩中的主人公由凝望明月，竟至輾轉反側、夜不能寐，從而推出了全詩的第一個鏡頭：月照不眠人。由一點思緒引出的，是一發而不可收的內心衝動，其力量之大，竟發而爲一連串外部的形體動作：先是因「不寐」而「攬衣起」，既「起」而又「徘徊」，可見無論是靜臥，抑或是打坐，都已無從招架這突如其來的騷動。主人公坐立不安的神情歷歷如繪，這又組成了全詩的第二個鏡頭。人物心底潛藏的願望也在此輕輕點出：「客行雖云樂，不如早旋歸。」本來因無緣得見而苦思，苦思中竟得如重逢，自不免款款絮語，勸諭叮嚀。「客行樂」云云，既是對遊子不歸的揣測之詞，也微露居者的一絲幽怨。溫婉的言詞既表現了主人公的一片癡情，也隱隱透露出人物思緒漸漸聚攏而成的一個焦點，那就是「盼歸」。有此「盼歸」的意念，方有下文的動作。主人公「出戶」復又「入房」的舉止，組成了全詩的第三個鏡頭。主人公不期然而然地「出戶彷徨」，乍看之下彷彿是無謂之舉，其實却出於內心之「有待」。心有所嚮，身才有所往，期望愈是殷切，也愈容易沉溺於心造的幻象，視理想爲現實，變心象爲眞相。「出戶」者爲何？是爲迎歸；迎而不見，故彷徨之。其時雖未必有自覺意識，但情動於中，不得不然，一舉一動唯情是從，循情而行。直到再一次跌落到現實中來，才倍感那孤苦無告的辛酸和佳期難再的痛苦。但即便到了此時，情感上猶迷戀於適才懸想的虛幻之境，以至入房之前還忍不住要再次伸頸遠望。這夜闌人靜時主人公的「出戶」「入房」之舉，把全詩的感情推向了高潮。全詩通過上述三個鏡頭的疊合，用動作的遞進和擴展提示了意脈的發展，不僅演示了人物內心活動的軌跡，而且也放大并強化了人物感情的脈衝，從而達到了抒情性和戲劇性的圓滿統一。

這首詩和古樂府中的《傷歌行》，在內容和構思上頗有相通之處：它們都是抒寫離情別恨的抒情名作，但又都具有敘事詩的某些特點，如把人物的活動客觀化，注意描寫人物連貫的動作和捕捉細節等。當時詩歌正由「緣事而發」敘事性強的樂府民歌向抒情化的文人詩演進，從這些詩中或許也可見這種演進痕跡之一斑。

（鍾元凱）

古詩・上山採蘼蕪

上山採蘼蕪，下山逢故夫。長跪問故夫：「新人復何如？」「新人雖言好，未若故人姝。顏色類相似，手爪不相如。」「新人從門入，故人從閤去。」「新人工織縑，故人工織素。織縑日一疋，織素五丈餘。將縑來比素，新人不如故。」

《上山採蘼蕪》是一首問答體的漢樂府民歌。蘼蕪，余冠英先生《樂府詩選》注云：「香草之一種，葉風乾可以做香料。古人相信蘼蕪可使婦人多子。」這種解釋是對的。但前人一直把這首詩當做丈夫喜新厭舊的詩，說棄婦遇到故夫，相互問答，故夫反而說棄婦比新人好。這樣講是不太近情理的。

把這首詩意譯一下是這樣的：一個被離棄的婦女，上山採她們認爲服了可以生子的蘼蕪，下山時恰巧碰到原來的丈夫，就依照禮節跪伏在路旁問：「你新媳婦又怎樣呢？」他回答：「新人雖說長得好，但未如你那樣美。模樣差不多，手巧却遠不及你。」於是她感慨地說：「新人從大門進來時，我却從小閤門悄悄離開。」她原來的丈夫又說：「新人會織粗縑，你却會織細帛，就拿縑和帛來比吧！新人遠遠不如你。」

詩的內容就是這樣，故夫不但不是喜新厭舊，反而是貶新褒舊，可見這首樂府民歌是一個短小悲劇，而不是喜劇。因爲古代婦女有被出的條例，像不得公婆歡心，沒有生子，都可作離棄理由，儘管夫妻恩愛，不願分離。這首詩被棄原因當屬後者。所以詩以「上山採蘼蕪」起興。蘼蕪服用可以生子這種傳說，大概源於《九歌·少司命》，少司命是主管生子的神的，文中有：「蘼蕪兮青青，綠葉兮紫莖。」所以詩以此起興是合乎情理的。詩的對立面，并不像《孔雀東南飛》那樣寫在詩中，這在藝術結構上也是創例。

「長跪問故夫」是伸直腰以膝坐地表示親敬恩愛的意思。《飲馬長城窟行》：「長跪讀素書，書中竟何如？上言加餐食，下言長相憶。」這裏用「長跪」，也同樣表示妻對夫的情愛。「新人復何如？」意味着比較，也意味着關切，帶有兩層意思，問話雖然很簡單，却體現她的矛盾心理。於是他的故夫也不否定新人，首先從長相美麗的程度比較，這決不是喜新厭舊者的口吻，而是很敦厚的話語，說：「新人雖言好，未若故人姝。」姝是絕美，好是相對而言的美。這裏有對舊人的深情厚愛。下兩句：「顏色類相似，手爪不相如。」是從手巧方面講，但是話沒有說完。詩插入棄婦的由哀傷引起的感嘆，是追述，是回憶，是這一悲劇當時的場面：「新人從門入，故人從閤去。」古代婦女受封建壓迫被出，但對新人并不做什麼責怪，像《孔雀東南飛》中，劉蘭芝留下「紅羅復斗帳」等事物，只講：「人賤物亦鄙，不足迎後人。」和這首詩這兩句話有近似的感傷心理。最後是她的故夫把心裏積蓄的話說完：「新人工織縑，故人工織素。織縑日一疋（四丈），織素五丈餘，將縑來比素，新人不如故。」民間習慣從針織方面去衡量婦女才智，倒不一定是比誰生

步出城東門

產技術高，產量多，那就不是詩了。《孔雀東南飛》：「三日斷五疋，大人故嫌遲。」是把勤勞手巧寫在一開始，這裏是寫在結尾，總之，悲劇有的像《孔雀東南飛》那樣的反抗結局，也有像《上山采蘼蕪》這樣的結局，同是樂府反封建的名篇。曹植《棄婦》詩：「有子月經天，無子若流星。」可爲這首詩旁證。

這首詩表現的是已被迫仳離的夫妻的相戀和感傷的場面，它把造成他倆被迫仳離的對立面寫在外面，藝術手法是獨特的。南宋陸游爲母親所迫和夫人唐氏離異，後來曾會面於沈園，陸游年老重遊沈園時，曾有詩道：「傷心橋下春波綠，曾是驚鴻照影來。」與這首民歌感情有相通之處。

自然，如果這首詩不把蘼蕪當作服用生子的藥草，只當作香草講，這對夫妻的不幸，只是不得於公婆被出，和陸游一樣，也是可以講通的。

（王達津）

古詩·步出城東門

步出城東門，遙望江南路。前日風雪中，故人從此去。我欲渡河水，河水深無梁。願爲雙黃鵠，高飛還故鄉。

這是一首早期的五言古詩，具有一種近於民歌的素樸風格，很耐人尋味。話不在多，意不在巧；平平淡淡地說來，却如一曲純淨的旋律，一往情深。

這首詩前後分爲兩段。前四句似乎是一直凝住在一點上；後四句却忽然開展，高飛於千里之外；彷彿晴空麗日，山河原野，都在懷抱之中；一步緊似一步。所謂一瀉千里，略無沾滯。這憑空而來的力量，到底是從什麽地方産生的呢？李白《望天門山》詩：「天門中斷楚江開，碧水東流直北回；兩岸青山相對出，孤帆一片日邊來。」這後兩句自然是名句，然而得力之處又正在第二句上。江水浩浩東流，又生生的北折過來，這力量全在一個「直」字，全詩到此使人爲之凝神沉默；而下兩句的風流才得翩然無礙。一收一縱，原是文章的自然規律，但却難在我們如何才能有一個如此凝神沉默的時刻呢？「萬木無聲待雨來」！正是因爲凝神到了極點，沉浸在毫無聲息之中，所以「雨來」才有了極大的聲勢。一切結果都藴藏在原因之中，而我們却往往只見到結果；一切發展都包含在一個飛躍的起點上，這便是我們爲之凝神的時候。說到這裏，這前面四句就反而成爲全詩力量的源泉了。再看這四句，始終没有離開眼前這條路上，而只在這條路上産生了一段沉默的凝想。這是一段事實，却又是已經過去了；過去的事本來也算不了什麽，可是晏幾道《臨江仙》詞說：「當時明月在，曾照彩雲歸。」當時明月的皎潔豈不同於前日的風雪，而「故人從此去」自是從此歸去也。一個如彩雲般歸去，一個在風雪中消逝；所不同的是明月彩雲給你以清麗的陶醉，故人風雪常給你以深入的沉思；前者把美完全顯示給你，後者則把它藏在古舊的大衣裏。於是你更不能不深思沉默，這便是令人異常凝神的緣故。前日的路上已完成了一個故人的歸去，這條路在完成了這人的歸去後，便也隨着那行人足跡的消失而消逝。至於今日的路呢，則還在未可知之數。所以「前日風雪中」正是連路全都埋在飄飄的積雪之中了。那麽今日所見之路又豈是前日所見之路？我們對於這過去的留戀，正由於我們對於這完成的讚美；「流水今日，明月前身」，水還是這條水，月還是這個月，而司空圖却才是眞正解人。在一切變動發展中，詩人往往正是捕捉住那最凝神的一點。「玉顏不及寒鴉色，猶帶昭陽日影來。」寒鴉匆匆地飛過，那日影又何嘗能留得住？過去的總是過去了，却留下了這一點美妙的因緣；那麽今日之路，還空在那裏，怎能不令「我欲渡河水」呢？箭在弦上，不得不發；既然發了，又豈能不直飛而去？所以一渡河水，其實就已到了故鄉；未說「高飛」，早已飛向遠處。「河水深無梁」一句等於是把那弓弦再扣緊一下，這支箭便簌簌的直上晴空了。

前四句本是一段事實，却反而成爲幻想；後四句原是幻想，却反而如此眞實！藝術的眞實性，在這裏正依據着美的辯證法則，把平凡的語言，化爲無盡的言說。（林　庚）

古詩·攜手上河梁

攜手上河梁，遊子暮何之？徘徊蹊路側，悢悢不能辭。行人難久留，各言長相思。安知非日月，弦望自有時。努力崇明德，皓首以爲期。

此詩最早見於梁蕭統所編的《文選》，題爲李陵所作與蘇武的詩。經近人研究，《文選》所載蘇武、李陵的作品，肯定都不是蘇、李所作，眞正的作者已不可考。這些詩大致產生在東漢末年。

這是我國古代送別詩中最早的作品之一，是歷代傳頌的名篇。後來以「河梁」代稱送別之地，謂送人至河橋而別，卽源於此詩首句，可見它的影響之大。

漢魏古詩，是我國五言詩的發軔之作，它既沒有六朝的綺詞麗句，又不像唐宋詩那樣特別講究句法章法，而是如實敍寫，語言質樸，詩味却極醇厚。所謂「漢魏古詩，氣象混沌，難以句摘」（宋嚴羽《滄浪詩話》），就是講的這個特點。卽如此詩，沒有一句寫景，沒有一個華麗奇峭的字眼，讀來却感人至深。

開頭兩句寫送別的時、地，看去似乎很平淡，其實不然。首句講的，不是我們現今常人分別時的簡單握手，而是「攜手上河梁」，攜着手走了很長一段路。彼此就要分別，能多攜一下友人的手，也是一種安慰、幸福；久久攜手而行，見出誰也不忍離別，友情之深厚，自在言外。次句的「遊子」謂離家遠行的人，也就是下文的「行人」，指卽將離此而去的友人。清方東樹謂「遊子，自謂；行人，指行者」（《昭昧詹言》），是不確的。「暮」字點明時間。「之」是往、到。「何之」絕不是詢問友人要去什麼地方，而是說爲什麼要離此而去。猶今口語「去哪呢」，非指去到一個具體的地點。採用詰問句，可以加強感嘆的語氣，或者說，這是一個詰問形式的感嘆句。送人遠行，通常不會在天快黑時才上路，「暮」字還見出已經送了相當長一段時間：因爲不忍分別，送了一程，又送一程，不覺日已將暮，此刻再也不能不分手了。暮色蒼茫，晚風清冷，使人感到一派凄涼，此時此刻與友人作別，叫人若何爲情！這開頭兩句，就抓住了我們的心，使我們感受到深重的離愁。

如果說，上兩句是暗寫依依之情，那末次兩句就是明寫留戀不舍。天將入暮，地至河橋，已經不能不分手了，却又在路邊徘徊，——在這最後時刻，還想多挨一時半刻。「悢悢」是惆悵的樣子，形容因離別而憂傷的心情。「不能辭」，指無法作臨別贈言。這是因爲心裏太難受，心緒也非常煩亂，人們在激動已極或悲傷已極的時候，往往會說不出話來。這句寫出別離時一種帶普遍性的表現，把對友人的深深懷戀，別離時的極度痛苦，非常深刻地表現了出來。常見情侶送別，往往只是流淚，却不發一語；感情至深的朋友，也會有這種情形，此即詩中所寫之境界。漢魏古詩常能用至簡至樸之語，寫出人間之至情。此詩開頭四句，就是例證。

行人不能久留，終要離去，沉默了一陣，兩人只好互相勸慰，末尾四句，就是互相慰勉的話。「各言長相思」并不是向對方「表白」分別後定會思念對方，——這是無須「表白」的——而是指彼此以言相慰，猶如說別後可以通信，互相問候，互通情況等等，也就是說，暫時分別，是沒有什麼關係的。「安知」兩句意思又進一層，說以後還可再會。「日月」這裏是偏義複詞，偏用「月」的意義。月缺其半時叫「弦」，謂其形狀若弓上張弦。夏歷初七八爲上弦，二十三四爲下弦。每月十五月圓時，太陽在西方降落，恰值月亮在東方升起，日月相望，故叫「望日」。詩中用月之圓（望）缺（弦）喻人之離合，謂還有再會之期。再會有期，那就不必過於悲傷，所以末兩句說，還是讓我們努力提高品德，保重身體，直到白頭年老，總會有重聚之日。這五句，層層推進，都是在互相勸慰，想爲對方解除一點別離時的痛苦。清沈德潛云：「蘇李之別，諒無會期矣，而云『安知非日月，弦望自有時』，何惆悵而纏綿也！後人如何擬得！」（《說詩晬語》）「蘇李」云云非是，但具體評論，却是不錯的。在東漢末年那樣的社會動亂時代，古代交通又極不方便，所謂「皓首爲期」，不過強爲寬解而已，曠達的背後，仍飽含着深厚的悵恨惜別之情。

清劉熙載《藝概》云，此詩「但敍別愁，無一語及於事實，而言外無窮，使人黯然不可爲懷」。千百年來讀此詩者，無不被它深深感動。

（王思宇）

图书在版编目（CIP）数据

历代名篇赏析集成．先秦两汉卷／袁行霈主编．—北京：高等教育出版社，2009.4（2017.2重印）
ISBN 978-7-04-023574-6

Ⅰ．历… Ⅱ．袁… Ⅲ．①古典文学－文学欣赏－中国－先秦时代②古典文学－文学欣赏－中国－两汉时代
Ⅳ．J292.23

中国版本图书馆 CIP 数据核字（2008）第 032386 号

策划编辑 迟宝东 责任编辑 李健秋
书籍设计 刘晓翔 责任校对 金 辉
责任印制 尤 静

出版发行 高等教育出版社
社 址 北京市西城区德外大街 4 号
邮政编码 100120
印 刷 北京佳信达欣艺术印刷有限公司
开 本 787×1092 1/16
印 张 30.25
字 数 440 000
购书热线 010-58581118
咨询电话 400-810-0598
网 址 http://www.hep.edu.cn
http://www.hep.com.cn
网上订购 http://www.landraco.com
http://www.landraco.com.cn
版 次 2009 年 4 月第 1 版
印 次 2017年2月第4次印刷
定 价 35.00 元

物 料 号 23574-00